Das politische System Deutschlands für Dummies

Schummelseite

Diese Schummelseite enthält Definitionen wichtiger politischer Begriffe, über die Bundesrepublik als Staat, das Wichtigste über das Grundgesetz, stichwortartiges Wissen über die Verfassungsorgane auf Bundesebene sowie den Gesetzgebungsprozess im Überblick. Außerdem skizziere ich die Verteilung der Gesetzgebungsbefugnisse und nenne die verschiedenen Phasen der Politikentstehung sowie die wichtigsten deutschen Parteien.

Politik: das beziehungsweise ein Gemeinwesen betreffende; kollektiv-verbindliche Entscheidungen

DIMENSIONEN DER POLITIK:

- **Polity:** institutioneller, organisatorischer und/oder (verfassungs-)rechtlicher Rahmen von Politik
- **Politics:** politische Prozesse (zum Beispiel zwischen Parteien, Interessenverbänden, Abgeordneten, Regierungsmitgliedern und/oder Ministerialbeamten)
- **Policy:** inhaltliche Seite von Politik; einerseits Politikfelder (etwa Umwelt-, Wirtschafts- oder Verbraucherschutzpolitik), andererseits konkrete Maßnahmen (beispielsweise Gesetze und Finanzbeschlüsse)

DIE DREI STAATSRECHTLICHEN ELEMENTE EINES STAATES:

- Staatsgebiet
- Staatsvolk
- Staatsgewalt (Gewaltmonopol)

STAATSFORMEN UND SYSTEME

Monarchien haben ein adliges oder gekröntes Staatsoberhaupt, sind aber nicht notwendigerweise undemokratisch.

Republiken haben meist einen Präsidenten als Staatsoberhaupt, sind aber nicht notwendigerweise demokratisch.

Regierungssystem: staatliche politische Institutionen, also insbesondere Regierung (Exekutive), Parlament (Legislative), Gerichte (Judikative) und Behörden

Politisches System: Regierungssystem plus intermediäre Akteure wie Parteien, Interessenverbände und die Medien

Das politische System Deutschlands für Dummies

Schummelseite

DEMOKRATIE

Demokratie: Das Wort Demokratie ist griechischen Ursprungs und setzt sich aus *demos* (Volk) und *kratia* (Herrschaft) zusammen. Die Bedeutung ist umstritten. Grundsätzlich ist Demokratie das Gegenteil von Fremdbestimmung und daher ein Herrschaftssystem oder eine Verfahrensregel, nach der von Entscheidungen Betroffene an der Herstellung der entsprechenden Beschlüsse (zumindest indirekt) beteiligt sind.

Merkmale **moderner Demokratien:** Rechtsstaatlichkeit, Gewaltenteilung, freie Wahlen, pluralistische Interessenvertretung, Wohlfahrtsstaatlichkeit

- ✔ **Repräsentative Demokratie:** Politische Entscheidungen werden von gewählten Repräsentanten getroffen.
- ✔ **Direkte Demokratie:** Sachentscheidungen werden von den Wahlberechtigten direkt getroffen (Volksabstimmung oder Bürgerentscheid).

DEUTSCHLAND ALS STAAT:

- ✔ Die Bundesrepublik Deutschland (BRD) und die Deutsche Demokratische Republik (DDR) wurden jeweils 1949 gegründet.
- ✔ Die Wiedervereinigung erfolgte 1990 in Form eines Beitritts der DDR zur Bundesrepublik Deutschland.
- ✔ Die Bundeshauptstadt ist Berlin.
- ✔ Die 16 Länder (Gliedstaaten) der Bundesrepublik und ihre Hauptstädte sind Baden-Württemberg (Stuttgart), Bayern (München), Berlin, Brandenburg (Potsdam), Bremen, Hamburg, Hessen (Wiesbaden), Mecklenburg-Vorpommern (Schwerin), Niedersachsen (Hannover), Nordrhein-Westfalen (Düsseldorf), Rheinland-Pfalz (Mainz), Saarland (Saarbrücken), Sachsen (Dresden), Sachsen-Anhalt (Magdeburg), Schleswig-Holstein (Kiel) und Thüringen (Erfurt).

VERFASSUNG DEUTSCHLANDS

Die Verfassung der Bundesrepublik Deutschland ist das 1949 in Kraft getretene **Grundgesetz.** Das Grundgesetz ist folgendermaßen grob aufgebaut:

1. Präambel
2. Grundrechtsteil
3. Staatsorganisation
4. Schluss- und Übergangsbestimmungen

Für die **freiheitlich-demokratische Grundordnung** (FDGO) nach dem Grundgesetz sind die **Staatsstrukturprinzipien** von besonderer Bedeutung:

- ✔ Demokratieprinzip
- ✔ Sozialstaatsprinzip
- ✔ Bundesstaatsprinzip
- ✔ Rechtsstaatsprinzip

Das politische System Deutschlands für Dummies

Schummelseite

DIE FÜNF VERFASSUNGSORGANE AUF BUNDESEBENE:

- ✔ **Bundestag:** Künftig 630 Abgeordnete, von den Wahlberechtigten direkt gewählt in 299 Wahlkreisen (Erststimme, Mehrheitswahl) und über Landeslisten (Zweitstimme, Verhältniswahl); Eingangshürde: 5 Prozent der Zweitstimmen oder drei Direktmandate; die reguläre Legislaturperiode dauert vier Jahre.
- ✔ **Bundesrat:** Vertreter der Landesregierungen (im Plenum Regierungsmitglieder), je nach Landesbevölkerung drei bis sechs Stimmen (pro Land ist eine einheitliche Stimmabgabe vorgeschrieben); der Vorsitz rotiert jährlich zwischen den Ländern.
- ✔ **Bundespräsident:** Gewählt von der Bundesversammlung (Bundestagsabgeordnete und eine gleiche Anzahl von Wahlpersonen, die von den Landtagen gewählt werden); Amtszeit: fünf Jahre, einmalige Wiederwahl direkt im Anschluss möglich.
- ✔ **Bundesregierung:** Bundeskanzler und Bundesminister; der Bundeskanzler wird vom Bundestag gewählt und vom Bundespräsidenten ernannt, die Bundesminister werden auf Vorschlag des Bundeskanzlers vom Bundespräsidenten ernannt und entlassen; die Amtszeit ist grundsätzlich an die Legislaturperiode gekoppelt.
- ✔ **Bundesverfassungsgericht:** Zwei Senate mit jeweils acht Richtern, je zur Hälfte von Bundestag und Bundesrat für zwölf Jahre gewählt ohne Möglichkeit der Wiederwahl; das Gericht entscheidet unter anderem bei Streitigkeiten zwischen Verfassungsorganen, über die Verfassungsmäßigkeit von Gesetzen und über die Verfassungswidrigkeit von Parteien.

DER GESETZGEBUNGSPROZESS AUF BUNDESEBENE IM ÜBERBLICK:

- ✔ Gesetzentwurf von Bundesregierung (Regelfall), Bundesrat oder aus der Mitte des Bundestags
- ✔ bei Gesetzentwürfen von Bundesregierung und Bundesrat muss beziehungsweise darf vorher das jeweils andere Organ Stellung nehmen
- ✔ erste Lesung im Bundestag, Verweis an mindestens einen Bundestagsausschuss
- ✔ Ausschussberatung und Bericht mit Empfehlungen an das Bundestagsplenum
- ✔ zweite und dritte Lesung im Bundestag mit Beschluss
- ✔ Beteiligung des Bundesrats:
  - Bei Einspruchsgesetzen kann der Bundesrat den Vermittlungsausschuss anrufen und einen Einspruch einlegen, der vom Bundestag überstimmt werden kann.
  - Bei Zustimmungsgesetzen muss der Bundesrat zustimmen.
- ✔ eventuell nochmalige Befassung von Bundestag und Bundesrat
- ✔ bei positivem Beschluss Unterzeichnung durch Bundeskanzler und mindestens einen Bundesminister
- ✔ Unterzeichnung durch den Bundespräsidenten, Veröffentlichung im Bundesgesetzblatt

Das politische System Deutschlands für Dummies

Schummelseite

GRUNDSÄTZLICHE VERTEILUNG DER GESETZGEBUNGSBEFUGNISSE UND STAATLICHEN AUFGABEN:

- ✔ Ausschließliche Bundesgesetzgebung: In diesen Politikfeldern darf nur der Bund gesetzgeberisch tätig werden.
- ✔ Konkurrierende Bundesgesetzgebung: Die Länder haben hier so lange die Gesetzgebungskompetenz, bis der Bund tätig wird.
- ✔ Gemeinschaftsaufgaben: Bund und Länder arbeiten hier gemeinsam bei der Erfüllung bestimmter staatlicher Aufgaben.
- ✔ Ausschließliche Landesgesetzgebung: vor allem die Bereiche Kultur, Schule und Hochschulwesen, Presse und Rundfunk, Landespolizei sowie Kommunalverfassung
- ✔ Der Bund ist überwiegend für die Gesetzgebung zuständig, die Länder sind überwiegend für die Gesetzesausführung und sonstige Verwaltung zuständig.

DIE PHASEN DES POLITIKZYKLUS-MODELLS:

- ✔ Definition eines politischen Problems
- ✔ Platzierung des Problems auf der politischen Agenda
- ✔ Ausarbeitung eines politischen Instruments
- ✔ Politikentscheidung und -legitimierung
- ✔ Umsetzung einer politischen Entscheidung
- ✔ Überprüfung der Maßnahmen
- ✔ Beendigung eines politischen Instruments oder gegebenenfalls Neudefinition eines Problems

DIE WICHTIGSTEN DEUTSCHEN PARTEIEN NACH BISHERIGER BUNDESPOLITISCHER BEDEUTUNG:

- ✔ Christlich Demokratische Union Deutschlands (CDU)
- ✔ Sozialdemokratische Partei Deutschlands (SPD)
- ✔ Christlich-Soziale Union in Bayern (CSU)
- ✔ Freie Demokratische Partei (FDP)
- ✔ Bündnis 90/Die Grünen (B90/Grüne)
- ✔ Die Linke (Linke)
- ✔ Alternative für Deutschland (AfD)
- ✔ Bündnis Sahra Wagenknecht (BSW)

Das politische System Deutschlands für Dummies

Sebastian Wolf

Das politische System Deutschlands

für dummies®

2. Auflage

WILEY-VCH GmbH

Das politische System Deutschlands für Dummies

Bibliografische Information der Deutschen Nationalbibliothek

Die Deutsche Nationalbibliothek verzeichnet diese Publikation in der Deutschen Nationalbibliografie; detaillierte bibliografische Daten sind im Internet über http://dnb.d-nb.de abrufbar.

2. Auflage 2025

Coverfoto: © Bernd Kröger - stock.adobe.com
Korrektur: Regine Freudenstein, Frauke Wilkens
Satz: Straive, Chennai, India
Druck und Bindung:

Print ISBN: 978-3-527-72225-9
ePub ISBN: 978-3-527-84839-3

Bevollmächtigte des Herstellers gemäß EU-Produktsicherheitsverordnung ist die Wiley-VCH GmbH, Boschstr. 12, 69469 Weinheim, Deutschland, E-Mail: Product_Safety@wiley.com.

Über den Autor

Als Wissenschaftler schreibt man vorwiegend schwer verständliche Bücher, die in sehr geringer Auflage gedruckt werden und die dann überwiegend in Hochschulbibliotheken verstauben. Oder man verfasst (das ist sogar noch angesehener) möglichst viele Aufsätze für bestimmte englischsprachige Fachzeitschriften, die zu großen Teilen nach langer Begutachtungszeit von deren Redaktionen abgelehnt oder im günstigsten Fall von einer Handvoll Forschender gelesen werden. Dabei ist es meist ziemlich egal, worum es inhaltlich geht, Hauptsache ist, die Fachzeitschrift ist möglichst renommiert. Aber eigentlich sollte man im heutigen Wissenschaftssystem vor allem permanent Drittmittel einwerben und sich nicht allzu sehr um Politik und Gesellschaft und deren echte Probleme kümmern.

Vor diesem Hintergrund war und ist *Das politische System Deutschlands für Dummies* als populärwissenschaftliches Buch ein willkommenes Experiment für mich. Ich habe mich darauf eingelassen, nicht weil es viel Geld bedeutet oder weil damit wissenschaftliche Lorbeeren verbunden sind. Vielmehr erscheint es mir als eine gute Möglichkeit, einen Beitrag zur politischen Bildung zu leisten, da unsere pluralistische Demokratie aus meiner Sicht zurzeit vor großen Herausforderungen steht – dieser Eindruck ist während der Bearbeitung der 2. Auflage im Jahr 2024 noch stärker als beim Schreiben des Buches sechs Jahre vorher.

Nach dem Verfassen dieses Buches habe ich großen Respekt vor allen, die jemals ein Lehrbuch oder etwas Ähnliches geschrieben haben, denn es kostet unglaublich viel Zeit, und man muss sich in etliche Teilbereiche einarbeiten, mit denen man sich sonst nicht oder nur oberflächlich beschäftigt. Wenn ich übrigens nicht gerade lehre oder forsche, versuche ich mich an mehr oder weniger sinnvollen oder sinngebenden Freizeitbeschäftigungen wie etwa dem Musizieren (besuchen oder besser buchen Sie doch mal meine Band: **die-motorsensen.de**).

Ich habe beim Schreiben viel Sorgfalt an den Tag gelegt, kann aber natürlich Fehler nicht völlig ausschließen. Außerdem ergeben sich im Laufe der Zeit Veränderungen, die zum Veralten gedruckter Texte führen. Wenn Sie eine falsche Angabe finden, schreiben Sie bitte eine E-Mail an service@wiley-vch.de.

Widmung

Für meine politisch interessierte Familie und alle, die sich zivilgesellschaftlich für die offene Gesellschaft, pluralistische Demokratie, europäische Integration und Völkerverständigung engagieren.

Danksagungen

Ich danke meiner ersten Lektorin Inken Bohn dafür, dass sie mich aus mir unerfindlichen Gründen für dieses Buch angefragt hat und auch dann noch an mir festhielt, als ihr offenbar klar wurde, dass ich wie alle Wissenschaftler – jedenfalls praktisch alle, die ich kenne – Abgabetermine nicht einhalte (natürlich nicht aus Böswilligkeit). Ein herzlicher Dank geht auch an meinen zweiten Lektor Marcel Ferner für die ebenfalls gute Zusammenarbeit. Es freut mich sehr, dass sich dieses Buch bisher offenbar so gut verkauft hat, dass der Verlag eine Neuauflage in die Wege leitete – genug passiert ist auf der politischen Bühne in den letzten Jahren auf jeden Fall. Danke nicht zuletzt natürlich auch an alle, die dieses Buch gekauft haben.

Auch meinen Studierenden möchte ich danken: für anregende Rückmeldungen und Diskussionen, für ihre Geduld, meine manchmal ausufernden Vorträge und stets textlastigen Folien zu ertragen, und für ihre Bereitschaft, als Lehrkräfte wichtige Wissensvermittlungs- und Multiplikatorenaufgaben in unserer Gesellschaft zu übernehmen.

Schließlich danke ich meinen akademischen Lehrern Heidrun Abromeit, Hans Herbert von Arnim und Wolfgang Seibel. Ich habe viel von ihnen – und sehr Unterschiedliches – über das politische System Deutschlands gelernt. Dank Wolfgang Seibel durfte ich früh eine einschlägige Vorlesung halten, ohne die dieses Buch wohl nicht zustande gekommen wäre. Alle drei haben meine Einstellung mitgeprägt, dass Forschende und Publizierende auch eine gesellschaftliche Verantwortung haben.

Auf einen Blick

Inhaltsverzeichnis

Einführung

Selbst wenn Sie Einführungen nicht sonderlich mögen, empfehle ich Ihnen, die folgenden Seiten zu lesen. Das mache ich nicht, weil ich den entsprechenden Text ungern umsonst verfasst habe, sondern weil er Ihnen helfen wird, *Das politische System Deutschlands für Dummies* besser zu verstehen. Zunächst beschreibe ich kurz, was dieses Buch im Unterschied zu einschlägigen politikwissenschaftlichen Lehrbüchern auszeichnet. Dann stelle ich einige Annahmen über Sie als Leserin oder Leser an. Im Anschluss beschreibe ich die in diesem Buch verwendeten Konventionen und Symbole. Abschließend präsentiere ich die einzelnen Teile des Buches im Schnelldurchlauf und teile Ihnen mit, was Sie nicht unbedingt lesen müssen.

Über dieses Buch

Sie finden in den folgenden Kapiteln mehr oder weniger das, was auch politikwissenschaftliche Lehrbücher über das politische System Deutschlands im Kern enthalten:

- ✔ die Entstehung der Bundesrepublik und die wichtigsten Inhalte des Grundgesetzes;
- ✔ nichtstaatliche politische Akteure wie Parteien, Interessenverbände und die Medien;
- ✔ die Verfassungsorgane auf Bundesebene;
- ✔ Darstellungen zu den Regierungssystemen der Bundesländer und zur Kommunalpolitik;
- ✔ Gesetzgebung, Regieren und politische Prozesse im deutschen Mehrebenensystem.

Was sind nun aber die Vorteile oder Alleinstellungsmerkmale dieses Buches? Im Unterschied zu klassischen Lehrbüchern

- ✔ ist *Das politische System Deutschlands für Dummies* vergleichsweise kurz und griffig, auch wenn das Buch von der Seitenzahl her vielleicht nicht so wirkt. Sie erfahren das Wichtigste, was man aus meiner Sicht im Bachelor- oder Lehramts-Grundstudium der Politikwissenschaft, als Nebenfachstudentin, als Schüler im Fach Gemeinschaftskunde der gymnasialen Oberstufe oder einfach als gut gebildete Bürgerin wissen sollte.
- ✔ ist dieses Buch aus optischer Sicht keine Bleiwüste. Lehrbücher bestehen größtenteils aus vielen eng bedruckten Seiten. *Das politische System Deutschlands für Dummies* kommt in aufgelockerten kurzen Kapiteln, Abschnitten und Absätzen daher, setzt viel auf Häkchenlisten (wie diese hier) und auf ansprechende Symbole sowie Informationskästen.
- ✔ verzichtet dieses Buch auf unnötige Fachsprache. Feststehende Bezeichnungen oder gebräuchliche Fachbegriffe sind natürlich an vielen Stellen notwendig, aber *Das politische System Deutschlands für Dummies* ist nicht in komplizierter oder extrawissenschaftlicher Sprache gehalten, um damit Eindruck im Fachkollegenkreis zu schinden.

Stattdessen habe ich mich um eine leicht verständliche und unterhaltsame Ausdrucksweise bemüht – und wo der Politikwissenschaftler (oder Fachidiot) in mir sich nicht zügeln konnte, hat mitunter die Lektorin Umformulierungen vorgenommen.

- ✔ finden Sie in *Das politische System Deutschlands für Dummies* auch etliche Angaben zu Rechtsnormen, vor allem aus dem Grundgesetz. Abweichend von anderen Politikwissenschaftlern bin ich nicht der Auffassung, dass man das (Verfassungs-)Recht überwiegend den Rechtswissenschaftlerinnen und Jurastudenten überlassen sollte. Die deutsche Politik wird zu einem beträchtlichen Teil durch Recht gesteuert, und viele wichtige Grundgesetznormen kann man auch ohne rechtswissenschaftliches Studium ausreichend verstehen.
- ✔ enthält *Das politische System Deutschlands für Dummies* auch an verschiedenen Stellen Informationen über die öffentliche Verwaltung in der Bundesrepublik. Ohne gute Basiskenntnisse der Verwaltung kann man etliche Aspekte der deutschen Politik nur eingeschränkt verstehen, denn Politik und Verwaltung sind vielfach eng miteinander verwoben.
- ✔ berücksichtigt *Das politische System Deutschlands für Dummies* auch ausführlich die Einbettung des Regierungssystems der Bundesrepublik in das Mehrebenensystem der Europäischen Union. Das erscheint mir notwendig, denn die europäische Politik beeinflusst mittlerweile ganz erheblich politische Prozesse und Inhalte in Deutschland.
- ✔ liefert *Das politische System Deutschlands für Dummies* Anekdoten und reale Beispiele, um die verschiedenen Wissensinhalte zu veranschaulichen und zu verdeutlichen.

Törichte Annahmen über die Leserinnen und Leser

Das … *für Dummies*-Autorenbüchlein trägt mir auf, Überlegungen über Sie als Leserin oder Leser anzustellen. Zunächst einmal haben Sie offenbar einen ausgesprochen guten Geschmack, denn Sie haben in dieses Buch zumindest schon einmal hineingelesen. Des Weiteren vermute ich, dass Sie

- ✔ sich – aus welchen Gründen auch immer – für das politische System der Bundesrepublik interessieren und gern mehr darüber erfahren möchten oder
- ✔ selbst nicht einschlägig interessiert sind, aber ein gutes Buch für jemanden suchen, der es ist (beziehungsweise von dem Sie das zumindest annehmen), oder
- ✔ in Schule oder Hochschule mit dem politischen System Deutschlands als Lehr- und Prüfungsstoff konfrontiert sind und ein Lernhilfsmittel suchen.

Grundsätzlich eignet man sich Kompetenzen und Wissen besser an, wenn man sich von sich aus für ein Thema interessiert. Wenn das bei Ihnen der Fall ist, wird Ihnen dieses Buch sicherlich helfen, in kurzer Zeit mehr über das politische System Deutschlands zu erfahren und im Gedächtnis zu behalten. Aber auch sonst sollten Sie mit diesem Werk Lernerfolge und Wissenszuwächse erzielen können.

Sie brauchen für dieses Buch kein besonderes Vorwissen (außer solide Kenntnisse der deutschen Sprache). Ich erkläre das politische System Deutschlands hier von Grund auf. Sie sollten natürlich ein wenig Lesebereitschaft mitbringen.

Konventionen in diesem Buch

Das politische System Deutschlands für Dummies verzichtet auf unnötige und schwer verständliche Abkürzungen. Viele Abkürzungen erkläre ich bei ihrer ersten Verwendung im Text. Die folgende rechtliche Abkürzung taucht häufiger auf: GG steht für das Grundgesetz der Bundesrepublik Deutschland, also die deutsche Verfassung.

Über geschlechtergerechte oder gendersensible Sprache ist in den letzten Jahren viel diskutiert worden, und die diesbezüglichen Meinungen gehen in Politik und Gesellschaft zum Teil weit auseinander. Das Thema ist ein Beispiel für Konflikte in pluralistischen Gesellschaften und zeigt auch sehr anschaulich, dass Meinungsfreiheit mitunter mit wechselseitigen Zumutungen verbunden ist. Vor dem Hintergrund, dass es den einzig richtigen Umgang mit dem Gegenstand »geschlechtergerechte Sprache« wohl nicht gibt, habe ich mich in diesem Buch für die folgende Vorgehensweise entschieden:

- ✔ Bei allgemeinen Erläuterungen oder unspezifischen Beschreibungen mit Geschlechtsbezug gebrauche ich mehr oder weniger abwechselnd männliche und weibliche Formulierungen (zum Beispiel »Rechtswissenschaftlerinnen und Jurastudenten«), gemeint sind aber grundsätzlich immer alle Geschlechter, außer aus dem Zusammenhang ergibt sich etwas Anderes.
- ✔ Bei Personen in hohen öffentlichen Ämtern verwende ich das jeweilige Geschlecht der realen Person zum Zeitpunkt der Bearbeitung der zweiten Auflage dieses Buches (beispielsweise »der Bundeskanzler« und »die Bundestagspräsidentin«). Die Aussagen gelten aber natürlich auch für vorherige oder künftige Personen in diesen Positionen mit anderem Geschlecht.

Wie dieses Buch aufgebaut ist

Das politische System Deutschlands für Dummies besteht aus verschiedenen Teilen zu unterschiedlichen Gebieten der bundesrepublikanischen Politik. Jeder Teil setzt sich aus mehreren thematisch zusammenhängenden Kapiteln zusammen. Die Kapitel sind wiederum in einzelne Abschnitte unterteilt. Am Anfang jedes Kapitels finden Sie einen einführenden Abschnitt, der einen Überblick über die Inhalte des jeweiligen Kapitels gibt und das Kapitel in den Gesamtzusammenhang des politischen Systems einordnet. Ich habe versucht, dieses Buch möglichst systematisch aufzubauen, um Ihnen dadurch die Lektüre und Wissensaneignung zu erleichtern.

Teil I: Grundlagen des politischen Systems

In diesem Teil erfahren Sie einiges über zentrale Begriffe und Konzepte, die für das Verständnis von Politik wichtig sind. Zudem gibt es einen Überblick über frühere Regierungssysteme in Deutschland. Schließlich enthält dieser Teil eine kompakte Einführung in die Inhalte des Grundgesetzes.

Teil II: Organisierte Interessenvermittlung und Medien

Jenseits der staatlichen Institutionen wird Politik in Deutschland maßgeblich durch nichtstaatliche Organisationen geprägt. Dieser Teil behandelt in jeweils eigenen Kapiteln Interessenverbände, politische Parteien und die Medien.

Teil III: Die Verfassungsorgane auf Bundesebene

Die Kapitel dieses Teils sind den einzelnen Verfassungsorganen auf Bundesebene – Bundestag, Bundesrat, Bundespräsident, Bundesregierung und Bundesverfassungsgericht – und ihren jeweiligen Beziehungen untereinander gewidmet. Auch den Gesetzgebungsprozess behandele ich hier.

Teil IV: Politik im Bundesstaat

Die innerstaatlichen politischen und administrativen Kompetenzen sind in Deutschland im Wesentlichen auf drei Ebenen verteilt: Bund, Länder und Kommunen. Dieser Teil beschäftigt sich mit Strukturen und Prozessen im föderalen Mehrebenensystem. Er gibt einen Überblick über die Regierungssysteme der Bundesländer sowie die Politik in Gemeinden, Städten und Landkreisen. Außerdem gehe ich auf die Beziehungen zwischen Politik und öffentlicher Verwaltung und den Verwaltungsaufbau in der Bundesrepublik ein.

Teil V: Europäische und internationale Einflüsse

Hier gebe ich einen kurzen Überblick über das politische System der Europäischen Union, um dann auf die Europäisierung der deutschen Politik einzugehen. Außerdem behandele ich in Grundzügen Auswirkungen der Außenpolitik – unter anderem am Beispiel verschiedener Internationaler Organisationen – auf das deutsche Regierungssystem.

Teil VI: Der Top-Ten-Teil

In diesem Teil finden Sie Listen mit jeweils mehr oder weniger zehn Abschnitten zu den verschiedenen Phasen der Politikgestaltung, zu Irrtümern über das politische System Deutschlands, zu den bisherigen Bundespräsidenten und Bundeskanzlern sowie zu wichtigen Parteien und Interessenverbänden. Außerdem gibt es noch einige Literaturempfehlungen zum Weiterlesen.

Was Sie nicht lesen müssen

Sie können *Das politische System Deutschlands für Dummies* von vorn bis hinten durchlesen wie einen Roman oder es stattdessen als Nachschlagewerk verwenden, indem Sie nur die Abschnitte zu jenen Themen lesen, die Sie interessieren. Bei der Suche nach den entsprechenden Stellen im Text helfen Ihnen das Inhaltsverzeichnis, dieses Einführungskapitel und das Stichwortverzeichnis am Ende des Buches. Innerhalb der einzelnen Kapitel können Sie bei Zeitnot auf die Ausführungen bei den »Anekdote«-Symbolen verzichten. Die betreffenden Inhalte sind meist nicht so wichtig (aber oft recht unterhaltsam).

Symbole in diesem Buch

In den ... *für Dummies*-Büchern finden Sie bestimmte Symbole, die das Schriftbild optisch auflockern und auf ergänzende Informationen, Hinweise oder Beispiele aufmerksam machen. In diesem Buch habe ich die folgenden Symbole verwendet:

Hier geht es immer um die Erklärung bestimmter politischer Begriffe oder Konzepte. In den Politik- und Sozialwissenschaften sind allerdings viele Definitionen umstritten. Ich stelle Ihnen stets eine übliche beziehungsweise die am häufigsten verwendete Begriffsbestimmung vor oder erläutere unterschiedliche Definitionen.

Bei diesem Symbol skizziere ich Beispiele, um die Inhalte anschaulicher zu machen. Gelegentlich erzähle ich auch eine Anekdote aus der Welt der Politik.

Viele Aspekte des politischen Systems der Bundesrepublik haben europäische oder internationale Bezüge. Dieses Symbol weist auf solche Phänomene hin oder vergleicht die deutsche Situation mit den Regierungssystemen anderer Staaten.

Wie es weitergeht

Im ersten Kapitel geht es gleich in die Vollen: Ich erläutere und diskutiere unter anderem Begriffe wie Politik, Staat, politisches System und Demokratie. Sie glauben schon zu wissen, was damit gemeint ist? Sehr gut – dann schauen Sie doch gleich mal nach, ob Sie und ich darunter das Gleiche verstehen ... Oder meinen Sie etwa, Sie haben noch keinen blassen Schimmer? Auch gut – dann lesen Sie doch gleich mal weiter. Einerseits werden Sie sehr wahrscheinlich feststellen, dass Sie doch schon einiges wissen, und andererseits kann ein wenig Demut nicht schaden, wenn man sein einschlägiges Wissen verbessern will, denn viele Zeitgenossen sprechen über Politik, als wüssten sie schon fast alles ...

Ich wünsche Ihnen nun viel Freude mit diesem Buch und hoffe, dass es Ihr Interesse am politischen System Deutschlands vergrößert. Es geht schließlich um unser Gemeinwesen.

Teil I

Grundlagen des politischen Systems

IN DIESEM TEIL ...

Politik ist in aller Munde. In der Alltagssprache haben manche politischen Begriffe aber teilweise eine andere Bedeutung als in der Politik oder in der Wissenschaft. Deshalb erfahren Sie hier mehr über zentrale Wörter und Konzepte, die für das Verständnis der Politik in Deutschland wichtig sind.

Da politische Systeme nicht einfach vom Himmel fallen, geht dieser Teil auch kurz auf frühere deutsche Regierungsformen ein. Etliche derzeitige Strukturen lassen sich so besser verstehen.

Von besonderer Bedeutung für die Politik in Deutschland ist außerdem das Grundgesetz. Daher präsentiert dieser Teil einen kompakten Überblick über die deutsche Verfassung.

IN DIESEM KAPITEL

- Kompaktes Grundlagenwissen für die Beschäftigung mit Politik
- Zentrale Begriffe und Konzepte politischer Systeme
- Einige besondere Merkmale der Politik in Deutschland

Kapitel 1
Zu Beginn einige wichtige Begriffe

Wörter wie Politik, Deutschland und Demokratie begegnen Ihnen fast täglich in Zeitungen, Büchern, Fernsehsendungen, dem Internet oder Gesprächen. Vielleicht fragen Sie sich daher, weshalb man sich zunächst mit diesen und anderen Begriffen beschäftigen sollte, wenn man mehr über das politische System Deutschlands erfahren möchte. Sie können natürlich dieses Kapitel überspringen und gleich zu bestimmten Themen blättern, die Sie besonders interessieren. Es ist aber durchaus sinnvoll, sich scheinbar altbekannte politische Begriffe noch einmal bewusst vor Augen zu führen, um ein besseres Grundverständnis für verschiedene Aspekte der Politik in Deutschland und jenseits der Bundesrepublik zu entwickeln.

Bestimmte Wörter werden in der Politik oder in der Wissenschaft teilweise anders verwendet als etwa in einer Diskussion im Freundeskreis, einem Flugblatt, einer Internetkampagne oder einem Streitgespräch am Stammtisch. Außerdem ist man sich häufig nicht einmal in der Politikwissenschaft und benachbarten Wissenschaftsdisziplinen einig, was unter bestimmten Begriffen und Konzepten genau zu verstehen ist. Vor diesem Hintergrund bringt Ihnen dieses Kapitel mehr begriffliche Klarheit und liefert zudem grundlegende Informationen über Politik. Einige Fachwörter, die nicht so zentral sind, werden in späteren Kapiteln erklärt.

Eine Annäherung an den Begriff »Politik«

Menschen verbinden mit dem Begriff Politik in der Regel unterschiedliche Dinge, etwa Macht, Konflikte, Herrschaft, Gesetze, staatliche Institutionen, Parteien, Lobbyismus oder auch Korruption. Es gibt leider keine Begriffsbestimmung von Politik, die allgemeingültig ist und der beispielsweise alle Politiker oder Wissenschaftlerinnen zustimmen würden. Dennoch ist ein Kern von Politik erkennbar: die gemeinsame oder übergreifende Behandlung von Angelegenheiten (häufig Problemen), die viele Menschen betreffen.

Kollektiv-verbindliche Entscheidungen für das Gemeinwesen

In der Politikwissenschaft wird oft die folgende Definition für *Politik* verwendet: das Gemeinwesen betreffende, kollektiv-verbindliche Entscheidungen. Die einzelnen Elemente dieser Annäherung an den Politikbegriff sind zwar erneut unscharf, lassen sich aber folgendermaßen genauer bestimmen:

- ✔ **Gemeinwesen** steht für eine auf die Öffentlichkeit oder Allgemeinheit bezogene räumliche Einheit, in der sich meist eine Vielzahl von Menschen aufhält. Das kann eine Gemeinde, ein Bundesland, ein Staat oder auch ein Gebilde wie die Europäische Union sein. Nicht gemeint sind private Zusammenschlüsse wie etwa Firmen oder Vereine. In solchen Einheiten werden zwar auch verbindliche Entscheidungen getroffen, aber sie gelten meist nur für die jeweiligen Mitarbeitenden oder Mitglieder.
- ✔ Mit **Entscheidungen** sind Beschlüsse oder Regelungen gemeint, die in einem solchen Gemeinwesen gelten. Hiermit ist noch nicht gesagt, wer diese Entscheidungen trifft. In der Regel sind das Organisationen mit einer entsprechenden Entscheidungsbefugnis, zum Beispiel Parlamente (Volksvertretungen). Es gibt unterschiedliche Arten von politischen Entscheidungen und damit zusammenhängend verschiedene Entscheidungsverfahren. Parlamente erlassen beispielsweise Gesetze auf der Grundlage bestimmter Verfahrensregelungen.
- ✔ **Kollektiv-verbindlich** ist eine Entscheidung dann, wenn sie für die Menschen eines bestimmten Gemeinwesens grundsätzlich allgemein gilt. Es kann zwar sein, dass sich nicht immer alle Menschen an sämtliche derartige Regelungen halten (denken Sie etwa an jemanden, der einen Diebstahl begeht und damit gegen das Strafgesetzbuch verstößt). Das ändert aber nichts daran, dass die Entscheidung von ihrer Natur her einen allgemeinen Geltungsanspruch hat und eine Nichtbefolgung gegebenenfalls (wie im Fall des Diebstahls) von staatlicher Seite bestraft werden kann.

Wie gesagt: Diese Begriffsbestimmung versucht nicht, Politik in all ihren unterschiedlichen Aspekten zu beschreiben und zu erfassen. Es geht bei dieser Definition oder Beschreibung um den Kern von Politik, wie er heute nicht zuletzt in der Politikwissenschaft meist verstanden wird.

Das Wort Politik stammt – wie einige andere politische Begriffe auch – aus dem Griechischen. *Polis* bedeutet Stadt oder Gemeinschaft. Die historische Polis war der antike griechische Stadtstaat. Derartige Gemeinwesen wie Athen und Sparta kennen viele Menschen aus den griechischen Sagen. Heute gibt es nicht mehr viele souveräne Stadtstaaten, aber von Monaco und Singapur haben Sie vermutlich schon einmal gehört. Die deutschen Stadtstaaten Berlin, Bremen und Hamburg nehmen im Staatsaufbau der Bundesrepublik eine Doppelrolle als Kommunen und Bundesländer ein, sind aber nicht souverän im völkerrechtlichen Sinne.

Polity, politics und policy

Während die deutsche Sprache für das Thema dieses Abschnitts nur das Wort »Politik« kennt, gibt es im Englischen gleich drei Begriffe, die sich auf unterschiedliche Dimensionen des Politischen beziehen: *polity, politics* und *policy*. Eine kurze Beschäftigung mit diesen Wörtern scheint aus zwei Gründen angebracht: Zum einen werden sie nicht nur in englischsprachigen und wissenschaftlichen Werken, sondern etwa auch in den deutschen Medien und von Politikern des Öfteren verwendet. Zum anderen ist die mit ihnen verbundene Dreiteilung des Politikbegriffs sinnvoll:

- ✔ **Polity** bezeichnet den institutionellen, organisatorischen oder rechtlichen Rahmen von Politik. Hier geht es häufig um die Verfassung, grundlegende Gesetze oder institutionelle Regelungen. Manchmal ist mit dem Begriff auch das politische Gemeinwesen an sich gemeint.
- ✔ **Politics** betrifft politische Prozesse. Parteien, Interessenverbände, Abgeordnete, Regierungsmitglieder, Ministerialbeamte und andere Akteure sowie ihre Handlungen und Netzwerke stehen hier im Zentrum der Aufmerksamkeit. Es wird argumentiert, diskutiert, gestritten, verhandelt und entschieden (oder auch nicht).
- ✔ **Policy** schließlich erstreckt sich auf die inhaltliche Seite von Politik. Einerseits kann man damit Politikfelder beschreiben, also etwa Umwelt-, Wirtschafts- oder Verbraucherschutzpolitik. Andererseits können damit auch ganz konkrete Entscheidungen oder Regelungen gemeint sein, beispielsweise ein Gesetz zum Schutz bestimmter Pflanzen, ein Beschluss zur Unterstützung benachteiligter Betriebe oder eine Verordnung zur Kennzeichnung von Lebensmitteln. In der Politikwissenschaft spricht man gelegentlich auch von *Politiken*. Damit sind häufig inhaltliche Entscheidungen in abgrenzbaren Bereichen oder Politikfeldern gemeint, etwa die Arbeitsmarkt-, Sozial- und Wirtschaftspolitiken einer bestimmten Regierung.

Der Staat – mehr als politische Institutionen

Politik findet nicht im luftleeren Raum statt. Im vorigen Abschnitt war davon die Rede, dass sich Politik stets auf ein bestimmtes Gemeinwesen bezieht, unter Umständen sogar auf mehrere. Die immer noch wichtigsten Gemeinwesen unserer Zeit sind Staaten. Sie sind häufig die zentralen Bezugspunkte für Politik, auch wenn – je nach politischem System – organisatorische Einheiten unterhalb und oberhalb der staatlichen Ebene ebenfalls von großer Bedeutung für politische Entscheidungen und ganz allgemein das gesellschaftliche Zusammenleben sein können.

Nach der bekannten Drei-Elemente-Lehre des Staatsrechtlers Georg Jellinek weist ein Staat die Merkmale *Staatsgebiet, Staatsvolk* und *Staatsgewalt* auf:

- ✔ Staatsgebiet bedeutet, dass ein Staat über eine klar abgegrenzte und dauerhafte Fläche verfügen muss. Die eindeutige Abgrenzung des Staatsgebiets kann mitunter schwierig sein, etwa weil sich Regierungen verschiedener Territorien nicht über genaue Grenzverläufe einig sind oder der Klimawandel Gebietsveränderungen verursacht.

- ✔ Das Staatsvolk ist wohl der vieldeutigste und umstrittenste Begriff der Drei-Elemente-Lehre. Mit Volk sind in diesem Zusammenhang meist nicht die Bewohnerinnen eines bestimmten Staatsgebiets gemeint, sondern die Staatsbürger. Hierbei handelt es sich in der Regel um Menschen, die die Staatsbürgerschaft des betreffenden Staates besitzen. Die Regeln zur Erlangung der Staatsbürgerschaft unterscheiden sich von Staat zu Staat mehr oder weniger. Das Staatsvolk zeichnet sich üblicherweise auch in gewissem Rahmen durch ein gemeinsames Bewusstsein aus (der entsprechende Fachbegriff hierfür lautet *kollektive Identität*). Für dieses gemeinschaftsbezogene und wechselseitige Zugehörigkeitsgefühl des Staatsvolks sind meist Aspekte wie gemeinsame Sprache, Religion, Geschichte, Kultur und Werte von Bedeutung.
- ✔ Mit dem Begriff der Staatsgewalt ist gemeint, dass es für ein bestimmtes Staatsgebiet und Staatsvolk im Prinzip lediglich eine Instanz oder Autorität gibt, die bindende Regeln erlassen und auch durchsetzen kann und darf. Somit dient das staatliche Gewaltmonopol insbesondere der Aufrechterhaltung von Ordnung und Sicherheit. Es ist Ausdruck der internen Souveränität eines Staates: Grundsätzlich dürfen nur staatliche Stellen allgemein verbindliche Rechtsnormen erlassen und ihre Befolgung im Zweifelsfall auch mit Strafmaßnahmen oder sogar mit Waffengewalt erzwingen. Das innerstaatliche Gewaltmonopol kann zum Beispiel infrage gestellt werden durch ausufernde organisierte Kriminalität, gewaltbereite Milizen, ausländische Besatzungstruppen oder terroristische Vereinigungen.

Es gibt keine Mindestgröße im Hinblick auf das Staatsgebiet: Riesige Staatsgebilde wie die Russische Föderation oder die USA haben jenseits ihres tatsächlichen Einflusses grundsätzlich die gleiche völkerrechtliche Staatsqualität wie etwa die Mikrostaaten Liechtenstein oder San Marino. Oft ist von *Nationalstaaten* die Rede. Dahinter steckt die Idee, dass jeder Staat durch eine bestimmte Nation besonders geprägt ist. Es gibt aber auch Staaten wie Indien mit unzähligen ethnischen Gruppen, Religionen und Sprachen. Die Mitglieder des Staatsvolks können also sehr unterschiedlich und vielfältig sein und sich doch als Angehörige einer Nation verstehen. Staaten, die etwa aufgrund von Bürgerkriegen nicht mehr in der Lage sind, innerstaatlich ein Gewaltmonopol aufrechtzuerhalten, bezeichnet man auch als zerfallende oder scheiternde Staaten (*failed states*).

Politische Spielräume bei der Anerkennung von Staaten

Ein Land, das die Kriterien Staatsgebiet, Staatsvolk und Staatsgewalt erfüllt, gilt allerdings nicht automatisch in der internationalen Politik als Staat. Jeder Staat ist grundsätzlich darin frei, ein anderes Land als Staat anzuerkennen oder nicht. Einige Länder, die recht eindeutig alle drei Staatsmerkmale erfüllen, werden vor diesem Hintergrund aus politischen Gründen von manchen Regierungen oder Internationalen Organisationen nicht als Staat anerkannt, zum Beispiel Taiwan.

Andererseits gibt es etwa auf dem Territorium der ehemaligen Sowjetunion Gebiete, die sich selbst als souveräne Staaten bezeichnen, obwohl bei ihnen vor allem Staatsgebiet und eigenständige Staatsgewalt umstritten sind. Heute sind praktisch alle Staaten Mitglieder der Vereinten Nationen (UNO). Eine UNO-Mitgliedschaft ist der sichere Beweis, dass Sie es mit einem Staat zu tun haben.

Deutschland als Staat

»Die Bundesrepublik Deutschland ist ein demokratischer und sozialer Bundesstaat« (Art. 20 Abs. 1 des Grundgesetzes). Für uns ist es mittlerweile selbstverständlich, dass Deutschland ein Staat ist. Das war jedoch lange Zeit nicht der Fall.

Obwohl sich spätestens im Laufe des 19. Jahrhunderts eine deutsche Nation herausbildete – das heißt ein entsprechendes gemeinsames Bewusstsein und Zugehörigkeitsgefühl –, wurde erst mit dem Deutschen Kaiserreich von 1871 ein *Nationalstaat* geschaffen, der die beschriebenen Kriterien (Staatsgebiet, Staatsvolk und Staatsgewalt) erfüllte. Davor gab es eine variierende Anzahl größerer und kleinerer Staatswesen – meist Monarchien – auf einem Gebiet wechselnder Größe, dessen Bewohner sich als mehr oder weniger deutsch verstanden neben ihrer beispielsweise badischen, bayerischen, preußischen oder sächsischen Identität und Staatsangehörigkeit.

Die Fläche des Deutschen Reiches veränderte sich im 19. und 20. Jahrhundert mehrere Male, häufig infolge kriegerischer Auseinandersetzungen. Nach dem Zweiten Weltkrieg wurde Deutschland 1945 zunächst von ausländischen Truppen besetzt und in Besatzungszonen aufgeteilt. Die Alliierten (Frankreich, Großbritannien, Sowjetunion, USA) übten vorübergehend die Staatsgewalt aus. Im Hinblick auf diese Nachkriegsjahre kann man – wenn überhaupt – höchstens von einer eingeschränkten Staatlichkeit Deutschlands sprechen. Der Wiederaufbau politischer Strukturen erfolgte zunächst auf kommunaler Ebene (Städte und Gemeinden) sowie regionaler Ebene (Länder).

Im Jahr 1949 kam es dann zur Gründung von zwei Staaten auf Teilgebieten des ehemaligen Deutschen Reiches. Die Bundesrepublik Deutschland (BRD) und die Deutsche Demokratische Republik (DDR) waren zumindest aus rechtlicher Sicht spätestens ab Mitte der 1950er-Jahre weitgehend souverän. Allerdings behielten sich die Alliierten gewisse militärische Befugnisse sowie Entscheidungsrechte etwa in Bezug auf Berlin und Deutschland als Ganzes vor. Erst im Zuge der Wiedervereinigung – des Beitritts der DDR zur BRD – erlangte Deutschland 1990 aus staats- und völkerrechtlicher Perspektive grundsätzlich die volle Souveränität über seine inneren und äußeren Angelegenheiten zurück.

VON REICHSBÜRGERN UND ANDEREN REPUBLIKVERLEUGNERN

Die sogenannten Reichsbürger und andere rechte Verschwörungstheoretikerinnen bestreiten die Existenz oder die Rechtmäßigkeit der Bundesrepublik Deutschland. Ihrer Meinung nach bestehe das Deutsche Reich beziehungsweise dessen Regierungssystem weiter, stelle die Bundesrepublik lediglich eine Firma dar oder sei völlig fremdgesteuert. Manche Angehörige dieser Szene sehen sich auch als Staatsoberhaupt oder Regierungsmitglied des Deutschen Reiches oder von selbst gegründeten beziehungsweise erfundenen Mini-Staaten. So verführerisch und scheinbar einleuchtend manche angeblichen Argumente dieser zum Teil sehr unterschiedlichen Gruppierungen auch klingen mögen: Schenken Sie ihnen keinen Glauben. Reichsbürger erwecken nicht selten den Eindruck, dass sie die vorteilhaften Leistungen des von ihnen abgelehnten und abgestrittenen Staates gerne und häufig in Anspruch nehmen, aber in eine renitente Verweigerungshaltung verfallen, wenn es mal um Gebühren, Bußgeldbescheide oder die Beachtung von Vorschriften und Verwaltungsakten geht …

Das wiedervereinigte Deutschland mit dem Regierungssystem der Bundesrepublik ist das einzige rechtmäßige sowie international anerkannte deutsche Staatswesen. Das sagen nicht nur Politikerinnen, Medienvertreter, Lehrerinnen oder *… für Dummies*-Autoren, sondern auch Menschen, die der deutschen Politik ansonsten zu Recht oder zu Unrecht sehr kritisch gegenüberstehen. Außerdem ist die Republik des Grundgesetzes – bei all ihren vielleicht diskussionswürdigen Mängeln – nach gängigen Kriterien der Demokratieforschung der freieste deutsche Staat, den es bisher gab. Ist dem das Regierungssystem des Deutschen Reiches vorzuziehen, das zuletzt bekanntlich alles andere als demokratisch und rechtsstaatlich war? Wohl kaum.

Ein föderales Staatswesen

Das Staatsgebiet der heutigen Bundesrepublik Deutschland umfasst seit 1990 die Territorien von 16 deutschen (Bundes-)Ländern. Die Begriffe »Land« und »Bundesland« werden häufig identisch verwendet, aus verfassungsrechtlicher Sicht ist allerdings die Bezeichnung »Land« korrekt. Das gilt übrigens auch für Berlin, Bremen und Hamburg in ihrer Eigenschaft als *Gliedstaaten* des deutschen *Bundesstaats*. Umgangssprachlich kann es jedoch sinnvoll sein, zumindest in bestimmten Situationen den Begriff »Bundesland« zu verwenden, weil der Gesprächspartner sonst möglicherweise denkt, dass von einem souveränen Staat die Rede ist (»Land« wird in der Alltagssprache häufig mit »Staat« gleichgesetzt).

Die Länder bezeichnen sich zwar zumindest teilweise als Staaten – zum Beispiel der »Freistaat Bayern« –, aber sie sind trotz ihrer Verfassungen, Regierungsinstitutionen, begrenzten Gesetzgebungsrechte und Traditionen keine souveränen Staaten im völkerrechtlichen Sinne (mehr). Das ist lediglich die Bundesrepublik Deutschland. Andererseits sind die Länder mehr als bloße Untergliederungen oder Verwaltungseinheiten: So darf die Bundesebene nur unter genau festgelegten Bedingungen in ihre Belange eingreifen. Ansonsten sind die Länder grundsätzlich politisch selbstständig. Die Bundesrepublik ist daher ein *föderales* Staatswesen und nicht bloß ein *dezentralisierter Einheitsstaat.*

Das politische System

Politische Systeme produzieren Politik. Sie tun das nach gewissen Regeln und Regelmäßigkeiten, aber natürlich nicht so automatisiert und schematisch, wie etwa eine Maschine Waren herstellt. Politische Systeme sind schließlich von Menschen gemacht und funktionieren vorrangig nur durch Menschen; im günstigsten Fall produzieren sie für eine größtmögliche

Zahl an Menschen bestmögliche Politik. Allerdings gehen die Meinungen darüber, was *gute* Politik ist, häufig ziemlich auseinander. Das ist übrigens eines der Probleme oder eine der Aufgaben, mit denen politische Systeme umgehen müssen. In der Wissenschaft widmet sich insbesondere die politische Philosophie der Frage nach der guten Politik.

Ein Teilsystem der Gesellschaft

Das Wort *System* wirkt wie ein technischer, feststehender Begriff. Dabei ist ein politisches System in seinen Bestandteilen und Prozessen nicht immer eindeutig von seiner Umwelt abgrenzbar. Das politische System ist zunächst einmal ein Teilsystem des gesamtgesellschaftlichen Systems (etwa eines Staates). Von anderen Teilsystemen unterscheidet es sich durch seine charakteristische Regelungs- und Steuerungsfunktion: die Erzeugung von Politik, beispielsweise den Erlass und die Umsetzung von Gesetzen.

Verschiedene Gemeinwesen weisen unterschiedliche politische Systeme auf. So kann man etwa auf Bundes-, Länder- und kommunaler Ebene sowie hinsichtlich anderer Staaten und der Europäischen Union jeweils von eigenen politischen Systemen sprechen. Politische Systeme befinden sich in vielfältigen wechselseitigen Abhängigkeits- und Austauschverhältnissen mit anderen gesellschaftlichen Teilsystemen (etwa den Bildungs-, Rechts- und Wirtschaftssystemen) sowie weiteren politischen Systemen.

Regierungssystem oder *politisches System*? Umgangssprachlich werden beide Wörter oft identisch verwendet. Im Prinzip ist das Regierungssystem aber ein engerer Begriff. Zum Regierungssystem zählen die staatlichen Institutionen, also insbesondere Regierung, Parlament, Gerichte und Behörden. Der weitere Begriff des politischen Systems umfasst nicht nur diese Institutionen, sondern auch nichtstaatliche Akteure mit besonderer Bedeutung für die Politik. Dazu zählen vor allem Parteien, Interessenverbände und die Medien. Sie bezeichnet man auch als *intermediäre Akteure*, weil sie für Austausch, Beziehungen und Vermittlung zwischen Gesellschaft und Regierungssystem sorgen.

Grundlegende Aufgaben und Funktionen

Sosehr sich politische Systeme auch von Staat zu Staat oder auf verschiedenen Ebenen des Regierens unterscheiden, sie müssen alle dieselben grundlegenden Aufgaben und Funktionen erfüllen:

- ✔ Sie benötigen *regelmäßige Strukturen* mit unterschiedlichen Organisationseinheiten auf verschiedenen Ebenen, denen systematisch bestimmte Aufgaben zugewiesen sind. Anzahl, Form und Bezeichnung dieser Einheiten (etwa Ministerien, Ämter und Behörden) sowie die Verteilung und Koordinierung der Aufgaben können sich im Laufe der Zeit ändern. Damit ein politisches System in der Lage ist, seine Funktionen fortlaufend zu erfüllen, müssen aber zumindest einige wichtige Strukturen und Verfahren langfristig oder auf Dauer angelegt sein.
- ✔ Politische Systeme beziehen aus anderen Gesellschaftsbereichen Ressourcen wie insbesondere Geld, Personal, Informationen und Sachmittel. Wichtig sind zudem Kommunikationsformen zur Vermittlung von Anforderungen, Erwartungen und

Interessen aus der Gesellschaft in das Regierungssystem. Diese Ressourcen, die in das Regierungssystem eingespeist werden oder die es bezieht, nennt man auch *Input.*

- ✔ Schließlich müssen politische Systeme in der Lage sein, politische Entscheidungen zu produzieren und in die anderen Gesellschaftssysteme zu vermitteln. Hierbei geht es vor allem darum, allgemeingültige Regelungen zu beschließen und anzuwenden. Dazu gehört auch, staatliche Leistungen zu erzeugen, anzubieten und zu verteilen sowie Rechtsnormen bei Konfliktfällen verbindlich auszulegen und notfalls gegen Widerstände durchzusetzen. Die Leistungen oder Handlungen eines politischen Systems für seine Umwelt bezeichnet man auch als *Output.*

Demokratie – ein vieldeutiger Begriff

Über die Frage, wie demokratische Staaten aufgebaut sind oder sein sollten, wurden schon unzählige Bücher geschrieben und Debatten geführt. Demokratie ist ein zentraler politischer Begriff, der unterschiedlich verstanden und umgesetzt werden kann. Das zeigt sich bereits an einem häufig verwendeten Zitat des früheren US-Präsidenten Abraham Lincoln: »government of the people, by the people, for the people« (Regierung des Volkes, durch das Volk, für das Volk). Wer gehört hier zum Volk, wer wird ausgeschlossen? Wie soll das Regieren dieses Volkes in der Praxis tatsächlich vonstattengehen? Was ist gut für das Volk (und wer entscheidet wie darüber)? Auf diese Fragen kann man verschiedene Antworten geben.

Selbstbestimmung als Kernprinzip

Der Kern von Demokratie ist wohl die Idee der Selbst- oder Mitbestimmung in größeren Entscheidungssituationen mit mehreren Personen. Fremdbestimmung kann daher als das Gegenteil von Demokratie begriffen werden. Versteht man unter Politik allgemein verbindliche Beschlüsse für ein Gemeinwesen, dann bedeutet Demokratie vor allem die Mitwirkung oder Einbeziehung der von den Entscheidungen Betroffenen (darauf hat etwa die Politikwissenschaftlerin Heidrun Abromeit hingewiesen).

Damit ist allerdings noch nicht gesagt, wann Beteiligung in politischen Entscheidungszusammenhängen welche Formen annehmen muss, damit man von »Demokratie« oder »demokratisch« sprechen kann oder sollte. Dieser Umstand deutet bereits darauf hin, dass es unterschiedliche Ausgestaltungen und Grade oder Stufen von Demokratie geben kann. Das derzeitige politische System Deutschlands ist eine von sehr vielen möglichen Ausprägungen demokratischen Regierens.

Das Wort Demokratie ist griechischen Ursprungs und setzt sich aus *demos* (Volk) und *kratia* (Herrschaft) zusammen. Frühe Formen demokratischen Regierens fanden sich in den antiken griechischen Stadtstaaten. Dort waren allerdings nur sehr wenige Menschen voll stimm- und beteiligungsberechtigt, nämlich einheimische, männliche, wohlhabende Familienoberhäupter. Das bedeutet, dass unter anderem Frauen, Ausländer, Jüngere, Arbeits- und Besitzlose sowie die zahlreichen Sklaven von der politischen Mitbestimmung ausgeschlossen waren. Nach heutigem Verständnis waren diese Gemeinwesen daher – wenn überhaupt – höchstens sehr begrenzt demokratisch.

Merkmale moderner Demokratien

Trotz aller Begriffsunklarheiten, gewandelter Wertvorstellungen und Diskussionen gibt es einige unumstrittene Merkmale, die ein Regierungssystem im 21. Jahrhundert erfüllen muss, um als demokratisch zu gelten. Zunächst einmal sind Demokratien auch **Rechtsstaaten**. Das Prinzip der Rechtsstaatlichkeit (auf Englisch *rule of law*) besagt insbesondere, dass staatliche Machtausübung grundsätzlich an Rechtsnormen gebunden und staatliche Willkür verboten ist. Jeder Mensch des betreffenden Gemeinwesens verfügt über individuelle, in der Regel schriftlich – zum Beispiel in der Verfassung – festgelegte Rechte. Diese Rechte sind im Streitfall auch einklagbar und durchsetzbar. Dadurch unterscheiden sich Rechtsstaaten von Unrechts- oder Nichtrechtsstaaten, in denen Grundrechte oft nur auf dem Papier stehen.

Zu den besagten Rechten gehören auch garantierte Beteiligungs- und Bürgerrechte (in bestimmten Bereichen sind die Rechte von Bürgern mitunter weitreichender als jene von Menschen ohne die Staatsangehörigkeit des betreffenden Staates). Inhaber einflussreicher politischer Ämter – beispielsweise Parlamentsabgeordnete – werden in Demokratien durch wettbewerbsförmige, **freie Wahlen** bestimmt. Der Zugang zu öffentlichen Ämtern steht grundsätzlich allen Bürgerinnen offen. In der Realität existieren zahlreiche unterschiedliche Wahlsysteme mit jeweils verschiedenen Vor- und Nachteilen. Man unterscheidet zwischen Formen *repräsentativer Demokratie* durch gewählte Entscheidungsträger (Volksvertreter) sowie Elementen *direkter Demokratie*, bei denen die Stimmberechtigten selbst über Sachfragen abstimmen.

In demokratischen Regierungssystemen werden staatliche Institutionen von gewählten Repräsentantinnen direkt oder indirekt geleitet, besetzt oder kontrolliert. Nichtstaatliche **Interessenverbände** können grundsätzlich frei gegründet und organisiert werden. Unter Beachtung gewisser Regeln dürften sie Mitgliederinteressen vertreten sowie neben anderen Gruppierungen und Einzelpersonen ihre Einschätzungen und Standpunkte gegenüber politischen Entscheidungsträgern zum Ausdruck bringen. Nach heutigem Mehrheitsverständnis sind Demokratien *pluralistisch*, das heißt verschiedene Anschauungen, Meinungen und Einstellungen dürfen prinzipiell frei geäußert und in politische Prozesse eingebracht werden.

Charakteristisch für Demokratien sind zudem verschiedene Formen der **Gewaltenteilung**. Damit sind die Trennung, Verschränkung und wechselseitige Kontrolle staatlicher Machtbefugnisse gemeint. Auf diese Weise soll verhindert werden, dass einzelne staatliche Akteure ihre Position missbrauchen oder die ganze Macht an sich ziehen. Man unterscheidet insbesondere zwischen

- ✔ horizontaler Gewaltenteilung: gesetzgebende Gewalt (*Legislative*), ausführende Gewalt (*Exekutive*) und rechtsprechende Gewalt (*Judikative*);
- ✔ vertikaler Gewaltenteilung: Aufteilung von Staatsmacht zwischen der zentralstaatlichen Ebene und unteren Ebenen (etwa Regionen und Gemeinden);
- ✔ funktionaler Gewaltenteilung: Aufgabenverteilung zwischen verschiedenen Organisationseinheiten (etwa Behörden oder Abteilungen);
- ✔ temporaler Gewaltenteilung: (Wahl-)Ämter mit wichtigen Entscheidungsbefugnissen werden nur auf Zeit vergeben.

DEMOKRATIE – EIN RELATIV NEUARTIGES PHÄNOMEN

Die Demokratie, wie sie hier beschrieben wird, ist eine ausgesprochen junge Staatsform. Im Jahr 1900 gab es selbst unter den damals demokratischsten Regierungssystemen (etwa Großbritannien und den USA) noch kein allgemeines Wahlrecht für alle Bürgerinnen und Bürger. Die parlamentarische Verantwortlichkeit der Regierung oder deren Direktwahl musste historisch ebenso errungen werden wie die Ausweitung des Wahlrechts auf Besitzlose, ethnische Minderheiten, Frauen und Jüngere.

Viele Demokratien entstanden nach dem Zweiten Weltkrieg, dem Ende der Kolonialzeit und der Überwindung der sozialistischen Regime in Mittel- und Osteuropa. Inzwischen ist ungefähr die Hälfte aller Staaten mehr oder weniger demokratisch. Es existieren aber immer noch etliche *Autokratien*, die die hier beschriebenen Merkmale demokratischer Regierungssysteme nicht (mehr) oder nur bruchstückhaft erfüllen, auch wenn sie sich selbst meist als demokratisch bezeichnen. Es gibt keine unumstrittene, eindeutige Abgrenzung zwischen Demokratien und undemokratischen Regierungssystemen, sondern eine beträchtliche Grauzone.

Die meisten heutigen Demokratien sind auch **Wohlfahrtsstaaten**. Sie kümmern sich für die Menschen in ihrem Hoheitsbereich bis zu einem gewissen Grad um den Schutz vor gesundheitlichen, sozialen und wirtschaftlichen Risiken (zum Beispiel Arbeitslosigkeit und Arbeitsunfähigkeit im Krankheitsfall) und betreiben etwa öffentliche Bildungs- und Kultureinrichtungen. Demokratische Regierungssysteme sind aber nicht notwendigerweise besonders wohlhabend. Arme Demokratien mit geringen staatlichen Leistungen sind ebenso möglich wie relativ reiche, aber undemokratische Wohlfahrtsstaaten.

Faire Verfahren

Demokratie bedeutet im Kern eine Beteiligung an gemeinschaftlichen Entscheidungsprozessen, aber keine Garantie auf Durchsetzung der eigenen Interessen. Aus praktischen Gründen gilt häufig die Mehrheitsregel. Ein zentrales demokratisches Prinzip lautet, dass die Verlierer einer Abstimmung oder Wahl eine faire Chance haben, das nächste Mal zu gewinnen, und dass sie nicht fürchten müssen, von den Gewinnern unterdrückt zu werden. Demokratien verfügen über Verfahren, um politische Konflikte auf friedliche Weise auszutragen und politische Führungswechsel ohne Gewalttätigkeiten zu ermöglichen. Die tatsächliche Ausgestaltung der hier beschriebenen demokratischen Merkmale kann sich jedoch von Regierungssystem zu Regierungssystem stark unterscheiden.

Die Zahl der *Monarchien*, also der Staatswesen mit einem adligen oder gekrönten Staatsoberhaupt, hat weltweit seit dem 19. Jahrhundert deutlich abgenommen. Allein die Existenz einer Königin oder eines Großherzogs muss aber nicht bedeuten, dass es sich um ein undemokratisches Regierungssystem handelt. So hat der Monarch in vielen europäischen parlamentarischen Monarchien heute nur noch identitätsstiftende und zeremonielle Bedeutung und keine politischen

Machtbefugnisse mehr. Umgekehrt ist eine *Republik* mit einem Präsidenten an der Spitze des Staates nicht notwendigerweise demokratisch – es kann sich hierbei auch um eine Diktatur handeln.

Die Fachdisziplin Politikwissenschaft

In diesem Buch ist des Öfteren von »Politikwissenschaft« oder »Politikwissenschaftlern« die Rede. Die Politikwissenschaft ist, wie ihr Name schon nahelegt, die wissenschaftliche Fachdisziplin, die sich vorrangig mit der Erforschung, Erklärung und Erläuterung von Politik beschäftigt.

Auch andere Wissenschaftsdisziplinen behandeln häufig politische Themen, etwa die Geschichtswissenschaft, Rechtswissenschaft, Soziologie und Wirtschaftswissenschaft. Wie Forschende anderer Sozialwissenschaften auch

- ✔ verarbeiten und untersuchen Politikwissenschaftlerinnen Daten, die sie beispielsweise Beobachtungen, Befragungen oder Texten entnehmen;
- ✔ versuchen Politikwissenschaftler, Theorien zu entwickeln (das heißt allgemeine Annahmen und Aussagen, wie sich etwa bestimmte Zusammenhänge ergeben oder wie sich ein Sachverhalt oder Umstand auf ein spezielles Phänomen auswirkt);
- ✔ stellen Politikwissenschaftlerinnen Wissen zusammen und vermitteln es in Bildungseinrichtungen, Fachveröffentlichungen oder Büchern wie diesem hier.

Auf politische Institutionen, Prozesse und Inhalte hat die Politikwissenschaft in Deutschland eher geringen Einfluss. So werden Politikwissenschaftler beispielsweise nicht systematisch zu Gesetzentwürfen angehört. Wenn sie oder andere Forschende dann doch einmal bei Expertenanhörungen Stellungnahmen abgeben, als Mitglieder von Beratungsgremien Studien erstellen oder sich sonst in der Öffentlichkeit äußern, schließen sich politische Akteure selten offen ihren Einschätzungen an, außer sie sehen ihre bereits bestehende Haltung bestätigt.

Politikwissenschaftliche Teilbereiche

Die wichtigsten Teilbereiche der Politikwissenschaft in Deutschland lauten: das politische System Deutschlands, Vergleich und Analyse politischer Systeme, Internationale Beziehungen, Politische Theorie und Ideengeschichte, Methoden der Politikwissenschaft und Politikdidaktik. Man studiert Politikwissenschaft in der Regel nicht, um Politikerin zu werden. Ein Studium der Politikwissenschaft ist erst recht keine Voraussetzung, um in die Politik zu gehen – aber es schadet in der Regel auch nicht.

Politikwissenschaft, Politische Wissenschaft, Politologie, Politikwissenschaften, Politische Wissenschaften – für ein und dieselbe Wissenschaftsdisziplin gibt es erstaunlich viele Bezeichnungen. Mittlerweile ist »Politikwissenschaft« der gebräuchlichste Begriff, auch unter Politikwissenschaftlern selbst. Das Fach wurde erst nach dem Zweiten Weltkrieg als eigenständige Wissenschaft flächendeckend an Hochschulen in Deutschland etabliert. Damals ging es vor allem darum, nach der nationalsozialistischen Diktatur einen Beitrag zur Demokratisierung der Gesellschaft zu leisten. Heute findet man politikwissenschaftliche Studiengänge vor allem an Universitäten.

IN DIESEM KAPITEL

Frühere Staats- und Regierungsformen in Deutschland

Wichtige Weichenstellungen für das heutige politische System

Kontinuitäten und Brüche in der politischen Entwicklung

Kapitel 2
Historisches: Vergangene politische Systeme

Möglicherweise fragen Sie sich, warum Sie sich mit Verfassungsgeschichte beschäftigen sollten, wenn Sie doch mehr über das *derzeitige* politische System Deutschlands wissen möchten. Hier gilt Ähnliches wie beim ersten Kapitel: Sie können natürlich die folgenden Abschnitte überspringen und direkt bei einem Thema weiterlesen, das Sie mit Blick auf die aktuelle Politik in Deutschland besonders interessiert. Wenn Sie sich allerdings doch für die Lektüre dieses Kapitels entscheiden, so werden Sie danach einige grundlegende Aspekte des heutigen politischen Systems mit großer Wahrscheinlichkeit besser verstehen.

Wie andere Dinge auch entstehen politische Systeme nicht aus dem Nichts. Völkerrechtliche Verträge, Verfassungen und andere Übereinkünfte, die politische Systeme begründen, sind oft das Ergebnis langwieriger Beratungen, Machtkämpfe und Verhandlungen. Üblicherweise erfolgt hierbei eine Orientierung an zuvor bestehenden Regierungssystemen: Entweder übernimmt man bewusst ausgewählte frühere Elemente, oder man wählt aus bestimmten Gründen andere Modelle. Nicht ungewöhnlich ist eine Mischung aus alten, veränderten, von ausländischen Systemen übernommenen und neu entwickelten Regelungen.

Das politische System Deutschlands für Dummies ist kein Geschichtsbuch. Daher beschäftigt sich dieses Kapitel nicht mit Kriegen, kulturellen Entwicklungen, Wirtschafts-, Religions- oder Sozialgeschichte. Im Folgenden gehe ich besonders auf einige zentrale Themen ein, bei denen sich aus politikwissenschaftlicher Sicht Verbindungslinien bis zum heutigen politischen System ziehen lassen: die jeweiligen Regelungen von Demokratie, Rechtsstaatlichkeit und Bund-Länder-Beziehungen in früheren deutschen Regierungsformen.

Das Heilige Römische Reich Deutscher Nation

Noch heute spricht man in Deutschland von »Kleinstaaterei«, beispielsweise wenn es um eher nebensächlich erscheinende Streitigkeiten zwischen Bundesländern beziehungsweise zwischen Bund und Ländern geht oder um nicht einleuchtende Rechtsunterschiede zwischen den Ländern. Bis zur Gründung eines deutschen Nationalstaats in der zweiten Hälfte des 19. Jahrhunderts gab es zahlreiche Staatswesen sehr unterschiedlicher Form und Größe in den Grenzen der heutigen Bundesrepublik Deutschland. Teilweise waren ihre Gebiete noch nicht einmal zusammenhängend, sodass insbesondere für das Heilige Römische Reich Deutscher Nation öfters der Begriff »Flickenteppich« verwendet wurde.

Das »Alte Reich«

- ✔ bestand im Wesentlichen aus Monarchien, Reichsstädten und kirchlichen Territorien;
- ✔ hatte eine deutlich größere Fläche als die Bundesrepublik Deutschland und umfasste auch nicht deutsch(sprachig)e Gebiete;
- ✔ beruhte mehr oder weniger auf dem »Reichsmythos«, das heißt der Annahme des Weiterbestehens des Römischen Reiches mit einer besonderen Sendung als Hort des Christentums unter der Herrschaft der »Deutschen«;
- ✔ war kein Nationalstaat im heutigen Sinne, sondern ein vormodernes Gebilde, bei dem sich die Machtverhältnisse und Rechtsbeziehungen zwischen der Reichsebene (Kaiser) und den Teilgebieten im Laufe der Jahrhunderte wandelten;
- ✔ war politisch schwerfällig und nur eingeschränkt steuerbar wegen der territorialen Zersplitterung sowie Rivalitäten zwischen Kaisern und Fürsten, zwischen den Monarchien untereinander, zwischen weltlicher und kirchlicher Macht sowie zwischen unterschiedlichen Religionsgemeinschaften.

Trotz dieser vielfältigen Probleme führten erst die Napoleonischen Kriege (1804–1812) zum endgültigen Niedergang des Reiches. Bei den meisten Territorien handelte es sich um absolutistische Monarchien. Von Demokratie und Rechtsstaatlichkeit im heutigen Sinne konnte damals noch keine Rede sein. Spätestens nach dem Westfälischen Frieden 1648 bildeten sich aber zumindest Ansätze eines Grundrechts auf Religions- beziehungsweise Konfessionsfreiheit heraus. In den »freien Reichsstädten« waren die Menschen zwar nicht wirklich frei, aber wenigstens nicht der Knechtschaft oder Leibeigenschaft eines absolutistischen Landesherrn unterworfen (sondern meist der Politik einer kleinen Führungsschicht von Patriziern).

Im Laufe der Zeit wurde der Einfluss der Territorien gegenüber dem Reich immer stärker. So waren Kaiser und Reichsebene zu Beginn des 19. Jahrhunderts politisch am Ende. Die Länder und freien Städte, die Kriege und Flurbereinigungen überlebt hatten, stellten nun jedoch souveräne Staaten dar. Sie schufen im Rahmen des Wiener Kongresses 1815 den Deutschen Bund. In dessen Gründungsdokument ist mehrmals von »Deutschland« die Rede, doch war auch er kein deutscher Nationalstaat.

Das Fürstentum Liechtenstein kann als ein Überbleibsel des Alten Reiches angesehen werden. Der zwischen der Schweiz und Österreich gelegene Kleinstaat wurde noch Teil des Deutschen Bundes, beteiligte sich dann aber nicht mehr an weiteren deutschen Vereinigungsprozessen und überstand auch die Weltkriege weitgehend unbeschadet. Heute ist das Fürstentum, das wesentlich kleiner ist als etwa der in der Nähe befindliche Bodensee, die letzte deutschsprachige Monarchie.

Der Deutsche Bund

Der Deutsche Bund war ein Staatenbund auf völkerrechtlicher Grundlage und vor allem für die Politikfelder äußere und innere Sicherheit zuständig. Die einzelnen deutschen Länder wurden als »Bundesglieder« oder »Bundesstaaten« bezeichnet (heute ist mit »Bundesstaat« in der Regel ein föderaler Staat mit mehreren nicht souveränen Teilstaaten gemeint). Für sie galten untereinander eine Friedenspflicht und eine gemeinsame Beistandspflicht bei Angriffen von außen. Bei Kriegshandlungen hatten die Staaten bestimmte Kontingente an Streitkräften für ein gemeinsames Heer zu stellen.

Organisation und Politik

Die Bundesversammlung – auch Bundestag genannt – mit Sitz in Frankfurt am Main war das Beschlussorgan des Deutschen Bundes. Sie setzte sich aus Bevollmächtigten der Regierungen der deutschen Länder zusammen. Den Vorsitz hatte der österreichische Gesandte inne (Österreich gehörte auch bereits zum Alten Reich). Größere Staaten besaßen mehr Stimmgewicht als die kleineren Territorien. Die Bevollmächtigten mussten sich an die Weisungen ihrer Regierungen halten. Beschlüsse der Bundesversammlung waren für die Staaten verbindlich. Gegen Länder, die Bundesvorgaben nicht nachkamen, konnte die Bundesversammlung Zwangsmaßnahmen (Exekutionsverfahren) beschließen. Für die innerstaatliche Gültigkeit von Bundesbeschlüssen war deren Umsetzung in Landesrecht notwendig.

Einige Grundsatzregelungen des Deutschen Bundes betrafen auch die Innenpolitik der Gliedstaaten. So musste in jedem Land »eine landständische Verfassung« gelten (Art. 13 Bundes-Akte). Damit war gemeint, dass grundsätzlich die gesamte Staatsgewalt noch immer bei den souveränen Fürsten lag, die »durch eine landständische Verfassung nur in der Ausübung bestimmter Rechte an die Mitwirkung der Stände gebunden werden« konnten (Art. 57 Wiener Schlussakte). Bürger der Länder durften wegen ihrer Konfession nicht politisch benachteiligt werden. Außerdem hatten sie das Recht, in andere deutsche Staaten zu ziehen, dort unter den gleichen Bedingungen wie Einheimische Grundstücke zu erwerben und in den jeweiligen Zivil- und Militärdienst einzutreten.

Was ist eine *landständische Verfassung*? Der Deutsche Bund formulierte diesbezüglich keine genaue Begriffsbestimmung. Von besonderer Bedeutung war eine gewisse Beteiligung der damals gesellschaftlich bedeutenden Gruppen an der Gesetzgebung vor allem über Steuern, Staatsfinanzen, Eigentums- und Persönlichkeitsrechte. Wer gehörte zu den privilegierten Beteiligten? Die Verfassung des Großherzogtums Baden von 1818 sah beispielsweise eine Ständeversammlung vor, deren erste Kammer sich aus den Prinzen des Landes, den »Häuptern der standesherrlichen Familien«, dem katholischen Landesbischof und einem evangelischen Prälaten, »Abgeordneten des grundherrlichen Adels«, zwei Vertretern der Universitäten und vom Großherzog ernannten Personen zusammensetzte (§ 27). In die zweite Kammer konnten mittelbar über Wahlmänner christliche, mindestens 30 Jahre alte Männer mit regelmäßigem, nicht unerheblichem Einkommen gewählt werden (§ 37).

Fortschritte und Rückschritte

Die zahlreichen Grenzen innerhalb Deutschlands erwiesen sich als Handelshemmnis. Daher vereinbarten verschiedene deutsche Länder im Laufe der Zeit Zollvereine. Innerhalb eines Zollvereinsgebiets wurden keine Zölle erhoben. Die an den Außengrenzen eingenommenen Zollabgaben wurden unter den beteiligten Staaten aufgeteilt. Im Jahre 1834 wurde der **Deutsche Zollverein** ohne Beteiligung Österreichs gegründet. Den Deutschen Zollverein kann man als einen Schritt zur nationalen Einigung sehen. Auch der europäische Integrationsprozess nach dem Zweiten Weltkrieg begann auf wirtschaftspolitischem Gebiet; einer der ersten Schritte war die Schaffung einer Zollunion.

EINE DEMOKRATIE AUF DEM PAPIER – DIE GESCHEITERTE REVOLUTION VON 1848

Im Frühjahr 1848 kam es in etlichen deutschen Staaten zu Aufständen. Die Revolutionäre und auch einige Revolutionärinnen forderten im Wesentlichen die Schaffung eines demokratischen, freiheitssichernden Nationalstaats – und hatten zunächst Erfolg. Etliche Fürsten dankten vorerst ab oder leisteten keinen größeren Widerstand gegen die freie Wahl einer Nationalversammlung, die eine vorläufige Zentralregierung einsetzte. Die Verhandlungen zur Erarbeitung der Reichsverfassung gestalteten sich allerdings schwierig: Sollte man eine Republik schaffen oder eine parlamentarische Monarchie, eher einen Einheitsstaat oder lieber ein stark dezentralisiertes Staatsgebilde, ein großes deutsches Reich unter Einbeziehung Österreichs oder ein kleindeutsches?

Die im März 1849 von der Nationalversammlung verkündete Verfassung des Deutschen Reiches ist auch aus heutiger Sicht noch ein beeindruckendes Dokument. Sie sah einen demokratischen Bundesstaat vor, bei dem die Reichsregierung in Form von Reichsministern dem Parlament gegenüber verantwortlich sein sollte. Staatsoberhaupt mit dem Titel »Kaiser der Deutschen« sollte einer »der regierenden deutschen Fürsten« sein. Der Reichstag bestand nach der Verfassung aus einem Staatenhaus mit indirekt ernannten Vertretern der Länder sowie einem Volkshaus mit direkt gewählten Abgeordneten. Gegen Gesetzesbeschlüsse sollte die Reichsregierung nur ein letztlich aufschiebendes Veto einlegen können. Für die Reichsebene waren weitreichende Gesetzgebungsbefugnisse mit Direktwirkung vorgesehen und ein Reichsgericht, das in seiner Machtfülle an heutige Verfassungsgerichte erinnert.

Den Abschluss des Verfassungsdokuments bildete ein umfangreicher Grundrechtskatalog. Er enthielt vor allem Freiheitsrechte, von denen heute noch viele zu den Standardgrundrechten zählen, wie Berufs-, Eigentums-, Meinungs-, Religions-, Versammlungs-, Vereinigungs- und Wissenschaftsfreiheit. Die Verfassung trat bekanntlich nie in Kraft. Der preußische König lehnte die ihm angebotene Kaiserkrone ab, der Rückhalt der Revolutionäre schrumpfte, die Nationalversammlung verlor immer mehr Mitglieder, und die Fürsten erlangten wieder die volle Kontrolle über die Regierungsgewalt. Nach der gewaltsamen Auflösung des Rumpfparlaments nahm die Bundesversammlung wieder ihre Arbeit auf.

Der Deutsche Bund hatte verschiedene Gemeinsamkeiten mit dem Alten Reich und war innen- und außenpolitisch wenig erfolgreich. Den Fürsten lag viel daran, die Eigenstaatlichkeit ihrer Territorien und ihre monarchische Macht aufrechtzuerhalten. So sollte die Bundesversammlung zum Beispiel notfalls auch Unterstützung leisten, »wenn in einem Bundesstaate durch Widersetzlichkeit der Unterthanen gegen die Obrigkeit die innere Ruhe unmittelbar gefährdet, und eine Verbreitung aufrührerischer Bewegungen zu fürchten, oder ein wirklicher Aufruhr zum Ausbruch gekommen« war (Art. 26 Wiener Schlussakte). Revolutionäre Umtriebe sollten etwa durch Pressezensur und Kontrolle der Universitäten unterbunden werden.

Die *konstitutionelle Monarchie* war dennoch ein Fortschritt im Hinblick auf Demokratie und Rechtsstaatlichkeit: Der Fürst durfte nicht mehr wie im Absolutismus völlig frei handeln. Bei einigen wichtigen politischen Entscheidungen band ihn die Verfassung an bestimmte Verfahren und die Beteiligung parlamentsähnlicher Versammlungen. Die landständischen Verfassungen gewährten in der Regel zumindest einige elementare Grundrechte wie Eigentums- und Gewissensfreiheit. Ein zunehmend unabhängiges Gerichtswesen schränkte die Allmacht des Monarchen ebenfalls ein.

Der Fürst war aber weiterhin für die Regierungsbildung zuständig, hatte die Befehlsgewalt über das Militär und konnte mittels Verordnungen Recht setzen. Die gescheiterte Frankfurter Paulskirchenverfassung von 1849 mit ihren weitreichenden demokratischen, rechts- und zentralstaatlichen Elementen war daher in vielerlei Hinsicht ein radikaler politischer Gegenentwurf zum Deutschen Bund.

Das Deutsche Kaiserreich

In den 1860er-Jahren kam es zwischen den rivalisierenden Großmächten Preußen und Österreich zu einem Krieg, der die Auflösung des Deutschen Bundes mit sich brachte. Danach gründeten die mittel- und norddeutschen Länder unter preußischer Führung 1867 den **Norddeutschen Bund**. Der Norddeutsche Bund war im Unterschied zum Deutschen Bund ein Staat. Seine Verfassung bildete weitgehend die Vorlage für die spätere Reichsverfassung. Bemerkenswert ist, dass der Regierungschef, der vom Staatsoberhaupt (Präsidium) des Norddeutschen Bundes – dem preußischen König – ernannt wurde, den Titel »Bundeskanzler« führte.

Die Reichsgründung

Wenige Jahre später schlossen sich die süddeutschen Länder Baden, Bayern, Hessen und Württemberg mit dem Norddeutschen Bund zusammen. So entstand das Deutsche Kaiserreich von 1871, der erste deutsche Nationalstaat. Da Österreich, zu dem damals noch viele nicht deutschsprachige Gebiete gehörten, nicht Teil des Deutschen Reiches wurde, spricht man auch von der »kleindeutschen Lösung«.

Das Deutsche Reich war ein Bundesstaat, das heißt ein föderal geprägtes Staatswesen mit Gliedstaaten, die bis auf die Stadtstaaten Lübeck, Bremen und Hamburg Monarchien waren. Reichsgesetze gingen – wie in Bundesstaaten bis heute üblich – den Landesgesetzen vor, und sie erlangten durch ihre Veröffentlichung im Reichsgesetzblatt direkte Wirksamkeit in den Ländern. In der Verfassung war festgelegt, dass Bürger eines Landes in jedem anderen Land des Reiches im Wesentlichen dieselben Rechte hatten wie Einheimische. Einen eigenen Grundrechtskatalog beinhaltete die Reichsverfassung bemerkenswerterweise nicht (war aber dennoch eine Verfassung).

Die Reichsebene hatte nur in den Bereichen Gesetzgebungsbefugnisse, die in der Verfassung aufgezählt waren. Diese Rechtsgebiete waren allerdings von Anfang an relativ umfangreich und konnten durch Verfassungsänderungen erweitert werden. Sie umfassten unter anderem

- ✔ das Staatsbürgerrecht und Bestimmungen über Freizügigkeit, Niederlassung und Gewerbebetrieb,
- ✔ die Zoll- und Handelsgesetzgebung sowie bestimmte Steuern,
- ✔ das bürgerliche Recht, Strafecht und Gerichtsverfahren,
- ✔ das Presse- und Vereinswesen,
- ✔ das Eisenbahn-, Post- und Telegraphenwesen sowie
- ✔ Militär und Marine.

Die wichtigsten Verfassungsorgane

Die Verfassung legte fest, dass der König von Preußen das Staatsoberhaupt (Präsidium) des Deutschen Reiches mit dem Titel Deutscher Kaiser war. Er vertrat das Reich außenpolitisch, hatte die Befehlsgewalt über das Militär und konnte Bundesrat und Reichstag berufen, eröffnen, vertagen und schließen. Außerdem fertigte er die Reichsgesetze aus und überwachte deren Umsetzung.

Der Kaiser ernannte den Reichskanzler, der als Regierungschef des Reiches bezeichnet werden kann. So hatte der Reichskanzler unter anderem den Vorsitz im Bundesrat inne und leitete die Regierungsgeschäfte. Amtsgeschäfte des Kaisers mussten zu ihrer Gültigkeit grundsätzlich vom Reichskanzler gegengezeichnet (das heißt mitunterschrieben) werden, der dadurch die politische Verantwortung übernahm. Mit heutigen Ministern grob vergleichbare Staatssekretäre leiteten Reichsämter mit bestimmten Zuständigkeiten und vertraten gegebenenfalls den Reichskanzler.

Otto von Bismarck war als maßgeblicher Architekt des Deutschen Kaiserreichs, erster Reichskanzler und langjähriger Ministerpräsident Preußens wohl der wichtigste Politiker in der Frühphase des Reiches. Von Kaiser Wilhelm stammt der Ausspruch: »Es ist nicht leicht, unter einem solchen Kanzler Kaiser zu sein.« Ein Zitat, das häufig Bismarck zugeschrieben wird, lautet: »Je weniger die Leute davon wissen, wie Würste und Gesetze gemacht werden, desto besser schlafen sie.«

Der Bundesrat war nach der Verfassung das wichtigste Entscheidungsgremium des Deutschen Reiches. Unter anderem beschloss er zusammen mit dem Reichstag die Gesetze, erließ gegebenenfalls allgemeine Verwaltungsvorschriften zur Ausführung der Reichsgesetze und musste Kriegserklärungen des Reiches sowie dem Abschluss von bestimmten völkerrechtlichen Verträgen mit anderen Staaten zustimmen. Der Bundesrat verfügte über dauerhafte Ausschüsse und setzte sich aus weisungsgebundenen Vertretern der Landesregierungen zusammen. Deren Stimmen waren gewichtet: Das riesige Preußen verfügte über 17 Stimmen, die Mittelstaaten Bayern, Sachsen, Württemberg, Baden und Hessen hatten drei bis sechs Stimmen, und die zahlreichen kleinen Länder besaßen nur ein bis zwei Stimmen. Mit seinen Stimmen konnte Preußen jede Änderung der Reichsverfassung verhindern.

Der Reichstag des Deutschen Kaiserreichs

- war eine weitgehend nach demokratischen Prinzipien direkt gewählte Volksvertretung auf zentralstaatlicher Ebene;
- musste ebenso den Reichsgesetzen (auch den Haushaltsgesetzen) zustimmen wie der Bundesrat;
- konnte Gesetzesvorschläge unterbreiten und an ihn gerichtete Petitionen, also Bittschriften und Eingaben, an den Bundesrat beziehungsweise den Reichskanzler weiterleiten;
- war in seiner internen Organisation nahezu selbstständig. Die Mitglieder des Reichstags verfügten über freie Mandate, waren also grundsätzlich nicht an Aufträge oder Weisungen gebunden. Sie durften für politische Handlungen im Rahmen ihrer Abgeordnetentätigkeit nicht von staatlicher Seite belangt werden.

Eine politische Teilmodernisierung

Mit dem Kaiserreich gelang die Schaffung eines deutschen Nationalstaats, der allerdings nicht demokratisch war. So war die Reichsregierung nicht vom Vertrauen des Reichstags abhängig, und die Volksvertretung konnte auch nicht allein oder in letzter Instanz Gesetze beschließen. Frauen waren weiterhin vom Wahlrecht ausgeschlossen.

Das Deutsche Reich war zu großen Teilen ein Obrigkeitsstaat, der einerseits wegweisende Regelungen etwa im Bereich der Sozialversicherungen erließ, andererseits aber Freiheitsbestrebungen und oppositionelle Kräfte unterdrückte. Die Rechtsstaatlichkeit machte dennoch vor allem durch ein zunehmend ausgebautes und rechtlich abgesichertes Gerichtswesen Fortschritte. Gründung und Entwicklung des Reiches führten zu einer zunehmenden Zentralisierung der deutschen Politik, das heißt zu einer Aufgaben- und Entscheidungsverlagerung weg von den Ländern hin zur Reichsebene.

Die Weimarer Republik

Am Ende des Ersten Weltkriegs war auch das Deutsche Kaiserreich am Ende. Im Jahre 1918 kam es zwar noch zu einer Demokratisierung des Regierungssystems, indem bestimmt wurde, dass der Reichskanzler vom Vertrauen des Reichstags abhängig ist. Die Revolution konnte dadurch allerdings nicht mehr aufgehalten werden. Vor allem Arbeiter und Soldaten führten Aufstände an verschiedenen Orten an. Die Monarchen in Ländern und Reich dankten ab oder wurden für abgesetzt erklärt. Es kam zur Ausrufung der Republik und zur Bildung einer Übergangsregierung aus Sozialdemokraten und Sozialisten, die sich »Rat der Volksbeauftragten« nannte.

Die demokratische Reichsverfassung

Der Rat der Volksbeauftragten setzte Wahlen für eine verfassungsgebende Nationalversammlung an. Sie trat im Februar 1919 in Weimar zusammen (daher die Bezeichnung »Weimarer Republik«). Die Nationalversammlung erließ unter anderem ein Gesetz über die vorläufige Reichsgewalt und wählte Friedrich Ebert zum vorläufigen Reichspräsidenten. Am 14. August 1919 trat die von der Nationalversammlung angenommene und von Reichspräsident und Reichsregierung unterzeichnete neue Reichsverfassung (vom 11. August 1919) in Kraft. Eine Volksabstimmung über die Verfassung fand nicht statt – eine von mehreren Gemeinsamkeiten der Weimarer Reichsverfassung mit dem Grundgesetz.

Deutschland war nun – und ist seither – eine Republik (nach dem Zweiten Weltkrieg existierten freilich zweitweise zwei Republiken auf deutschem Gebiet). Folglich war das Staatsoberhaupt nicht mehr ein Kaiser oder ein sonstiger Fürst, sondern ein auf demokratischem Wege bestimmter Präsident. Das Deutsche Reich bestand weiterhin aus zahlreichen Ländern sehr unterschiedlicher Größe. Als Bundesstaat übernahm die Weimarer Republik abgesehen von einigen Gebietsveränderungen infolge des Ersten Weltkriegs die territoriale Gliederung des Kaiserreichs. Die Neugliederung von Ländern war nach verfassungsrechtlich festgelegten Verfahren möglich. Jedes Land musste nun eine demokratische Verfassung haben.

Die Weimarer Reichsverfassung war im Wesentlichen in zwei Hauptteile gegliedert:

- ✔ Der erste Hauptteil enthielt Bestimmungen zur Staatsorganisation, beschrieb also vor allem die wichtigsten Institutionen und ihre Befugnisse.
- ✔ Der zweite Hauptteil beinhaltete einen umfangreichen Grundrechtskatalog.

Die Reichsebene besaß nun deutlich mehr Gesetzgebungsbefugnisse als im Kaiserreich. In den meisten Politikfeldern hatten die Länder so lange das Gesetzgebungsrecht, bis die Reichsebene von ihrer Rechtsetzungskompetenz Gebrauch machte. Dieses Prinzip gilt heute grundsätzlich immer noch wie auch die Regelung »Reichsrecht bricht Landesrecht«. Das Reichsrecht wurde (wie heute das Bundesrecht) in der Regel von den Ländern ausgeführt.

Verfassungsorgane und Gesetzgebung

Der auf sieben Jahre direkt vom Volk gewählte Reichspräsident war das Staatsoberhaupt des Weimarer Regierungssystems. Er vertrat das Reich in den internationalen Beziehungen, hatte den Oberbefehl über die Wehrmacht und verkündete die Reichsgesetze. Außerdem ernannte und entließ er die Mitglieder der Reichsregierung und vermochte den Reichstag aufzulösen. Nach Artikel 48 der Verfassung konnte der Reichspräsident ein Land notfalls »mit Hilfe der bewaffneten Macht anhalten«, seinen Pflichten nach der Verfassung oder den Gesetzen des Reiches nachzukommen. Außerdem hatte er die Befugnis, Notverordnungen zu erlassen, »wenn im Deutschen Reiche die öffentliche Sicherheit und Ordnung erheblich gestört oder gefährdet« war.

Ein vom Reichstag beschlossenes Gesetz wurde einer Volksabstimmung unterzogen, wenn der Reichspräsident es so entschied. Auch konnte das Staatsoberhaupt bei Meinungsverschiedenheiten zwischen Reichstag und Reichsrat im Gesetzgebungsverfahren einen Volksentscheid anordnen. Amtsakte des Reichspräsidenten mussten für ihre Gültigkeit von einem Mitglied der Reichsregierung gegengezeichnet werden. Aufgrund seiner starken Position wurde der Reichspräsident auch als »Ersatzkaiser« bezeichnet.

Aus politikwissenschaftlicher Sicht verfügte die Weimarer Republik über ein *semipräsidentielles Regierungssystem*. Solche Regierungssysteme sind eine Mischung aus parlamentarischen und präsidentiellen Regierungssystemen: Der Präsident hat eine eigenständige demokratische Legitimation (Direktwahl), und das Parlament kann ihn nicht durch ein Misstrauensvotum aus seinem Amt entfernen (der Reichstag konnte allerdings mit Zweidrittelmehrheit eine Volksabstimmung über die Absetzung des Reichspräsidenten in die Wege leiten). Hinzu kommen weitere starke Befugnisse des Staatsoberhaupts, etwa im Bereich der Rechtsetzung. Allerdings ist der Präsident nicht der Regierungschef (das war in der Weimarer Republik der Reichskanzler). Letztgenannter ist – wie in parlamentarischen Systemen (etwa dem der Bundesrepublik) üblich – vom Vertrauen des Parlaments abhängig.

Die Reichsregierung bestand aus dem Reichskanzler und den Reichsministern. Der Reichstag konnte jedes einzelne Regierungsmitglied durch ein Misstrauensvotum zum Rücktritt zwingen. Als Regierungschef schlug der Reichskanzler dem Reichspräsidenten die Ernennung und Entlassung der Reichsminister vor. Er bestimmte »die Richtlinien der Politik« (Art. 56 Weimarer Reichsverfassung) und trug dafür gegenüber dem Parlament die Verantwortung. Dieses Prinzip gilt auch im heutigen deutschen Regierungssystem. Die Reichsminister leiteten und verantworteten im Rahmen der Richtlinien ihre Ministerien und Zuständigkeiten weitgehend selbstständig.

Die Abgeordneten des Reichstags wurden »in allgemeiner, gleicher, unmittelbarer und geheimer Wahl von den über zwanzig Jahre alten Männern und Frauen nach den Grundsätzen der Verhältniswahl gewählt« (Art. 22 Weimarer Reichsverfassung). Die Legislaturperiode betrug – wie heute beim Deutschen Bundestag – vier Jahre. Das reine Verhältniswahlrecht führte zu einer großen Vielfalt an Parteien im Reichstag. Der Reichstag regelte seine interne Organisation selbst, verfügte über verschiedene Ausschüsse vor allem für vorbereitende Arbeiten und konnte auf Antrag eines Fünftels seiner Mitglieder Untersuchungsausschüsse einrichten.

Der Reichsrat setzte sich aus Vertretungen der Länderregierungen zusammen. Eine Ausnahme war Preußen: Hier bestellten die Provinzialverwaltungen die Hälfte der preußischen

Abgesandten. Jedes Land hatte mindestens eine Stimme. Ab 1921 galt die Regelung, dass ein Land für jeweils 700.000 Einwohnerinnen und Einwohner eine (weitere) Stimme erhielt. Ein Mitglied der Reichsregierung führte den Vorsitz im Reichsrat und in dessen Ausschüssen.

Gesetzentwürfe konnten grundsätzlich

- ✔ von der Reichsregierung,
- ✔ aus der Mitte des Reichstags oder
- ✔ vom Reichsrat über die Reichsregierung eingebracht werden.

Ein vorwiegend aus Arbeitgeber- und Arbeitnehmervertretern zusammengesetzter Reichswirtschaftsrat sollte Stellungnahmen zu bedeutenden sozial- und wirtschaftspolitischen Gesetzesinitiativen abgeben und durfte entsprechende Vorlagen beantragen. Der Reichsrat konnte Einspruch gegen die vom Reichstag beschlossenen Gesetze einlegen. Mit einer Zweidrittelmehrheit vermochte der Reichstag den Einspruch im Falle einer Nichteinigung zu überstimmen. Der Reichspräsident hatte das Gesetz dann zu verkünden oder einen Volksentscheid anzuberaumen.

Die Weimarer Reichsverfassung sah verschiedene direktdemokratische Elemente vor. Am bedeutendsten war wohl die Regelung, nach der ein von einem Zehntel der Stimmberechtigten unterstützter Gesetzentwurf im Reichstag behandelt werden musste. Nahm das Parlament das Volksbegehren nicht unverändert an, kam es zu einer Volksabstimmung. Auch Verfassungsänderungen waren durch Volksbegehren und Volksentscheid möglich. In der Rechtsetzungspraxis der Weimarer Republik spielten die direktdemokratischen Elemente aber nur eine untergeordnete Rolle.

Die Grundrechte: Weitreichend, aber schlecht geschützt

Der zweite Hauptteil der Verfassung bestand aus einem sehr umfangreichen Grundrechtskatalog, der bemerkenswerterweise auch einige Grundpflichten der Bürgerinnen und Bürger enthielt. Einzelne Abschnitte befassten sich mit

- ✔ der Einzelperson (hier wurde beispielsweise die staatsbürgerliche Gleichheit von Frauen und Männern festgehalten),
- ✔ dem Gemeinschaftsleben (hier wurden etwa Versammlungs- und Vereinigungsfreiheit geregelt),
- ✔ Religion und Religionsgesellschaften (siehe hierzu den Kasten »Das Weimarer Religionsverfassungsrecht«) sowie
- ✔ dem Wirtschaftsleben (hier wurden zum Beispiel arbeits- und sozialpolitische Grundsätze formuliert).

DAS WEIMARER RELIGIONSVERFASSUNGSRECHT: BIS HEUTE IN KRAFT

Artikel 140 des Grundgesetzes legt fest, dass die Artikel 136 bis 139 und 141 der Weimarer Reichsverfassung (WRV) noch heute gültig sind. Darin geht es unter anderem um Religionsfreiheit in Verbindung mit staatsbürgerlichen Rechten (Art. 136 WRV), den Status von Religionsgesellschaften (Art. 137 WRV; hier heißt es auch »Es besteht keine Staatskirche«), staatliche Leistungen an die Kirchen und Eigentumsrechte der Religionsgesellschaften (Art. 138 WRV), den Schutz der Sonn- und Feiertagsruhe (Art. 139 WRV) sowie Gottesdienste und Seelsorge in öffentlichen Einrichtungen (Art. 141 WRV).

Mit der Weimarer Republik wurde die erste gesamtdeutsche Demokratie geschaffen. Die damaligen direktdemokratischen Rechte auf zentralstaatlicher Ebene waren sogar weitreichender, als es die heutigen unter dem Grundgesetz sind. Deutschland führte als einer der ersten Staaten das Frauenwahlrecht ein. Das Reich hatte mehr Gesetzgebungsbefugnisse als die Länder und konnte seine Kompetenzen zudem noch erweitern. Zum ersten Mal trat ein Grundrechtskatalog auf Reichsebene in Kraft. Allerdings waren die Mechanismen zum Schutz der Grundrechte und der demokratischen Verfahren, wie sich später herausstellen sollte, nur begrenzt wirkungsvoll. Die demokratischen, rechts- und bundesstaatlichen Errungenschaften der Weimarer Republik kamen daher nur einige Jahre zum Tragen.

Das Dritte Reich

Die Ausgangsbedingungen für die junge Weimarer Demokratie waren von Anfang an eher ungünstig:

- ✔ Das Regierungssystem entstand im Zusammenhang mit einem verlorenen Krieg.
- ✔ Die finanziellen (und politischen sowie »gefühlten«) Belastungen des von den Siegermächten bestimmten Versailler Friedensvertrags waren erheblich. Zudem wurde Regierungsmitgliedern von Republikgegnern vorgeworfen, Erfüllungsgehilfen der Siegermächte zu sein.
- ✔ In weiten Teilen der deutschen Eliten – Parteien, Verwaltung, Militär, Wirtschaft – waren demokratische Überzeugungen nur schwach ausgeprägt.
- ✔ Die Weltwirtschaftskrise Ende der 1920er-Jahre traf das Deutsche Reich (und andere Staaten) hart.

Gründe für das Scheitern der Weimarer Republik

Die institutionellen und rechtlichen Rahmenbedingungen – etwa die starke Stellung des Reichspräsidenten, die Parteienvielfalt im Reichstag infolge des strikten Verhältniswahlrechts und das eher schwache System des Grundrechts- und Verfassungsschutzes – trugen sicher zum Scheitern der Weimarer Republik bei. Sie allein können den Niedergang der ersten deutschen Demokratie aber nicht erklären. So hätte der Reichspräsident beispielsweise demokratiefreundlicher handeln können. Auch war nicht die Parteienzersplitterung im Reichstag an sich problematisch, sondern wohl vielmehr das Vorhandensein starker Antisystemparteien wie KPD (Kommunistische Partei Deutschlands) und NSDAP (Nationalsozialistische Deutsche Arbeiterpartei).

Nicht nur in rechtsextremen Kreisen, sondern auch in großen Teilen der gebildeten und bürgerlichen Schichten war der Reichsgedanke oder -mythos noch verbreitet. Der Reichsmythos war auch der Versuch einer historischen Rechtfertigung für den Vormachtanspruch eines Großdeutschlands in Mitteleuropa und eine Antwort auf die angeblichen »Demütigungen« des Westens (zuletzt den Vertrag von Versailles). Er war außerdem eine Vision gegen die Aufspaltung Deutschlands in Parteien, Klassen und Konfessionen.

Diese Ideen nahm Adolf Hitler auf: Die Weimarer Republik hatte für ihn (und viele andere) versagt, da sie seiner Meinung nach keinen einheitlichen politischen Willen hervorbringen konnte. So behauptete Hitler, den einzig wahren Willen der Nation zu verkörpern. In ihm sahen viele Deutsche die Möglichkeit, Nationalismus und Sozialismus, Stadt und Land, das evangelische und das katholische Deutschland sowie andere Spaltungen zu überwinden und die Menschen mit starker politischer Führung zu einen (unter Ausscheidung alles »Fremden«). Hier zeigt sich bereits der Gegensatz zur Idee einer liberalen und pluralistischen, also freiheitlichen und vielfältigen Demokratie.

Das »Dritte Reich« sah sich in der Nachfolge und als Vollendung des Heiligen Römischen Reiches Deutscher Nation (erstes Reich) und des Deutschen Kaiserreichs (zweites Reich). Das liberale und demokratische Deutsche Reich der Weimarer Reichsverfassung zählte für die Nationalsozialisten nicht. Nach dem Anschluss Österreichs wurde häufig die Bezeichnung »Großdeutsches Reich« verwendet.

Die Machtergreifung

Die nationalsozialistische Revolution erfolgte zu großen Teilen auf einigermaßen legalem Weg. In den Jahren vor der sogenannten Machtergreifung war das Regieren immer schwieriger geworden. Die stimmenstarken Antisystemparteien KPD und NSDAP lehnten nicht nur eine Zusammenarbeit untereinander und mit den demokratischen Parteien wie der sozialdemokratischen SPD, der katholischen Zentrumspartei und den liberalen Parteien ab, sondern die Weimarer Reichsverfassung an sich. Da Mehrheiten für Gesetze kaum noch zu erreichen waren, regierte die Reichsregierung zunehmend mithilfe von Notverordnungen des Reichspräsidenten. Die Regierungen waren Anfang der 1930er-Jahre oft nur wenige Monate im Amt.

Hitler wurde im Januar 1933 vom Reichspräsidenten Hindenburg zum Reichskanzler ernannt. Im Februar folgte mit der »Verordnung des Reichspräsidenten zum Schutz von Volk und Staat« ein wohl entscheidender Schritt zur Ausschaltung des Rechtsstaats. Nach dieser Notverordnung waren nun »Beschränkungen der persönlichen Freiheit, des Rechts der freien Meinungsäußerung, einschließlich der Pressefreiheit, des Vereins- und

Versammlungsrechts, Eingriffe in das Brief-, Post-, Telegraphen- und Fernsprechgeheimnis, Anordnungen von Haussuchungen und von Beschlagnahmen sowie Beschränkungen des Eigentums auch außerhalb der sonst hierfür bestimmten gesetzlichen Grenzen zulässig«. Außerdem durfte die Reichsregierung die Kontrolle über Landesbehörden übernehmen, wenn das ihrer Ansicht nach »zur Wiederherstellung der öffentlichen Sicherheit und Ordnung« nötig war.

Im März 1933 gewann die NSDAP die Reichstagswahlen. Danach wurden die Länder zunehmend politisch gleichgeschaltet durch kombinierten Druck von unten und oben. Auch in den Städten und Gemeinden wurden immer mehr Entscheidungspositionen mit NS-Politikern besetzt. Die Verabschiedung des Gesetzes zur Behebung der Not von Volk und Reich vom 24. März 1933, besser bekannt als »Ermächtigungsgesetz«, bedeutete die faktische (wenn auch nicht rechtliche) Abschaffung der Weimarer Reichsverfassung. Dabei handelte es sich um eine Art Grundgesetz der nationalsozialistischen Diktatur. Das Gesetz ermächtigte die Reichsregierung, ohne Beteiligung von Reichstag und Reichsrat Gesetze zu erlassen, sogar von der Verfassung abweichende Gesetze. Das bedeutete das Ende von Demokratie und Gewaltenteilung. Hitlers Legalitätstaktik ging auf: Der Reichstag erteilte ihm praktisch den Auftrag zur Ausschaltung des Reichstags.

Die für das Ermächtigungsgesetz notwendige verfassungsändernde Zweidrittelmehrheit wurde durch die Einbindung aller liberalen, christlichen und konservativen Parteien im Reichstag erreicht. Ihnen wurden von nationalsozialistischer Seite Versprechungen gemacht, oder sie wurden unter Druck gesetzt. Die Abgeordneten der KPD waren (wohl verfassungswidrigerweise) von der Abstimmung ausgeschlossen worden. Nur die SPD-Fraktion stimmte gegen das Ermächtigungsgesetz.

Der damalige SPD-Vorsitzende und -Abgeordnete Otto Wels hielt eine beeindruckende Rede während der entscheidenden Reichstagssitzung: »[…] Die Wahlen vom 5. März haben den Regierungsparteien die Mehrheit gebracht und damit die Möglichkeit gegeben, streng nach Wortlaut und Sinn der Verfassung zu regieren. Wo diese Möglichkeit besteht, besteht auch die Pflicht […] Noch niemals, seit es einen Deutschen Reichstag gibt, ist die Kontrolle der öffentlichen Angelegenheiten durch die gewählten Vertreter des Volkes in solchem Maße ausgeschaltet worden, wie es jetzt geschieht, und wie es durch das neue Ermächtigungsgesetz noch mehr geschehen soll. Eine solche Allmacht der Regierung muss sich umso schwerer auswirken, als auch die Presse jeder Bewegungsfreiheit entbehrt […]«

Die weitere Etablierung der Diktatur

In der Folge bauten die Nationalsozialisten mehr oder weniger systematisch ihr Herrschaftssystem aus und entkernten zunehmend die Grundstrukturen der Weimarer Verfassungsordnung. Das »Gesetz gegen die Neubildung von Parteien« vom Juli 1933 bestimmte: »In Deutschland besteht als einzige politische Partei die Nationalsozialistische Deutsche Arbeiterpartei.« Dies war, nachdem sich die meisten Parteien schon unter dem Druck der politischen Verhältnisse aufgelöst hatten, das Ende des Parteienpluralismus. Auch die Gewerkschaften und andere Vereinigungen wurden verboten. Das »Gesetz über den Neuaufbau des Reichs« vom Januar 1934 schaffte die Länderparlamente ab, übertrug die Hoheitsrechte der

Länder auf das Reich und unterstellte die Landesregierungen der Reichsregierung. Das war das Ende der Bundesstaatlichkeit.

Im Februar 1934 wurde der Reichsrat per Gesetz abgeschafft. Durch das »Gesetz über das Staatsoberhaupt des Deutschen Reichs« vom August 1934 erlangte Hitler neben dem Amt des Reichskanzlers auch das des Staatsoberhaupts nach dem Tod des Reichspräsidenten von Hindenburg. Die »Deutsche Gemeindeordnung« vom Januar 1935 sah keine eigenständige und demokratische kommunale Selbstverwaltung mehr vor. Neben dem Umbau des Staates wurden zahlreiche NS-Organisationen aufgebaut. Die Partei durchdrang mit ihrer totalitären Weltanschauung nahezu sämtliche Gesellschaftsbereiche. Gesetzgebung und Verwaltungspraxis wurden zunehmend antiliberal, rassistisch und antisemitisch. Grundrechte ganzer Bevölkerungsgruppen wurden massiv eingeschränkt oder überhaupt nicht mehr gewährleistet. Hinzu kamen spontane Willkürhandlungen der Sicherheits- und Parteiapparate.

Im Ergebnis schaffte die nationalsozialistische Diktatur die Weimarer Reichsverfassung praktisch ab, obwohl jene formalrechtlich bis zum Ende des Zweiten Weltkriegs weiter in Kraft war. Durch die zahlreichen verfassungsverändernden und -durchbrechenden Rechtsakte wurde das Verfassungsdokument allerdings bedeutungslos. Demokratie, Gewaltenteilung, Pluralismus, Rechtsstaatlichkeit und Bundesstaatlichkeit waren das genaue Gegenteil der nationalsozialistischen Ideologie, nach der der »Führer« alle rechtsetzende, ausführende und richterliche Gewalt in sich vereinte und als Einziger den Willen des deutschen Volkes repräsentierte. Der Weimarer Demokratie fehlte es an wirkungsvollen Instrumenten, aber vor allem auch an einflussreichen und überzeugten Menschen zu ihrer Verteidigung.

Die Deutsche Demokratische Republik

Bereits während der letzten Phase des Zweiten Weltkriegs war der Ost-West-Gegensatz zwischen dem westlichen Lager um die USA und dem östlichen Lager um die Sowjetunion deutlich spürbar, der die weitere Entwicklung Deutschlands (und der ganzen Welt) maßgeblich prägen sollte. Die Politik der Alliierten hatte zwar zumindest in der Anfangszeit gemeinsame Grundsätze wie

- ✔ Demokratisierung,
- ✔ Entmilitarisierung,
- ✔ Entnazifizierung,
- ✔ Umerziehung,
- ✔ Dezentralisierung und
- ✔ die Entflechtung von Industriekonzernen.

Schon bald zeigten sich aber unterschiedliche Herangehensweisen der Besatzungsmächte Frankreich, Großbritannien, Sowjetunion und USA. In der sowjetischen Besatzungszone kam es zu umfangreichen Enteignungen von Großgrundbesitzern und Großunternehmern. Die Sowjetunion verband Entnazifizierung damit, Entscheidungspositionen in Politik und

Verwaltung mit Kommunisten zu besetzen. SPD und KPD wurden in der Sowjetzone zur Sozialistischen Einheitspartei Deutschlands (SED) zwangsvereinigt. Schrittweise stellte die Sowjetunion die Weichen für eine sozialistische, also planwirtschaftliche Wirtschaftsordnung in ihrer Zone.

Nicht ganz eindeutig: Die Verfassung von 1949

Maßgeblich aufgrund der Uneinigkeit der Alliierten über die Zukunft Deutschlands kam es zur staatlichen Teilung. Ein mehr oder weniger von der Sowjetunion abhängiges, neutrales Gesamtdeutschland hätte der sowjetischen Staatsräson vermutlich eher entsprochen als ein kommunistisches Staatsgebilde lediglich in der östlichen Besatzungszone. Ersteres war aber nicht zu erreichen. Als sich in den drei westlichen Besatzungszonen die Gründung eines Staates abzeichnete, wurde auch in Ostdeutschland auf eine Verfassung hingearbeitet. Ein in der Sowjetzone gewählter (dritter) Volkskongress bestätigte einen Verfassungsentwurf, der am 7. Oktober 1949 von der provisorischen Volkskammer der Deutschen Demokratischen Republik (DDR) in Kraft gesetzt wurde.

Die DDR-Verfassung von 1949

- ✔ hatte noch einen gesamtdeutschen Anspruch (»Deutschland ist eine unteilbare demokratische Republik«, Art. 1).
- ✔ ähnelte in manchen Aspekten der Weimarer Reichsverfassung. Trotz vieler und weitreichender Bestimmungen zu sozialen Grundrechten und sozialer Wirtschaftspolitik war dem Verfassungstext nicht unbedingt zu entnehmen, dass die DDR in der Realität schon bald ein autokratisches, sozialistisches Regierungssystem unter Führung der SED haben würde.

Die in der Verfassung vorgesehene bundesstaatliche Struktur war nicht von langer Dauer: Im Jahre 1952 wurden die ostdeutschen Länder (und mit ihnen die Länderregierungen und Landtage) aufgelöst. Das Staatsgebiet wurde in Bezirke aufgeteilt. Im Jahr 1954 beendete die Sowjetunion offiziell ihr Besatzungsregime und betrachtete die DDR als souveränen Staat, der allerdings politisch stark von ihr abhängig blieb.

VERFASSUNGSTEXT UND VERFASSUNGSREALITÄT IN DER (FRÜHEN) DDR

Ein umfangreicher Grundrechtskatalog war Bestandteil der DDR-Verfassung von 1949. Viele der dort festgehaltenen Grundrechte waren aber in Wirklichkeit durch Politik und Verwaltungspraxis so eingeschränkt, dass die Menschen in der DDR kaum oder nicht in ihren Genuss kamen, ohne dass sie dagegen effektiv vorgehen konnten. So lautete etwa Artikel 10: »Jeder Bürger ist berechtigt, auszuwandern. Dieses Recht kann nur durch Gesetz der Republik beschränkt werden.« Bekanntermaßen war von dem genannten Grundrecht spätestens nach dem Bau von Mauern und Zäunen an der innerdeutschen Grenze nicht mehr viel übrig. Dabei besagte Artikel 49: »Soweit diese Verfassung die Beschränkung eines der vorstehenden Grundrechte durch Gesetz zulässt oder die nähere Ausgestaltung einem Gesetz vorbehält, muss das Grundrecht als solches unangetastet bleiben.«

Durch und durch sozialistisch: Die Verfassung von 1968

Die Verfassung von 1949 wurde 1968 durch eine neue Verfassung abgelöst. Letztere wurde 1974 mit verschiedenen Änderungen neu gefasst. Die neue Verfassung entsprach der Rechtswirklichkeit wesentlich mehr als ihre Vorgängerin. So legte sie etwa in Artikel 1 fest, die DDR sei »ein sozialistischer Staat [...] unter Führung der Arbeiterklasse und ihrer marxistisch-leninistischen Partei«. Ein Parteienwettbewerb existierte in diesem Regierungssystem nicht, vielmehr waren alle Parteien in der »Nationalen Front« vereinigt. Dementsprechend wurde vor Wahlen eine Einheitsliste aufgestellt, und die Mandate wurden bereits im Vorfeld aufgeteilt.

An der politischen Grundausrichtung der DDR konnte jetzt bei einem Blick in die Verfassung keinerlei Zweifel mehr bestehen:

- ✔ »Die Volkswirtschaft der Deutschen Demokratischen Republik beruht auf dem sozialistischen Eigentum an den Produktionsmitteln. Sie entwickelt sich gemäß den ökonomischen Gesetzen des Sozialismus auf der Grundlage der sozialistischen Produktionsverhältnisse und der zielstrebigen Verwirklichung der sozialistischen ökonomischen Integration« (Art. 9 Abs. 1).
- ✔ Auch hinsichtlich der Grundrechtsgarantien war die Verfassung von 1968 realitätsnaher, indem sie etwa festhielt, die DDR gewährleiste »die sozialistische Gesetzlichkeit und Rechtssicherheit« (Art. 19 Abs. 1).

Die Staatsorganisation war bestimmt vom Prinzip des »demokratischen Zentralismus« (Art. 47 Abs. 2). Das oberste Beschlussorgan war nach der Verfassung die Volkskammer. Sie wählte unter anderem die Mitglieder des Staatsrats und des Ministerrats. Staatsrat und Ministerrat, die eigentlichen Entscheidungszentren in einem praktisch durchgängig von der SED dominierten Regierungssystem, wurden gemäß dem zentralistischen Prinzip als Organe der Volkskammer bezeichnet. Richter und Gerichte waren nur bedingt unabhängig. So konnten etwa die Richter des Obersten Gerichts jederzeit von der Volkskammer abberufen werden. Richterin durfte nur sein, »wer dem Volk und seinem sozialistischen Staat treu ergeben ist« (Art. 94 Abs. 1). Die DDR war offensichtlich kein totalitäres, rassistisches und massenmörderisches Regime wie das Dritte Reich. Jenseits mancher sozialer Errungenschaften handelte es sich aber dennoch um eine antiliberale, autoritäre und zentralistische Einparteiendiktatur.

Revolution und Wiedervereinigung

Nach der friedlichen Revolution im Herbst 1989 wurde das Regierungssystem der DDR demokratisiert. Die aus freien Wahlen hervorgegangene Volkskammer nahm Gesetzesänderungen vor, um unter anderem Pluralismus, Rechts- und Sozialstaatlichkeit zu gewährleisten. Die Länder Brandenburg, Mecklenburg-Vorpommern, Sachsen, Sachsen-Anhalt und Thüringen wurden (wieder) geschaffen, und auch (Ost-)Berlin wurde mit den Befugnissen eines Landes ausgestattet.

Die Volkskammer bereitete den Beitritt zur Bundesrepublik Deutschland vor und schloss zu diesem Ziel mehrere Staatsverträge ab. Am 3. Oktober 1990 trat die DDR der Bundesrepublik bei. Seit der Wiedervereinigung gilt in ganz Deutschland das Grundgesetz. Es kam zu verschiedenen Verfassungsänderungen, aber nicht zum Erlass einer neuen, gesamtdeutschen Verfassung. In einer Übergangsphase waren bestimmte Rechtsnormen der DDR bis zur völligen Rechtsangleichung weiter in Kraft.

Heute sind kaum eigenständige ostdeutsche politische Elemente in der wiedervereinigten Bundesrepublik erhalten geblieben. Ein Beispiel ist die Partei Die Linke, die aus der SED-Nachfolgepartei PDS (Partei des Demokratischen Sozialismus) hervorging. Die Meinungsforschung stellt immer noch gewisse politische Mentalitätsunterschiede zwischen Ost- und Westdeutschen fest, und auch Parteiensysteme und Wahlverhalten in Ost- und Westdeutschland sind in mancherlei Hinsicht verschieden.

IN DIESEM KAPITEL

Entstehung des Grundgesetzes

Grundrechte und Staatsorganisation: die deutsche Verfassung im Überblick

Verfassungsrechtliche Lehren aus dem Scheitern der Weimarer Republik

Kapitel 3
Das Grundgesetz: Grundlegende Spielregeln des politischen Systems

Vielleicht sehen Sie zunächst keinen Sinn darin, sich mit einem längeren Rechtsdokument zu beschäftigen, das bereits seit 1949 in Kraft ist. Hilft das Grundgesetz wirklich beim Verständnis des heutigen politischen Systems? Dafür spricht sehr vieles. Die Verfassung eines Staates ist dessen allgemeinste und höchste Rechtsordnung. Hier sind die (offiziellen) »Regeln des politischen Spiels« niedergelegt. Eine wesentliche Eigenschaft einer Verfassung ist die durch sie vorgenommene Macht- und Aufgabenverteilung zwischen den obersten Institutionen des Staates sowie das zumindest in Umrissen festgelegte Verhältnis von Rechten und Pflichten zwischen Staat und Bürger oder Bürgerin (*Wer kann/muss wann was gegenüber wem wie tun?*).

Natürlich läuft im politischen Betrieb nicht immer alles so ab, wie es in der Verfassung festgelegt ist. Allerdings entfernt sich in demokratischen Rechtsstaaten die Verfassungsrealität in der Regel nicht allzu weit vom Verfassungstext. Das gilt auch für die Bundesrepublik Deutschland. Daher hat das Grundgesetz eine recht hohe Aussagekraft über viele zentrale Aspekte des politischen Systems. Aber braucht man nicht ein abgeschlossenes Studium der Rechtswissenschaft, um so eine Verfassung zu verstehen? Manche Bestimmungen des Grundgesetzes sind in der Tat kompliziert und setzen juristisches Vorwissen voraus. Aber sehr viele wichtige Regelungen lassen sich ziemlich einfach begreifen. Einige davon nenne ich in diesem Kapitel. Sie können gerne ein Exemplar des Grundgesetzes zur Hand nehmen oder das Grundgesetz im Internet aufrufen und mit- beziehungsweise nachlesen.

Der Weg zum Grundgesetz

Deutschland wurde nach der Niederlage im Zweiten Weltkrieg und der Kapitulation der nationalsozialistischen Reichsregierung in vier Besatzungszonen aufgeteilt. Vertreter der Alliierten (Frankreich, Großbritannien, Sowjetunion und USA) übten dort die Regierungsgewalt aus. Schrittweise und zunächst auf der lokalen und regionalen Ebene wurden öffentliche beziehungsweise staatliche Strukturen wieder aufgebaut und bestimmte politische Entscheidungsbefugnisse auf Deutsche (rück-)übertragen. Innerhalb der Besatzungszonen wurden Länder neu geschaffen oder wiedergegründet, zum Teil mit erheblichen Gebietsveränderungen. In den Ländern wurden demokratische Verfassungen erlassen. Manche dieser Verfassungen sind älter als das Grundgesetz und noch heute in Kraft.

Die älteste noch gültige Landesverfassung, die nach dem Zweiten Weltkrieg entstand, ist die Verfassung von Hessen vom 1. Dezember 1946. Darin finden sich einige heutzutage eher befremdlich anmutende Bestimmungen. So enthält das Verfassungsdokument beispielsweise Regelungen, die eine vergleichsweise stark sozialistisch geprägte Wirtschaftspolitik ermöglichen könnten. Bis zu einer verfassungsändernden Volksabstimmung im Jahr 2018 war sogar die Todesstrafe in der hessischen Landesverfassung noch vorgesehen. Die betreffende Vorschrift war jedoch schon lange nicht mehr von Bedeutung, weil ihr Bundesrecht entgegenstand und der Grundsatz »Bundesrecht bricht Landesrecht« gilt (Art. 31 GG). So lautet Artikel 102 GG: »Die Todesstrafe ist abgeschafft.« Ganz allgemein ist das Landesverfassungsrecht heute vielfach von Bundesrecht überlagert.

Angesichts der Uneinigkeit der Alliierten über die Zukunft Deutschlands sprachen sich schließlich Frankreich, Großbritannien und die USA 1948 für die Gründung eines zunächst als Zwischenlösung gedachten westdeutschen Bundesstaats aus. Ihre Bevollmächtigten überreichten den Ministerpräsidenten der westdeutschen Länder die »Frankfurter Dokumente« mit verschiedenen Vorgaben und Wünschen zur Ausgestaltung der künftigen Verfassung, die unter anderem bundesstaatlich geprägt sein sollte. Ein mit Experten aus den Ländern besetzter Konvent von Herrenchiemsee leistete vorbereitende Arbeiten.

Der Parlamentarische Rat

Die Bezeichnung »Nationalversammlung« hielt man für das verfassungsschaffende Gremium nicht für passend, da es nicht ganz Deutschland repräsentierte. So wurde der »Parlamentarische Rat« aktiv. Er

- ✔ tagte in Bonn (der späteren Bundeshauptstadt);
- ✔ setzte sich aus 65 Abgeordneten unterschiedlicher Parteien zusammen, die von den westdeutschen Landtagen gewählt wurden; hinzu kamen fünf nicht stimmberechtigte Abgeordnete aus Westberlin;
- ✔ hatte auch vier weibliche Mitglieder (es gab also nicht nur die oft zitierten »Väter des Grundgesetzes«) und

- ✔ war ähnlich organisiert wie ein Parlament mit Präsidium, Ausschüssen und Fraktionen.

Am 8. Mai 1949 verabschiedete der Parlamentarische Rat mit großer Mehrheit das Grundgesetz. Die Bezeichnung »Grundgesetz« wurde gewählt, um die (vermeintliche) Vorläufigkeit der Verfassung – bis zum Inkrafttreten einer gesamtdeutschen Verfassung – deutlich zu machen. Die westlichen Alliierten stimmten dem Verfassungstext zu.

Für die demokratische Bestätigung des Grundgesetzes war keine Volksabstimmung vorgesehen (im Unterschied zu manchen Landesverfassungen), sondern die Annahme durch mindestens zwei Drittel der Landtage (Art. 144 Abs. 1 GG). Alle westdeutschen Landesparlamente bis auf den bayerischen Landtag stimmten zu (dort fand man die Verfassung unter anderem nicht genug föderalistisch). Bayern ist freilich dennoch ein Teil der Bundesrepublik Deutschland und an das Grundgesetz gebunden. Am 23. Mai 1949 wurde das Grundgesetz verkündet.

Von der vorläufigen zur gesamtdeutschen Verfassung

Zunächst war die Bundesrepublik kein voll souveräner Staat. Die westalliierten Militärgouverneure wurden zur Alliierten Hohen Kommission und hatten Vorbehaltsrechte, etwa hinsichtlich der Kontrolle der Bundesgesetzgebung. Im Jahre 1955 wurden verschiedene völkerrechtliche Verträge abgeschlossen, die die Bundesrepublik fest im westlichen Bündnissystem verankerten, unter anderem der Deutschlandvertrag, der Beitrittsvertrag zur NATO und das Saarstatut. Westdeutschland erlangte nun für die nächsten Jahrzehnte eine Beinahesouveränität. Die Alliierten behielten sich gewisse militärische Befugnisse sowie Entscheidungsrechte etwa in Bezug auf Berlin und Deutschland als Ganzes vor.

Über den mittlerweile geänderten Artikel 23 des Grundgesetzes erfolgten

- ✔ der Beitritt des Saarlands 1957 und
- ✔ der Beitritt der Deutschen Demokratischen Republik zur Bundesrepublik im Jahr 1990.

Nach dieser Verfassungsbestimmung konnten deutsche Gebiete dem Geltungsbereich des Grundgesetzes beitreten. Für die naheliegende, aber aufwendigere Alternative einer neuen gesamtdeutschen Verfassung entschied man sich im Zuge der Wiedervereinigung nicht. Durch entsprechende Vereinbarungen mit den (ehemaligen) Alliierten erlangte das wiedervereinigte Deutschland grundsätzlich die volle Souveränität über seine inneren und äußeren Angelegenheiten zurück.

Das Grundgesetz wurde bereits etliche Male geändert, häufig ergänzt. Es hat die politische Kultur der Bundesrepublik in den letzten Jahrzehnten zweifellos geprägt. Viele Deutsche haben eine positive Einstellung gegenüber dem Grundgesetz entwickelt (die gute gesamtwirtschaftliche Entwicklung seit dem Zweiten Weltkrieg hatte hieran sicherlich auch einen nicht unbeträchtlichen Anteil). In der Wissenschaft spricht man diesbezüglich manchmal von »Verfassungspatriotismus« im Gegensatz zum klassischen, vor allem an die Nation gebundenen Patriotismus.

Die deutsche Verfassung im Überblick

Das Grundgesetz besitzt eine Grobgliederung wie viele Verfassungen:

- ✔ Präambel
- ✔ Grundrechtskatalog
- ✔ Staatsorganisation
- ✔ Schlussbestimmungen

Die Präambel hat keine besondere rechtliche oder politische Bedeutung, klingt aber schön und salbungsvoll. Nach der Wiedervereinigung wurde sie geändert und besagt nun im Wesentlichen, dass das deutsche Volk »in freier Selbstbestimmung die Einheit und Freiheit Deutschlands vollendet« und sich »kraft seiner verfassungsgebenden Gewalt dieses Grundgesetz gegeben« habe sowie »als gleichberechtigtes Glied in einem vereinten Europa dem Frieden der Welt« dienen wolle. Auf den Grundrechtsteil und die ungleich umfangreicheren Bestimmungen zur Staatsorganisation gehe ich weiter hinten in diesem Kapitel genauer ein.

Das Grundgesetz ist recht übersichtlich in folgende Abschnitte oder Teile gegliedert:

> **I. Die Grundrechte** (ab Art. 1 GG): Die besondere Wertorientierung der deutschen Verfassung zeigt sich unter anderem daran, dass sie mit einem Grundrechtskatalog beginnt.
>
> **II. Der Bund und die Länder** (ab Art. 20 GG): Hier finden sich grundlegende Regelungen zum Aufbau der Bundesrepublik, zum Verhältnis zwischen Bund und Ländern und zu den auswärtigen Beziehungen.
>
> **III. Der Bundestag** (ab Art. 38 GG): Dieser Teil enthält Bestimmungen über die Wahlen zum Bundestag, die Organisation des Parlaments und die Rechte der Abgeordneten.
>
> **IV. Der Bundesrat** (ab Art. 50 GG): Struktur und Arbeitsweise des Bundesrats werden hier in Grundzügen geregelt.
>
> **IVa. Gemeinsamer Ausschuss** (Art. 53a GG): Dieser Grundgesetzartikel beschreibt die Zusammensetzung eines Notparlaments für den Verteidigungsfall und hat bisher keine Bedeutung erlangt.
>
> **V. Der Bundespräsident** (ab Art. 54 GG): Wahl und Stellung des deutschen Staatsoberhaupts werden hier behandelt.
>
> **VI. Bundesregierung** (ab Art. 62 GG): Zusammensetzung und Organisation der Regierung stehen im Mittelpunkt dieser Vorschriften.
>
> **VII. Die Gesetzgebung des Bundes** (ab Art. 70 GG): Die Abgrenzung der Gesetzgebungsbefugnisse zwischen Bund und Ländern, das Gesetzgebungsverfahren auf Bundesebene und Bestimmungen zum Erlass von Rechtsverordnungen finden sich hier.

VIII. Die Ausführung der Bundesgesetze und die Bundesverwaltung (ab Art. 83 GG): Dieser Teil befasst sich vor allem mit der Durchführung von Bundesgesetzen durch die Länder oder Behörden des Bundes, aber auch mit der Bundeswehr und der Verwaltung verschiedener Infrastrukturbereiche.

VIIIa. Gemeinschaftsaufgaben, Verwaltungszusammenarbeit (ab Art. 91a GG): Zur Verbesserung der regionalen Wirtschaftsstruktur, der Agrarstruktur, des Küstenschutzes und der überregionalen Förderung der Wissenschaft können Bund und Länder gemeinsam tätig werden.

IX. Die Rechtsprechung (ab Art. 92 GG): Organisation und Zuständigkeiten der Bundesgerichte, insbesondere des Bundesverfassungsgerichts, und die Stellung der Richterinnen und Richter werden hier in Grundzügen geregelt.

X. Das Finanzwesen (ab Art. 104a GG): Die »Finanzverfassung« gehört zu den kompliziertesten Bereichen des Grundgesetzes und sieht wesentliche Bestimmungen zur Haushaltspolitik von Bund und Ländern, zur Steuergesetzgebung und zur Verteilung der Steuereinnahmen vor.

Xa. Verteidigungsfall (ab Art. 115a GG): Falls »das Bundesgebiet mit Waffengewalt angegriffen wird«, sind zahlreiche Sondermaßnahmen in den Bereichen Gesetzgebung, Verwaltung und Einsatz von Sicherheitskräften möglich – zum Glück wurden diese Vorschriften noch nie angewendet.

XI. Übergangs- und Schlussbestimmungen (ab Art. 116 GG): Der Schlussteil der Verfassung enthält ein Sammelsurium an zum Teil veralteten Regelungen, die unter anderem die Weitergeltung von Recht des Deutschen Reiches, der Besatzungsmächte und der DDR, die territoriale Gliederung von Ländern, Finanzfragen sowie das Inkrafttreten des Grundgesetzes betreffen.

An verschiedenen Stellen des Grundgesetzes ist von der »freiheitlichen demokratischen Grundordnung« die Rede (beispielsweise in Art. 10 GG, Art. 11 GG, Art. 18 GG und Art. 21 GG). Was ist mit der »FDGO« (so die gängige Abkürzung) gemeint? Nach Ansicht des Bundesverfassungsgerichts handelt es sich um »eine Ordnung, die unter Ausschluss jeglicher Gewalt- und Willkürherrschaft eine rechtsstaatliche Herrschaftsordnung auf der Grundlage der Selbstbestimmung des Volkes nach dem Willen der jeweiligen Mehrheit und der Freiheit und Gleichheit darstellt«. Wichtige Elemente der freiheitlichen demokratischen Grundordnung, wie das Grundgesetz sie vorschreibt, sind der Schutz der Menschenrechte, Volkssouveränität, Gewaltenteilung, das Mehrparteienprinzip, politische Chancengleichheit und eine verfassungsmäßige Opposition.

Die Grundrechte

Grundrechte beziehen sich vor allem auf das *vertikale* Verhältnis zwischen dem Staat und den Menschen. In demokratischen Rechtsstaaten geht es beispielsweise oft darum, ob und gegebenenfalls unter welchen Bedingungen Behörden in Grundrechte eingreifen dürfen oder wie Bürgerinnen an der politischen Entscheidungsfindung mitwirken können. Regelungen zur Staatsorganisation behandeln häufig das *horizontale* Verhältnis zwischen unterschiedlichen staatlichen Institutionen (es sei denn, es geht um Fragen der Verteilung von Macht auf unterschiedlichen Regierungs- und Verwaltungsebenen).

Die Grundrechte in Kürze

Die Grundrechtsbestimmungen des Grundgesetzes enthalten einerseits Gewährleistungen und Garantien bestimmter Rechte. Andererseits werden Aussagen zur Einschränkbarkeit dieser Rechte gemacht. In der folgenden Übersicht nenne ich vor allem die Grundrechtsgarantien, während sich der nächste Abschnitt mit dem Thema der Beschränkung von Grundrechten befasst. Der Grundrechtsteil des Grundgesetzes enthält folgende Artikel:

Artikel 1 GG beginnt mit den mittlerweile berühmten Worten: »Die Würde des Menschen ist unantastbar. Sie zu achten und zu schützen ist Verpflichtung aller staatlichen Gewalt« (Abs. 1). Außerdem wird in Absatz 3 festgehalten, dass die Grundrechte für alle staatlichen Institutionen direkt geltendes Recht darstellen.

Artikel 2 GG bestimmt, dass jeder Mensch grundsätzlich das Recht auf die freie Entfaltung seiner Persönlichkeit hat. Auch das Recht auf Leben und körperliche Unversehrtheit sowie das Grundrecht auf Freiheit sind hier geregelt.

Artikel 3 GG ist dem Verbot von Diskriminierungen gewidmet: »Alle Menschen sind vor dem Gesetz gleich« (Abs. 1). In Absatz 3 werden zahlreiche Merkmale aufgezählt (etwa Geschlecht, Abstammung oder politische Überzeugungen), wegen derer man nicht benachteiligt oder bevorzugt werden darf.

Artikel 4 GG behandelt die Religions- und Gewissensfreiheit sowie das Grundrecht, sich zu Weltanschauungen zu bekennen (oder es nicht zu tun).

Artikel 5 GG umfasst unter anderem die Meinungsfreiheit, die Pressefreiheit, das grundsätzliche Zensurverbot sowie die Freiheit von Kunst und Wissenschaft.

Artikel 6 GG stellt Ehe und Familie unter den Schutz des Staates und betont das Recht der Eltern, ihre Kinder zu pflegen und zu erziehen. Außerdem wird die Gesetzgebung verpflichtet, die gleichen Entwicklungsbedingungen für nicht eheliche Kinder zu schaffen wie für eheliche.

Artikel 7 GG beschäftigt sich mit der staatlichen Aufsicht über das Schulwesen, dem Religionsunterricht an öffentlichen Schulen und dem Recht, Privatschulen zu betreiben.

Artikel 8 GG garantiert Versammlungsfreiheit, also das Recht, »sich ohne Anmeldung oder Erlaubnis friedlich und ohne Waffen zu versammeln« (Abs. 1).

Artikel 9 GG gewährleistet das Grundrecht, »Vereine und Gesellschaften zu bilden« (Abs. 1), und stellt insbesondere Arbeitnehmer- und Arbeitgebervereinigungen unter Schutz.

Artikel 10 GG erklärt das »Briefgeheimnis sowie das Post- und Fernmeldegeheimnis« für unverletzlich (Abs. 1).

Artikel 11 GG besagt, dass alle Deutschen im ganzen Bundesgebiet Freizügigkeit genießen, also grundsätzlich in ganz Deutschland herumreisen und sich niederlassen dürfen.

Die meisten Grundrechte gelten als *Menschenrechte* für alle Personen im Geltungsbereich des Grundgesetzes gleichermaßen (siehe auch Art. 3 GG). Bei manchen Grundrechten sind aber ausdrücklich »Deutsche« genannt, etwa bei der Versammlungsfreiheit (Art. 8 GG), der Vereinigungsfreiheit (Art. 9 GG), dem Recht auf Freizügigkeit (Art. 11 GG) und der Berufsfreiheit (Art. 12 GG). Bei diesen Bürgergrundrechten kann unter Umständen das rechtliche Schutzniveau für deutsche Staatsangehörige höher sein als für Ausländer. Davon abgesehen gilt, dass im Anwendungsbereich von EU-Recht Bürgerinnen aus Mitgliedstaaten der Europäischen Union grundsätzlich nicht schlechter behandelt werden dürfen als Deutsche.

Artikel 12 GG formuliert »das Recht, Beruf, Arbeitsplatz und Ausbildungsstätte frei zu wählen« (Abs. 1).

Artikel 12a GG ermöglicht es, dass volljährige Männer zu Wehr- oder Zivildienst verpflichtet werden können (die Politik hat die Wehrpflicht derzeit ausgesetzt). Aus Gewissensgründen darf der »Kriegsdienst mit der Waffe verweigert« werden (Abs. 2).

Artikel 13 GG legt fest, dass Privatwohnungen grundsätzlich »unverletzlich« sind, also vor staatlichen Ein- und Zugriffen geschützt.

Artikel 14 GG gewährleistet das Recht auf Eigentum und das Erbrecht. Enteignungen sind »nur zum Wohle der Allgemeinheit zulässig« (Abs. 3), müssen auf gesetzlicher Grundlage erfolgen und angemessene Entschädigungen vorsehen.

Artikel 15 GG sieht vor, dass Verstaatlichungen von Flächen, natürlichen Ressourcen und Produktionsmitteln möglich sind durch ein Gesetz und gerechte Entschädigung.

Artikel 16 GG besagt, dass die deutsche Staatsangehörigkeit »nicht entzogen werden« darf (Abs. 1). Auslieferungen von Deutschen an ausländische Behörden sind grundsätzlich nicht zulässig, unter bestimmten Umständen aber an EU-Mitgliedstaaten oder einen internationalen Gerichtshof möglich.

Artikel 16a GG regelt das Asylrecht für politisch Verfolgte und seine Grenzen.

Artikel 17 GG garantiert das Petitionsrecht, also das Recht, »sich einzeln oder in Gemeinschaft mit anderen schriftlich mit Bitten oder Beschwerden an die zuständigen Stellen und an die Volksvertretung zu wenden«.

Artikel 17a GG erlaubt bestimmte Grundrechtseinschränkungen während des Wehrdienstes und des Zivildienstes sowie in Gesetzen über die Landesverteidigung und den Schutz der Zivilbevölkerung.

Artikel 18 GG bestimmt, dass ein Missbrauch der Presse-, Lehr-, Versammlungs- oder Vereinigungsfreiheit, des Brief- oder Telekommunikationsgeheimnisses, der Eigentumsfreiheit oder des Asylrechts »zum Kampfe gegen die freiheitliche demokratische Grundordnung« zur Aberkennung der entsprechenden Grundrechte durch das Bundesverfassungsgericht führen kann.

Artikel 19 GG enthält allgemeine Vorschriften über die Einschränkbarkeit von Grundrechten und die Grenzen von Grundrechtsbeschränkungen. Mit diesem Thema beschäftigt sich der folgende Abschnitt ausführlicher.

Die zum Teil recht umfangreichen Grundrechtskataloge der Landesverfassungen sind nicht sehr bedeutend, weil das Grundgesetz als Bundesrecht dem Landesrecht vorgeht und es im Konfliktfall ungültig macht (Art. 31 GG). Immerhin bestimmt Artikel 142 GG, dass landesverfassungsrechtliche Regelungen insofern in Kraft bleiben, »als sie in Übereinstimmung mit den Artikeln 1 bis 18 dieses Grundgesetzes Grundrechte gewährleisten«. Seit einiger Zeit spielen internationale Grundrechtskataloge eine immer größere Rolle für Politik und Rechtsprechung. Von besonderer Bedeutung für Deutschland sind in dieser Hinsicht die Europäische Menschenrechtskonvention mit ihren Zusatzprotokollen und die Charta der Grundrechte der Europäischen Union.

Das System des Grundrechtsschutzes

So ein Grundrechtskatalog wie der des Grundgesetzes, der zudem nicht nur auf dem Papier steht, ist eine feine Sache und eine großartige historische Errungenschaft – allerdings gelten die meisten Grundrechte nicht absolut, dürfen also in gewissem Umfang eingeschränkt werden. Das hat mehrere Gründe.

Zum einen können Grundrechte miteinander in Konflikt geraten. Denken Sie zum Beispiel an Karikaturen über religiöse Themen: Hier geraten möglicherweise Kunst-, Meinungs- und Pressefreiheit in Konflikt mit der Religionsfreiheit, die meist auch einen Schutz von religiösen Gefühlen und Überzeugungen umfasst. Durch Rechtsakte oder Gerichtsurteile kann ein Ausgleich zwischen Rechten geschaffen werden, die in einem konkreten Streitfall aufeinanderprallen. So ein Ausgleich – der gut begründet sein will – enthält meist eine Beschränkung des einen oder des anderen Grundrechts (oder beider).

Zum anderen dürfen Grundrechte mitunter eingeschränkt werden, um überzeugende politische oder gemeinwohlorientierte Ziele zu erreichen. So würde es zum Beispiel nicht sinnvoll sein, wenn Polizei und Staatsanwaltschaft nicht gegen kriminelle und terroristische Gruppierungen vorgehen dürften, weil sich diese auf ein uneinschränkbares Grundrecht der Vereinigungsfreiheit berufen könnten. Aus diesen Gründen enthalten die meisten Grundrechtsartikel des Grundgesetzes auch Bestimmungen über die Grenzen oder die Einschränkbarkeit von Grundrechten. Die Rechtswissenschaft spricht hier von »Grundrechtsschranken«.

GRUNDRECHTE UND GRUNDRECHTSSCHRANKEN AM BEISPIEL DER MEINUNGSFREIHEIT

Bei vielen Grundrechten des Grundgesetzes findet sich am Anfang des betreffenden Artikels die Beschreibung des gewährleisteten Grundrechts. In nachfolgenden Sätzen oder Absätzen wird dann auf Grenzen und zulässige Möglichkeiten für Beschränkungen von staatlicher Seite eingegangen. Das lässt sich am Beispiel der ersten zwei Absätze von Artikel 5 GG gut zeigen:

»(1) Jeder hat das Recht, seine Meinung in Wort, Schrift und Bild frei zu äußern und zu verbreiten und sich aus allgemein zugänglichen Quellen ungehindert zu unterrichten. Die Pressefreiheit und die Freiheit der Berichterstattung durch Rundfunk und Film werden gewährleistet. Eine Zensur findet nicht statt.

(2) Diese Rechte finden ihre Schranken in den Vorschriften der allgemeinen Gesetze, den gesetzlichen Bestimmungen zum Schutze der Jugend und in dem Recht der persönlichen Ehre.«

Es wäre allerdings natürlich nicht wünschenswert, wenn staatliche Stellen Grundrechte beliebig einschränken und somit aushöhlen dürften. Artikel 19 GG formuliert in dieser Hinsicht mehrere Vorgaben:

- ✔ Zunächst einmal muss in dem betreffenden Grundgesetzartikel überhaupt die Möglichkeit vorgesehen sein, dass ein Grundrecht durch ein Gesetz »oder auf Grund eines Gesetzes eingeschränkt werden kann« (Abs. 1).
- ✔ Ein Gesetz, das ein Grundrecht einschränkt, muss »allgemein und nicht nur für den Einzelfall gelten« (Abs. 1).
- ✔ Das Gesetz muss das Grundrecht, das es einschränkt, »unter Angabe des Artikels nennen« (Abs. 1).
- ✔ Ein Grundrecht darf nicht »in seinem Wesensgehalt angetastet«, also völlig entkernt oder beseitigt werden (Abs. 2).
- ✔ Zudem gilt neben Artikel 19 GG als allgemeiner Rechtsgrundsatz immer das *Verhältnismäßigkeitsprinzip*: Ein Grundrecht darf nicht mehr eingeschränkt werden, als es zur Erreichung eines überzeugenden Ziels unbedingt notwendig ist.

Wer sich von staatlicher Seite – etwa durch ein Gesetz, einen Verwaltungsakt oder eine Gerichtsentscheidung – in seinen (Grund-)Rechten verletzt sieht, kann den Rechtsweg beschreiten. Dabei muss je nach Rechtsgebiet die richtige Gerichtsbarkeit gewählt werden, also beispielsweise das Finanz- oder das Verwaltungsgericht. Nur bei direkter persönlicher Betroffenheit und in der Regel erst nach Ausschöpfung des gesamten Instanzenwegs ist eine Verfassungsbeschwerde beim Bundesverfassungsgericht zulässig.

Die Staatsstrukturprinzipien

Vier Grundsätze oder fundamentale Leitlinien prägen die Verfassungsordnung des Grundgesetzes besonders. Man nennt sie auch Staatsstrukturprinzipien: das Demokratieprinzip, das Sozialstaatsprinzip, das Bundesstaatsprinzip und das Rechtsstaatsprinzip. Sie finden sich in kompakter Form in Artikel 20 Absätze 1 und 3 GG: »(1) Die Bundesrepublik Deutschland ist ein *demokratischer* und *sozialer Bundesstaat* […] (3) Die Gesetzgebung ist an die verfassungsmäßige Ordnung, die vollziehende Gewalt und die Rechtsprechung sind *an Gesetz und Recht gebunden*« (Hervorhebungen durch den Autor). Im Folgenden werden zu jedem der Staatsstrukturprinzipien einige ausgewählte Grundgesetzbestimmungen genannt.

- ✔ **Demokratieprinzip:** Artikel 20 Absatz 2 GG besagt: »Alle Staatsgewalt geht vom Volke aus. Sie wird vom Volke in Wahlen und Abstimmungen und durch besondere Organe der Gesetzgebung, der vollziehenden Gewalt und der Rechtsprechung ausgeübt.« Direktdemokratische Abstimmungen sind auf Bundesebene allerdings bisher praktisch nicht vorgesehen. Ausnahmen sind die Länderneugliederung (Art. 29 GG) und – möglicherweise – die Entscheidung über eine neue Verfassung (Art. 146 GG). Politische Parteien »wirken bei der politischen Willensbildung des Volkes mit« (Art. 21 Abs. 1 GG). In Artikel 38 GG ist das Wahlrecht zum Bundestag in Grundzügen geregelt.
- ✔ **Sozialstaatsprinzip:** Dieses Staatsstrukturprinzip ist vor allem eine politische Zielvorgabe, die von Gesetzgebung und Verwaltung in konkrete Maßnahmen umgesetzt werden muss. Hierzu findet sich wenig in der Verfassung. Dem Menschenwürdegrundsatz (Art. 1 Abs. 1 GG) ist zu entnehmen, dass jeder Mensch im Geltungsbereich des Grundgesetzes zumindest ein Recht auf die notwendigen Mittel für ein menschenwürdiges Leben hat. Die konkrete Ausgestaltung etwa von Sozialleistungen ist allerdings Sache der Politik, die hierbei über einen erheblichen Spielraum verfügt. Das Recht auf Eigentum gilt nach dem Grundgesetz nicht unbegrenzt: »Sein Gebrauch soll zugleich dem Wohle der Allgemeinheit dienen« (Art. 14 Abs. 2 GG).
- ✔ **Bundesstaatsprinzip:** Das Bundesgebiet besteht aus den in der Präambel des Grundgesetzes genannten 16 Ländern. Nach der Verfassung ist die »Ausübung der staatlichen Befugnisse und die Erfüllung der staatlichen Aufgaben […] Sache der Länder, soweit dieses Grundgesetz keine andere Regelung trifft oder zulässt« (Art. 30 GG). Es trifft jedoch durchaus andere Regelungen, vor allem im Bereich der Gesetzgebungsbefugnisse, obwohl auch hier eigentlich eine Kompetenzvermutung zugunsten der Länder besteht (Art. 70 GG). Grundsätzlich werden Bundesgesetze von den Ländern ausgeführt (Art. 83 GG). Der Schwerpunkt der öffentlichen Verwaltung liegt bei den Ländern. Die Verfassungsordnungen der Länder müssen den Grundprinzipien des Grundgesetzes entsprechen (Art. 28 GG). »Bundesrecht bricht Landesrecht« (Art. 31 GG).
- ✔ **Rechtsstaatsprinzip:** Die Grundrechte »binden Gesetzgebung, vollziehende Gewalt und Rechtsprechung als unmittelbar geltendes Recht« (Art. 1 Abs. 3 GG). Bei Rechtsverletzungen »durch die öffentliche Gewalt« können die zuständigen Gerichte angerufen werden (Art. 19 Abs. 4 GG). »Richter sind unabhängig und nur dem Gesetze unterworfen« (Art. 97 Abs. 1 GG). »Niemand darf seinem gesetzlichen Richter entzogen werden« (Art. 101 Abs. 1 GG). Einschränkungen der persönlichen Freiheit durch staatliche Stellen sind nur auf gesetzlicher Grundlage zulässig. Über fortdauernde Freiheitsentziehungen haben ausschließlich Richterinnen zu entscheiden (Art. 104 GG). Schließlich darf keines der vier Staatsstrukturprinzipien durch Verfassungsänderungen beseitigt werden (Art. 79 Abs. 3 GG).

Verfassungsrechtliche Lehren aus Weimar

Der Parlamentarische Rat beabsichtigte, vor dem Hintergrund der gescheiterten Weimarer Republik die verfassungsrechtlichen Voraussetzungen für eine wertorientierte und wehrhafte Demokratie zu schaffen. In diesem Zusammenhang sollte allerdings nicht vergessen werden, dass die Weimarer Reichsverfassung nicht an grundsätzlichen verfassungsrechtlichen Schwächen scheiterte, sondern vor allem daran, dass sich zu wenige demokratisch gesinnte Akteure zu ihrer Verteidigung fanden.

Eine wehrhafte Demokratie

Die Schöpfer der Weimarer Verfassung hätten manche Vorgaben des Grundgesetzes vielleicht als Rückfall in den Obrigkeitsstaat empfunden. Sie wollten dem demokratischen Mehrheitswillen möglichst keine verfassungsrechtlichen Zügel anlegen. Das Grundgesetz sieht hingegen Sicherungen gegen die Abschaffung von Demokratie und Rechtsstaatlichkeit auf demokratischem Wege vor. Diese Sicherungen schränken die politische Entscheidungs- und Gestaltungsfreiheit der parlamentarischen Mehrheit mitunter ein – zu ihrem eigenen Schutz. Man kann auch sagen, dass die Weimarer Reichsverfassung in der Tendenz das Demokratieprinzip stärker gewichtet, während das Grundgesetz besonders das Rechtsstaatsprinzip betont.

Konrad Adenauer, der Präsident des Parlamentarischen Rates und erste Bundeskanzler der Bundesrepublik, sagte einst zu dem SPD-Politiker Carlo Schmid: »Sie glauben an den Menschen, ich glaube nicht an den Menschen und habe nie an den Menschen geglaubt.« Eine derartige Skepsis gegenüber den Bürgerinnen und Bürgern sowie dem demokratischen Mehrheitswillen zeigt sich auch in verschiedenen Elementen des Grundgesetzes.

Kernelemente der Verfassung

Aus dieser Grundabsicht und Grundeinstellung heraus traf der Parlamentarische Rat unter anderem folgende verfassungsrechtliche Entscheidungen, die Kernelemente des Grundgesetzes sind:

- ✔ Die »Grundrechte binden Gesetzgebung, vollziehende Gewalt und Rechtsprechung als unmittelbar geltendes Recht« (Art. 1 Abs. 3 GG).
- ✔ Der Missbrauch bestimmter Grundrechte »zum Kampfe gegen die freiheitliche demokratische Grundordnung« kann zur Aberkennung dieser Grundrechte führen (Art. 18 GG).
- ✔ Die Demokratie des Grundgesetzes ist eine konsequent repräsentative Demokratie. Abgesehen von den Ausnahmefällen Länderneugliederung (Art. 29 GG) und – möglicherweise – Verfassungsneugebung (Art. 146 GG) existieren keine direktdemokratischen Elemente auf Bundesebene (könnten aber durch eine Verfassungsänderung eingeführt werden).

- ✔ Verfassungswidrige Parteien können verboten werden (Art. 21 Abs. 2 GG).
- ✔ Der Bundestag kann der Bundesregierung von sich aus nur dadurch das Misstrauen aussprechen, dass er einen neuen Bundeskanzler wählt (Art. 67 GG). Diese Regelung wird auch »konstruktives Misstrauensvotum« genannt.
- ✔ Der Bundestag kann sich nicht selbst auflösen.
- ✔ Das Staatsoberhaupt, der Bundespräsident (Art. 54–61 GG), hat fast ausschließlich repräsentierende und staatssymbolische Aufgaben und Befugnisse.
- ✔ Statt eines präsidialen Verfassungswächters sieht das Grundgesetz mit dem Bundesverfassungsgericht einen gerichtsförmigen »Hüter der Verfassung« vor (Art. 93 GG).
- ✔ Verfassungsänderungen sind nur durch eine ausdrückliche textliche Veränderung oder Ergänzung des Grundgesetzes möglich (Art. 79 Abs. 1 GG).
- ✔ Bestimmte Teile oder Prinzipien des Grundgesetzes dürfen nach der »Ewigkeitsklausel« in Artikel 79 Absatz 3 GG überhaupt nicht geändert werden:
  - »die Gliederung des Bundes in Länder« (Anzahl und Gestalt der Länder können allerdings verändert werden)
  - »die grundsätzliche Mitwirkung der Länder bei der Gesetzgebung« (das muss aber nicht notwendigerweise über ein Gremium wie den Bundesrat erfolgen)
  - die in Artikel 1 GG »niedergelegten Grundsätze« (Schutz der Menschenwürde sowie Grundrechte als unmittelbar bindendes Recht)
  - die in Artikel 20 GG »niedergelegten Grundsätze« (die Demokratie-, Bundesstaats-, Rechtsstaats- und Sozialstaatsprinzipien sowie das Widerstandsrecht gegen Versuche, die freiheitliche demokratische Grundordnung zu beseitigen, »wenn andere Abhilfe nicht möglich ist«).

Teil II
Organisierte Interessenvermittlung und Medien

IN DIESEM TEIL …

In der Politik geht es häufig um Einstellungen, Interessen, Machtbeziehungen und Werte. Zahlreiche und sehr unterschiedliche Gruppierungen versuchen, ihre jeweiligen Ansichten in gesellschaftlichen Konkurrenzsituationen durchzusetzen. Nichtstaatliche Organisationen wie etwa Verbände sind oft bestrebt, Entscheidungsträger in Politik und Verwaltung von ihren Auffassungen zu überzeugen.

Teil II des Buches beschäftigt sich vor allem mit Akteuren und Prozessen der politischen Interessenvermittlung in der Bundesrepublik.

Die für das politische System Deutschlands besonders wichtigen Parteien werden in einem eigenen Kapitel behandelt.

Für die Vermittlung und Wahrnehmung von Politik sind Medien in vielerlei Hinsicht von großer Bedeutung – ein Grund, sie ebenfalls in einem eigenen Kapitel zu besprechen.

IN DIESEM KAPITEL

- Aufgaben und Arbeitsweisen von Interessenorganisationen
- Verschiedene Arten von Interessengruppen
- Vorteile und Nachteile von Interessenvertretung und Lobbyismus

Kapitel 4
Interessengruppen und Verbände

Vielleicht fragen Sie sich, ob man sich bei einer Beschäftigung mit dem politischen System Deutschlands nicht zunächst mit den Verfassungsorganen auseinandersetzen sollte; schließlich sind es vor allem Parlament und Regierung, die für politische Entscheidungen verantwortlich sind. Wenn Sie ein besonderes Interesse an diesen beiden Institutionen haben, sollten Sie die Kapitel 7 und 8 vorab aufschlagen. Wer jedoch an einem umfassenden Einblick in die Politikgestaltung in Deutschland interessiert ist, kommt um dieses vierte Kapitel früher oder später nicht herum.

Die Verfassungsorgane stehen oftmals erst am Ende politischer Entscheidungsprozesse. Nicht selten werden bereits zu einem frühen Zeitpunkt die Weichen für bestimmte politische Ergebnisse gestellt. Interessenorganisationen beeinflussen solche vorparlamentarischen Prozesse – also Entwicklungen, bevor eine Angelegenheit offiziell im Bundestag behandelt wird – recht häufig. Deshalb spricht einiges dafür, sie genauer unter die Lupe zu nehmen, bevor man sich den obersten staatlichen Institutionen zuwendet.

Organisierte Interessen und Lobbyismus

Was ist mit dem Begriff »organisierte Interessen« gemeint, den Sie vielleicht auch schon einmal in der Zeitung gelesen haben? Es geht hier nicht darum, dass jemand spontan an eine Abgeordnete schreibt, weil ihm oder seiner Firma ein Gesetz missfällt oder der Straßenbelag mal wieder erneuert werden müsste. Gemeint sind vielmehr Akteure, die hauptsächlich oder zumindest regelmäßig Ansichten und Interessen gegenüber politischen Entscheidungsträgern artikulieren und dabei planvoll vorgehen. Das bedeutet vor allem, dass *zielgerichtet* politisch bedeutsame Ansichten und Interessen gebildet und gebündelt werden und vor allem Politikern sowie weiteren politisch bedeutsamen Personen wie etwa Ministerialbeamtinnen in einer vorher überlegten Art und Weise (also strategisch) mitgeteilt werden, um bestimmte begünstigende Ergebnisse zu erreichen.

Der Begriff »Lobbyismus« stammt vermutlich von der Lobby als Vorraum oder Vorhalle in Hotels oder Parlamentsgebäuden, in der Interessenvertreter versuchen beziehungsweise versuchten, Politikerinnen in ihrem Sinne zu beeinflussen (heute dürften hier wohl eher andere und vielfältigere Räumlichkeiten von Bedeutung sein). Unter »Public Relations« versteht man meistens eine recht allgemeine und nach außen gerichtete Öffentlichkeitsarbeit insbesondere von Unternehmen. »Public Affairs« bezeichnet dagegen einen gezielter ausgerichteten Kontakt und Informationsaustausch zwischen Interessenvertretungen oder einzelnen Organisationen und ausgewählten Adressaten (vor allem »Entscheidern«) aus Politik, Wirtschaft und Gesellschaft.

Verschiedene Formen von Interessenorganisationen

Es gibt sehr unterschiedliche Vereinigungen und Gruppierungen, die es sich zum Ziel gesetzt haben, die Gestaltung von Politik in ihrem Sinne zu beeinflussen. Sie lassen sich im Wesentlichen in diese drei Formen unterteilen:

- ✔ (Politische) Parteien
- ✔ (Interessen-)Verbände
- ✔ (Soziale) Bewegungen

Diese Typen von Interessenorganisationen unterscheiden sich etwa hinsichtlich ihrer Arbeitsweise, ihrer Ressourcen und ihrer internen Verfahrensgrundlage.

Arbeitsweise der Gruppierungen

Alle Interessengruppen wollen Politik in ihrem Sinne beeinflussen, aber sie bedienen sich hierzu teilweise unterschiedlicher Methoden und Herangehensweisen. Parteien streben danach, politische Ämter zu besetzen. Sie wollen so ihre Überzeugungen und Programme verwirklichen und treten daher bei Wahlen an. Dagegen beabsichtigen Verbände meistens, die Interessen ihrer Mitglieder erfolgreich zu vertreten. Sie möchten Politikerinnen beeinflussen, ohne selbst Politikerinnen zu werden.

Auch soziale Bewegungen sind in der Regel nicht auf die Besetzung politischer Ämter aus. Sie versuchen, durch Protesthandlungen bestimmte Ziele zu erreichen. Beispiele hierfür sind die Anti-Atomkraftbewegung, Fridays for Future und der Widerstand gegen das Bahnhofsprojekt Stuttgart 21. Interessenverbände arbeiten oftmals eher im Stillen, während es zum Wesen sozialer Bewegungen gehört, ihren Anliegen durch öffentlichkeitswirksamen Protest mehr Nachdruck zu verleihen.

Ressourcen der Organisationen

Da Parteien politische Ämter besetzen wollen, sind Wählerstimmen ihre zentrale Ressource. Von der Anzahl der Wählerstimmen hängt entscheidend ab, ob eine Partei in die Lage versetzt wird, ihre Anliegen und Vorstellungen in konkrete Politik umzuwandeln. Wählerstimmen sind im politischen System Deutschlands auch der Schlüssel zu weiteren Ressourcen wie etwa Mitteln der staatlichen Parteienfinanzierung.

Je nach ihrem Profil und ihrer Basis verfügen Interessenverbände in unterschiedlicher Form über verschiedene Ressourcen. Die meisten Verbände besitzen Expertenwissen in ihren jeweiligen Gesellschaftsbereichen. Damit ist besonderes, durch eigene Anschauung und Tätigkeit erworbenes Fachwissen gemeint. Bei den finanziellen Ressourcen gibt es starke Unterschiede zwischen den Verbänden; große wirtschaftsnahe Gruppierungen haben in der Regel mehr Geld als kleine, gemeinnützige und ehrenamtlich betriebene Verbände.

AUGEN AUF - ZUM BEISPIEL BEI DER INITIATIVE NEUE SOZIALE MARKTWIRTSCHAFT

Manchmal ist auf den ersten Blick nicht ganz klar, wer oder was sich hinter einer Interessenorganisation verbirgt. Ein Beispiel hierfür ist die Initiative Neue Soziale Marktwirtschaft (INSM), die seit einigen Jahren mit teilweise recht großflächigen Anzeigen in den Medien für politische Reformen wirbt. Auf den ersten Blick könnte man meinen, dass es der INSM auch sehr um soziale Fragen und Probleme geht. Der Schwerpunkt ihrer Lobbytätigkeit liegt dann aber doch eher in den Bereichen Wettbewerbs- und Arbeitsmarktpolitik, wobei sie überwiegend arbeitgebernahe Positionen vertritt und sich meist gegen staatliche Eingriffe in die Wirtschaft ausspricht. Das ist nicht sonderlich überraschend, wenn man weiß, dass die INSM überwiegend von den Metall- und Elektro-Arbeitgeberverbänden finanziert wird.

Eine wichtige Ressource für Interessenverbände sind Zugänge zum Regierungssystem. Verbände, die über ein gutes Netzwerk zu politischen Entscheidungsträgern verfügen, sind in der Regel einflussreicher. Eine besondere Ressource, über die nur bestimmte Interessenverbände verfügen, ist die Möglichkeit zur Leistungsverweigerung. So lautet eine häufige Drohung von Branchen- und Arbeitgeberorganisationen, dass man Arbeitsplätze ins Ausland verlagern werde (oder »müsse«), wenn die Politik nicht (wieder) für bestimmte rechtliche oder finanzielle Rahmenbedingungen sorge.

Die häufig eher lose oder ehrenamtlich organisierten sozialen Bewegungen setzen meist auf öffentlichkeitswirksame Protestaktionen. Dafür braucht man in der Regel einen langen Atem, Enthusiasmus und viel Engagement. Eine zentrale Ressource von sozialen Bewegungen ist daher die Begeisterungsfähigkeit der Anhängerschaft.

Interne Verfahrensgrundlage

Interessengruppen unterscheiden sich auch hinsichtlich der Grundlagen ihrer Arbeitsorganisation. Parteien haben eine Satzung oder ein Statut. Darin sind die wichtigsten innerparteilichen Entscheidungsverfahren festgelegt. Außerdem werden hier bestimmte Rollen beschrieben und verteilt (etwa Vorsitzende oder einfaches Mitglied). Verbände sind grundsätzlich intern ähnlich organisiert. Auch sie verfügen über Grundlagendokumente, die zentrale Entscheidungsverfahren und Rollenverteilungen regeln. Viele Interessenverbände sind eingetragene Vereine.

Interessenorganisationen werden manchmal allgemein als »Verbände« bezeichnet. Nach einer engeren Definition handelt es sich bei einer Vereinigung jedoch nur dann um einen echten Verband, wenn sie sich durch freie Gründung und freiwillige Mitgliedschaft auszeichnet. Daher sind Kammern (zum Beispiel Ärzte- oder Rechtsanwaltskammern) zwar unter anderem auch Interessengruppen, aber aufgrund ihrer Zwangsmitgliedschaft keine Verbände im engeren Sinne. Nach einem weiten Begriffsverständnis kann man hingegen auch Organisationen wie Kammern (und etwa auch Kirchen) als Verbände bezeichnen.

Soziale Bewegungen weisen oft eine eher lockere Organisationsstruktur auf. Sie bestehen nicht selten aus unterschiedlichen Interessenorganisationen und Vereinigungen; zu manchen zivilgesellschaftlichen Bündnissen gehören beispielsweise einige Parteien, mehrere Verbände sowie lose Gruppierungen und engagierte Einzelpersonen. In sozialen Bewegungen werden daher Aufgabenverteilungen häufig frei ausgehandelt und Rollen sind mitunter nicht so eindeutig festgelegt wie in anderen Interessenorganisationen.

Verbändevielfalt: Eine neue Entwicklung

Viele Jahrhunderte lang war eine freie Gründung von Interessengruppen in Deutschland nicht möglich. Es dominierten ständische und zünftlerische Institutionen. Oftmals bestimmte die soziale Herkunft (etwa Beruf, Konfession und Wohnsitz des Vaters), welche gesellschaftlichen Einrichtungen für eine Person zuständig waren. Zünfte regelten mitunter nicht nur Details des Arbeitslebens, sondern auch Aspekte des Privatlebens.

Erst mit der im Norddeutschen Bund und im Deutschen Kaiserreich eingeführten Gewerbefreiheit entstand in den letzten Jahrzehnten des 19. Jahrhunderts zunehmend ein vielfältiges Spektrum an Interessenverbänden. Ende des 19. Jahrhunderts und Anfang des 20. Jahrhunderts gab es eine starke gesellschaftliche Ausdifferenzierung und teilweise milieuspezifische Einrichtungen für ganze Lebensbereiche. Das bedeutet, dass man beispielsweise als in einer sehr katholischen Familie aufgewachsener Mensch in einen katholischen Kindergarten gehen konnte, eine katholische Schule besuchte, überwiegend katholische Zeitungen las, später vor allem in katholischen Sport- und Kulturvereinen aktiv war und dazu neigte, eine christliche oder gleich eine katholische Partei zu wählen (etwa die Zentrumspartei).

Im Dritten Reich wurden etliche Verbände und sonstige zivilgesellschaftliche Organisationen verboten. Pluralistische Vielfalt in der Gesellschaft sowie die freie Wahl von

Ansichten und Interessenvertretungen waren mit der nationalsozialistischen Einheitsideologie nicht vereinbar. Nach 1945 entwickelten sich in der Bundesrepublik keine ähnlich stark weltanschaulich-politisch klar voneinander getrennten Gesellschaftsbereiche mit entsprechenden verbandlichen Strukturen wie zu Zeiten der Weimarer Republik. Natürlich gibt es sehr unterschiedliche soziale Milieus und Lebenswelten, aber die persönlichen (Selbst-)Zuordnungen zu bestimmten gesellschaftlichen Gruppen, Identitäten und Strömungen sind heute für viele Menschen oftmals nicht mehr so eindeutig, abgeschlossen und dauerhaft wie noch vor Jahrzehnten oder gar Jahrhunderten.

Rechtliche Grundlagen

In Deutschland ist es ein Grundrecht, Vereinigungen zur Vertretung von gesellschaftlichen und politischen Interessen zu gründen. So lautet Artikel 9 GG:

(1) Alle Deutschen haben das Recht, Vereine und Gesellschaften zu bilden.

(2) Vereinigungen, deren Zwecke oder deren Tätigkeit den Strafgesetzen zuwiderlaufen oder die sich gegen die verfassungsmäßige Ordnung oder gegen den Gedanken der Völkerverständigung richten, sind verboten.

(3) Das Recht, zur Wahrung und Förderung der Arbeits- und Wirtschaftsbedingungen Vereinigungen zu bilden, ist für jedermann und für alle Berufe gewährleistet. Abreden, die dieses Recht einschränken oder zu behindern suchen, sind nichtig, hierauf gerichtete Maßnahmen sind rechtswidrig […].

IHR GUTES EUROPARECHT

Das Grundrecht der Vereinigungsfreiheit ist zusätzlich in der von der Bundesrepublik ratifizierten Europäischen Menschenrechtskonvention (EMRK) abgesichert. Artikel 11 EMRK hat folgenden Wortlaut:

(1) Jede Person hat das Recht, sich frei und friedlich mit anderen zu versammeln und sich frei mit anderen zusammenzuschließen; dazu gehört auch das Recht, zum Schutz seiner Interessen Gewerkschaften zu gründen oder Gewerkschaften beizutreten […].

Schließlich gilt für die Institutionen der Europäischen Union sowie die Behörden der EU-Mitgliedstaaten (also auch Deutschland) bei der Anwendung von Unionsrecht die Charta der Grundrechte der Europäischen Union. Hier besagt Artikel 12:

(1) Jede Person hat das Recht, sich insbesondere im politischen, gewerkschaftlichen und zivilgesellschaftlichen Bereich auf allen Ebenen frei und friedlich mit anderen zu versammeln und frei mit anderen zusammenzuschließen, was das Recht jeder Person umfasst, zum Schutz ihrer Interessen Gewerkschaften zu gründen und Gewerkschaften beizutreten […].

Aufgaben von Interessengruppen

Interessenorganisationen haben im Wesentlichen drei zentrale Funktionen oder Aufgaben:

- ✔ das Sammeln und Bündeln von Ansichten, Meinungen und Interessen (beispielsweise der Mitglieder eines Verbands)
- ✔ das Äußern, Mitteilen und Vertreten dieser Interessen nach außen (etwa gegenüber Akteuren des Regierungssystems)
- ✔ eine integrative und befriedende Rolle bei der Umsetzung von Entscheidungen (zum Beispiel das Vermitteln, Verteidigen und Durchsetzen von Verhandlungsergebnissen)

Vielfalt der Organisationen

Interessengruppen bestehen in zahlreichen gesellschaftlichen Bereichen und auf verschiedenen Ebenen. Bei vielen Verbänden gibt es Landesverbände und zum Teil auch regionale oder lokale Gruppen. Sehr häufig existiert bei größeren Vereinigungen ein Spitzenverband auf Bundesebene. In den folgenden Abschnitten gebe ich einen kurzen Überblick über die wichtigsten Typen von Interessenorganisationen. Im Top-Ten-Teil beschreibe ich in Kapitel 21 einige ausgewählte Verbände näher.

Arbeits- und Wirtschaftsbereich

Im wirtschaftlichen Sektor kann man grob zwischen folgenden Interessengruppen unterscheiden:

- ✔ **Branchenverbände**, die einzelne Wirtschaftszweige vertreten (zum Beispiel der Bundesverband der Deutschen Industrie)

Eher ungünstig ist es, wenn zwei Interessenverbände die gleiche Abkürzung haben. So sollte man den recht bekannten Bundesverband der Deutschen Industrie (BDI) nicht mit dem in der Öffentlichkeit deutlich weniger präsenten Berufsverband Deutscher Internistinnen und Internisten (ebenfalls BDI) verwechseln.

- ✔ **Arbeitgeberverbände**, die die Leitungen beziehungsweise Eigentümerinnen von Unternehmen repräsentieren (die Bundesvereinigung der deutschen Arbeitgeberverbände ist hier die Dachorganisation)
- ✔ öffentlich-rechtliche **Kammern**, die auch staatlich delegierte Aufgaben der Selbstverwaltung ausüben (beispielsweise Ärztekammern sowie Industrie- und Handelskammern)
- ✔ **Gewerkschaften** wie etwa die im Deutschen Gewerkschaftsbund zusammengeschlossenen Gewerkschaften (zum Beispiel die Industriegewerkschaft Metall)
- ✔ **Verbraucherverbände**, die es sich zum Ziel gesetzt haben, Rechte der Verbraucherinnen zu stärken und durchzusetzen (hier gibt es beispielsweise den Verbraucherzentrale Bundesverband)

- **Berufsverbände**, die Interessen bestimmter Berufszweige vertreten (etwa der Verein Deutscher Ingenieure)

Sozialer Bereich

Im sozialen Sektor lässt sich zwischen diesen Interessenorganisationen unterscheiden:

- **Kriegsfolgenverbände**, die sich mit sozialen Fragen und Problemen nach Kriegen und bewaffneten Konflikten beschäftigen (zum Beispiel der Volksbund Deutsche Kriegsgräberfürsorge)
- **Wohlfahrtsverbände**, die ein sehr breites Spektrum an sozialen und gemeinnützigen Dienstleistungen abdecken, aber zumindest teilweise auch Interessenvertretung betreiben (etwa das Deutsche Rote Kreuz, die Johanniter oder der Paritätische Wohlfahrtsverband)
- Weitere **Sozialverbände** wie beispielsweise der Deutsche Mieterbund

Sonstige Organisationen

Es gibt auf dem Gebiet der Interessenvertretungen auch noch zahlreiche weitere Gruppierungen aus unterschiedlichen Bereichen, so etwa

- **Bürgerinitiativen**, die häufig eher lokal organisiert sind und sich meist um ein zentrales Thema kümmern (ein Dachverband ist hier zum Beispiel der Bundesverband Bürgerinitiativen Umweltschutz)
- Vereinigungen im **Freizeitbereich**, die sich eigentlich eher mit kulturellen oder sportlichen Angelegenheiten beschäftigen, aber in einzelnen Situationen auch politisch äußern (zum Beispiel der Einsatz des Deutschen Sportbundes für staatliche Mittel zur Sportförderung oder die Austragung von internationalen Wettkämpfen in Deutschland)
- politisch-ideelle Vereinigungen, die sich als **Nichtregierungsorganisationen** (meist abgekürzt NGOs nach der englischen Bezeichnung Non-Governmental Organizations) für Gemeinwohlbelange einsetzen

Nichtregierungsorganisationen wie Amnesty International, Greenpeace, Human Rights Watch oder Transparency International genießen in der Gesellschaft in der Regel einen guten Ruf. Viele Menschen dürften es vermutlich zumindest auf den ersten Blick befremdlich finden, wenn auch Vertreterinnen dieser NGOs gelegentlich als Lobbyistinnen bezeichnet werden. Tatsächlich betreiben Nichtregierungsorganisationen aber auch Interessenvertretungs- und somit Lobbyarbeit (selbst die NGO LobbyControl). Sie setzen sich zwar für gemeinnützige Ziele ein, vertreten hierbei allerdings wie andere Interessenorganisationen auch ihre (vielleicht zum Teil recht einseitige) Sicht der Dinge. Ob und inwieweit es zum Beispiel wichtiger ist, eine bestimmte Tierart zu schützen oder in einem Wirtschaftssektor Arbeitsplätze zu erhalten, ist eine politische Frage, bei der man aus guten Gründen durchaus unterschiedlicher Auffassung sein kann.

- Verbände öffentlicher **Gebietskörperschaften**, die die Interessen von Kommunen vertreten (zum Beispiel der Deutsche Städte- und Gemeindebund)

- **Kirchen und Religionsgemeinschaften**, die sich zwar vorrangig mit seelsorgerischen Angelegenheiten und Glaubensfragen beschäftigen, gelegentlich aber auch gesellschaftliche und politische Ansichten nach außen tragen (etwa die Römisch-katholische Kirche und die Evangelische Kirche in Deutschland)

Strukturen und Entwicklungen von Interessengruppen

Verbände sind in der Regel zumindest formal (das heißt auf dem Papier) intern demokratisch strukturiert. Wenn sie in der rechtlichen Form eines eingetragenen Vereins organisiert sind, verfügen sie insbesondere über eine Mitgliederversammlung, die einen Vorstand wählt. Dieser bestellt und koordiniert gegebenenfalls eine Geschäftsführung und weitere Organe. Allerdings sind Interessenverbände heute häufig von mehreren Phänomenen und Tendenzen geprägt:

- Entscheidungen und wichtige Vorabsprachen finden in kleinen Gremien wie Präsidien, Vorständen und Ausschüssen statt.

- Gerade in größeren Verbänden verfügt die Verbandsbürokratie (Geschäftsführungen und hauptberufliche Mitarbeitende) nicht zuletzt aufgrund ihres Fachwissens und ihrer Netzwerke über ein starkes Eigengewicht.

- Anstelle der in der Regel vorgesehenen Mehrheitsentscheidungen werden nicht selten Beschlüsse nach dem Proporzprinzip getroffen. Das bedeutet, dass man etwa Vertreter unterschiedlicher Abteilungen, Gebiete oder Zweige in ähnlichem Umfang in Gremien wählt oder dass man möglichst einstimmige Abstimmungen oder sehr große Mehrheiten anstrebt, um die verschiedenen Strömungen der Vereinigung zufriedenzustellen und einzubinden.

- Die breite Mitgliederschaft beteiligt sich eher wenig an den Verbandsaktivitäten. Verschiedene Verbände wie etwa manche Arbeitnehmerorganisationen verlieren tendenziell Mitglieder. Das heißt, dass ihr Organisationsgrad sinkt.

DAS TARIFVERTRAGSSYSTEM: DELEGIERTE POLITIK

Wir haben uns mittlerweile daran gewöhnt, dass in vielen Berufs- und Wirtschaftszweigen wichtige Fragen der Arbeits- und Beschäftigungsbedingungen (zum Beispiel Löhne und Urlaub) von Arbeitnehmerverbänden einerseits und Arbeitgeberverbänden andererseits ausgehandelt werden. Dieses Tarifvertragssystem besteht in seiner jetzigen Form allerdings erst seit den Anfängen der Bundesrepublik. Gewerkschaften und Arbeitgeberorganisationen werden hier in eine quasiöffentliche Rolle versetzt: Sie treffen für ihre Bereiche allgemein verbindliche Entscheidungen. Regierung und Parlament halten sich bewusst zurück und greifen höchstens im Notfall ein, wenn Verhandlungen dauerhaft scheitern oder ein besonderer Regelungsbedarf besteht. Artikel 9 Absatz 3 GG garantiert das »Recht, zur Wahrung und Förderung der Arbeits- und Wirtschaftsbedingungen Vereinigungen zu bilden«.

In den letzten Jahren konnten insbesondere einige Spartengewerkschaften, die im Unterschied zu großen und vielfältigen Gewerkschaften lediglich die Interessen einiger weniger spezialisierter Berufe oder Tätigkeitsbereiche vertreten (etwa Ärzte, Lokführerinnen oder Piloten), großen Verhandlungsdruck aufbauen und für ihre Mitglieder gute Arbeitsbedingungen aushandeln.

Politische Einflussnahme durch Interessengruppen

Bei dem Versuch, politische Entscheidungen zu beeinflussen, handeln Interessenorganisationen in der Regel strategisch und legen je nach Organisationsform zum Teil unterschiedliche Vorgehensweisen an den Tag. Es stellt sich auch die Frage, wie groß oder gefährlich der Einfluss von Interessengruppen im politischen System Deutschlands tatsächlich ist.

Verbände und Abgeordnete

Wenn Interessenverbände Einfluss auf Abgeordnete nehmen wollen, konzentrieren sie sich meist auf einflussreichere Politiker oder parlamentarische Schnittstellen in den Fraktionen und Ausschüssen der jeweiligen Volksvertretung. Infrage kommen hier besonders:

- ✔ Spezialistinnen einzelner Parteien beziehungsweise Fraktionen für den betreffenden Bereich (etwa die entsprechenden themenpolitischen Sprecher der Fraktion oder die Vertreterinnen der Fraktion in den einschlägigen Ausschüssen)
- ✔ führende Personen in den Fraktionen (insbesondere Fraktionsvorsitzende, stellvertretende Fraktionsvorsitzende und parlamentarische Geschäftsführer)

Diese Abgeordneten haben üblicherweise einen größeren Einfluss auf die fraktionsinterne Willensbildung als einfache Parlamentarierinnen. Generell sind Fraktionen der jeweiligen Regierungskoalition von größerer Bedeutung für Interessenvertreter und Lobbyistinnen, weil meist nur sie in der Lage sind, Entscheidungen wie etwa Gesetze beeinflussen zu können. Oppositionelle Abgeordnete scheitern regelmäßig mit ihren Anträgen für oder gegen bestimmte Beschlüsse.

Zwischen einzelnen Interessenverbänden und bestimmten Parteien bestehen besondere Beziehungen. So sind beziehungsweise waren stets mehrere Abgeordnete von SPD und Linkspartei in Gewerkschaften aktiv. Bei der CDU und der CSU sind oder waren häufig einige Parlamentarier Funktionsträger in christlichen (überwiegend katholischen) Organisationen. Es ist keine Seltenheit, dass aktive Abgeordnete Funktionen in Interessenverbänden bekleiden.

Verbände und die Ministerialverwaltung

Üblicherweise konzentrieren Interessenorganisationen ihre Lobbyarbeit allerdings auf die Ministerialbürokratie. Die meisten Gesetze und viele weitere wichtige Entscheidungen werden in den Ministerien vorbereitet. Zu Beginn des Entstehungsprozesses einer politischen Entscheidung ist die Möglichkeit für eine effektive Einflussnahme oft größer. In der Regel haben Mitarbeitende der Ministerialverwaltung ein großes Interesse an Einschätzungen, Kommentaren und Stellungnahmen von Interessenverbänden. Deren Expertise hilft der Ministerialbürokratie, beispielsweise Informationen darüber zu erlangen,

- ✔ ob eine geplante Regelung in den betroffenen Gesellschaftsbereichen eher begrüßt oder abgelehnt wird,
- ✔ welche Auswirkungen eine angedachte Reform möglicherweise haben wird,
- ✔ inwiefern eine avisierte Neuerung als umsetzbar oder schwer vollziehbar eingestuft wird,
- ✔ ob gute alternative Konzepte existieren und unterstützt werden.

Zwischen dem Personal von Interessenverbänden und Ministerien bestehen zum Teil enge Beziehungen durch

- ✔ gleiche Herkunft und Ausbildung,
- ✔ die Mitgliedschaft von Ministerialmitarbeitenden in Verbänden,
- ✔ personellen Wechsel zwischen Interessenorganisationen und Ministerialbürokratie,
- ✔ regelmäßigen Kontakt zwischen Verbänden und Ministerialverwaltung.

In den Sozialwissenschaften unterscheidet man zwischen zwei unterschiedlichen Systemen von Interessenvermittlung: »Pluralismus« und »Korporatismus«. Pluralistische Interessenvermittlung bedeutet vor allem, dass in einem Gesellschafts- oder Wirtschaftsbereich mehrere Interessengruppen miteinander um Mitglieder und Einfluss auf die Politik konkurrieren. Korporatistische Systeme zeichnen sich hingegen dadurch aus, dass in einem Sektor üblicherweise nur eine (Dach-)Organisation zur Vertretung bestimmter Interessen existiert und in regelmäßigem sowie fest strukturiertem Austausch mit politischen Entscheidungsträgern steht. Die Interessenvermittlung in Deutschland ist ein Mischtyp zwischen den Extremen Pluralismus und Korporatismus.

Immer gut für Protesthandlungen: Soziale Bewegungen und Bürgerinitiativen

Während Interessenverbände oft eher im Stillen wirken, zielen soziale Bewegungen meistens auf öffentlichkeitswirksamen Protest. Sie streben als wichtig erachtete gesellschaftliche Veränderungen an. Häufig geht es auch darum, die Umsetzung bestimmter bereits getroffener politischer Entscheidungen zu verhindern oder die entsprechenden Beschlüsse rückgängig zu machen. Als eher lose und informelle Zusammenschlüsse werden soziale Bewegungen in der Regel von einem kleineren Kreis von Aktiven gesteuert. An den Protestaktionen beteiligen sich oft überwiegend Personen mit höherem Bildungsgrad.

Bürgerinitiativen haben häufig eher wenige Mitglieder und beschränken sich nicht selten auf eine einzige politische Frage (etwa die Forderung nach dem Bau einer Umgehungsstraße). Man kann sie als Ergänzung von Verbänden ansehen beziehungsweise als besondere, meist kommunalpolitisch aktive Interessengruppen. Hauptberufliche und professionelle Verbandsstrukturen sind hier meistens nicht nötig, weil sich mittlerweile viele Angehörige vor allem der Mittelschicht in derartigen Gruppierungen engagieren können.

Einige kritische Anmerkungen zur Rolle von Verbänden

Zur politischen Bedeutung und zum Einfluss von Interessengruppen in der Gesellschaft lassen sich verschiedene kritische Punkte anmerken. So sind beispielsweise manche Interessengruppen deutlich besser organisiert und können ihre Standpunkte damit eher zur Geltung bringen. Hausfrauen, freie Journalisten oder ungeborene Kinder verfügen in Deutschland über keine annähernd so starke Interessenvertretung wie beispielsweise die chemische Industrie, Landwirte oder Ärztinnen. Hier kann die Gefahr bestehen, dass einzelnen Interessen im Prozess der Politikgestaltung zulasten des Gemeinwohls ein zu starkes Gewicht zukommt.

Allerdings ist es häufig schwer zu bestimmen, wie das Gemeinwohlinteresse in einem konkreten Fall tatsächlich aussieht. In einer pluralistischen Demokratie wie der deutschen ist es grundsätzlich das gute Recht auch von Lobbyisten, ihre (notwendigerweise) einseitige Sicht auf die Welt zu vertreten – jedoch nicht mit fragwürdigen und verbotenen Mitteln wie Korruption.

Als Mitglied eines Verbands kann man sich allerdings auch fragen, ob die jeweilige Verbandsführung tatsächlich stets die Interessen der meisten Mitglieder im Auge hat oder auch eine eigene Agenda verfolgt. In der Regel verfügen einfache Verbandsmitglieder nur über einen recht begrenzten Einblick in die Aktivitäten ihrer Organisation, und Verbandsfunktionäre haben nicht selten ein Eigeninteresse daran, ihren Einfluss zu erhalten oder auszubauen.

Der Einfluss organisierter Interessen: schwer zu verallgemeinern

Interessenorganisationen wirken im politischen System Deutschlands auch mit

- ✔ in manchen Verwaltungsräten (zum Beispiel in Rundfunkräten und im Verwaltungsrat der Bundesagentur für Arbeit),
- ✔ bei der Ausführung von Gesetzen (etwa im Sozialbereich durch Wohlfahrtsverbände wie Caritas und Diakonie),
- ✔ in Institutionen mit staatlich übertragener Selbstverwaltung (beispielsweise Kammern und Sozialversicherungsträgern).

Über den tatsächlichen Einfluss von Interessengruppen lässt sich nur schwer eine allgemeingültige Aussage machen. Manche Entscheidungen werden zweifellos stark von Lobbyisten beeinflusst, in anderen Fällen gelingt es ihnen trotz großer Anstrengungen kaum oder gar nicht, ihre Interessen politisch durchzusetzen. Es ist jedenfalls recht eindeutig nicht der Fall, dass der parlamentarische Prozess ständig und grundsätzlich von bestimmten Interessenverbänden dominiert und gesteuert wird. Der Verlauf politischer Entscheidungen ist in der Regel abhängig

- ✔ vom jeweiligen Zeitpunkt,
- ✔ vom betreffenden Problem (und wie es aus unterschiedlichen Blickwinkeln gesehen wird),
- ✔ von den konkreten politischen Prozessen (vor allem Macht- und Interessenkonstellationen der politisch bedeutsamen Akteure, Verfahrensregeln und politischen Mehrheiten),
- ✔ von den infrage kommenden Lösungsmöglichkeiten (das heißt politischen Instrumenten wie Rechtsetzung oder finanziellen Regelungen).

Je nachdem kann der Einfluss bestimmter Interessengruppen auf die Entstehung etwa eines Gesetzes stärker oder schwächer sein.

IN DIESEM KAPITEL

Funktionen von Parteien im politischen System Deutschlands

Rechtliche Grundlagen politischer Parteien

Unterschiedliche Typen von Parteien

Die Entwicklung des Parteiensystems

Kapitel 5
Politische Parteien

Vielleicht fragen Sie sich, warum den politischen Parteien in diesem Buch gleich ein ganzes Kapitel gewidmet ist. Reicht es nicht, sich vor allem Wissen über die Verfassungsorgane Bundesregierung und Bundestag anzueignen und vielleicht noch die Interessenverbände zu berücksichtigen, um die Politikgestaltung in Deutschland zu verstehen? Diese Frage muss mit einem klaren Nein beantwortet werden. Tatsache ist, dass man die Bedeutung der Parteien im politischen System Deutschlands kaum unterschätzen kann.

Parteien sind an praktisch allen wichtigen politischen Entscheidungen maßgeblich beteiligt – bereits überwiegend auf kommunaler Ebene, aber vor allem auf Landes- und Bundesebene. Die Parteien sind in Deutschland außerdem die zentralen Aufstiegskanäle für das politische Personal. Ohne die Unterstützung der jeweils einflussreichen Partei(en) kommt man in der Bundesrepublik nahezu in kein bedeutendes politisches Amt und auch nicht in die höchsten Positionen in Justiz und Verwaltung. Es gibt also etliche gute Gründe, sich ausführlicher mit den Parteien zu beschäftigen.

Im Folgenden beschreibe ich zunächst, was politische Parteien als Interessenorganisationen besonders kennzeichnet. Dann gehe ich auf die rechtlichen Grundlagen von Parteien in der Bundesrepublik ein. Dem heiklen Thema Parteienfinanzierung ist ein eigener Abschnitt gewidmet. Es folgt ein Überblick über die Entwicklung des Parteiensystems in Deutschland. Im Anschluss werden zwei Dimensionen dargestellt, mit denen sich viele ideologische und programmatische Unterschiede von Parteien einordnen lassen. Das Kapitel endet mit Informationen zum inneren Aufbau von Parteien.

Parteien als Interessenorganisationen

Politische Parteien stellen eine besondere Form von Interessenorganisationen dar. Im Unterschied zu Interessenverbänden und sozialen Bewegungen streben Parteien danach, politische Ämter zu besetzen. Sie wollen so ihre Überzeugungen und Programme verwirklichen und treten daher bei Wahlen auf unterschiedlichen politisch-administrativen Ebenen an. Etwaige persönliche Eigeninteressen von Parteimitgliedern (zum Beispiel Macht, Prestige, sozialer Status) sind davon grundsätzlich zu unterscheiden, in der Realität aber schwer zu trennen.

Vor diesem Hintergrund sind Wählerstimmen die zentrale Ressource politischer Parteien. Von der Anzahl der Wählerstimmen hängt entscheidend ab, ob eine Partei in die Lage versetzt wird, ihre Anliegen und Vorstellungen in konkrete Politik umzusetzen (etwa als Teil einer Regierungskoalition). Wählerstimmen sind im politischen System Deutschlands auch der Schlüssel zu weiteren Ressourcen wie etwa Mitteln der staatlichen Parteienfinanzierung.

Parteien haben eine Satzung oder ein Statut. Darin sind die wichtigsten innerparteilichen Entscheidungsverfahren und Organe der Partei festgelegt. Außerdem werden hier bestimmte Aufgaben, Funktionen und Rollen beschrieben und verteilt (etwa Vorsitzender oder einfaches Mitglied). Andere Interessenorganisationen wie etwa soziale Bewegungen weisen eine eher lockere Organisationsstruktur auf, in der die Aufgaben- und Rollenverteilung eine mehr oder weniger flexible Aushandlungssache ist.

Das Wort Partei stammt aus dem Lateinischen. Pars (Genitiv: partis) bedeutet Teil oder Richtung. Damit drückt der Begriff ganz gut aus, dass hier die Ideen, Interessen und Vorstellungen einer bestimmten Gruppe vertreten werden, also eines Teils der Gesellschaft. Zu einer pluralistischen Demokratie gehört stets eine gewisse Vielfalt an politischen Parteien. Um möglichst viel Zustimmung und Wählerstimmen zu erlangen, strebt eine Partei grundsätzlich danach, möglichst große Teile der Wählerschaft mit ihrem Personal und ihrem Programm anzusprechen.

Rechtliche Grundlagen

Artikel 21 GG ist der »Parteienartikel« der deutschen Verfassung. Absatz 1 besagt: »Die Parteien wirken bei der politischen Willensbildung des Volkes mit. Ihre Gründung ist frei. Ihre innere Ordnung muss demokratischen Grundsätzen entsprechen. Sie müssen über die Herkunft und Verwendung ihrer Mittel sowie über ihr Vermögen öffentlich Rechenschaft geben.«

Parteien im Verfassungstext und in der Verfassungsrealität

Aus Sicht der Verfassungsrealität ist der erste Satz von Artikel 21 Absatz 1 GG eine ziemliche Untertreibung. Die Parteien wirken nicht nur bei der politischen Willensbildung des Volkes mit, sie sind maßgeblich für politische Personal- und Sachentscheidungen in Deutschland verantwortlich. Das Parteiengesetz, das verschiedene Bestimmungen von Artikel 21 GG konkretisiert, kommt der Realität schon deutlich näher.

»Die Parteien wirken an der Bildung des politischen Willens des Volkes auf allen Gebieten des öffentlichen Lebens mit, indem sie insbesondere

- ✔ auf die Gestaltung der öffentlichen Meinung Einfluss nehmen,
- ✔ die politische Bildung anregen und vertiefen,
- ✔ die aktive Teilnahme der Bürger am politischen Leben fördern,
- ✔ zur Übernahme öffentlicher Verantwortung befähigte Bürger heranbilden,
- ✔ sich durch Aufstellung von Bewerbern an den Wahlen in Bund, Ländern und Gemeinden beteiligen,
- ✔ auf die politische Entwicklung in Parlament und Regierung Einfluss nehmen,
- ✔ die von ihnen erarbeiteten politischen Ziele in den Prozess der staatlichen Willensbildung einführen und
- ✔ für eine ständige lebendige Verbindung zwischen dem Volk und den Staatsorganen sorgen« (§ 1 Abs. 2 Parteiengesetz, Aufzählungszeichen eingefügt vom Verfasser).

Die Parteien nehmen zweifellos Einfluss auf die Gestaltung der öffentlichen Meinung und die politische Entwicklung in Parlament und Regierung, beteiligen sich mit Kandidierenden an Wahlen und bringen ihre Vorstellungen in die Prozesse der staatlichen Willensbildung ein. Ob sie allerdings wirklich die politische Bildung und die aktive politische Teilnahme der Bürger merklich fördern, tatsächlich für politische Ämter befähigte Bürgerinnen heranbilden und vor allem für eine ständige lebendige Verbindung zwischen Bevölkerung und Staatsorganen sorgen – das scheint mitunter eher fraglich. Medienvertreterinnen und Wissenschaftler sprechen seit Jahren von einer gewissen Politikverdrossenheit in größeren Teilen der deutschen Gesellschaft, die sich wesentlich in einer Parteienverdrossenheit äußert.

Pflicht zur Verfassungstreue

Parteien müssen in der Bundesrepublik die Grundsätze der Verfassung einhalten. In dieser Hinsicht besagt Artikel 21 Absatz 2 GG: »Parteien, die nach ihren Zielen oder nach dem Verhalten ihrer Anhänger darauf ausgehen, die freiheitliche demokratische Grundordnung zu beeinträchtigen oder zu beseitigen oder den Bestand der Bundesrepublik Deutschland zu gefährden, sind verfassungswidrig. Über die Frage der Verfassungswidrigkeit entscheidet das Bundesverfassungsgericht.«

NPD – DER EIERTANZ UM EIN PARTEIVERBOT

Parteiverbote haben bisher in der Bundesrepublik keine besondere Bedeutung erlangt. Man kann das als positiv betrachten, denn es ist ein starker Eingriff in eine pluralistische Demokratie, eine politische Partei zu verbieten (auch wenn es darum geht, das demokratische Regierungssystem zu schützen). In den 1950er-Jahren wurden die Sozialistische Reichspartei (SRP) – eine NSDAP-Nachfolgepartei – und die Kommunistische Partei Deutschlands (KPD) als verfassungswidrig verboten.

In jüngerer Zeit überstand die Nationaldemokratische Partei Deutschlands (NPD) gleich zwei Parteiverbotsverfahren. 2003 scheiterte ein Verfahren vor allem daran, dass die Landesregierungen nicht bereit waren, über die in den Reihen der NPD-Führung tätigen V-Leute des Verfassungsschutzes umfassend Auskunft zu geben. Nachdem dieses verfahrensrechtliche Problem beseitigt war, kam es zu einem erneuten Parteiverbotsverfahren, das 2017 endete. Das Bundesverfassungsgericht urteilte diesmal, dass die NPD zwar eine verfassungswidrige Partei sei, aber aufgrund ihrer derzeitigen Bedeutungslosigkeit keine nennenswerte Gefahr für die freiheitliche demokratische Grundordnung der Bundesrepublik Deutschland darstelle. Daher müsse sie (noch) nicht verboten werden. Die Partei trägt mittlerweile den Namen Die Heimat.

Das Parteiengesetz

Das Parteiengesetz präzisiert verschiedene der recht allgemein gehaltenen Bestimmungen des Artikels 21 GG. Es enthält folgenden rechtlich verbindlichen Begriff einer politischen Partei in Deutschland:

»(1) Parteien sind Vereinigungen von Bürgern, die dauernd oder für längere Zeit für den Bereich des Bundes oder eines Landes auf die politische Willensbildung Einfluss nehmen und an der Vertretung des Volkes im Deutschen Bundestag oder einem Landtag mitwirken wollen, wenn sie nach dem Gesamtbild der tatsächlichen Verhältnisse, insbesondere nach Umfang und Festigkeit ihrer Organisation, nach der Zahl ihrer Mitglieder und nach ihrem Hervortreten in der Öffentlichkeit eine ausreichende Gewähr für die Ernsthaftigkeit dieser Zielsetzung bieten. Mitglieder einer Partei können nur natürliche Personen sein.

(2) Eine Vereinigung verliert ihre Rechtsstellung als Partei, wenn sie sechs Jahre lang weder an einer Bundestagswahl noch an einer Landtagswahl mit eigenen Wahlvorschlägen teilgenommen hat. Gleiches gilt, wenn eine Vereinigung sechs Jahre lang entgegen der Pflicht zur öffentlichen Rechenschaftslegung […] keinen Rechenschaftsbericht eingereicht hat […]« (§ 2 Abs. 1 und 2 Parteiengesetz).

Neben allgemeinen Bestimmungen zu Stellung, Aufgaben, Begriff, Namen und Gleichbehandlung der Parteien finden sich im Parteiengesetz vor allem Regelungen zu folgenden Bereichen:

- ✔ Mindestvorgaben zur inneren Ordnung der Parteien (zum Beispiel Satzung, Untergliederungen, Organe, parteiinterne Beschluss- und Schlichtungsverfahren),
- ✔ staatliche Parteienfinanzierung,
- ✔ Rechenschaftslegung (das heißt Rechenschaftsberichte über die Herkunft und Verwendung der finanziellen Mittel),

- Verfahren bei unrichtigen Rechenschaftsberichten und Strafvorschriften für Verstöße gegen Parteienfinanzierungs- beziehungsweise Rechenschaftsregeln,
- Ausführungsbestimmungen zur Umsetzung von Parteiverboten.

Wichtige Ziele des Grundgesetzes und des Parteiengesetzes sind die Gleichbehandlung von Parteien durch staatliche Organe und die Chancen- beziehungsweise Wettbewerbsgleichheit der Parteien. Diese Ziele sind allerdings meist nur annäherungsweise zu erreichen, vor allem weil etablierte Parteien in der Regel von vornherein in einer vorteilhaften Position sind. Es wäre aber auch nicht gerecht, eine neu gegründete Kleinstpartei genauso zu behandeln wie eine schon lange bestehende Partei, die zahlreiche Mitglieder hat und schon oft Millionen von Wählerstimmen erringen konnte. Deshalb ist eine begrenzte Differenzierung (zum Beispiel bei der Vergabe von öffentlichen Zuschüssen oder Werbezeiten im öffentlichen Rundfunk) zulässig. Es besteht dennoch immer die Gefahr, dass die etablierten (Mehrheits-)Parteien im Bundestag in Versuchung geraten, einschlägige Regelungen so auszugestalten, dass sie gegenüber konkurrierenden und neuen Parteien im Vorteil sind.

Parteienfinanzierung: Der ewige Kampf ums Geld

Parteien und Geld sind ein heikles Thema. Nicht von ungefähr besagt Artikel 21 Absatz 1 GG unter anderem, dass die Parteien »über die Herkunft und Verwendung ihrer Mittel sowie über ihr Vermögen öffentlich Rechenschaft geben« müssen. Das Parteiengesetz konkretisiert diese Vorgabe. Parteien in Deutschland finanzieren sich hauptsächlich aus

- Mitglieds- und Mandatsträgerbeiträgen,
- Spenden von natürlichen Personen und juristischen Personen (zum Beispiel Firmen),
- Einnahmen aus Unternehmenstätigkeit, Beteiligungen, Vermögen, Veranstaltungen, Veröffentlichungen sowie
- staatlichen Mitteln.

Grundprinzipien der Parteienfinanzierung

Die staatliche Parteienfinanzierung ist eine eher neue Entwicklung. Deutschland ist einer der ersten Staaten, die eine öffentliche Teilfinanzierung der Parteien einführten (noch im 19. Jahrhundert hätte man eine staatliche Subventionierung von Parteien als eher befremdlich empfunden). Die Parteienfinanzierung in Deutschland ist geprägt durch eine lange Suche nach einer tragbaren Regelung. Es gab Zeiten mit staatlichem Finanzierungswildwuchs oder drastischen steuerlichen Abzugsmöglichkeiten. Immer wieder hat das Bundesverfassungsgericht Regelungen für verfassungswidrig erklärt.

Grundprinzipien der Parteienfinanzierung nach der Rechtsprechung des Bundesverfassungsgerichts sind die Sicherung der

- ✔ Funktionsfähigkeit der Parteien,
- ✔ Chancengleichheit der Parteien und der gleichen Teilhabe der Bürgerinnen und Bürger,
- ✔ Staatsunabhängigkeit beziehungsweise gesellschaftlichen Verwurzelung,
- ✔ finanziellen Transparenz der Parteien.

Eckpunkte der staatlichen Parteienfinanzierung

Es besteht eine *absolute Obergrenze* für staatliche Zuwendungen. Damit ist die Summe gemeint, die insgesamt an alle Parteien höchstens ausbezahlt werden darf. Sie beträgt 219,2 Millionen Euro im Jahr 2024. Der Betrag erhöht sich jährlich nach einem aufgrund typischer durchschnittlicher Ausgaben berechneten Preisindex (§ 18 Abs. 2 Parteiengesetz).

Die *relative Obergrenze* besagt, dass eine Partei nicht mehr staatliche Mittel zur Teilfinanzierung erhalten darf als die Summe ihrer selbst erwirtschafteten Mittel (§ 18 Abs. 5 Parteiengesetz). Mit dieser Regelung wird bezweckt, dass sich Parteien nicht überwiegend aus staatlichen Geldern finanzieren.

Der Grundsatz der relativen Obergrenze wurde für die mittlerweile recht bedeutungslos gewordene Piratenpartei zeitweise zu einem Problem. Sie konnte nicht alle Mittel aus der staatlichen Parteienfinanzierung erhalten, die ihr aufgrund ihrer vorübergehenden Wahlerfolge eigentlich zugestanden hätten, weil sie zu wenige eigene Mittel (etwa aus Mitgliedschaftsbeiträgen und Spenden) eingenommen hatte.

Die Höhe der jeweiligen staatlichen Zuwendungen bemisst sich nach Wählerzahlen und Einnahmen aus Mitgliedsbeiträgen, Mandatsträgerabgaben und rechtmäßigen Spenden:

- ✔ Für jede Stimme bei den letzten zurückliegenden Europa- und Bundestagswahlen sowie den entsprechenden Landtagswahlen erhält eine Partei 0,97 Euro im Jahr 2024. Dieser Betrag erhöht sich nach einem Preisindex wie die absolute Obergrenze. Voraussetzung für eine Berücksichtigung ist, dass eine Partei bei der Europa- oder Bundestagswahl mindestens 0,5 Prozent der Stimmen erzielt hat oder bei einer Landtagswahl mindestens 1 Prozent. Für die ersten 4 Millionen Stimmen gibt es von dieser Regelung abweichend 1,18 Euro pro Stimme im Jahr 2024 (auch dieser Betrag wird jährlich nach einem Preisindex erhöht).
- ✔ Für jeden Euro, den eine Partei mit den genannten Mindeststimmenergebnissen aus Mitglieds- oder Mandatsträgerbeiträgen oder rechtmäßig eingenommenen Spenden erlangt hat, erhält sie zudem 0,45 Euro (hier werden nur Zuwendungen natürlicher Personen bis höchstens 3.300 Euro pro Person berücksichtigt).

Kontrolle und Strafen bei Verstößen

Die Parteien müssen jährliche Rechenschaftsberichte vorlegen. Für die Erstellung dieser Rechenschaftsberichte macht das Parteiengesetz detaillierte Gliederungs- und Verfahrensvorgaben. Das Parteiengesetz verbietet den Parteien die Annahme verschiedener Spenden, etwa von

- ✔ öffentlich-rechtlichen Körperschaften und (teil-)staatlichen Unternehmen,
- ✔ Parlamentsfraktionen,
- ✔ politischen Stiftungen und
- ✔ nicht namentlich feststellbaren Spendern bei Beträgen über 500 Euro.

Außerdem ist die Annahme von Einflussspenden verboten, also von Zuwendungen, die erkennbar als Gegenleistung für einen konkreten Vorteil (etwa eine bestimmte politische Entscheidung) gewährt werden. Spenden und Gesamtzuwendungen über 10.000 Euro müssen im Rechenschaftsbericht mit Namen und Anschrift der Zuwenderin aufgeführt werden. Spenden über 35.000 Euro sind der Bundestagspräsidentin sofort bekannt zu geben. Diese Großspenden werden umgehend mit Herkunftsangaben als Bundestagsdrucksache und im Internet veröffentlicht.

DIE BUNDESTAGSPRÄSIDENTIN: KONTROLLEURIN BEI DER PARTEIENFINANZIERUNG

Das Parteiengesetz macht die Präsidentin des Bundestags zur zentralen Akteurin bei der Parteienfinanzierung. Sie legt alljährlich die Höhe der staatlichen Parteienfinanzierungsmittel für jede Partei fest. Ihr obliegt auch die wichtige Aufgabe, die Rechenschaftsberichte der Parteien zu prüfen. Bei Verstößen gegen die Vorschriften des Parteiengesetzes – etwa vorsätzlich falschen Angaben in Rechenschaftsberichten, dem Zerlegen von Spenden (um die Veröffentlichungspflicht zu umgehen) oder der Annahme unzulässiger Spenden – verhängt sie Sanktionen.

Wenn eine Partei in einem Rechenschaftsbericht falsche Angaben über ihre selbst erwirtschafteten Mittel gemacht hat und daher ihre staatliche Finanzierung zu hoch berechnet wurde, muss sie die entsprechende Summe zurückerstatten. In der Regel wird der Betrag mit der nächsten Zahlung an die Partei verrechnet. Bei unrichtigen Angaben im Rechenschaftsbericht verhängt die Bundestagspräsidentin gegen die betreffende Partei eine Strafe »in Höhe des Zweifachen des den unrichtigen Angaben entsprechenden Betrages« (§ 31b Parteiengesetz). Eine Sanktion in gleicher Höhe wird fällig bei Verstößen gegen die oben genannte Veröffentlichungspflicht bei Großspenden. Die Annahme von verbotenen Spenden wird mit einer Strafzahlung »in Höhe des Dreifachen des rechtswidrig erlangten Betrages« geahndet (§ 31c Parteiengesetz).

Die Bundestagspräsidentin ist zwar Mitglied einer Partei, übt ihre Funktionen im Rahmen der Parteienfinanzierung aber neutral und überparteilich aus. Sie wird hierbei administrativ von Mitarbeitenden der Bundestagsverwaltung unterstützt. Bisher sind keine nennenswerten Vorwürfe laut geworden, dass eine Bundestagspräsidentin jemals ihre hier beschriebenen Kontrollbefugnisse für parteiliche Zwecke missbraucht habe.

Die Entwicklung des deutschen Parteiensystems

Ein Parteiensystem zeichnet sich im Wesentlichen durch Anzahl und Konstellation (programmatisches Nähe-Distanz-Verhältnis) der wichtigsten Parteien aus. Als relevante Parteien können in demokratischen Regierungssystemen vor allem jene Parteien angesehen werden, die

- ✔ die Regierung bilden oder die Chance haben, die Regierung zu stellen;
- ✔ ohne Aussicht auf eine Beteiligung an der Regierung dennoch die Koalitionsbildung anderer Parteien maßgeblich beeinflussen können.

Der folgende Überblick konzentriert sich auf die zentralstaatliche Ebene. Im deutschen Parteiensystem gibt es deutliche Unterschiede zwischen der Zeit vor und nach dem Zweiten Weltkrieg.

Deutsches Kaiserreich, Weimarer Republik und DDR

Im Deutschen Kaiserreich gab es folgende Strömungen, Parteienfamilien oder Hauptrichtungen:

- ✔ das bürgerliche Lager mit
    - Rechtsliberalen (zum Beispiel der Nationalliberalen Partei, später der Deutschen Volkspartei)
    - Linksliberalen (etwa der Deutschen Fortschrittspartei und der Deutschen Freisinnigen Partei)
    - Konservativen (beispielsweise der Deutschkonservativen Partei, später der Deutschnationalen Volkspartei)
- ✔ den politischen Katholizismus (Zentrumspartei, später auch die Bayerische Volkspartei) sowie
- ✔ die Sozialdemokratie (SPD)

Es bestand ein Pluralismus von Parteien, die voneinander ideologisch und programmatisch relativ abgeschottet waren. Das bürgerliche Lager war in verschiedene Unterströmungen gespalten.

In der Weimarer Republik (1918–1933) setzte sich dieser Parteienpluralismus fort. Es kam allerdings zu einer Erosion des Parteiensystems nach links und rechts, vor allem durch das Aufkommen der Antisystemparteien Kommunistische Partei Deutschlands (KPD) und Nationalsozialistische Deutsche Arbeiterpartei (NSDAP). Der Parteienwettbewerb verlagerte sich zunehmend an die politischen Ränder, was die Bildung stabiler und demokratischer Regierungskoalitionen erschwerte. Während der nationalsozialistischen Diktatur waren alle Parteien außer der NSDAP verboten, es gab also keinen Parteienpluralismus.

In der DDR existierten zwar mehrere Parteien, von einem demokratischen Parteienwettbewerb konnte aber nicht die Rede sein. SPD und KPD wurden zur Sozialistischen Einheitspartei Deutschlands (SED) zwangsvereinigt. Die Führungsrolle der SED prägte das gesamte Regierungssystem der DDR, und die »Blockflötenparteien« mit bürgerlichem Anstrich waren nicht von Bedeutung. Erst im Zuge der friedlichen Revolution kam es zu einer Demokratisierung der Ost-Parteien, die vor dem Hintergrund der Wiedervereinigung allerdings überwiegend rasch mit westdeutschen Parteien fusionierten. Parteineugründungen der Wendezeit verschwanden bald in der Bedeutungslosigkeit oder schlossen sich ebenfalls mit westdeutschen Parteien zusammen. Prominent ist hier der Zusammenschluss von Bündnis 90 und Grünen zur Partei Bündnis 90/Die Grünen.

Die alte Bundesrepublik

Nach dem Zweiten Weltkrieg wurde die Neugründung von Parteien schrittweise von den alliierten Besatzungsmächten USA, Großbritannien, Frankreich und Sowjetunion erlaubt. In der Anfangsphase der Bundesrepublik Deutschland gab es noch viele relevante kleinere Parteien, unter anderem die KPD, die Bayernpartei, die Deutsche Partei, die Deutsche Zentrumspartei sowie den Block der Heimatvertriebenen und Entrechteten.

Bereits ab den frühen 1950er-Jahren setzte ein starker Konzentrationsprozess ein, vor allem wurden kleinere christliche, konservative und sonstige Mitte-rechts-Parteien von der Christlich Demokratischen Union (CDU) beziehungsweise der Christlich-Sozialen Union (CSU) in Bayern »aufgesogen«. Neben CDU/CSU, der Freien Demokratischen Partei (FDP) und der Sozialdemokratischen Partei Deutschlands (SPD) waren im ersten Bundestag acht weitere Parteien vertreten, im zweiten Bundestag noch drei und im vierten Bundestag keine weiteren mehr.

Für dieses Phänomen gibt es vermutlich mehrere Gründe. Zum einen wurde 1953 die 5-Prozent-Klausel bundesweit eingeführt, nach der eine Partei bei einer Bundestagswahl grundsätzlich mindestens 5 Prozent der Stimmen erlangen muss, um mit Abgeordneten im Parlament vertreten zu sein. Zudem verloren bestimmte gesellschaftliche Spaltungslinien wie evangelisch/katholisch, Einheimische/Vertriebene und regionale Identität/nationale Identität immer mehr an Bedeutung. Schließlich sorgten der starke wirtschaftliche Aufschwung und der zunehmende Wohlstand (das »Wirtschaftswunder«) dafür, dass Protestparteien kaum Zulauf hatten.

Die CDU gibt es in allen Bundesländern außer in Bayern, die CSU kann man dagegen nur im Freistaat wählen. Das hat historische Gründe. Während sich christlich-konservative Parteien und Vereinigungen der anderen Länder 1950 zur CDU zusammenschlossen, entschied sich die CSU einerseits für die organisatorische

Selbstständigkeit, andererseits für eine Zusammenarbeit mit der CDU in der Bundespolitik. CDU und CSU – die Unionsparteien – bilden gemeinsam eine Fraktion im Bundestag und machen sich auf Länderebene keine Konkurrenz.

Von den frühen 1960er-Jahren bis in die 1980er-Jahre hinein existierte auf Bundesebene ein eingespieltes Zweieinhalb-Parteien-System mit bipolarer Struktur. Auf der linken Seite des Parteienspektrums gab es die SPD, im bürgerlich-konservativen Lager CDU/CSU. Die liberale Mitte-Partei FDP besetzte bis etwa Ende der 1990er-Jahre eine Schlüsselrolle: In den meisten Fällen war sie der »Königsmacher« beziehungsweise »Kanzlermacher«, indem sie entschied, ob sie mit der SPD oder der Union die Regierungskoalition bildete.

Der Einzug der Grünen in den Bundestag 1983 führte zu einem Zwei-Parteigruppen-System unter grundsätzlichem Fortbestand der bipolaren Struktur. Im linken Parteienspektrum gab es nun mit SPD und Grünen zwei relevante Parteien. Das bürgerliche Lager blieb mit FDP und den Unionsparteien im Wesentlichen unverändert.

Das wiedervereinigte Deutschland

In den 1990er-Jahren kam es nach der Wiedervereinigung zu einer weiteren Veränderung im linken Lager. Die Partei des Demokratischen Sozialismus (PDS) – die Nachfolgepartei der Sozialistischen Einheitspartei Deutschlands (SED) – feierte vor allem in den ostdeutschen Ländern große Erfolge und entwickelte sich dort mit gewissen regionalen Unterschieden zu einer dritten großen Partei neben CDU und SPD. Im Jahre 2007 fusionierte die PDS mit der vorwiegend westdeutschen Partei Arbeit & soziale Gerechtigkeit – Die Wahlalternative (WASG) zur Partei Die Linke.

Seit etwa 2005 ist das deutsche Parteiensystem durch verschiedene Umbrüche und Neuerungen gekennzeichnet:

- ✔ CDU und SPD erreichen teilweise nicht mehr genügend Stimmen, um nur mit einer weiteren Partei Regierungskoalitionen zu bilden. Vor diesem Hintergrund
  - nahmen große Koalitionen aus SPD und Union in den letzten Jahren zu und
  - kam es auf Landesebene häufiger zu Regierungskoalitionen aus drei Parteien.
- ✔ FDP und Bündnis 90/Die Grünen sind teilweise auch in Ostdeutschland erfolgreich, aber meist nicht in allen Landtagen vertreten.
- ✔ Die Linkspartei hatte wechselnden Erfolg auch in Westdeutschland, verliert seit einigen Jahren aber spürbar an Wählerstimmen. Dazu trägt wohl seit 2024 auch die Abspaltung Bündnis Sahra Wagenknecht (BSW) bei.
- ✔ Die rechtskonservative Alternative für Deutschland (AfD) feiert seit ihrer Gründung 2013 Wahlerfolge auf verschiedenen Ebenen. Andere Parteien wollen mit ihr allerdings nicht koalieren oder auch nur zusammenarbeiten.
- ✔ Klar rechtsextreme Parteien – vor allem Die Heimat, vormals Nationaldemokratische Partei Deutschlands (NPD) – hatten zuletzt keine Chancen mehr, die 5-Prozent-Hürde zu überwinden.

Die Piratenpartei – eine (vorerst) gescheiterte Zukunftspartei?

Die Piratenpartei Deutschland (Abkürzung »Piraten«) ist eine alternative und progressive Kleinpartei. Sie wurde 2006 gegründet; zuvor bestanden bereits Piratenparteien in anderen Staaten. Kandidaten der Piratenpartei konnten in der Folge einige Mandate auf kommunaler Ebene erringen. In den 2010er Jahren gelang der Partei der Einzug in einige Landesparlamente und das Europäische Parlament. Seit einigen Jahren spielt die Partei bei Wahlen auf Bundes- und Landesebene allerdings keine nennenswerte Rolle mehr.

Die Piratenpartei plädiert für eine transparente und mitbestimmungsorientierte (partei-) politische Willensbildung und Politikgestaltung. Dabei setzt sie unter anderem auf spezielle beteiligungsermöglichende webbasierte Programme. In der Wirtschafts- und Sozialpolitik vertritt die Piratenpartei eher linke Forderungen und gesellschaftspolitisch vorrangig liberale Positionen. Schwerpunkte des Parteiprogramms sind Bürgerrechte, Datenschutz, Informationsfreiheit, Netzpolitik und freier Wissensaustausch. Die Partei zog trotz dieser Zukunftsthemen in den letzten Jahren kaum noch Wähler an.

Programmatische Ausrichtungen

Parteien vertreten in verschiedenen Politikfeldern unterschiedliche Positionen und Standpunkte. Um Parteien und Gruppen von Parteien zu vergleichen, unterscheidet man häufig zwischen eher »linken« und eher »rechten« Parteien. Diese Unterscheidung ist zwar üblich, aber noch nicht sehr aussagekräftig. Mithilfe einer weiteren Dimension – der programmatischen Ausrichtung bei gesellschaftlichen und kulturellen Wertfragen – kann man eine Partei noch deutlich besser einstufen. Die meisten Parteien lassen sich recht gut in die folgenden zwei Dimensionen einordnen:

- ✔ **Sozioökonomische Dimension:** eher für staatliche Eingriffe und eine starke Rolle des Staates in der Wirtschafts- und Sozialpolitik – gerade auch im Hinblick auf Umverteilungsaspekte – (»links«) oder eher für staatliche Zurückhaltung und das freie Spiel der (Markt-)Kräfte (»rechts«)
- ✔ **Soziokulturelle Dimension:** eher für Offenheit, Vielfältigkeit und Freiheit in gesellschaftlichen Fragen – etwa im Hinblick auf Geschlechtergleichstellung, Zulassung von Drogen, queere Themen – (liberal, libertär oder progressiv) oder diesbezüglich eher für Tradition und die Bewahrung bisheriger Modelle, Regelungen und Werte (konservativ, traditionalistisch)

SPD, Bündnis 90/Die Grünen und Die Linke vertreten in der sozioökonomischen Dimension tendenziell linke Positionen und in der soziokulturellen Dimension progressive Standpunkte. CDU, CSU und AfD stehen (mit zum Teil erheblichen inhaltlichen Unterschieden) in der sozioökonomischen Dimension tendenziell für rechte Politik und in der soziokulturellen Dimension für eher wertkonservative Haltungen. Die FDP ist sozial- und wirtschaftspolitisch zwar eher rechts anzusiedeln, bei gesellschaftlichen Fragen hingegen liberal. Im Gegensatz dazu lässt sich das BSW wohl in der sozioökonomischen Dimension eher links und in der soziokulturellen Dimension in der Tendenz konservativ einordnen.

Innenleben der Parteien

Die meisten deutschen Parteien verfügen über eine vertikale Gliederung in Bundesverband, Landesverbände, Kreis- und gegebenenfalls auch Bezirksverbände sowie Ortsverbände. Häufig gehören sie daneben auch noch den ihnen programmatisch nahestehenden, recht lockeren europäischen oder internationalen Parteienverbünden an. Grundgesetz und Parteiengesetz schreiben eine demokratische innere Ordnung vor.

Aufbau und Strukturen

Das Parteiengesetz enthält detaillierte Mindestvorgaben zur Satzung einer Partei. Die wichtigsten verpflichtenden Organe einer Partei sind:

- ✔ Mitglieder- beziehungsweise Vertreterversammlung,
- ✔ Vorstand und
- ✔ Parteischiedsgericht.

Daneben kann eine Partei weitere Organe einrichten. Sie kann auch Nebenorganisationen bilden. Möglich ist zudem die Schaffung beratender Expertengremien. Solche Arbeitskreise, Beiräte oder Fachausschüsse bestehen häufig zumindest zum Teil aus berufenen Mitgliedern.

INNERPARTEILICHE GRUPPIERUNGEN – DAS BEISPIEL CDU

Bei der CDU gibt es folgende Vereinigungen gemäß Statut:

- ✔ Junge Union
- ✔ Mittelstands- und Wirtschaftsvereinigung
- ✔ Christlich-demokratische Arbeitnehmerschaft
- ✔ Senioren-Union
- ✔ Frauen-Union
- ✔ Ost- und Mitteldeutsche Vereinigung
- ✔ Kommunalpolitische Vereinigung
- ✔ Evangelischer Arbeitskreis

Daneben verfügt die CDU noch über einige Sonderorganisationen und Gruppen, die aus formaler Sicht keine CDU-Vereinigungen sind, etwa den Wirtschaftsrat der CDU, den Ring Christlich-Demokratischer Studenten, die Konrad-Adenauer-Stiftung, die Schüler Union, die Christdemokraten für das Leben, den Bundesarbeitskreis Christlich-Demokratischer Juristen, das Deutsch-Türkische Forum sowie die Lesben und Schwulen in der Union.

Prozesse und Entwicklungen

Teilweise sind die Aktivitäten der Parteimitglieder gerade auf Ortsvereinsebene recht schwach. Bereits dort lässt sich eine Verlagerung von Entscheidungen in kleine Führungszirkel beobachten. Auf Parteitagen gibt es häufig ein machtpolitisches Übergewicht der Parteiführungen gegenüber den Mitgliedern oder Delegierten. Das erklärt sich aber auch aus den Kapazitätsgrenzen großer Gruppen, Informations- und Kommunikationsproblemen und dem besseren Zugang der Parteifunktionsträger und hauptamtlichen Mitarbeiterinnen zu den Massenmedien.

Zumindest formal und organisatorisch von den Parteien getrennt sind die parteinahen oder politischen Stiftungen: Konrad-Adenauer-Stiftung (CDU), Friedrich-Ebert-Stiftung (SPD), Friedrich-Naumann-Stiftung für die Freiheit (FDP), Heinrich-Böll-Stiftung (Bündnis 90/Die Grünen), Hanns-Seidel-Stiftung (CSU), Rosa-Luxemburg-Stiftung (Die Linke) und Desiderius-Erasmus-Stiftung (AfD). Ihre offiziellen Hauptaufgaben sind politische Bildung, Begabtenförderung (zum Beispiel Stipendien für Studenten und Doktorandinnen) sowie Entwicklungszusammenarbeit. Sie finanzieren sich im Wesentlichen aus Mitteln verschiedener Bundesministerien. Kritische Stimmen bemängeln, dass hier eine zusätzliche Form der Parteienfinanzierung vorliege, da die Stiftungen zu einem wesentlichen Anteil auch Interessen der ihnen jeweils nahestehenden Parteien fördern.

Bei der Nominierung von Kandidierenden für Wahlen nehmen die Delegierten der Parteitage häufig kaum Änderungen an den Vorschlagslisten der Landesvorstände vor. Hier gibt es oftmals im Vorfeld Einigungen zwischen den Eliten der jeweiligen Parteigliederungen. In der Regel wird auch eine ausgewogene Berücksichtigung verschiedener Regionen und innerparteilicher Strömungen angestrebt. Besonders Bündnis 90/Die Grünen, Die Linke und SPD achten zudem auf eine ungefähr gleiche Repräsentation der beiden Geschlechter. Hinsichtlich der Auswahl von Wahlkreiskandidierenden sind durchaus örtliche Führungs- oder Mehrheitsgruppen ausschlaggebend, nicht unbedingt hohe Landes- oder Bundesparteigremien. Wieder antretende direkt gewählte Abgeordnete müssen selten ernsthafte innerparteiliche Konkurrenz fürchten.

Einige Parteien kämpfen mit dem Rückgang der Parteimitgliedschaften. Parteimitglieder sind zudem kein repräsentatives Spiegelbild der Gesellschaft: Mittlere und zunehmend ältere Jahrgänge stellen meistens den größten Anteil der Mitglieder. Arbeiter, (Haus-)Frauen und Jüngere sind tendenziell unterrepräsentiert; im öffentlichen Dienst Angestellte und Selbstständige sind hingegen überrepräsentiert. Der Bildungsgrad von Parteimitgliedern liegt insgesamt über dem der Gesamtbevölkerung.

Da die Unionsparteien und die SPD in der Tendenz längst nicht mehr die Wählerzustimmung früherer Jahrzehnte haben, wirkt der einst häufig verwendete Begriff »Volksparteien« für sie kaum noch passend. Die deutschen Parteien entwickeln sich ganz allgemein weg von Massen- beziehungsweise Mitgliederparteien hin zu professionellen, auf Medienkommunikation spezialisierten Parteiorganisationen oder Fraktionsparteien.

IN DIESEM KAPITEL

Medien als Brücke zur Politik

Rechtliche Grundlagen von Informations-, Meinungs- und Pressefreiheit

Die Rolle der Medien in der bundesrepublikanischen Massendemokratie

Grundstrukturen des Mediensystems

Kapitel 6
Medien und Politik

Unter Umständen fragen Sie sich, weshalb dem Thema »Medien und Politik« in diesem Buch gleich ein ganzes Kapitel gewidmet ist. Möglicherweise sind Sie der Auffassung, dass Medien keine eigenständigen oder nennenswerten politischen Akteure sind und lediglich mehr oder weniger wortgetreu über das berichten, was in der Politik geschieht. Eine solche Ansicht wird allerdings der Bedeutung der Medien in der deutschen Politik nicht gerecht.

Zum einen sind die Medien wichtig für die Politik, weil Menschen sich in einer Massendemokratie wie der deutschen größtenteils mithilfe der Medien über politische Inhalte und Themen informieren und politische Akteure überwiegend mittels verschiedener Medien mit der Bevölkerung kommunizieren. Zum anderen sind Medienschaffende mitnichten neutrale, lediglich politische Ereignisse reproduzierende Vermittler oder Übermittlerinnen. Sie können selbst beachtliche politische Macht entwickeln, unter anderem weil sie politische Informationen zu bestimmten Zeitpunkten (nicht) auswählen, interpretieren und häufig auch eigene Meinungen in ihre Darstellungen einfließen lassen.

Dieses Kapitel beschäftigt sich zunächst mit dem Thema Mediennutzung und geht dann auf einschlägige rechtliche Grundlagen ein. Es folgt ein Überblick über die wichtigsten Medientypen (Printmedien, Fernsehen, Rundfunk und Internet). Abschließend behandele ich die Rolle der Medien im politischen System Deutschlands.

Die Deutschen und die Medien

Reichweite und Vielfalt der Massenmedien haben sich in den letzten Jahrzehnten erheblich vergrößert. Der durchschnittliche tägliche Medienkonsum in der Bundesrepublik

Deutschland betrug im Jahr 2022 pro Person etwa 10 Stunden 52 Minuten und teilte sich ungefähr folgendermaßen auf:

- ✔ Fernsehen: 213 Minuten
- ✔ (E-)Zeitungen/Zeitschriften: 19 Minuten
- ✔ (E-)Bücher: 25 Minuten
- ✔ Musikstreaming/MP3: 53 Minuten
- ✔ Onlinevideo: 69 Minuten
- ✔ Radio: 186 Minuten

Die elektronischen Medien gewinnen immer mehr an Bedeutung. Außerdem verlagert sich die Mediennutzung zunehmend ins Internet oder ist mit diesem zumindest gekoppelt. Die Zahl der Personen, die regelmäßig eine Zeitung in Papierform lesen, nimmt ab. Dennoch ist Deutschland im internationalen Vergleich immer noch ein »Zeitungsland«.

Politik ist für etliche Bürgerinnen und Bürger kein oder ein eher seltenes Gesprächsthema. Viele Menschen besuchen auch keine politischen Veranstaltungen, lesen keine explizit politischen oder gar politikwissenschaftlichen Texte und nehmen von sich aus auch keinen Kontakt zu Politikern und Entscheidungsträgerinnen auf. Vor diesem Hintergrund sind die Massenmedien für einen Großteil der Bevölkerung die wesentliche Brücke zur Politik. Im Vergleich mit anderen Medien genießen Abonnementzeitungen und die öffentlich-rechtlichen Rundfunkanstalten in der Gesellschaft die größte Glaubwürdigkeit.

DIE ZENTRALEN FÜR POLITISCHE BILDUNG

Die Bundeszentrale für politische Bildung und die Landeszentralen für politische Bildung bieten nicht nur verschiedene Veranstaltungen an, sondern stellen auch eine Fülle informativer und ausgewogener Publikationen zur deutschen und internationalen Politik zur Verfügung. Da diese Einrichtungen aus Steuermitteln finanziert werden, sind die meisten ihrer Veröffentlichungen – von leicht formulierten Einstiegstexten bis hin zu anspruchsvollen politik- und sozialwissenschaftlichen Analysen – kostenlos oder gegen relativ geringe Beträge erhältlich. Für all jene, die an politischer Fort- und Weiterbildung interessiert oder selbst im Bildungsbereich beschäftigt sind, dürfte sich ein Blick auf die Webseiten der Zentralen für politische Bildung auf jeden Fall lohnen.

Rechtliche Grundlagen

Meinungs-, Informations- und Pressefreiheit haben in Deutschland Verfassungsrang. Die entsprechenden Regelungen finden sich in Artikel 5 GG:

»(1) Jeder hat das Recht, seine Meinung in Wort, Schrift und Bild frei zu äußern und zu verbreiten und sich aus allgemein zugänglichen Quellen ungehindert zu unterrichten. Die

Pressefreiheit und die Freiheit der Berichterstattung durch Rundfunk und Film werden gewährleistet. Eine Zensur findet nicht statt.

(2) Diese Rechte finden ihre Schranken in den Vorschriften der allgemeinen Gesetze, den gesetzlichen Bestimmungen zum Schutze der Jugend und in dem Recht der persönlichen Ehre.«

Meinungs- und Pressefreiheit und ihre Grenzen

Aus Artikel 5 GG folgt unter anderem

- ✔ die grundsätzliche Unzulässigkeit einer Strafe für Meinungsäußerungen,
- ✔ das Recht zur Meinungsäußerung für jedermann und der freie Zugang zu publizistischen Berufen,
- ✔ das grundsätzliche Verbot einer Zensur oder von Einschränkungen der Informationsfreiheit,
- ✔ eine gewisse (aber nicht vollumfängliche) Auskunftspflicht der Behörden gegenüber den Medien,
- ✔ das Zeugnisverweigerungsrecht der Journalisten (außer im Falle schwerster Straftaten).

Die Freiheiten und Rechte aus Artikel 5 GG gelten allerdings nicht unbegrenzt. Sie werden insbesondere durch die Tatbestände des Strafgesetzbuchs beschränkt, also beispielsweise Verunglimpfung von Verfassungsorganen, Volksverhetzung, Beschimpfung von Religionsgesellschaften, Beleidigung und üble Nachrede. Grundrechtseinschränkungen – die natürlich immer verhältnismäßig sein müssen – sind auch durch die Jugendschutzgesetze möglich.

Ihr gutes Europarecht

Eine besondere rechtliche Bedeutung im Bereich Meinungs- und Pressefreiheit hat zudem die Europäische Menschenrechtskonvention erlangt, die in Deutschland und allen Mitgliedstaaten des Europarats gilt. Artikel 10 der Europäischen Menschenrechtskonvention folgt einem ähnlichen Aufbau wie Artikel 5 des Grundgesetzes. Im ersten Absatz werden die entsprechenden Freiheiten aufgeführt und im zweiten Absatz die Voraussetzungen für zulässige Einschränkungen dieser Rechte genannt:

»(1) Jede Person hat das Recht auf freie Meinungsäußerung. Dieses Recht schließt die Meinungsfreiheit und die Freiheit ein, Informationen und Ideen ohne behördliche Eingriffe und ohne Rücksicht auf Staatsgrenzen zu empfangen und weiterzugeben. Dieser Artikel hindert die Staaten nicht, für Hörfunk-, Fernseh- oder Kinounternehmen eine Genehmigung vorzuschreiben.

(2) Die Ausübung dieser Freiheiten ist mit Pflichten und Verantwortung verbunden; sie kann daher Formvorschriften, Bedingungen, Einschränkungen oder Strafdrohungen

unterworfen werden, die gesetzlich vorgesehen und in einer demokratischen Gesellschaft notwendig sind für die nationale Sicherheit, die territoriale Unversehrtheit oder die öffentliche Sicherheit, zur Aufrechterhaltung der Ordnung oder zur Verhütung von Straftaten, zum Schutz der Gesundheit oder der Moral, zum Schutz des guten Rufes oder der Rechte anderer, zur Verhinderung der Verbreitung vertraulicher Informationen oder zur Wahrung der Autorität und der Unparteilichkeit der Rechtsprechung.«

In einem von Caroline von Hannover (vormals: Caroline von Monaco) angestrengten Rechtsstreit gelangten das Bundesverfassungsgericht und der Europäische Gerichtshof für Menschenrechte teilweise zu unterschiedlichen Grundrechtsabwägungen. Während das Bundesverfassungsgericht die Veröffentlichung bestimmter Paparazzi-Fotos in einer deutschen Illustrierten auch mit Verweis auf die Prominenz der Prinzessin als zulässig ansah, fand der Straßburger Menschenrechtsgerichtshof, dass in diesem Fall eine Verletzung der Privatsphäre der Klägerin vorlag. In den allermeisten Fällen kommen die deutschen Gerichte und der Europäische Gerichtshof für Menschenrechte jedoch zu ähnlichen Einschätzungen hinsichtlich der Reichweite der Meinungs- und Pressefreiheit.

Die Vielfalt der Medien

Auch wenn die meisten Menschen sie vorwiegend zu Kommunikations-, Unterhaltungs- und eher unpolitischen Informationszwecken nutzen: Die Sicherung gesellschaftlicher Pluralität ist aus verfassungsrechtlicher Sicht ein wichtiges Ziel der Medien. Die Demokratiemodelle des Grundgesetzes, der Europäischen Menschenrechtskonvention und der EU-Grundrechtecharta fordern Pluralität nicht nur im Parteiensystem und Verbändesystem, sondern auch bei den Medien.

Medien in der pluralistischen Demokratie

Insbesondere den öffentlich-rechtlichen Rundfunkanstalten obliegt eine Verpflichtung zu Vielfalt und einem gewissen Maß inhaltlicher Ausgewogenheit. Unterschiedliche politische Strömungen – zumindest all jene, die nicht gegen die freiheitlich-demokratische Grundordnung des Grundgesetzes agieren – sollen auch in den Medien vertreten sein beziehungsweise repräsentiert sein können.

Die staatlichen Aufsichtsbehörden haben vor diesem Hintergrund dafür Sorge zu tragen, dass beispielsweise das Gesamtangebot der inländischen Fernseh- und Rundfunkprogramme der in der Gesellschaft ungefähr bestehenden Meinungsvielfalt im Wesentlichen entspricht und ein Mindestmaß an inhaltlicher Ausgewogenheit, Sachlichkeit und gegenseitiger Achtung gewährleistet wird. Hierbei sollen die öffentlich-rechtlichen Rundfunkanstalten mit ihren Programmen eine entsprechende Grundversorgung leisten. Für private Rundfunkanstalten oder Medienschaffende gelten geringere Pluralitätsanforderungen. Sie dürfen sich grundsätzlich stärker als die öffentlich-rechtlichen Anbieter an bestimmte gesellschaftliche Gruppen oder Teilöffentlichkeiten wenden und bestimmte Meinungen einseitiger vertreten.

Zeitungen und Zeitschriften

Die Vielfalt an Druckerzeugnissen in Deutschland ist trotz der zunehmenden Digitalisierung immer noch atemberaubend, wie etwa der Blick auf Auslagen von Buchhandlungen oder die Zeitschriftenstände großer Supermärkte zeigt. Heute gibt es kaum noch Printmedien von überregionaler Bedeutung, die sich wie vor 1945 strikt an weltanschaulich abgeschottete oder abgegrenzte Milieus richten.

Im Hinblick auf Zeitungen und Zeitschriften ist folgende Unterscheidung möglich:

- ✔ überregionale politische Tageszeitungen, zum Beispiel »Die Tageszeitung« (taz), »Die Welt«, »Frankfurter Allgemeine Zeitung« (FAZ), »Frankfurter Rundschau« (FR) und die »Süddeutsche Zeitung« (SZ)
- ✔ regionale Tageszeitungen wie etwa die »Schwäbische Zeitung« oder der »Südkurier«
- ✔ lokale Tageszeitungen, beispielsweise die »Berliner Morgenpost«
- ✔ Boulevardblätter, zum Beispiel »Bild« und »Express« (Köln)
- ✔ politische Wochenschriften wie etwa »Der Spiegel«, »Die Zeit« und »Focus«
- ✔ Illustrierte, wobei nur bestimmte Illustrierte wie beispielsweise der »Stern« in nennenswertem Umfang über Politik berichten
- ✔ lokale oder regionale, zum Teil kostenlose (Werbe-)Blätter, die kaum politische Themen behandeln

Die SPD verfügt in Form der »Deutschen Druck- und Verlagsgesellschaft« über zahlreiche Minderheitsbeteiligungen an verschiedenen Zeitungen, Druckereien und digitalen Dienstleistungsunternehmen. Insgesamt scheint die Medienunabhängigkeit in Deutschland durch Beteiligungen politischer Parteien nicht gefährdet.

Journalisten und Redakteurinnen orientieren sich häufig an den überregionalen »Eliteprodukten«, also den großen Tageszeitungen und bekannten politischen Wochenschriften. Eine einheitliche Journalistenausbildung existiert in Deutschland nicht. Viele Journalistinnen haben geistes- oder sozialwissenschaftliche Fächer oder Publizistik studiert. Daneben gibt es verschiedene Journalistenschulen und Volontariatsmöglichkeiten. Grundsätzlich kann und darf jeder journalistisch tätig werden.

Seit Jahren sind Konzentrationsprozesse im deutschen Zeitungsmarkt zu beobachten. In einigen Regionen existieren mittlerweile Monopole einzelner Zeitungen beziehungsweise Zeitungsverlage. Mancherorts besteht eine lokal anmutende oder betitelte Zeitung überwiegend nur noch aus einem in einer Zentralredaktion erstellten Mantelteil und einigen wenigen Seiten über örtliche Themen. Lokale Anzeigenblätter sind hier aus qualitativer Sicht keine ernst zu nehmende Alternative, weil sie meist nur Einreichungen, Veranstaltungshinweise oder sonstige anderweitig erstellte Texte oder Informationen abdrucken. Wo lediglich eine Zeitung, ein Verlag oder eine Redaktion das Sagen hat, bestehen Gefahren für die Meinungsvielfalt und die Kontrollfunktion der Medien.

Der starke Konkurrenzdruck und die Digitalisierung haben die Tendenz zu prekären Arbeitsbedingungen in weiten Teilen der Medienbranche verstärkt. Im Vergleich zu anderen Berufszweigen sind Journalisten relativ selten sozialversicherungspflichtig, tarifgebunden und mit geregeltem Einkommen beschäftigt. Angesichts knapper personeller und institutioneller Ressourcen spricht einiges dafür, dass künftig wohl nur noch wenige Redaktionen und Journalistenverbünde in der Lage sind, aufwendige und langfristige investigative Recherchen durchzuführen, die es mit machtvollen und gut ausgestatteten Strukturen in Politik, Verwaltung und Wirtschaft aufnehmen können.

Zwischen zwei Buchdeckeln

Politik ist auch ein Thema für den Buchmarkt. Hier kann man grob unterscheiden zwischen

- ✔ belletristischen Werken (zum Beispiel Romanen oder Krimis), die politische Themen mehr oder weniger fiktional aufgreifen,
- ✔ populärwissenschaftlichen Büchern und
- ✔ wissenschaftlichen Werken im engeren Sinne.

Nimmt man die Titel vieler populärwissenschaftlicher Bücher über politische Themen als Maßstab, so könnte man meinen, Deutschland sei eine Bananenrepublik (was auch immer das ist), ein diktatorischer Unrechtsstaat oder wahlweise ein vollständig von der Mafia unterwandertes, von ausländischen Mächten fremdgesteuertes oder von unfähigen und raffgierigen Eliten demnächst in den Ruin getriebenes Land. Dieser Umstand dürfte wesentlich damit zusammenhängen, dass sich reißerische Buchtitel, die Missstände in Politik und Gesellschaft anprangern, wohl einer größeren Nachfrage erfreuen. Es braucht jedoch auch Sachbücher (wie *Das politische System Deutschlands für Dummies*), die die Grundlagen der Politik in der Bundesrepublik erklären und politische Prozesse im Normalbetrieb darstellen – was kritische Töne nicht ausschließt.

Wissenschaftliche Literatur über politische Themen erscheint häufig in sehr niedriger Auflage in spezialisierten Verlagen zu sehr hohen Verkaufspreisen (obwohl die Autorinnen diesen Verlagen sogar mitunter noch Druckkostenzuschüsse zahlen müssen und keinerlei Honorar erhalten). Für die meisten Menschen, die nicht über entsprechendes sozialwissenschaftliches Vorwissen verfügen, sind diese Monografien (Einzelabhandlungen) und Sammelbände (Editionen mit Beiträgen verschiedener Autoren) wenig bis gar nicht verständlich.

An der Schnittstelle zwischen Sachbuch und wissenschaftlicher Literatur im engeren Sinne sind oft Lehrbücher für Studierende angesiedelt. Es handelt sich hierbei in der Regel nicht um tiefgreifende Analysen zu einzelnen politik- oder sozialwissenschaftlichen Fragestellungen, sondern um didaktisch aufbereitete Überblicksdarstellungen, die auch in die entsprechende Fachliteratur einführen. Solche Werke eignen sich meist auch für politisch interessierte Laien mit mindestens rudimentären Grundkenntnissen. In Kapitel 22 im Top-Ten-Teil dieses Buches finden Sie eine kleine Auswahl solcher Werke.

Öffentlich-rechtliche Funkmedien

In Deutschland gibt es einige öffentlich-rechtliche und etliche private Fernseh- und Radiosender. Bei den öffentlich-rechtlichen Anbietern handelt es sich vorwiegend um regional gegliederte Rundfunkanstalten unterschiedlicher Größe, die sich überwiegend aus den Einnahmen des Rundfunkbeitrags finanzieren (mit internem Finanzausgleich).

DIE ARD

Hand aufs Herz: Hätten Sie gewusst, wofür die sehr geläufige Abkürzung ARD genau steht? Die Antwort lautet: »Arbeitsgemeinschaft der öffentlich-rechtlichen Rundfunkanstalten der Bundesrepublik Deutschland«. Der 1950 gegründete Verbund setzt sich inzwischen aus folgenden Landesrundfunkanstalten zusammen:

- ✔ Bayerischer Rundfunk (BR)
- ✔ Hessischer Rundfunk (HR)
- ✔ Mitteldeutscher Rundfunk (MDR)
- ✔ Norddeutscher Rundfunk (NDR)
- ✔ Radio Bremen (RB)
- ✔ Rundfunk Berlin-Brandenburg (rbb)
- ✔ Saarländischer Rundfunk (SR)
- ✔ Südwestrundfunk (SWR)
- ✔ Westdeutscher Rundfunk (WDR)

Hinzu kommt die Auslandsrundfunkanstalt Deutsche Welle (DW).

Der öffentlich-rechtliche Rundfunk in Deutschland besteht aus

- ✔ den Landesrundfunkanstalten der ARD, die jeweils ihre eigenen Programme und zusammen das Fernsehprogramm Das Erste produzieren,
- ✔ dem Zweiten Deutschen Fernsehen (ZDF),
- ✔ ihren zahlreichen Neben- und Kooperationsprogrammen (etwa dem Informationssender Phoenix, dem Kindersender KiKA und dem gemeinsam mit öffentlich-rechtlichen Sendern aus Österreich und der Schweiz betriebenen Sender 3sat) sowie
- ✔ den nationalen Rundfunkanstalten Deutschlandradio und Deutsche Welle.

Die Begleitung und Kontrolle der öffentlich-rechtlichen Rundfunkanstalten erfolgt vor allem durch zwei Typen von Aufsichtsgremien:

- ✔ Rundfunkräte, die sich insbesondere mit Fragen des Programms und der inhaltlichen Ausrichtung beschäftigen

- Verwaltungsräte mit primär betriebswirtschaftlich-administrativen Aufgaben

Diese Gremien sind auch an der Besetzung der wichtigsten Posten (zum Beispiel Intendanten und Chefredakteurinnen) in den Sendern beteiligt. Sie setzen sich aus Vertretern der Länder, des Bundes, einiger Religionsgemeinschaften und etlicher Kultur- und Interessenverbände zusammen und sollen die gesellschaftliche Vielfalt widerspiegeln. Um die grundgesetzlich vorgesehene Staatsferne der Räte zu gewährleisten, ist die Anzahl der staatlichen und staatsnahen Mitglieder nach der Rechtsprechung des Bundesverfassungsgerichts auf höchstens ein Drittel zu begrenzen.

Private Fernseh- und Radiosender

Das Aufkommen privatrechtlicher Rundfunkanstalten wurde maßgeblich durch die Weiterentwicklung der entsprechenden Technik ermöglicht, etwa die Ausweitung der nutzbaren Frequenzen und die Vereinfachung eines Senderbetriebs. Mittlerweile gibt es Dutzende privater Hörfunksender und privater Fernsehsender (etwa RTL, SAT.1, Pro7), die sich praktisch ausschließlich aus Werbeeinnahmen finanzieren. Neben den größeren überregionalen Anbietern bestehen auch gerade im Radiobereich zahlreiche regionale und einige nichtkommerzielle Sender. Die Aufsicht über die privaten Fernseh- und Radiosender liegt bei den Landesmedienanstalten, die aufgrund der Vorgaben des Grundgesetzes staatsfern organisiert sind. Ihre Aufgabe ist es unter anderem, Betriebslizenzen zu vergeben, die Einhaltung einschlägiger Rechtsnormen zu überwachen und bei Verstößen Sanktionen zu verhängen.

Die wichtigsten bundesweiten privaten Fernsehanbieter sind im Wesentlichen in der Hand von zwei Eigentümergruppen (RTL-Gruppe/Bertelsmann und ProSiebenSat.1 Media). Es gibt auch Bezahl- und Abonnementsanbieter (zum Beispiel Sky) sowie ebenfalls kostenpflichtige Streamingdienste (etwa Netflix). Ihre hauptsächliche Finanzierung aus dem Rundfunkbeitrag sichert den öffentlich-rechtlichen Anbietern einen klaren finanziellen Vorsprung. Sie können sich verhältnismäßig große Apparate und teure Produktionen leisten. Mitunter führt das zum Vorwurf der ungerechtfertigten Wettbewerbsverzerrung zumindest in Teilsegmenten (zum Beispiel den Programmangeboten im Internet).

Chancen und Grenzen der Medienvielfalt im Internet

Eine Besonderheit des World Wide Web ist, dass es einerseits Angebote gibt, die sich schon aus technischen Gründen ausschließlich im Internet finden, dass aber andererseits auch unterschiedliche konventionelle Medienanbieter und Medienträger auf verschiedene Art und Weise online präsent sind. Zu den erstgenannten Medien zählen etwa

- Webseiten mit umfangreichen politischen Inhalten in Form von Texten, Abbildungen, Musik und/oder Videos,
- Blogs mit politischen Kommentaren,
- Plattformen für wechselseitige Kommunikation über politische Themen,
- Mikrobloggingdienste wie X (vormals Twitter), bei denen man zum Beispiel den Mitteilungen von Politikerinnen folgen kann.

An sich analoge Medien mit Angeboten im Internet sind vor allem

- Zeitungen, Zeitschriften, Illustrierte und Wochenschriften (teils mit kostenlosen, teils mit kostenpflichtigen Inhalten),
- Verlage, die im Rahmen ihres Onlineversandhandels oft zumindest Auszüge aus Büchern zur Verfügung stellen (zudem veröffentlichen Dienste wie Google Scholar in großem Umfang Buchauszüge),
- öffentlich-rechtliche und private Radio- und Fernsehsender, die Teile ihrer Programme auch im Internet anbieten oder eigene Webformate schaffen (wie etwa Textnachrichten auf `https://www.tagesschau.de`).

VON ECHOKAMMERN UND FILTERBLASEN

Das Internet bietet enorme Möglichkeiten, sich über politische Themen zu informieren und auszutauschen. Sozialwissenschaftlerinnen und Kommunikationsexperten betonen jedoch auch potenzielle Schattenseiten der schönen neuen Medienwelt. Im Hinblick auf soziale Netzwerke wird etwa die Gefahr gesehen, dass Menschen überwiegend mit Personen mit ähnlicher Einstellung kommunizieren. So können sich »Echokammern« bilden, in denen innerhalb bestimmter Gruppen immer nur die gleichen Blickwinkel und Denkweisen bis hin zu Verschwörungstheorien kultiviert und absolutiert werden. Die pluralistische Demokratie lebt aber nicht von ideologischer Abschottung und Selbstvergewisserung in virtuellen Räumen, sondern vom Austausch unterschiedlicher Einstellungen, Argumente und Meinungen.

Viele jüngere Menschen informieren sich zu einem beträchtlichen Anteil mithilfe sozialer Netzwerke über Politik. Die Algorithmen mancher Plattformen und sozialer Netzwerke präsentieren Usern allerdings auf der Grundlage ihres Nutzungsverhaltens und ihrer persönlichen Kontakte bestimmte Inhalte, von denen sie annehmen, dass diese den betreffenden Personen jeweils zusagen. Einerseits wählen hier also Programme ungefragt und intransparent aus, was früher Menschen (etwa bei der Entscheidung für eine bestimmte Zeitung und innerhalb der Zeitung für eine bestimmte Meldung) selbst getan haben. Andererseits besteht bei möglichen »Filterblasen« die Gefahr, dass Menschen nur noch eher einseitig informiert und in ihrer ohnehin bestehenden Einstellung bestärkt werden, anstatt sich auch mit anderen Nachrichten und Perspektiven auseinanderzusetzen.

Forschende haben darauf hingewiesen, dass Menschen bei der Lektüre von Onlinezeitungen stärker auswählen und sich so tendenziell zu einem engeren Themenspektrum informieren. Das ist darauf zurückzuführen, dass man beim Lesen einer Zeitung oder Zeitschrift in Papierform häufig auch auf Ereignisse, Themen oder Fragen aufmerksam gemacht wird (etwa durch eine interessante Überschrift im Feuilleton oder eine Abbildung im Wirtschaftsteil), mit denen man sich ursprünglich vielleicht gar nicht beschäftigen wollte. Die Notwendigkeit des gezielten Anklickens im Internet führt hingegen dazu, dass dieses zufällige

Hineinschnuppern in andere Bereiche (mit entsprechender Bildungswirkung) eher unterbleibt. Eine Ausnahme sind E-Paper, bei denen man Bildversionen der Druckfassungen liest.

Social Bots simulieren in sozialen Netzwerken menschliche Verhaltensweisen. Diese Programme, die für Internetnutzer nicht ohne Weiteres als solche zu erkennen sind, schlagen beispielsweise zahlreichen ausgewählten Personen bestimmte Webseiten (häufig Werbung) vor, generieren Mitteilungen und Nachrichten oder geben Bewertungen im Sinne ihrer Auftraggeberinnen ab. Vor diesem Hintergrund sind Social Bots mit großer Wahrscheinlichkeit ein Problem für die Demokratie im Zeitalter digitaler Medien. Es wird unter anderem diskutiert, wie stark sie Wahlkämpfe beeinflussen können, weil sie beispielsweise gezielt Meinungen oder (Falsch-)Informationen für oder gegen bestimmte Kandidierende streuen.

Nicht zuletzt dank des Internets kann man sich heute wesentlich umfassender über Politik und öffentliche Verwaltung informieren als zu früheren Zeiten. Behörden von Bund, Ländern und Kommunen machen immer mehr Informationen online zugänglich (auch wenn manche Dokumente nur zögerlich herausgegeben werden oder weiterhin aus nicht immer nachvollziehbaren Gründen von der Veröffentlichung ausgeschlossen bleiben). Dieser Trend zu mehr Transparenz ist auch auf das Drängen der Zivilgesellschaft zurückzuführen, etwa die Aktivitäten von Nichtregierungsorganisationen wie Abgeordnetenwatch, LobbyControl und Transparency International Deutschland.

Allerdings kann man durchaus kritisch fragen, wer überhaupt in der Lage und willens ist, die Masse der bereits jetzt schon zur Verfügung stehenden Daten zu erfassen, auszuwerten und sinnvoll zu interpretieren. Außerdem hat es nicht den Anschein, dass die Zunahme an verfügbaren Informationen über Politik und Verwaltung dazu führt, dass die Bevölkerung dem Regierungssystem und den Regierenden mehr vertraut. Transparenz hat verschiedene Vorzüge, ist aber nicht notwendigerweise mit besserer Regierungstätigkeit und mehr Demokratiezufriedenheit verbunden.

Zur Rolle der Medien im politischen System

Aus der Perspektive des in der Verfassung umrissenen pluralistischen Demokratiemodells sollen die Medien im politischen System Deutschlands bestimmte Funktionen erfüllen. Im Hinblick auf dieses Ideal sind jedoch regelmäßig verschiedene Funktionsprobleme zu beobachten.

Gewünschte Funktionen der Medien

Von den Medien mit Schwerpunkt Politik wird insbesondere erwartet, dass sie

- ✔ über politisch relevante Geschehnisse möglichst neutral berichten, also beispielsweise über die Verabschiedung eines wichtigen Bundesgesetzes informieren;
- ✔ Hintergründe und Konsequenzen politisch relevanter Themen behandeln, also zum Beispiel recherchieren und darlegen, wie es zu dem betreffenden Gesetz kam und welche Folgen es (wahrscheinlich) haben wird;

- ✔ die Meinungen verschiedener politischer Akteure einigermaßen ausgewogen darstellen, also etwa die Einstellungen der wichtigsten Parteien und Interessenorganisationen zu dem Gesetz skizzieren;
- ✔ möglichst erkennbar und klar abgegrenzt eigene Standpunkte zu wichtigen politischen Themen artikulieren, beispielsweise in Form eines begründeten Kommentars zu dem betreffenden Gesetz;
- ✔ die Äußerungen, Handlungen und Programme der politischen Entscheidungsträger in Exekutive und Legislative, aber auch anderer relevanter politischer Akteure (besonders Parteien, Interessenverbände, Gerichte, Gebietskörperschaften, internationaler Organisationen) kritisch beobachten und so von außen in gewissem Umfang kontrollieren.

Funktionsprobleme in der Mediendemokratie

Die idealtypische Rolle der Medien im politischen System kann in der Realität wohl nur annäherungsweise erreicht werden. Das liegt an verschiedenen gesellschaftlichen und politischen Faktoren, aber auch an Eigenlogiken des Mediensystems und Eigeninteressen der Medienschaffenden. Dadurch kann es zu unerwünschten Filtereffekten bei der Behandlung und Darstellung politischer Themen durch bestimmte Medien kommen. So ist zumindest gelegentlich festzustellen, dass

- ✔ politische Institutionen, Prozesse und Inhalte von Medien drastisch vereinfacht dargestellt und zum Teil auf dieser Basis auch bewertet werden;
- ✔ zahlreiche Medien zu Personalisierung neigen, also mehr auf einzelne führende Politiker und ihre persönlichen Eigenschaften fokussieren, als sich mit politischen Programmen, rechtlichen Hintergründen, Wirtschaftsverflechtungen oder den komplexen Akteursstrukturen hinter verschiedenen politischen Phänomenen zu beschäftigen;
- ✔ Nachrichten, Faktenwiedergaben und Tatsachenberichte nicht eindeutig von Bewertungen, Meinungen und Kommentaren getrennt werden;
- ✔ in vielen Medienbeiträgen auf Emotionalisierung gesetzt wird, obwohl die betreffenden politischen Sachverhalte auch ohne Qualitätsverlust weniger gefühlsbetont und sachlicher dargestellt werden könnten;
- ✔ Medien zu Relevanzverzerrungen tendieren, indem sie beispielsweise das Atypische gegenüber dem Normalzustand, das Neue gegenüber dem Regulären und das Negative gegenüber positiven Aspekten überbetonen oder unverhältnismäßig hervorheben;
- ✔ Medienschaffende eigenständiges und gegebenenfalls sogar eigennütziges Agenda Setting betreiben, also selbst Themen auf die politische Tagesordnung setzen (oder dort zu platzieren versuchen), deren gesamtgesellschaftliche Relevanz hierfür eigentlich wenig Anlass bietet;
- ✔ inhaltliche Arbeit durch die Rücksichtnahme auf wichtige Finanzierungsquellen (zum Beispiel Inserenten) beeinflusst wird, also bestimmte Themen mehr oder weniger bewusst gesetzt, weggelassen oder in einer bestimmten Form dargestellt werden;

✔ echte redaktionelle Beiträge nicht klar und eindeutig von quasijournalistischen Texten unterschieden werden können, die Werbekunden in Auftrag gegeben haben.

Journalisten als politische Akteure

Persönliche Wertvorstellungen beeinflussen auch die Arbeit der Berufstätigen im Mediensektor. Die durchschnittliche Journalistin weist eine »linkere« Einstellung auf als die politische Meinung im Bevölkerungsdurchschnitt. Daraus kann aber nicht automatisch auf eine gleichförmige oder tendenziöse Prägung vieler journalistischer Beiträge geschlossen werden.

Populistische und verschwörungstheoretische Vorwürfe, in Deutschland gebe es eine quasi-gleichgeschaltete »Lügenpresse«, die vorsätzlich und systematisch fremdgesteuert das abgehobene Gedankengut der staatstragenden und/oder wirtschaftlichen Eliten propagiere, sind zwar absurd, sollten allerdings nicht auf die leichte Schulter genommen werden. Wenn das pluralistische Demokratiemodell vom Idealbild kritischer und kontrollierender Medien ausgeht, so ist damit kein »missionarischer Journalismus« gemeint: Journalisten und Redakteurinnen sollten keine politisch-zweckorientierte oder einseitige Informations- und Publikationsauswahl treffen, also ihre Position nicht etwa missbrauchen, um ihnen unliebsame Ereignisse, Fakten und Meinungen bewusst zu unterdrücken.

Abschließend soll noch darauf hingewiesen werden, dass die Medien zwar manchmal umgangssprachlich als die »vierte Gewalt« im politischen System Deutschlands bezeichnet werden, aber keine vierte Gewalt im eigentlichen staats- und verfassungsrechtlichen Sinne darstellen. Exekutive, Legislative und Judikative verfügen über eine unmittelbare oder indirekte demokratische Legitimation und sind insbesondere an die Einhaltung der Grundrechte gebunden. Journalistinnen und Redakteure sind dagegen nicht demokratisch legitimiert und üben auch keine Staatsgewalt aus. Politische Berichterstattung, investigative Recherche und kritische Kommentare sind sehr wichtig in einer pluralistischen, rechtsstaatlich und gewaltenteilig organisierten Demokratie, machen die Medien aber nicht zu einer echten vierten Gewalt.

Teil III

Die Verfassungsorgane auf Bundesebene

IN DIESEM TEIL ...

Politische Entscheidungen werden zu einem großen Teil von Interessenorganisationen wie Parteien und Verbänden vorgeprägt und beeinflusst. Verbindlich beschlossen werden sie im deutschen Regierungssystem allerdings von öffentlichen Institutionen.

Das Grundgesetz sieht fünf Verfassungsorgane vor, die die horizontale Gewaltenteilung (Legislative, Exekutive, Judikative) auf Bundesebene abdecken: Bundestag, Bundesrat, Bundespräsident, Bundesregierung und Bundesverfassungsgericht.

Teil III stellt diese für das politische System Deutschlands sehr bedeutsamen – wenn auch unterschiedlich wichtigen – Institutionen und ihre jeweiligen Tätigkeitsbereiche vor.

Die einzelnen Kapitel gehen vor allem auf Zusammensetzung und Machtbefugnisse sowie die Beziehungen zwischen den verschiedenen Verfassungsorganen ein.

IN DIESEM KAPITEL

Funktionen des Parlaments im deutschen Regierungssystem

Grundlagen des Bundestagswahlrechts

Organisation des Bundestags

Der Gesetzgebungsprozess

Kapitel 7
Der Deutsche Bundestag

Standen Sie schon einmal vor dem Reichstagsgebäude in Berlin? Das ist ein beeindruckendes, fast schon einschüchterndes Bauwerk, auch wenn die über dem Hauptportal angebrachte Inschrift »Dem deutschen Volke« darauf schließen lässt, dass es hier um Sie geht beziehungsweise gehen sollte. Für den Fall, dass Sie allerdings nicht recht wissen, was in diesem imposanten Gebäude (und nicht nur dort) in Sachen Parlamentsbetrieb so vor sich geht, empfiehlt sich die Lektüre dieses Kapitels.

Verschiedentlich wird die Auffassung vertreten, die deutsche Volksvertretung habe über die Jahre an politischem Einfluss verloren. Das ist wohl nicht ganz von der Hand zu weisen, aber dennoch ist der Bundestag weiterhin ein zentraler institutioneller Akteur im politischen System, dessen Macht nicht unterschätzt werden sollte. Im Folgenden beschreibe ich zunächst kurz die Hauptfunktionen des Parlaments und das Verhältnis zwischen Mehrheit und Opposition. Es folgt ein Überblick über das Bundestagswahlrecht und das Wahlverhalten der Deutschen. Im Anschluss gehe ich näher auf die Organisation des Bundestags ein. Die weiteren Abschnitte behandeln ausführlicher die Artikulations-, Wahl- und Kontrollfunktionen der Volksvertretung. Das Kapitel schließt mit einer Darstellung des Gesetzgebungsprozesses auf Bundesebene.

Grundlagen des Parlamentsbetriebs

Der Bundestag – offizielle Langfassung: »der Deutsche Bundestag« – ist das deutsche Parlament oder die gesamtdeutsche Volksvertretung auf Bundesebene. Für das im Grundgesetz festgeschriebene Demokratieprinzip ist der Bundestag von zentraler Bedeutung, da die Verfassung eine weitgehend repräsentative Demokratie schafft und auf Bundesebene fast keinerlei direktdemokratische Elemente vorsieht. Der Bundesrat (siehe Kapitel 9) wirkt insbesondere bei der Gesetzgebung wie eine zweite Parlamentskammer mit. Streng genommen hat Deutschland mit dem Bundestag allerdings ein Einkammerparlament.

Zentrale Aufgaben des Bundestags

Die Hauptfunktionen des Bundestags sind mit den wichtigsten Aufgaben von Parlamenten in liberalen Demokratien vergleichbar:

- ✔ **Artikulationsfunktion:** Im Bundestag sollen verschiedene in der Gesellschaft vertretene Einschätzungen, Meinungen und Interessen zur Sprache kommen.
- ✔ **Wahlfunktion:** Der Bundestag wählt oder besetzt etliche andere Spitzengremien im deutschen Regierungssystem.
- ✔ **Kontrollfunktion:** Es ist zudem die Aufgabe des Bundestags, insbesondere die Bundesregierung und ihre Behörden zu kontrollieren.
- ✔ **Legislativfunktion:** Der Bundestag ist für den Erlass der Bundesgesetze zuständig, wobei hieran auch verschiedene andere Verfassungsorgane beteiligt sind.

Weiter hinten in diesem Kapitel gehe ich jeweils ausführlicher auf diese Hauptaufgaben des Bundestags ein. Es ist ratsam, sie bis dahin im Hinterkopf zu behalten.

Regierungsmehrheit und Opposition

Deutschland verfügt aus politikwissenschaftlicher Perspektive über ein parlamentarisches Regierungssystem. Für die meisten solcher Regierungssysteme ist ein starker Dualismus zwischen parlamentarischer Mehrheit und Opposition üblich. Die von der Mehrheit des Bundestags gewählte Bundesregierung, die sie stützende Bundestagsmehrheit (Regierungskoalition) und die Spitzen der Ministerialbürokratie auf Bundesebene bilden eine zusammengehörige politische Handlungseinheit. Auf der anderen politischen Seite steht die Minderheit im Bundestag, die parlamentarische Opposition. Parteien und einzelne Abgeordnete in der Opposition ziehen nicht unbedingt immer an einem Strang, manche vertreten sogar sehr unterschiedliche Positionen; sie sind sich aber in der Regel darin einig, dass die Bundesregierung kritisiert und abgelöst werden sollte.

Nicht jeder demokratische Staat, der ein Parlament besitzt (und das ist wohl so ziemlich jeder), hat aus Sicht der Politikwissenschaft auch ein *parlamentarisches Regierungssystem*. Zu einem solchen Regierungssystem gehört vor allem, dass die Regierung vom Parlament gewählt wird und von diesem abhängig ist. In *präsidentiellen Regierungssystemen* hingegen verfügt das Staatsoberhaupt (die Präsidentin) über eine eigenständige demokratische Legitimation (Direktwahl) und hat auch die Funktion der Regierungschefin inne. Demgegenüber sind in Deutschland die Ämter des Staatsoberhaupts (Bundespräsident) und des Regierungschefs (Bundeskanzler) voneinander getrennt. Der Bundeskanzler wird vom Bundestag gewählt und kann von diesem unter bestimmten Bedingungen abgewählt werden. Das deutsche Staatsoberhaupt wird hingegen nicht direkt vom Volk gewählt. Deshalb hat die Bundesrepublik ein parlamentarisches

Regierungssystem, während sich die Weimarer Republik durch ein *semipräsidentielles* Regierungssystem auszeichnete. Der Reichspräsident wurde direkt gewählt, wohingegen der Reichskanzler sowie die sonstigen Mitglieder der Reichsregierung vom Parlament (Reichstag) abhängig waren.

Der strukturelle Gegensatz zwischen Regierungsmehrheit und Opposition rührt im parlamentarischen Regierungssystem in erster Linie daher, dass die Regierung auf eine sie unterstützende Mehrheit in der Volksvertretung angewiesen ist. Die parlamentarische Minderheit wiederum würde gerne die politische Macht übernehmen. Aus dem Koalitions/Oppositions-Dualismus folgt eine eingeschränkte horizontale Gewaltenteilung: Nicht das ganze Parlament kontrolliert die Regierung, sondern im Wesentlichen nur die parlamentarische Minderheit. Es sollte daher also nicht überraschen, wenn Bundestagsabgeordnete der Regierungskoalition die Handlungen und Pläne der Bundesregierung im Regelfall loben, während oppositionelle Parlamentarier und Mandatsträgerinnen an ihnen kaum ein gutes Haar lassen.

Aufgabenverteilung zwischen Mehrheit und Minderheit

Der Dualismus zwischen Koalition und Opposition prägt die Arbeit des Bundestags erheblich und bestimmt auch seine Außenwahrnehmung beträchtlich:

- ✔ Für die Parlamentsmehrheit stehen Wahl- und Legislativfunktion im Vordergrund: Die Koalition kann häufig Spitzenpositionen mit ihr nahestehenden Personen besetzen und ihre politischen Vorhaben in Gesetzesform gießen.
- ✔ Für die Opposition sind vor allem Artikulations- und Kontrollfunktion von Bedeutung: Die parlamentarische Minderheit kann zwar ihre personellen und inhaltlichen Vorstellungen in der Regel nicht verwirklichen, aber politische Alternativen aufzeigen und die Tätigkeit der Bundesregierung überwachen und kritisieren.

Die Konfliktaustragung zwischen parlamentarischer Mehrheit und Opposition ist vor allem auf hochrangige (und meist öffentlichkeitswirksame) Fragen konzentriert. Sie findet in erster Linie in den Debatten im Bundestagsplenum statt, aber auch abseits des Parlaments, etwa in Interviews und Talkshows. Die Opposition stimmt gelegentlich Entwürfen der parlamentarischen Mehrheit oder der Bundesregierung zu. Ihre Vorlagen werden allerdings praktisch immer von der Regierungsmehrheit abgelehnt. In seltenen Fällen kommt es zu gemeinsamen, fraktionsübergreifenden Initiativen und Beschlüssen.

Die Arbeit des Bundestags ist geprägt durch begrenzt konsensdemokratische Elemente im Innenverhältnis (etwa in der Ausschussarbeit und der Parlamentsorganisation) und eindeutig mehrheitsdemokratische beziehungsweise konfliktorientierte Verhaltensweisen im Außenverhältnis (insbesondere in den Plenardebatten und in der Medienöffentlichkeit).

Die Wahl der Bundestagsabgeordneten

Das Wahlsystem beeinflusst unter Umständen das Wahlverhalten und damit gegebenenfalls auch die Gestalt des Parteiensystems. Parteiensystem und Wahlverhalten werden also durch zwei Faktoren beeinflusst, nämlich

- die ursprüngliche Wählerpräferenz (also die eigentlichen Vorlieben der Wählerschaft hinsichtlich der kandidierenden Personen und Parteien) und
- das Wahlsystem (vor allem die Regelungen, wie gewählt wird und wie abgegebene Stimmen in Abgeordnetensitze umgerechnet werden).

WAHLSYSTEM, WÄHLERPRÄFERENZ UND WAHLVERHALTEN

Das folgende erfundene, aber realitätsnahe Beispiel verdeutlicht diesen Zusammenhang: Eine Wählerin fühlt sich von der kleinen Partei A besonders angesprochen. Nun weiß sie, dass bei Bundestagswahlen eine 5-Prozent-Sperrklausel gilt (grundsätzlich kommen nur Parteien mit mindestens 5 Prozent der Stimmen in den Bundestag, dazu weiter hinten mehr). Kurz vor dem Wahlsonntag liegt Partei A in verschiedenen Wahlumfragen stabil bei 2 Prozent. Die Wählerin weiß, dass ihre Stimme nach dem geltenden Bundestagswahlrecht praktisch verloren ist, wenn die von ihr gewählte Partei nicht den Sprung über die 5-Prozent-Hürde schafft. Sie möchte diese Situation vermeiden. Das ist ihr wichtiger, als für ihre eigentlich favorisierte Partei abzustimmen.

Vor diesem Hintergrund entscheidet sie sich, mit ihrer Zweitstimme nicht für Partei A zu stimmen, sondern für die größere Partei B, die im Parteienspektrum in der Nähe von A angesiedelt ist und den Wahlprognosen zufolge sehr wahrscheinlich ein zweistelliges Ergebnis erzielen wird. In diesem Beispielszenario hat das Wahlsystem das Wahlverhalten maßgeblich geprägt. Handeln viele Wahlberechtigte wie die Beispielwählerin, hat das zudem Auswirkungen auf das Parteiensystem, insbesondere die Zahl der relevanten beziehungsweise bedeutsamen Parteien.

Grundprinzipien des Wahlrechts

»Die Abgeordneten des Deutschen Bundestages werden in allgemeiner, unmittelbarer, freier, gleicher und geheimer Wahl gewählt. Sie sind Vertreter des ganzen Volkes, an Aufträge und Weisungen nicht gebunden und nur ihrem Gewissen unterworfen« (Art. 38 Abs. 1 GG). In diesem kurzen Absatz finden sich zentrale verfassungsrechtliche Vorgaben für das Wahlsystem:

- **Allgemeine Wahl:** Grundsätzlich dürfen alle volljährigen Bürgerinnen und Bürger – also deutschen Staatsangehörigen – wählen (aktives Wahlrecht) und sind wählbar (passives Wahlrecht). Ausnahmen sind etwa zeitlich befristet bei Verurteilung wegen bestimmter Straftaten möglich.
- **Unmittelbare Wahl:** Die Abgeordneten des Bundestags müssen direkt von den Wahlberechtigten gewählt werden. Eine mittelbare Wahl – etwa durch ein Wahlpersonengremium wie bei der US-Präsidentschaftswahl – ist nicht zulässig.
- **Freie Wahl:** Wahlberechtigte sind frei, an der Wahl teilzunehmen oder von ihrem Wahlrecht keinen Gebrauch zu machen. In Deutschland gibt es im Unterschied zu anderen Staaten keine Wahlpflicht. Hinsichtlich der Entscheidung für einen

bestimmten Kandidaten oder eine bestimmte Partei darf kein unmittelbarer oder mittelbarer Druck auf die Wählenden ausgeübt werden. Es muss zudem eine echte Auswahl bestehen, also die freie Wahl zwischen mindestens zwei Alternativen oder wenigstens für oder gegen einen Wahlvorschlag.

- **Gleiche Wahl:** Wahlberechtigte haben die gleiche Anzahl an Stimmen. Prinzipiell gilt, dass alle Stimmen das gleiche Stimmgewicht haben sollen.
- **Geheime Wahl:** Die Stimmabgabe muss grundsätzlich vertraulich erfolgen und findet daher in Wahlkabinen und mithilfe von Wahlurnen statt. Eine zulässige Ausnahme ist die Briefwahl zu Hause oder in einem Raum der Kommunalverwaltung.

Eine personalisierte Verhältniswahl

Die Wahl der Bundestagsabgeordneten erfolgt im Regelfall für vier Jahre. Diesen Zeitabschnitt nennt man auch Legislaturperiode. Eine Verkürzung der Legislaturperiode ist nur in Ausnahmefällen möglich. Der Bundestag kann sich im Unterschied zu vielen anderen Parlamenten nicht selbst auflösen. Wird der Bundeskanzler nicht mit der absoluten Mehrheit der Abgeordneten gewählt oder spricht der Bundestag dem Bundeskanzler auf seine Vertrauensfrage hin nicht mehrheitlich das Vertrauen aus, kann der Bundespräsident den Bundestag auflösen, also Neuwahlen ansetzen.

Der Bundestag besteht nach der letzten Wahlrechtsreform aus 630 Abgeordneten (bisher mindestens 598), die durch ein personalisiertes Verhältniswahlsystem gewählt werden. Damit ist eine bestimmte Mischung aus Mehrheits- und Verhältniswahlrechtselementen gemeint. Das kommt auch dadurch zum Ausdruck, dass Wahlberechtigte bei der Bundestagswahl zwei Stimmen haben:

- Die **Erststimme** dient der Wahl eines Wahlkreiskandidaten. Das Bundesgebiet ist hierfür in 299 Einzelwahlkreise aufgeteilt. Der Bewerber oder die Bewerberin mit den meisten (Erst-)Stimmen gewinnt den Wahlkreis und zieht grundsätzlich in den Bundestag ein (Genaueres hierzu finden Sie weiter hinten). Hierfür ist es nicht notwendig, mindestens die Hälfte der abgegebenen Stimmen im Wahlkreis zu erzielen – schon eine Stimme mehr als der zweitplatzierte Mitbewerber genügt (relative Mehrheit). Alle anderen Kandidierenden haben das Nachsehen. Die Erststimme ist das personalisierende Mehrheitswahlrechtselement.
- Mit der wichtigeren (!) **Zweitstimme** wird die Landesliste einer Partei gewählt. Das Zweitstimmenergebnis bestimmt die Besetzung der restlichen Abgeordnetensitze im Bundestag. Es entscheidet auch insgesamt über das Kräfteverhältnis der Parteien im Parlament, denn die Zweitstimme steht für das dominierende Verhältniswahlrechtselement im Bundestagswahlsystem. Die Parteien erhalten Mandate im Verhältnis zu ihrem Anteil an abgegebenen und gültigen Zweitstimmen.

Die FDP hat in der Vergangenheit mindestens einmal im Bundestagswahlkampf eine gezielte »Zweitstimmenkampagne« geführt. Die Erststimme könne man – so der Wahlwerbeslogan sinngemäß – ruhig einer anderen (größeren) Partei geben, aber die Zweitstimme solle doch bitte an die verlässliche FDP gehen. Man kann sich schwer des Eindrucks erwehren, dass hier auch auf die Unkenntnis einiger Wahlberechtigter gesetzt wurde, denen die genaue Bedeutung von Erst- und Zweitstimme nicht bewusst war. Die zweite Stimme ist keineswegs weniger wichtig, nur weil sie als Zweitstimme bezeichnet wird, ganz im Gegenteil.

Sperrklausel und Grundmandatsklausel

Die genaue Verteilung der Abgeordnetensitze erfolgt in einem recht komplizierten Verfahren. Als Bürger und Wählerin sollten Sie sich jedoch – das kann einfach gar nicht oft genug betont werden – vor allem eines merken: Jeder erfolgreichen Partei steht eine Mandatszahl im proportionalen Verhältnis zu ihrem Zweitstimmenanteil zu. Erfolgreich in diesem Sinne ist eine Partei allerdings nur dann, wenn sie mindestens eines der beiden folgenden Kriterien erfüllt:

- ✔ Sie erhält mindestens 5 Prozent der Zweitstimmen im Bundesgebiet (das ist die bekannte 5-Prozent-Sperrklausel) oder
- ✔ Sie gewinnt mindestens drei Wahlkreise über die Erststimme (in diesem Fall werden die Zweitstimmen auch bei einem Ergebnis von weniger als 5 Prozent in Abgeordnetensitze umgerechnet – das ist die weniger bekannte Grundmandatsklausel).

Diese beiden Eingangskriterien sollen vor dem geschichtlichen Hintergrund der instabilen parlamentarischen Verhältnisse in der Weimarer Republik dafür sorgen, dass die Arbeit im Bundestag nicht durch eine Vielzahl an kleinen Parteien behindert und die Regierungsbildung und -unterstützung nicht durch Parteienzersplitterung erschwert wird. Das Bundesverfassungsgericht hat allerdings geurteilt, dass es sich hierbei um einen rechtfertigungsbedürftigen Eingriff in das Wahlgrundrecht handelt (denn die Stimmen für Parteien, die die 5-Prozent-Hürde oder die Direktmandatshürde nicht schaffen, gehen verloren). Nach dem derzeitigen verfassungsrechtlichen Stand sind entsprechende Klauseln bei Bundestags- und Landtagswahlen (noch) zulässig, nicht jedoch bei Kommunal- und Europawahlen, wo sie früher auch galten. Die zwischenzeitliche ersatzlose Abschaffung der Grundmandatsklausel ohne sonstige Relativierung der 5-Prozent-Sperrklausel hat das Bundesverfassungsgericht bemängelt und die Grundmandatsklausel wieder in Kraft gesetzt.

Die PDS (Vorgängerin der Linkspartei) schaffte 1994 nur dank der Grundmandatsklausel den Einzug in den Bundestag. Die Linke zog 2021 durch den Gewinn von genau drei Wahlkreisen in das Parlament ein. Sie erringt meist in Ostdeutschland einige Wahlkreise.

Die CSU erreicht – obwohl sie nur in Bayern antritt –, regelmäßig mehr als 5 Prozent der Zweitstimmen bezogen auf ganz Deutschland. Sie gewinnt üblicherweise auch alle oder fast alle Direktmandate im Freistaat. Bei der Bundestagswahl 2013 gingen über 15 Prozent der abgegebenen Zweitstimmen an Parteien, die an der 5-Prozent-Hürde (und an der Grundmandatsklausel) scheiterten und so nicht im Parlament vertreten waren.

Sperr- und Grundmandatsklausel gelten nicht für Parteien nationaler Minderheiten. So gelang etwa 2021 dem Südschleswigschen Wählerverband (SSW), der die Interessen der dänischen und friesischen Minderheit vertritt, der Einzug in den Bundestag mit einem Abgeordneten.

Berechnung und Verteilung der Mandate

Jedem Bundesland wird vor der Bundestagswahl gemäß den amtlichen Bevölkerungszahlen ungefähr proportional ein bestimmtes Kontingent an Abgeordnetensitzen zugeteilt. Bevölkerungsreiche Länder sind also im Bundestag mit mehr Abgeordneten vertreten als Länder mit einem kleineren Bevölkerungsanteil. Auch die Verteilung der 299 Wahlkreise auf die Bundesländer erfolgt nach dem Bevölkerungsverhältnis.

Eine Partei, die mindestens fünf Prozent der Zweitstimmen im Bundesgebiet erringt oder mindestens drei Wahlkreise gewinnt, erhält Sitze im Bundestag im Verhältnis zu ihrem Zweitstimmenergebnis. Das entspricht den Grundsätzen der Verhältniswahl. Die einer Partei insgesamt zustehenden Mandate werden auf die Landeslisten der Partei nach dem Zweitstimmenverhältnis verteilt. Aus den Bundesländern kommen also unterschiedlich viele Abgeordnete einer Partei in den Bundestag, abhängig von der Bevölkerungszahl der Länder beziehungsweise ihrem Sitzkontingent und dem Zweitstimmenergebnis der Partei in den einzelnen Ländern.

WAHLRECHT IM WANDEL: VON ÜBERHANGMANDATEN UND RIESENPARLAMENTEN

Das derzeitige Wahlrecht ist das Ergebnis verschiedener Urteile des Bundesverfassungsgerichts und anschließender Gesetzesreformen (die mitunter wieder vor dem Bundesverfassungsgericht landeten). Bis zur Wahlrechtsreform der Regierungskoalition aus SPD, Bündnis 90/Die Grünen und FDP gab es das Phänomen der sogenannten *Überhangmandate*: Hatte eine Partei über die Erststimmen in einem Bundesland mehr Wahlkreismandate gewonnen, als ihr eigentlich nach ihrem Zweitstimmenanteil Abgeordnetensitze zustanden, durfte sie die Direktmandate behalten.

Zuletzt wurden die Überhangmandate ausgeglichen, um eine Verzerrung des Kräfteverhältnisses zwischen den Parteien (bezogen auf deren Zweitstimmenergebnisse) und damit eine gewisse Verletzung des Verhältniswahlrechtsprinzips zu vermeiden oder abzumildern. Überhangmandate und Ausgleichsmandate führten allerdings zu einer deutlichen Aufblähung des Bundestags. Statt der eigentlich vorgesehenen 598 Mitglieder hatte der 2021 gewählte Bundestag (zumindest zeitweise) 736 Abgeordnete. Aus diesem Grund kam es zur Wahlrechtsreform der Ampel-Koalition, die eine fixe Obergrenze von 630 Abgeordneten und ein Verfahren zur Vermeidung (Verrechnung bzw. Zweitstimmendeckung) von Überhangmandaten einführte, das vom Bundesverfassungsgericht gebilligt wurde.

Von der Wahlkreiskandidatur oder dem Listenplatz zum Mandat

Steht fest, wie viele Abgeordnetensitze einer Partei in einem Land zustehen, erfolgt die weitere Zuteilung folgendermaßen: Zunächst erhalten etwaige Wahlkreissieger der Partei ein Mandat und zwar absteigend in der Reihenfolge ihres Erststimmenanteils in ihrem jeweiligen Wahlkreis. Erfolgreichen Wahlkreisbewerberinnen mit einem höheren Erststimmenanteil wird also eher ein Abgeordnetensitz zugeteilt als Wahlkreissiegern der gleichen Partei mit einem prozentual niedrigeren Stimmenanteil.

Stehen der Partei nach diesem Verteilungsschritt noch weitere Mandate zu, erhalten entsprechend viele Kandidierende von der Landesliste der Partei Abgeordnetensitze in der Reihenfolge der Liste. Hat die Partei keine Wahlkreise in dem entsprechenden Land gewonnen, werden sämtliche ihr zustehenden Sitze nach der Landesliste vergeben.

Gewinnt eine Partei in einem Land mehr Wahlkreise, als ihr Mandate nach ihrem Zweitstimmenanteil zustehen, kommt es nicht mehr wie früher zu Überhangmandaten: Die Wahlkreissieger mit den prozentual schlechtesten Erststimmenergebnissen gehen in diesem Fall leer aus und erhalten mangels ausreichender »Zweitstimmendeckung« keine Abgeordnetensitze – und auch niemand von der Landesliste der Partei.

Es ist zulässig und nicht unüblich, als Direktkandidatin in einem Wahlkreis anzutreten und zudem auf der Landesliste einer Partei nominiert zu sein. Vor dem Hintergrund bisheriger Wahlergebnisse lässt sich ungefähr abschätzen, welche Listenplätze einer Partei in einem Land eher aussichtsreich sind und welche eher nicht. Wenn eine Politikerin als Wahlkreisbewerberin antritt und außerdem noch über einen guten Listenplatz verfügt, spricht man manchmal davon, sie sei »über die Liste abgesichert«.

Zum Wahlverhalten der Deutschen

Die Deutschen wählen bei Bundestagswahlen mit Erst- und Zweitstimme häufig die gleiche Partei. Stimmensplitting, also das Aufteilen der zwei Stimmen zwischen unterschiedlichen Parteien, wird vor allem von Wählenden kleiner Parteien betrieben. Strategisches Stimmensplitting (etwa als Sympathisant von Bündnis 90/Die Grünen mit der Erststimme SPD wählen) hatte vor einigen Wahlrechtsreformen noch einen gewissen Sinn, weil man damals unter Umständen auf ein – nicht ausgeglichenes – Überhangmandat zugunsten der programmatisch nahestehenden größeren Partei hoffen konnte.

Durch die Abschaffung der Überhangmandate (und vorher die Ausgleichsregelung zur Vermeidung von Verzerrungen) bestimmt jetzt tatsächlich voll und ganz das Zweitstimmenergebnis das Kräfteverhältnis der Parteien im Bundestag. Sie können nun also – wenn Sie wollen – guten Gewissens mit der Erststimme einen Wahlkreiskandidaten wählen, der Ihnen aus welchen Gründen auch immer persönlich besonders zusagt. Die Zweitstimme sollten Sie aber auf jeden Fall jener Partei geben, die Ihrer Ansicht nach in den kommenden vier Jahren die politischen Geschicke auf Bundesebene maßgeblich mitbestimmen sollte.

Wahlberechtigte mit höherem Bildungsabschluss und höherem Einkommen wählen im Durchschnitt häufiger. Forschende haben diesen Umstand als problematisch für die Demokratie in der Bundesrepublik beschrieben, weil die politischen Interessen ohnehin benachteiligter Bevölkerungsgruppen so vermutlich (noch) schlechter vertreten werden. Auch eine höhere Demokratiezufriedenheit und eine starke Kirchenbindung sind meist mit einer höheren Wahlbeteiligung verbunden.

Die soziale Schichtung hat immer noch eine gewisse, aber tendenziell abnehmende Bedeutung bei der Wahlentscheidung für eine bestimmte Partei. SPD und Linke haben beispielsweise höhere Wähleranteile in der Arbeiterschaft und CDU/CSU bei katholischen Kirchgängern. Die Union erfreut sich höherer Wähleranteile bei älteren Menschen. Zwischen den Geschlechtern gibt es beim Wahlverhalten meist keine großen Unterschiede; allerdings bevorzugen etwas mehr Frauen als Männer Bündnis 90/Die Grünen, während deutlich mehr Männer als Frauen die AfD wählen. Unter den Wahlberechtigten mit Migrationshintergrund wählen Spätaussiedler eher konservativ, andere (etwa türkischstämmige) eher SPD. Es gibt aber Hinweise, dass sich diese Parteibindungen auflösen oder verschieben.

Ganz allgemein kann man vom Milieu eines Wahlberechtigten nicht (mehr) ohne Weiteres auf das Wahlverhalten schließen. Das Wahlverhalten der Deutschen ist insgesamt zudem spürbar wechselhafter geworden als früher. Auch Jahrzehnte nach der Wiedervereinigung weist das Wahlverhalten in Ost- und Westdeutschland noch deutliche Unterschiede auf. Mitunter wird in der sozialwissenschaftlichen Forschung heute angesichts einer fortschreitenden Entkopplung der Sozialstruktur vom Wahlverhalten eher von politisch-ideologischen Grundüberzeugungen (wie beispielsweise Verteilungsgerechtigkeit versus Leistungsgerechtigkeit oder traditionelle Lebensformen versus soziokulturelle Modernisierung) statt von festen Parteibindungen ausgegangen.

Der Wettbewerb um die Wählerstimmen

Trotz gewisser Gemeinsamkeiten findet jeder Bundestagswahlkampf letztlich in einer einmaligen Konstellation statt. Die meisten Wahlberechtigten können und wollen grundsätzlich nur in begrenztem Umfang einschlägige Informationen wie Wahlwerbung aufnehmen. Nur wenige Menschen lesen vor der Wahl die ausführlichen Wahlprogramme mehrerer Parteien. Die Bilder und Wahrnehmungen von Kandidierenden und Parteien werden erheblich von den verschiedenen Medien geprägt. Mittlerweile helfen auch interaktive webbasierte Programme wie der Wahl-O-Mat bei der Wahlentscheidung.

Parteien stehen im Wahlkampf unter anderem vor der Rentabilitätsüberlegung,

- ✔ eher viele Menschen oberflächlich als einige intensiv anzusprechen und
- ✔ an vorhandene Einstellungen anzuknüpfen, anstatt auf radikale Einstellungsänderungen hinzuwirken; bei der Wahlentscheidung dominieren letztlich oft langfristige Präferenzen.

In den letzten Jahren scheint sich eine zunehmende Personalisierung der Wahlkämpfe abzuzeichnen. Spitzenkandidaten und ihre Eigenschaften rücken zunehmend stärker in den Fokus als die Parteien und ihre Wahlprogramme. Einiges spricht auch für einen gewissen Amtsbonus, das heißt für einen Vorteil für wieder kandidierende Amtsinhaberinnen in der Wahrnehmung der Wahlberechtigten. Kandidierende oder Parteien, denen bei Umfragen im Vorfeld eine höhere politikfeldspezifische Problemlösungskompetenz attestiert wird (etwa eine bessere Wirtschafts- oder Umweltpolitik), profitieren davon schlussendlich nicht notwendigerweise bei der Wahlentscheidung.

Binnenorganisation des Parlaments

Bundestagsabgeordnete verbringen ihre Arbeitszeit

- ✔ im Parlament und den dortigen Gremien,
- ✔ in ihren jeweiligen Wahlkreisen sowie mit
- ✔ Öffentlichkeits- und Parteiarbeit.

Bundestagsabgeordnete nehmen während ihrer Arbeitszeit häufig an Sitzungen und Veranstaltungen teil, pflegen Kontakte und versuchen, Kompromisslösungen zu erzielen. Sie haben eine hohe Arbeitsbelastung und arbeiten meist deutlich länger pro Woche als viele Werktätige. Allein in einer Legislaturperiode werden den Abgeordneten mehr als 10.000 Bundestagsdrucksachen zugestellt, darunter Hunderte von Gesetzesvorlagen. Das ist nur mithilfe verschiedener entlastender und arbeitsteiliger Strukturen zu bewältigen.

Bundestagspräsidentin und Parlamentsverwaltung

Der Bundestag ist nicht nur eine Volksvertretung, sondern auch eine sehr große Behörde mit Tausenden von Verwaltungsmitarbeitenden. An der Spitze steht die Bundestagspräsidentin, die protokollarisch nach dem Bundespräsidenten die zweithöchste Repräsentantin des Staates ist. Sie wird von den Mitgliedern des Bundestags gewählt und entstammt traditionell der stärksten Fraktion im Parlament. Die Bundestagspräsidentin bleibt zwar Parteipolitikerin und Mitglied ihrer Fraktion, übt ihr Amt jedoch überparteilich aus. So hat etwa der langjährige Bundestagspräsident Norbert Lammert immer wieder Äußerungen im Interesse des Parlaments getätigt, die seiner Partei (CDU) und der von ihr geführten Bundesregierung kaum gefallen haben dürften.

Die Bundestagspräsidentin steht der Verwaltung des Bundestags vor. Oberster Beamter der Bundestagsverwaltung ist ein Direktor im Range eines Staatssekretärs. Die Bundestagsverwaltung gliedert sich wie eine klassisch hierarchisch strukturierte Behörde in Abteilungen, Unterabteilungen und Referate. Im Falle der Bundestagsverwaltung handelt es sich vor allem um die Abteilungen »Parlament und Abgeordnete«, »Außenbeziehungen, Europa und Analyse«, »Information und Dokumentation«, »Bau und Infrastruktur«, »Digitalisierung«, eine Zentralabteilung sowie die Referate verschiedener Beauftragter. Die Bundestagspräsidentin »übt das Hausrecht und die Polizeigewalt« in den Räumlichkeiten und auf den Grundstücken des Parlaments aus (Art. 40 Abs. 2 GG). Abgeordnete können wegen ungebührlichen Verhaltens von der Bundestagspräsidentin mit Ordnungsmaßnahmen belegt werden (zum Beispiel einem Saalverweis). Der Bundestag verfügt auch über eine eigene Polizei, um die Sicherheit in den Räumen und auf dem Gelände des Parlaments zu gewährleisten. Das ist ein Element, um die Unabhängigkeit des Bundestags von der Exekutive zu sichern.

Über das Reichstagsgebäude und den Parlamentsbetrieb kann man sich unter anderem auch im Rahmen einer Besichtigung von Kuppel und Dachterrasse des Gebäudes informieren. Der sehenswerte Rundgang mit Audioguide ist kostenlos, erfordert allerdings in der Regel eine Voranmeldung. Abgeordnete und Bundestagsverwaltung sind nicht nur im Reichstag untergebracht, sondern auch in verschiedenen benachbarten Gebäuden.

Arbeitsteilung bei der Parlamentsorganisation

Die Bundestagspräsidentin steht einerseits an der Spitze der Bundestagsverwaltung und leitet andererseits die parlamentarische Arbeit im engeren Sinne. Hierbei wird sie insbesondere von den folgenden Gremien unterstützt:

- ✔ Das **Bundestagspräsidium** besteht aus der Bundestagspräsidentin und ihren Stellvertretern. Deren Zahl variiert mitunter von Legislaturperiode zu Legislaturperiode in geringem Umfang. In der Regel wird aus jeder Bundestagsfraktion mindestens ein Bundestagsvizepräsident gewählt (die AfD stellt hier bisher eine Ausnahme dar, ihre Wahlvorschläge fanden keine Mehrheit). Das Bundestagspräsidium trifft wichtige Leitungs- und Verwaltungsentscheidungen. Außerdem werden die Plenarsitzungen des Parlaments üblicherweise von einem Mitglied des Präsidiums geleitet. In der Legislaturperiode von 2021 bis 2025 gehörten dem Bundestagspräsidium fünf Frauen und ein Mann an.

- ✔ Der **Ältestenrat** des Bundestags besteht aus dem Bundestagspräsidium und weiteren Abgeordneten proportional zur Stärke der Fraktionen. Diese Abgeordneten weisen nicht notwendigerweise ein hohes Lebensalter auf, sind aber häufig erfahrene Parlamentarier. Die Hauptaufgabe des Ältestenrats ist die Organisation der Parlamentsarbeit. So werden hier etwa die Termine der Sitzungswochen und die Tagesordnungspunkte für die einzelnen Sitzungen des Bundestags abgestimmt. Bei organisatorischen Meinungsverschiedenheiten im Parlament kommt dem Ältestenrat auch eine Schlichtungsfunktion zu.

Der Ältestenrat darf nicht mit dem **Alterspräsidenten** des Bundestags verwechselt werden. Alterspräsident war früher stets das älteste Mitglied des Bundestags. Das Amt hat eigentlich nur eine Funktion: die Leitung der ersten Plenarsitzung nach einer Bundestagswahl bis zur Wahl der Bundestagspräsidentin und ihrer Stellvertreter. Meist hält der Alterspräsident in diesem Zusammenhang auch eine Rede. Inzwischen gilt die Regelung, dass nicht der an Lebensjahren älteste, sondern der dienstälteste Abgeordnete Alterspräsident wird, also jener Parlamentarier, der dem Bundestag am längsten angehört. Diese Regelung wurde 2017 vermutlich getroffen, um einen Alterspräsidenten der Alternative für Deutschland (AfD) zu verhindern.

Ausschüsse und weitere parlamentarische Gremien

Die hauptsächliche Arbeit des Bundestags findet nicht im Plenum, sondern in den Ausschüssen statt. Hier werden vor allem Gesetzentwürfe beraten und entsprechende Beschlussempfehlungen angenommen. Die Ausschüsse sind unterschiedlich groß. Sie werden ausnahmslos nach Fraktionsproporz besetzt, das heißt sie bestehen jeweils aus Abgeordneten im Kräfteverhältnis der einzelnen Fraktionen. Jeder Abgeordnete ist in der Regel Mitglied in mindestens einem Ausschuss und stellvertretendes Mitglied in mindestens einem weiteren Ausschuss. Die Posten der Ausschussvorsitzenden werden zwischen den Fraktionen aufgeteilt. Traditionell ist ein Abgeordneter der größten Oppositionsfraktion Vorsitzender des Haushaltsausschusses. Man kann eine Unterscheidung treffen zwischen

✔ **ständigen Ausschüssen**, die über die ganze Laufzeit einer Legislaturperiode bestehen und unterschiedlich oft tagen. Ihre Zuständigkeitsverteilung ähnelt der thematischen Gliederung der Bundesministerien. Einige Ausschüsse verfügen zudem über Unterausschüsse zu bestimmten einschlägigen Teilgebieten. In der 20. Legislaturperiode (2021 bis 2025) gab es folgende ständige Bundestagsausschüsse:

- Arbeit und Soziales
- Auswärtiges
- Bildung, Forschung und Technikfolgenabschätzung
- Digitales
- Ernährung und Landwirtschaft
- Europäische Union
- Familie, Senioren, Frauen und Jugend
- Finanzen
- Gesundheit
- Haushalt
- Inneres und Heimat
- Klimaschutz und Energie
- Kultur und Medien
- Menschenrechte und humanitäre Hilfe
- Petitionsausschuss
- Recht
- Sport
- Tourismus
- Umwelt, Naturschutz, nukleare Sicherheit und Verbraucherschutz
- Verkehr
- Verteidigung
- Wahlprüfung
- Wahlprüfung, Immunität und Geschäftsordnung
- Wirtschaft

- Wirtschaftliche Zusammenarbeit und Entwicklung
- Wohnen, Stadtentwicklung, Bauwesen und Kommunen.

✔ besonderen gemischten Ausschüssen aus Bundestagsabgeordneten und Bundesratsmitgliedern. Das Grundgesetz sieht hier den **Gemeinsamen Ausschuss** vor, ein Notparlament für den Verteidigungsfall, und den **Vermittlungsausschuss** zur Behandlung von Meinungsverschiedenheiten zwischen Bundestag und Bundesrat im Gesetzgebungsprozess.

✔ **Untersuchungsausschüssen**, die von mindestens einem Viertel der Abgeordneten beantragt werden können. Sie dürfen unter anderem Beweise erheben, Zeugen anhören und Dokumente von Behörden verlangen. In der Legislaturperiode von 2013 bis 2017 richtete der Bundestag beispielsweise fünf Untersuchungsausschüsse ein, unter anderem zur NSA-Spionageaffäre, zu den NSU-Morden und zu Abgasmanipulationen bei Autos.

✔ weiteren parlamentarischen Einrichtungen wie etwa der **G 10-Kommission**, die Eingriffe der Nachrichtendienste des Bundes in das Brief-, Post- und Fernmeldegeheimnis (Art. 10 GG) kontrolliert, oder dem **Parlamentarischen Kontrollgremium**, das vertraulich die allgemeine Arbeit von Bundesnachrichtendienst, Bundesverfassungsschutz und Militärischem Abschirmdienst überwacht. Hinzu kommen zeitlich befristete **Expertenkommissionen** und **Enquete-Kommissionen** (Kommissionen zu übergreifenden Herausforderungen und Problemen) bestehend aus Abgeordneten und externen Sachverständigen zu bestimmten Themen.

Hilfsdienste für die Abgeordneten

Den Abgeordneten stehen finanzielle Mittel zur Verfügung, um persönliche Mitarbeitende anzustellen. In der Regel beschäftigt eine Bundestagsabgeordnete mindestens einen Mitarbeiter in Berlin und mindestens einen in ihrem Wahlkreisbüro. Die Laufzeiten der Arbeitsverträge sind maximal befristet bis zum Ende der Legislaturperiode. Häufig bieten die Abgeordneten auch Praktikumsplätze. Die Bundestagsfraktionen beschäftigen ebenfalls befristete Mitarbeitende, die ihrer jeweiligen Fraktion in der Regel zu bestimmten Politikfeldern zuarbeiten.

Der Bundestag verfügt über eine große Bibliothek und eine umfangreiche Pressedokumentation. Die Wissenschaftlichen Dienste des Bundestags erstellen aktuelle und fachlich hochwertige Expertisen. Jeder Abgeordnete kann hier eine Ausarbeitung zu einem ihn interessierenden Thema anfordern oder in Auftrag geben. Außerdem verfassen die verschiedenen Abteilungen der Wissenschaftlichen Dienste auch von sich aus fundierte Dokumentationen und hochwertige Kurzinformationen zu politisch relevanten Themen. Viele dieser parteipolitisch neutralen Expertisen sind frei abrufbar auf der Website des Bundestags. Die Abgeordneten leiden oft nicht unter Informationsmangel, sondern eher unter einer Flut von Informationen.

In der zu großen Teilen plagiierten rechtswissenschaftlichen Doktorarbeit des früheren Bundesministers Karl-Theodor zu Guttenberg befanden sich auch verschiedene Passagen aus Texten der Wissenschaftlichen Dienste des Bundestags.

Fraktionen: Der parlamentarische Arm der Parteien

Eine Fraktion kann von mindestens 5 Prozent der Bundestagsabgeordneten gebildet werden. Die Bundestagsfraktionen werden umgangssprachlich gerne mit den Parteien gleichgesetzt. Das ist natürlich nicht ganz falsch, weil es sich im Regelfall um Zusammenschlüsse der jeweiligen Abgeordneten der verschiedenen im Bundestag vertretenen Parteien handelt. Andererseits müssen die Fraktionen von den eigentlichen Parteien unterschieden werden. Die Parteien sind eigenständige nichtstaatliche Interessenorganisationen mit separaten Organen und Entscheidungsfindungsprozessen. Häufig haben wichtige Parteipolitiker (zum Beispiel Vorstandsmitglieder) zwar auch ein Bundestagsmandat, aber das ist nicht notwendigerweise der Fall.

Die Fraktionen erleichtern die Parlamentsarbeit und machen politische Prozesse gerade in einer großen Volksvertretung wie dem Bundestag steuerbarer. So sorgen sie unter anderem für

- ✔ eine Vereinheitlichung der politischen Willensbildung im Bundestag. Es stimmen zwar öfters nicht alle Abgeordneten, aber doch regelmäßig die allermeisten Parlamentarierinnen mit ihrer Fraktion. Hierfür ist nicht unbedingt immer der oft zitierte Fraktionszwang ausschlaggebend. Der oben erläuterte Dualismus Regierungskoalition/Opposition führt dazu, dass Abgeordnete der Koalitionsfraktionen regelmäßig Mehrheitsvorschläge unterstützen, während die oppositionellen Fraktionen dagegen stimmen oder sich enthalten. Oft sorgen innerparteiliche Sozialisation (also parteipolitisch geprägte Einstellungen) für ein fraktionskonformes Abstimmungsverhalten oder auch Karrieredruck (die Parteien entscheiden unter anderem über Listenplätze). Schließlich verlassen sich die Abgeordneten häufig auch schlicht auf die Empfehlungen und Einschätzungen der Fachexperten ihrer jeweiligen Fraktion.
- ✔ eine leichtere Organisation der Bundestagsabläufe. Die maßgeblichen politischen Vorentscheidungen fallen in fraktionsinternen Entscheidungsprozessen, weniger in den Ausschüssen. Auch für die Ressourcenverteilung im Parlament sind die Fraktionen von besonderer Bedeutung: Die Zuteilung von Redezeiten im Plenum und die Besetzung etlicher Bundestagseinrichtungen (zum Beispiel Präsidium, Ältestenrat, Ausschüsse) erfolgen beispielsweise analog zu den Fraktionen und Fraktionsstärken.

Eine geringe Anwesenheitsquote bei manchen Plenarsitzungen schränkt die Funktionsfähigkeit des Bundestags grundsätzlich nicht nennenswert ein. Auch wenn die leeren Ränge nicht schön aussehen: Die wenigsten abwesenden Abgeordneten drehen in dieser Zeit Däumchen, vielmehr gehen die meisten Parlamentarier anderen Aufgaben im Zusammenhang mit ihrem Mandat nach. Diese Politiker wissen, dass die maßgeblichen Vorentscheidungen bereits getroffen wurden, dass die entsprechenden Mehrheiten gesichert sind und dass die in der Regel knapp bemessene Redezeit von den jeweiligen Spitzen oder Fachexpertinnen ihrer Fraktion in Anspruch genommen wird.

Die Fraktionsvorstände (Vorsitzende, stellvertretende Vorsitzende, parlamentarische Geschäftsführungen) sichern die Geschlossenheit ihrer Fraktionen und organisieren die Arbeitsverteilung. Wichtig für die Fraktionsarbeit sind informelle Kommunikationsnetzwerke. Die Fraktionen ernennen häufig bestimmte Abgeordnete zu ihren fachpolitischen

Sprechern. Innerhalb der Fraktionen bestehen verschiedene Arbeitsgruppen und Gesprächskreise. So existieren etwa

- in der CDU/CSU-Fraktion die Gruppierungen Mittelstand, Arbeitnehmergruppe, Frauen, Vertriebene, Kommunalpolitik und Junge Gruppe;
- in der SPD-Fraktion der Seeheimer Kreis, die Parlamentarische Linke und das Netzwerk Berlin.

Fraktionslose Abgeordnete sind im Bundestag eher selten. Gelegentlich treten Abgeordnete aus ihrer Fraktion aus oder werden wegen Fehlverhaltens von ihrer Fraktion ausgeschlossen. Die Möglichkeiten eines fraktionslosen Abgeordneten sind recht begrenzt. Er hat zwar ein Mitarbeits- und Antragsrecht in einem Ausschuss sowie ein gewisses Rederecht im Plenum, ansonsten kann er aber nur wenig ausrichten.

Abgeordnete, die der gleichen Partei angehören oder ähnliche Überzeugungen vertreten, aber nicht 5 Prozent der Bundestagsabgeordneten ausmachen, können als Gruppe anerkannt werden. Eine Gruppe im Bundestag hat weniger parlamentarische Rechte als eine Fraktion. In der der 20. Legislaturperiode wurden nach dem Auseinanderfallen der Fraktion der Linkspartei zwei Gruppen gebildet: die Gruppe Die Linke und die Gruppe Bündnis Sahra Wagenknecht (BSW).

Fraktionszwang und freies Mandat

Nach dem Grundgesetz sind die Bundestagsabgeordneten »Vertreter des ganzen Volkes, an Aufträge und Weisungen nicht gebunden und nur ihrem Gewissen unterworfen« (Art. 38 Abs. 1 GG). Eigentlich ist Fraktionszwang also unzulässig. In der Realität üben die Fraktionen aber häufig mehr oder weniger starken Druck auf Abgeordnete aus, die von der Mehrheitsposition ihrer Fraktion abweichen wollen (üblicherweise müssen oder sollten diese Parlamentarier ihre Absicht vorher fraktionsintern ankündigen). Je nach Situation lenken die betreffenden Abgeordneten dann ein oder stimmen doch abweichend ab.

Bei manchen Abstimmungen, insbesondere wenn es um heikle ethische und biomedizinische Fragen geht wie etwa Präimplantationsdiagnostik (die Untersuchung von Ungeborenen nach möglichen Behinderungen), wird bewusst keine Fraktionslinie vorgegeben. Solche Gewissensfragen führen häufig zu Abstimmungsergebnissen quer durch die Fraktionen. Im Jahr 2017 votierten etwa 75 Abgeordnete von CDU und CSU gegen die Mehrheitsposition ihrer Fraktionen bei der Schlussabstimmung über die Ehe für alle.

Die Artikulationsfunktion des Parlaments

Volksvertretungen haben unter anderem die Aufgabe, verschiedene Auffassungen, Einschätzungen und Meinungen aus der Gesellschaft in die politische Entscheidungsfindung einzubringen. Man bezeichnet sie daher manchmal als »Transmissionsriemen«. In repräsentativen Demokratien wie der Bundesrepublik Deutschland ist die parlamentarische Artikulationsfunktion besonders wichtig, weil die direktdemokratischen Beteiligungsrechte hier häufig relativ begrenzt sind.

Die inhaltliche Arbeit etwa an Gesetzentwürfen erfolgt im Bundestag zu einem großen Teil in nichtöffentlichen Arbeitsgruppen-, Fraktions- und Ausschusssitzungen. Für die Artikulationsfunktion sind daher die mehr oder weniger öffentlichkeitswirksamen Reden im Plenum des Bundestags besonders wichtig. Hier kommt es zu den Auseinandersetzungen und Rededuellen zwischen Abgeordneten von Regierungsmehrheit und Opposition, aber die einzelnen Fraktionen können auch eigene inhaltliche Akzente setzen.

MEHR ALS EINE SCHWATZBUDE, ABER KEIN SEMINARRAUM

Kritiker des Parlamentarismus monieren immer wieder, in der Volksvertretung werde ja gar nicht ergebnisoffen diskutiert. Es gehe nicht um das bessere Argument oder darum, andere sachlich zu überzeugen. Stattdessen werde lediglich stur die jeweilige Parteilinie vertreten. Rechtspopulistische Kritik verweist mitunter auch darauf, dass im Parlament die (eine) Volksmeinung oder das (eine) Volksinteresse (was immer das ist) zwischen den Partikularinteressen von Parteien und Interessengruppen zerrieben oder jedenfalls nicht gefunden und umgesetzt werde.

Als Bürgerin und Wähler sollte man den Bundestag nicht anhand übersteigerter Idealvorstellungen und Maßstäbe bewerten. Parlamente haben auch schon in der Vergangenheit kaum so funktioniert, dass die Abgeordneten hier komplett unvoreingenommen zusammenkamen, um auf der Grundlage völlig offener Diskussionen zu der einzig richtigen, vernunftgemäßen Entscheidung für das Gemeinwohl zu gelangen. Zum einen wurden bestimmte wichtige Vorentscheidungen immer schon außerhalb von Volksvertretungen beziehungsweise von öffentlichen Parlamentsdebatten getroffen (mit manchen Nachteilen, aber auch einigen Vorteilen für die Funktionsfähigkeit des Parlaments). Zum anderen gibt es in einer pluralistischen Gesellschaft bei den allermeisten Themen vermutlich gar keine einzig richtige, wahre oder alternativlose Gemeinwohlentscheidung.

Durch die öffentlichen Sitzungen des Bundestagsplenums erfährt die (interessierte) Bevölkerung, welche Abgeordneten und welche Fraktionen aus welchen (offiziellen) Gründen bei welchen Entscheidungen wie argumentiert und abgestimmt haben. Auch wenn die Würfel in der Regel schon vorher gefallen sind, müssen sich die politischen Akteure hier zumindest in gewissem Umfang in der Öffentlichkeit für ihr Verhalten rechtfertigen. Dieser öffentliche Rechtfertigungsdruck sollte nicht unterschätzt werden.

Für die parlamentarische Opposition ist die Artikulationsfunktion besonders wichtig. Da ihre Anträge und Gesetzentwürfe praktisch immer von der Mehrheit abgelehnt werden, können die oppositionellen Abgeordneten in den Debatten zumindest demonstrieren, welche aus ihrer Sicht besseren Alternativen möglich wären. Die Abgeordneten der Regierungsmehrheit werden sie damit nicht überzeugen, aber vielleicht einen entscheidenden Teil der Wählerschaft, sodass es infolge der nächsten Bundestagswahl möglicherweise zu einem Politikwechsel kommt.

Die Plenarsitzungen des Bundestags werden grundsätzlich mindestens im Fernsehsender Phoenix und auf der Website des Bundestags übertragen. Der langjährige Bundestagspräsident Norbert Lammert hat mehrmals die geringe mediale Präsenz des Parlaments – gerade auch in den öffentlich-rechtlichen Sendern – beklagt, allerdings auch wiederholt die Parlamentskultur kritisiert. Am Ende seiner Amtszeit äußerte er sich diesbezüglich unter anderem folgendermaßen: »Der Bundestag darf seine Arbeit nicht in erster Linie unter dem Gesichtspunkt der medialen Verwertbarkeit organisieren. Deswegen akzeptiere ich ja auch ausdrücklich, dass nicht jede Plenardebatte an Stelle solch bedeutender Angebote wie die Serie ›Rote Rosen‹ oder die Komödie ›Schaumküsse‹ im Vormittagsprogramm von ARD und ZDF live und in Farbe zu sehen ist. Dass es aber Möglichkeiten der Optimierung unserer parlamentarischen Debatten und damit auch ihrer Attraktivität gibt, habe ich häufig vorgetragen, nicht immer mit Erfolg.«

Der Bundestag als Wahlorgan

Die Abgeordneten des Bundestags werden von den Wahlberechtigten gewählt. Sie wählen oder besetzen wiederum etliche andere wichtige Ämter und Posten im Regierungssystem der Bundesrepublik Deutschland. Dazu zählen

- ✔ der Bundeskanzler, im Regelfall mit der absoluten Mehrheit der Mitglieder des Bundestags (Kanzlermehrheit). Von den Mitgliedern der Bundesregierung wird nur der Regierungschef gewählt. Die Details der Kanzlerwahl erläutere ich im Kapitel über die Bundesregierung.
- ✔ der Bundespräsident im Rahmen der Bundesversammlung. Dieses Gremium setzt sich zusammen aus den Bundestagsabgeordneten und einer gleichen Zahl von Delegierten, die von den Landtagen bestellt werden. Die Details der Bundespräsidentenwahl erkläre ich im Abschnitt über den Bundespräsidenten.
- ✔ die Hälfte der Richterinnen des Bundesverfassungsgerichts mit Zweidrittelmehrheit. Die andere Hälfte wird vom Bundesrat bestimmt.
- ✔ die Richter an den Bundesgerichten im Rahmen des Richterwahlausschusses. Dieses Gremium besteht aus je einer zuständigen Landesministerin und einer gleichen Anzahl von Bundestagsabgeordneten (nach Fraktionsstärke).
- ✔ der Präsident und der Vizepräsident des Bundesrechnungshofs. Die Wahl erfolgt auf Vorschlag der Bundesregierung und muss auch vom Bundesrat bestätigt werden.
- ✔ die Bundesbeauftragte für den Datenschutz und die Informationsfreiheit auf Vorschlag der Bundesregierung.
- ✔ die Wehrbeauftragte des Bundestags. Sie dient als Hilfsorgan zum Schutz der Grundrechte und bei der parlamentarischen Kontrolle der Streitkräfte.
- ✔ zwei Drittel der Sitze des Gemeinsamen Ausschusses (des Notstandsparlaments).
- ✔ die Hälfte der Sitze des Vermittlungsausschusses von Bundestag und Bundesrat.

Die Wahlfunktion ist vor allem für die parlamentarische Mehrheit (Regierungskoalition) von Bedeutung, da sie hier in der Regel die von ihr aufgestellten oder bevorzugten Kandidierenden durchsetzen kann. Bei Gremien, die nach Fraktionsproporz besetzt werden, kommen auch oppositionelle Abgeordnete oder oppositionsnahe Personen zum Zug. In manchen Fällen sind für Wahlen oder Stellenbesetzungen qualifizierte Mehrheiten und/oder die Zustimmung verschiedener Organe notwendig. Hier kommt es gegebenenfalls zu Kompromissen und zur Wahl parteiübergreifender oder parteipolitisch neutraler Kandidaten.

Die Kontrollfunktion der Volksvertretung

Zu den zentralen Aufgaben des Bundestags zählt auch die Kontrolle der Exekutive, also der Bundesregierung und der ihr nachgelagerten Behörden. Grundsätzlich kann man zwischen den folgenden Dimensionen parlamentarischer Kontrolle unterscheiden:

- ✔ **Politische Richtungskontrolle:** Diese Art parlamentarischer Kontrolle hat die größte Bedeutung im Bundestag. Abgeordnete können hier unter anderem aufzeigen, dass die Bundesregierung ihrer Ansicht nach falsche Prioritäten setzt, also nicht die richtigen Fragen zur politischen Bearbeitung auswählt. Bundestagsmitglieder können außerdem kritisieren, die Exekutive erfasse oder erkenne bestimmte Probleme gar nicht richtig. Abgeordnete haben zudem die Möglichkeit, die von der Bundesregierung favorisierten oder verwendeten Lösungsansätze als ganz oder teilweise verfehlt zu kritisieren. Schließlich kann das Parlament alternative Maßnahmen diskutieren, vorschlagen und beschließen.

- ✔ **Effektivitäts- und Effizienzkontrolle:** Mitglieder des Bundestags können argumentieren, die Exekutive erreiche die gesteckten Ziele kaum oder gar nicht. Im Parlament kann der Bundesregierung auch vorgehalten werden, sie erziele an sich wünschenswerte Ergebnisse nur mit unverhältnismäßigem oder verschwenderischem Mitteleinsatz.

- ✔ **Rechtskontrolle:** Die verbindliche Feststellung von Rechtsbrüchen ist zwar grundsätzlich Sache der Gerichte, aber der Vorwurf des Rechtsverstoßes ist dennoch eine häufige Form parlamentarischer Kritik an der Bundesregierung. Da die Verfassung im politischen System Deutschlands eine wichtige Rolle spielt, ist die Behauptung, die Exekutive handele in einem bestimmten Bereich grundgesetzwidrig, eine besonders fundamentale Beanstandung.

Kontrolle als Domäne der Opposition

Der Dualismus zwischen den Mehrheitsfraktionen und der Opposition führt dazu, dass die einzelnen Typen und Instrumente parlamentarischer Kontrolle überwiegend von oppositionellen Abgeordneten und Fraktionen in Anspruch genommen werden. Von Abgeordneten, deren Fraktionen die Bundesregierung stützen, ist hingegen kaum Kritik an der Exekutive zu erwarten. Die politische Spannungs- oder Spaltungslinie verläuft also in der Regel nicht zwischen Exekutive und Legislative, sondern zwischen der Bundesregierung und der Bundestagsmehrheit einerseits sowie der parlamentarischen Minderheit andererseits.

Zu den parlamentarischen Kontrollinstrumenten im engeren Sinne zählen insbesondere

- ✔ große Anfragen an die Bundesregierung. Sie müssen von mindestens 5 Prozent der Abgeordneten eingebracht und von der Bundesregierung schriftlich beantwortet sowie auf Antrag einer Fraktion im Plenum diskutiert werden.
- ✔ kleine Anfragen an die Bundesregierung. Sie müssen ebenfalls von mindestens 5 Prozent der Mitglieder des Bundestags eingebracht und von der Bundesregierung schriftlich beantwortet werden.
- ✔ aktuelle Stunden, das heißt Diskussionen im Plenum zu aktuellen Themen. Sie kommen auf Antrag von mindestens 5 Prozent der Abgeordneten oder durch eine Vereinbarung im Ältestenrat zustande. Es können auch bestimmte Fragestunden und Regierungsbefragungen angesetzt werden.
- ✔ mündliche oder schriftliche Anfragen einzelner Abgeordneter an die Bundesregierung, mit denen sie sich beispielsweise im Rahmen ihrer Wahlkreisarbeit profilieren wollen.
- ✔ Untersuchungsausschüsse zur Aufklärung besonderer Missstände oder Fehlentwicklungen, die von mindestens einem Viertel der Abgeordneten beantragt werden können. Trotz der medialen Aufmerksamkeit und der relativ weitreichenden Befugnisse (unter anderem Recht der Zeugenbefragung und Auskunftsrecht gegenüber Gerichten und Verwaltungsbehörden) haben sich Untersuchungsausschüsse in der Vergangenheit häufig als ein eher stumpfes Schwert erwiesen wegen des Gegensatzes zwischen parlamentarischer Mehrheit und Opposition und diesbezüglichem parteitaktischem Agieren. Für abweichende Meinungen besteht die Möglichkeit des Minderheitsberichts im Anhang zum Abschlussbericht eines Untersuchungsausschusses.

Der erste Untersuchungsausschuss des Bundestags zur Aufklärung der Morde des sogenannten Nationalsozialistischen Untergrunds (NSU) gilt als vergleichsweise erfolgreich. Das mag daran liegen, dass sich diese Untersuchung nicht eindeutig gegen einzelne Regierungsmitglieder und Parteivertreter richtete und daher der Dualismus zwischen Koalition und oppositionellen Fraktionen höchstens begrenzt zum Tragen kam.

Parlamentarische Kontrolle und Mitsteuerung

Der Bundestag verfügt zwar über etliche Hilfsdienste und arbeitsteilige Strukturen, doch angesichts der Komplexität vieler Politikbereiche, der Dichte rechtlicher Normen und der Vielfalt der Behörden kann parlamentarische Kontrolle oft nur punktuell und stichprobenartig erfolgen. In einigen Fällen kommt es zu besonderen Formen der Mischung von Kontrolle und Mitsteuerung, insbesondere im Finanz-, Sicherheits- und Verteidigungsbereich. Beispiele hierfür sind

- ✔ die Kontrolle des Vollzugs des Haushaltsplans durch den Haushaltsausschuss,
- ✔ die Prüfung großer Bundeswehrbeschaffungsaufträge durch den Verteidigungsausschuss,

- die Wehrbeauftragte des Bundestags mit eher beobachtender Funktion,
- das Parlamentarische Kontrollgremium für die Überwachung der Geheimdienste (geheim arbeitend),
- die Parlamentarische Kontrollkommission für die Überwachung von Eingriffen in das Brief-, Post- und Fernmeldegeheimnis durch die Geheimdienste des Bundes.

Der Gesetzgebungsprozess auf Bundesebene

Die Legislativfunktion gehört zu den bekanntesten und wichtigsten Aufgaben des Bundestags. Im Folgenden gebe ich einen vereinfachten Überblick über die Abläufe und Schritte des Gesetzgebungsverfahrens, wobei ich unter anderem auf die Nennung der zahlreichen Fristen verzichte. Die entsprechenden rechtlichen Details finden sich im Grundgesetz (vor allem in den Artikeln 76 bis 78 und 82) sowie in den Geschäftsordnungen von Bundesregierung, Bundestag und Bundesrat.

Gesetzesvorlagen aus unterschiedlichen Quellen

Drei Institutionen sind berechtigt, Gesetzentwürfe in den Bundestag einzubringen:

- Von der **Bundesregierung** stammen die meisten Gesetzesinitiativen. Eine Regierungsvorlage geht zunächst an den Bundesrat, der das Recht hat, eine Stellungnahme abzugeben. Die Bundesregierung reicht ihren Entwurf mit der Stellungnahme des Bundesrats und gegebenenfalls einer Erwiderung darauf beim Bundestag ein. Eine Gesetzesvorlage enthält neben dem vorgeschlagenen Gesetzestext immer auch einen Bericht, der die Gründe für die Maßnahme und die einzelnen vorgeschlagenen Rechtsnormen darlegt.
- Der **Bundesrat** kann auf Initiative einzelner oder mehrerer Landesregierungen mehrheitlich Gesetzentwürfe beschließen. Eine Bundesratsvorlage geht zunächst an die Bundesregierung, die den Entwurf versehen mit ihrer Stellungnahme an den Bundestag weiterleitet.
- Mindestens 5 Prozent der **Bundestagsabgeordneten** (oder eine Fraktion) können ebenfalls einen Gesetzentwurf vorlegen. Hier ist kein Vorlauf mit Beteiligung von Bundesregierung und Bundesrat vorgesehen.

Beratungsphasen im Bundestag

Der Bundestag behandelt Gesetzesvorlagen in drei sogenannten Lesungen im Plenum. Dabei wird der vorgeschlagene Gesetzestext nicht verlesen, sondern nur als Tagesordnungspunkt aufgerufen. Er wird den Abgeordneten im Vorfeld als Drucksache zugestellt.

- In der **ersten Lesung** wird der Gesetzentwurf in der Regel nach kurzer Aussprache oder auch ohne Diskussion auf Empfehlung des Ältestenrats an einen Ausschuss oder einen federführenden Ausschuss sowie einen oder mehrere mitberatende Ausschüsse verwiesen (zu den ständigen Ausschüssen siehe den Abschnitt »Ausschüsse und weitere parlamentarische Gremien« weiter vorn in diesem Kapitel).

- Der Ausschuss beziehungsweise die **Ausschüsse** beraten die Vorlage im Detail, wobei der federführende Ausschuss die Stellungnahmen der gegebenenfalls mitberatenden Ausschüsse sammelt und mit seiner Entscheidung zu einer Beschlussempfehlung an das Plenum zusammenfasst. Hierbei weichen die Bewertungen der Ausschüsse in der Regel nicht voneinander ab, weil alle Ausschüsse nach Fraktionsproporz besetzt sind. Vor den Ausschussberatungen bilden die Fraktionen in ihren Arbeitsgruppen ihre jeweiligen Positionen zu der Vorlage und verhalten sich entsprechend in den Ausschusssitzungen. Der Ausschussbericht empfiehlt dem Bundestagsplenum entweder die unveränderte Annahme des Gesetzentwurfs, die Annahme mit verschiedenen aufgeführten Veränderungen oder die Ablehnung.
- Zu einer wirklichen Aussprache und Debatte im Plenum über einzelne Inhalte der Gesetzesinitiative kommt es oft nur in der **zweiten Lesung**. Es besteht allerdings auch die Möglichkeit, dass die Reden der Abgeordneten aus Zeitgründen nur zu Protokoll gegeben werden, also gar keine echte Aussprache stattfindet. Davon wird vor allem dann Gebrauch gemacht, wenn die Tagesordnung des Bundestags sehr lang ist und sich eine Sitzung bis weit in die Nacht hinzieht.
- Die **dritte Lesung** mit der Abschlussabstimmung folgt üblicherweise direkt auf die zweite Lesung. Das Plenum folgt in aller Regel der Ausschussempfehlung, weil die Mehrheitsverhältnisse auf Ausschuss- und Plenarebene grundsätzlich nahezu identisch sind. Gesetze werden normalerweise mit der Mehrheit der abgegebenen gültigen Stimmen beschlossen und nicht mit der Mehrheit der Abgeordneten.

Es ist öfters zu hören, dass Gesetzentwürfe, die von der Bundesregierung oder den Koalitionsfraktionen eingebracht wurden, im Rahmen der parlamentarischen Beratungen gar nicht mehr geändert werden. Das ist so nicht ganz richtig. Der frühere SPD-Fraktionsvorsitzende und Bundesminister Peter Struck hat etwa betont: »Kein Gesetz verlässt den Bundestag so, wie es eingebracht wurde.« Allerdings werden Mehrheitsvorlagen im Parlament höchstens in kleineren Punkten und nicht mehr fundamental geändert.

Die Gesetzgebungsarbeit wird von Mehrheitsinitiativen aus der Feder der Bundesregierung oder der Koalitionsfraktionen dominiert. Teilweise werden in den Bundesministerien ausgearbeitete Gesetzentwürfe aus taktischen Gründen von der parlamentarischen Mehrheit eingebracht, um den Bundesratsvorlauf einzusparen. Oppositionelle Initiativen werden praktisch immer abgelehnt, aber in seltenen Fällen später in veränderter Form von einer Regierungsmehrheit wieder aufgegriffen. Gelegentlich entstehen fraktionsübergreifende Gesetzentwürfe unter Beteiligung von oppositionellen Fraktionen (etwa bei einer geplanten Änderung des Grundgesetzes). Die Bundesregierung bringt die meisten Gesetzesvorlagen ein und hat die höchste Erfolgsrate im Sinne tatsächlich verabschiedeter Gesetze, jeweils gefolgt von Bundestag und Bundesrat. Gesetzentwürfe, die der Bundestag nicht abschließend behandelt, verfallen am Ende einer Legislaturperiode.

Der Bundesrat entscheidet mit

Das Verfahren nach den drei Lesungen im Bundestag ist mitunter etwas kompliziert und hängt davon ab, wie sich Bundesrat, Bundestag und Bundesregierung verhalten und ob der Bundesrat dem betreffenden Gesetz zustimmen muss oder nicht. Die Frage, in welchen Fällen ein Gesetz zustimmungsbedürftig ist, behandele ich ausführlich in Kapitel 10.

- ✔ Stimmt der Bundesrat einem vom Bundestag beschlossenen Gesetzentwurf zu oder bleibt er bei einer nicht zustimmungsbedürftigen Vorlage untätig, so kommt das Gesetz zustande (siehe zum weiteren Verlauf den Abschnitt »Ausfertigung und Inkrafttreten der Gesetze« weiter hinten in diesem Kapitel).

- ✔ Der Bundesrat kann jedoch auch den Vermittlungsausschuss anrufen. Das wird er vor allem dann tun, wenn eine Bundesratsmehrheit das vom Bundestag beschlossene Gesetz ganz oder teilweise ablehnt. Handelt es sich um ein zustimmungsbedürftiges Gesetz, können auch Bundestag und Bundesregierung den Vermittlungsausschuss einberufen.

- ✔ Der Vermittlungsausschuss von Bundestag und Bundesrat besteht aus einem Mitglied jeder Landesregierung und 16 Bundestagsabgeordneten nach dem Kräfteverhältnis der Fraktionen. Die Bundesratsmitglieder sind innerhalb des Vermittlungsausschusses nicht an Weisungen ihrer jeweiligen Landesregierungen gebunden und haben wie die Abgeordneten auch jeweils eine Stimme. Der Vermittlungsausschuss versucht, eine Kompromisslösung zu erzielen. Schlägt er eine Änderung des Gesetzes vor, muss der Bundestag erneut Beschluss fassen.

- ✔ Beschließt der Vermittlungsausschuss keinen Vorschlag für ein geändertes Gesetz, das nicht zustimmungsbedürftig ist, und der Bundesrat bleibt in der Folge untätig, so kommt das Gesetz in der ursprünglich vom Bundestag verabschiedeten Fassung zustande. Empfiehlt der Vermittlungsausschuss ein verändertes Gesetz und dieses wird vom Bundestag beschlossen, so kommt das Gesetz in dieser Form zustande, wenn der Bundesrat entweder zustimmt oder nichts weiter unternimmt. Lehnt der Bundestag den Vorschlag des Vermittlungsausschusses ab (und bekräftigt damit seinen ersten Beschluss), kommt das Gesetz in der ursprünglich vom Bundestag verabschiedeten Fassung zustande, wenn der Bundesrat im weiteren Verlauf untätig bleibt.

- ✔ Handelt es sich um eine zustimmungsbedürftige Materie, so kommt ein Gesetz hingegen nur durch ausdrückliche Zustimmung des Bundesrats zustande – entweder zur ursprünglich vom Bundestag verabschiedeten Version oder zur vom Vermittlungsausschuss vorgeschlagenen und vom Bundestag angenommenen veränderten Fassung (Bundestag und Bundesrat müssen jeweils mehrheitlich einer identischen Version zustimmen). Ansonsten ist die Gesetzesvorlage gescheitert.

- ✔ Handelt es sich um ein nicht zustimmungsbedürftiges Gesetz, so kann der Bundesrat nach dem Abschluss des Vermittlungsverfahrens Einspruch einlegen (daher spricht man auch manchmal von Einspruchsgesetzen im Unterschied zu Zustimmungsgesetzen). Der Bundestag kann einen solchen Einspruch des Bundesrats überstimmen. Erfolgt der Einspruch mit der Mehrheit der Bundesratsstimmen, braucht der Bundestag für eine Zurückweisung die absolute Mehrheit der Abgeordneten (und nicht nur die

Mehrheit der abgegebenen Stimmen wie sonst bei den meisten Entscheidungen). Beschließt der Bundesrat den Einspruch mit mindestens zwei Dritteln seiner Stimmen, benötigt der Bundestag mindestens zwei Drittel der abgegebenen Stimmen von mehr als der Hälfte der Abgeordneten, um seinen Gesetzesbeschluss gegen die Länderkammer durchzusetzen.

Am Ende einer Legislaturperiode kann der Bundesrat ein nicht zustimmungsbedürftiges Gesetz dadurch scheitern lassen, dass er den Vermittlungsausschuss anruft, der aber gar nicht mehr tagt oder die Vorlage nicht mehr abschließend behandelt. Beschließt der Vermittlungsausschuss mit einer knappen Mehrheit einen Änderungsvorschlag, handelt es sich möglicherweise um ein sogenanntes unechtes Vermittlungsergebnis, das dann entweder im Bundestag oder Bundesrat durchfällt, weil das Mehrheitsverhältnis im Vermittlungsausschuss nicht den jeweiligen Mehrheitsverhältnissen in Bundestag und Bundesrat entspricht. Insgesamt scheitern nicht sehr viele Gesetze an Einsprüchen oder Zustimmungsverweigerungen des Bundesrats. Bundestags- und Bundesratsmehrheit einigen sich häufig auf einen Kompromiss, oder in einem parteipolitisch sehr heterogen zusammengesetzten Bundesrat kommt keine Mehrheit für eine Anrufung des Vermittlungsausschusses oder einen Einspruch zustande. In manchen Legislaturperioden werden mehr als 550 Bundesgesetze verabschiedet.

Ausfertigung und Inkrafttreten der Gesetze

Ein vom Bundestag beschlossenes Gesetz wird vom Bundeskanzler und mindestens einem fachlich zuständigen Mitglied der Bundesregierung unterschrieben, also beispielsweise der Bundesumweltministerin. Im Anschluss erhält der Bundespräsident das Dokument. Er prüft, ob das Gesetz verfassungsgemäß zustande gekommen ist (insbesondere hinsichtlich der oben genannten Verfahren und Mehrheiten). Außerdem untersucht er mit Unterstützung des Bundespräsidialamts (eher oberflächlich), ob das Gesetz inhaltlich nicht offensichtlich verbindliche Vorschriften des Grundgesetzes verletzt. Dann unterschreibt der Bundespräsident das Gesetz.

Anschließend wird das Bundesgesetz im Bundesgesetzblatt veröffentlicht. Wenn der Gesetzestext kein bestimmtes Datum für das Inkrafttreten vorsieht, tritt ein Bundesgesetz 14 Tage nach seiner Veröffentlichung im Bundesgesetzblatt in Kraft.

Eine Änderung des Grundgesetzes ist (nur) durch ein Bundesgesetz möglich. Hierfür sieht die Verfassung keine Volksabstimmung vor, allerdings sind besondere parlamentarische Mehrheiten vonnöten: »Ein solches Gesetz bedarf der Zustimmung von zwei Dritteln der Mitglieder des Bundestages und zwei Dritteln der Stimmen des Bundesrates« (Art. 79 Abs. 2 GG).

IN DIESEM KAPITEL

Funktionen der Bundesregierung

Wahl und Stellung des Bundeskanzlers

Bedeutung des Kabinetts

Die Rolle der Ministerialbürokratie

Kapitel 8
Die Bundesregierung

Der Bundeskanzler und die Bundesminister und -ministerinnen stehen häufig im Zentrum des medialen Interesses, jedenfalls häufiger als einzelne Bundestagsabgeordnete oder sonstige politische Akteure in Deutschland. Ihre Macht ist allerdings keineswegs unbegrenzt und häufig nicht zuletzt abhängig von einer Unterstützung durch die Mehrheit des Bundestags. Von besonderer Bedeutung für die Politikgestaltung in der Bundesrepublik sind auch die zahlreichen Verwaltungseinrichtungen, die der Regierung unmittelbar oder mittelbar unterstehen, wie etwa die Bundesministerien und die ihnen nachgelagerten Behörden.

Im Folgenden gehe ich zunächst auf zentrale Funktionen der Bundesregierung ein. Anschließend stehen drei die Arbeit der Exekutive prägende Strukturprinzipien im Mittelpunkt: das Kanzlerprinzip, das Kabinettsprinzip und das Ressortprinzip. Danach gehe ich der Frage nach, ob das Kabinett (noch) ein wichtiges politisches Entscheidungszentrum ist. Das Kapitel schließt mit einem Überblick über verschiedene Facetten der Ministerialbürokratie auf Bundesebene.

Funktionen und Beschränkungen der Regierung

Klassische Aufgaben der Exekutive sind die Initiierung, Steuerung und Durchführung politischer Maßnahmen. Dabei sind die Handlungsmöglichkeiten der Regierung allerdings oft durch verschiedene interne und externe Faktoren beschränkt. In der Bundesrepublik muss sich die Exekutive beispielsweise mit etlichen sogenannten Vetospielern auseinandersetzen und arrangieren.

Zentrale Aufgaben der Exekutive

Die Bundesregierung hat insbesondere

- eine **Initiativfunktion**. So soll sie unter anderem politische Programmentwürfe in Form von Gesetzesinitiativen in den Bundestag einbringen. Hierbei sind für die Exekutive im parlamentarischen System der Bundesrepublik vor allem Vorstellungen, Ideen und Konzepte der Bundestagsmehrheit von Bedeutung (zum Dualismus zwischen Regierungsmehrheit und Opposition siehe Kapitel 7).
- eine **Steuerungsfunktion**. Vor dem Hintergrund der bestehenden Ressourcen – insbesondere Rechtsnormen, finanzielle Mittel und Verwaltungskapazitäten – hat die Regierung außerdem eine Steuerungsaufgabe. Das bedeutet, dass sie idealerweise für eine sinnvolle, abgestimmte und zusammenhängende Koordination der staatlichen Tätigkeiten auf Bundesebene sorgen soll.
- eine **Durchführungsfunktion**. Gesetze benötigen für ihre Anwendung häufig Durchführungsvorschriften wie beispielsweise Rechtsverordnungen. Gelegentlich muss die Bundesregierung auch Verwaltungseinrichtungen schaffen, Verwaltungsverfahren verändern oder mehr oder weniger konkrete Handlungsanweisungen erteilen, um bestimmte politische Programme umzusetzen.

Nach Artikel 80 des Grundgesetzes können die Bundesregierung, ein Bundesminister oder die Landesregierungen gesetzlich ermächtigt werden, Rechtsverordnungen zu erlassen. Dabei handelt es sich um Rechtsnormen, die weniger abstrakt sind als Bundesgesetze. Die entsprechenden Bundesgesetze müssen einen für die Exekutive verbindlichen Rahmen im Hinblick auf »Inhalt, Zweck und Ausmaß der erteilten Ermächtigung« vorgeben. Mit Rechtsverordnungen dürften also keine Gesetze umgangen werden. Rechtsverordnungen spielten beispielsweise während der Corona-Pandemie eine große Rolle: Die meisten Schutzmaßnahmen beruhten auf Rechtsverordnungen der Landesregierungen. Das Infektionsschutzgesetz des Bundes ermächtigte die Regierungen der Länder zum Erlass dieser Rechtsverordnungen.

Die begrenzte Macht der Bundesregierung

Trotz enormer und vielfältiger Kapazitäten ist der Handlungsradius der Exekutive eingeschränkt. Nach dem Grundsatz der Gewaltenteilung, der sich insbesondere dem Demokratieprinzip und dem Rechtsstaatsprinzip des Grundgesetzes entnehmen beziehungsweise zuordnen lässt, ist das auch wünschenswert. Die politischen Spielräume der Bundesregierung werden unter anderem durch folgende Faktoren begrenzt:

- Vage Handlungsprogramme der parteipolitischen Akteure: Partei- und Wahlprogramme sind in vielen Fällen absichtlich eher allgemein gehalten, um etwa möglichst viele Parteimitglieder oder Wählende anzusprechen oder zufriedenzustellen. Bei dem Versuch der Konkretisierung und Umsetzung können dann Ziel- und Mittelkonflikte entstehen oder offensichtlich werden.

- Ressourcenmangel: Oftmals fehlen der Bundesregierung Zeit, fachliche Kenntnisse (Expertenwissen), finanzielle Mittel, politische Mehrheiten und/oder rechtliche Ermächtigungen, um bestimmte Vorhaben zu verwirklichen.
- Politische Begrenzungen durch Entscheidungen von Vorgängerregierungen: Selbst wenn es oft grundsätzlich möglich und rechtlich relativ einfach wäre, Beschlüsse früherer Regierungen zu ersetzen, sind damit mitunter hohe politische Kosten, Unsicherheiten und Widerstände verbunden. Auch europäische und internationale Rechtsnormen können Handlungsspielräume der Exekutive beschränken.
- Plötzliche Krisen: Eine gründliche und systematische Abarbeitung des Regierungsprogramms wird nicht selten durch unvorhergesehene Situationen behindert, die sofortige Krisenbekämpfung erfordern.

Politische Steuerung durch die Exekutive ist in der Bundesrepublik wohl teilweise besonders schwierig aufgrund vieler Vetospieler (Institutionen, die Entscheidungen blockieren können) oder zumindest beteiligter Akteure (die Beschlüsse oder ihre Umsetzung beeinflussen). Dabei handelt es sich unter anderem um

- den Bundesrat, der bestimmten Gesetzen und Rechtsverordnungen zustimmen muss,
- das Bundesverfassungsgericht, das von relativ vielen Akteuren angerufen werden und Handlungen der Bundesregierung für verfassungswidrig erklären kann,
- die Länder, die für die Ausführung vieler bundespolitischer Beschlüsse zuständig sind,
- Interessenorganisationen wie Verbände und Kammern, die über Beteiligungsrechte oder autonome Entscheidungsbefugnisse in bestimmten Politikteilbereichen verfügen,
- Organe der Europäischen Union (beispielsweise die Europäische Kommission oder den Gerichtshof der EU), die auf die Einhaltung europarechtlicher Vorgaben pochen,
- ausländische Regierungen und internationale Organisationen, die sich dafür einsetzen, dass Handlungen der Bundesregierung ihre Interessen und Ziele nicht nachteilig beeinflussen.

Angesicht der Risiken und Unwägbarkeiten politischer Richtungsänderungen erscheinen für viele Regierungen (und auch Parlamente) Abwarten und eher geringfügige oder kleinteilige Veränderungen an bestehenden Politiken praktikabler als radikale Reformen. Ein solches Vorgehen wird auch Inkrementalismus genannt.

Strukturprinzipien der Bundesregierung

Verschiedene für Arbeitsweise und Organisation der Bundesregierung zentrale Grundlagen finden sich in einem bestimmten Verfassungsartikel. Im folgenden Zitat habe ich drei entsprechende Prinzipien in Klammern eingefügt, mit denen sich die folgenden Unterabschnitte befassen: »Der Bundeskanzler bestimmt die Richtlinien der Politik und trägt dafür die Verantwortung [**Kanzlerprinzip**]. Innerhalb dieser Richtlinien leitet jeder Bundesminister seinen Geschäftsbereich selbständig und unter eigener Verantwortung [**Ressortprinzip**]. Über Meinungsverschiedenheiten zwischen den Bundesministern entscheidet die Bundesregierung [**Kabinettsprinzip**]. Der Bundeskanzler leitet ihre Geschäfte nach einer von der Bundesregierung beschlossenen und vom Bundespräsidenten genehmigten Geschäftsordnung« (Art. 65 GG).

Das Kanzlerprinzip: Die herausgehobene Stellung des Regierungschefs

Die Bundesregierung setzt sich aus dem Bundeskanzler und den Bundesministern zusammen, aber dem Regierungschef kommt politisch und rechtlich eine besondere Rolle zu. Das zeigt sich bereits bei der Bestellung der Bundesregierung: Nur der Kanzler wird gewählt, die Ministerinnen hingegen werden ernannt.

- ✔ Der Bundestag wählt den Bundeskanzler mit absoluter Mehrheit (also der Mehrheit seiner Mitglieder), wobei der Bundespräsident im ersten Wahlgang ein Vorschlagsrecht hat. Er wird sich im Regelfall zuvor mit den Fraktionen beraten und dann die Person vorschlagen, auf die sich die aus den Bundestagswahlen siegreich hervorgegangene parlamentarische Mehrheit geeinigt hat.
- ✔ Scheitert die Wahl, kann der Bundestag in einem Zeitraum von 14 Tagen auf eigene Initiative einen Bundeskanzler mit absoluter Mehrheit wählen. Gelingt ihm das innerhalb dieser Frist nicht, wird unverzüglich ein neuer Wahlgang angesetzt, bei dem bereits die relative Mehrheit (Mehrheit der abgegebenen Stimmen) zur Wahl eines Bundeskanzlers ausreicht.
- ✔ Der Bundespräsident muss einen mit absoluter Mehrheit gewählten Bundeskanzler ernennen. Wird eine Person allerdings nur mit relativer Mehrheit gewählt, kann das Staatsoberhaupt sie entweder ernennen oder den Bundestag auflösen, was Neuwahlen nach sich ziehen würde.
- ✔ Der Bundeskanzler schlägt dem Bundespräsidenten die Ernennung und Entlassung der einzelnen Bundesministerinnen vor. Der Bundespräsident muss dem folgen.

Bundespräsident, Bundeskanzler und Bundesministerinnen müssen bei der Amtsübernahme jeweils folgenden Eid leisten: »Ich schwöre, dass ich meine Kraft dem Wohle des deutschen Volkes widmen, seinen Nutzen mehren, Schaden von ihm wenden, das Grundgesetz und die Gesetze des Bundes wahren und verteidigen, meine Pflichten gewissenhaft erfüllen und Gerechtigkeit gegen jedermann üben werde. So wahr mir Gott helfe« (Art. 56 Abs. 1 GG). Die religiöse Schlussformel kann auch weggelassen werden.

Machtinstrumente nach dem Grundgesetz

Die starke Stellung des Bundeskanzlers lässt sich auch daran erkennen, dass er nicht ohne Weiteres vom Bundestag oder einem anderen Gremium abgewählt werden kann. Um Regierungskrisen oder ein Machtvakuum wie in der Weimarer Republik zu vermeiden, sieht die Verfassung das sogenannte konstruktive Misstrauensvotum vor: »Der Bundestag kann dem Bundeskanzler das Misstrauen nur dadurch aussprechen, dass er mit der Mehrheit seiner Mitglieder einen Nachfolger wählt und den Bundespräsidenten ersucht, den Bundeskanzler zu entlassen« (Art. 67 GG). Das Staatsoberhaupt muss dem nachkommen.

Zudem kann nur der Bundeskanzler die Vertrauensfrage stellen (Art. 68 GG). Spricht die Mehrheit der Bundestagsabgeordneten ihm nicht nach einem entsprechenden Antrag das Vertrauen aus, so kann er dem Bundespräsidenten vorschlagen, das Parlament aufzulösen. Der Bundespräsident hat hier allerdings einen Entscheidungsspielraum.

Ursprünglich wurde die Vertrauensfrage wohl vorwiegend als ein Mittel für den Regierungschef geschaffen, um die ihn bisher unterstützenden Abgeordneten zu disziplinieren und (wieder) hinter sich zu scharen. Die Bundeskanzler Helmut Kohl und Gerhard Schröder haben dieses Instrument allerdings auch jeweils genutzt, um gezielt eine Auflösung des Bundestags und vorzeitige Neuwahlen herbeizuführen (ein Selbstauflösungsrecht des Bundestags ist nicht vorgesehen). Sie erhielten auf ihre entsprechenden Vertrauensanträge hin – wie von ihnen gewünscht – keine unterstützende Mehrheit, obwohl eigentlich noch weiterhin eine Mehrheit der Abgeordneten hinter ihnen stand (Abgeordnete der jeweiligen Koalition enthielten sich). In beiden Fällen löste der jeweilige Bundespräsident im weiteren Verlauf den Bundestag auf. Das Bundesverfassungsgericht billigte diese »unechten« Vertrauensfragen im Ergebnis.

Der Bundeskanzler hat die Richtlinienkompetenz innerhalb der Bundesregierung. Das bedeutet, dass er die wichtigsten politischen Grundlinien der Regierungsarbeit vorgeben kann. Wie oft und wie detailliert er davon Gebrauch macht, bleibt ihm überlassen. Nach der Geschäftsordnung der Bundesregierung kommt dem Bundeskanzler auch die Organisationsgewalt zu. Er bestimmt die Geschäftsbereiche der Mitglieder der Bundesregierung.

Mit dem Bundeskanzleramt verfügt der Regierungschef über einen eigenen Verwaltungsapparat. Das Bundeskanzleramt wird vom Chef des Bundeskanzleramts im Range eines Bundesministers geleitet. Es hat unter anderem »Spiegelreferate«, die in etwa der thematischen Verteilung der Bundesministerien nachgebildet sind. Sie können für Kontakte, Kontrolle und Informationsfluss genutzt werden. Daneben sind meist verschiedene Staatsminister (parlamentarische Staatssekretäre) beim Bundeskanzler für besondere Aufgaben zuständig, zum Beispiel für die Bund-Länder-Beziehungen, Kultur oder Migration. Im Bundeskanzleramt wird auch die Zusammenarbeit der Geheimdienste des Bundes koordiniert; der Bundesnachrichtendienst (Auslandsgeheimdienst) ist dem Bundeskanzleramt direkt unterstellt.

Die Macht des Kanzlers: Verfassungsrecht und Verfassungswirklichkeit

Die Machtkonzentration soll Einheitlichkeit und Handlungsfähigkeit der Regierungsarbeit fördern. Der tatsächliche politische Entscheidungsspielraum des Bundeskanzlers hängt allerdings jenseits der verfassungsrechtlichen Kompetenzen maßgeblich von verschiedenen Faktoren ab, unter anderem von

- ✔ seiner Persönlichkeit,
- ✔ seiner Machtposition in seiner Partei und

- der Konstellation der Koalitionsparteien. Sehr wichtige Entscheidungen kann ein Bundeskanzler grundsätzlich nur nach Absprache mit den Spitzen der Koalitionsparteien treffen, weil er sonst den Bestand der Koalition und seiner »Kanzlermehrheit« im Bundestag riskiert.

Das Kabinettsprinzip: Die Bundesregierung als ein kollektives Organ

Trotz der starken Stellung des Bundeskanzlers ist die Bundesregierung ein kollektives Verfassungsorgan, in dem in wichtigen Angelegenheiten häufig – zumindest formal – gemeinschaftlich entschieden und gehandelt wird. Nur das Bundeskabinett als Ganzes (also Kanzler und Ministerinnen gemeinsam als Bundesregierung) hat unter anderem das Recht

- zur Gesetzesinitiative und zur Stellungnahme zu Gesetzesvorlagen des Bundesrats,
- zum Erlass bestimmter Rechtsverordnungen,
- zur Anrufung des Bundesverfassungsgerichts in bestimmten Fällen,
- zur Zustimmung zu kostenwirksamen Gesetzen, die den vorgelegten Haushaltsplan ändern (Einnahmeminderungen oder Ausgabeerhöhungen),
- zur Entscheidung »über Meinungsverschiedenheiten zwischen den Bundesministern« (Art. 65 Satz 3 GG),
- zum Beschluss über Vorschläge zur Ernennung politischer und höherer Beamter des Bundes.

Angesichts von Hunderten von Entscheidungspunkten im Jahr hat das Kabinett ein entlastendes System von interministeriellen Ausschüssen und Kabinettsausschüssen entwickelt. Viele unstrittige beziehungsweise geklärte Punkte werden im schriftlichen Umlaufverfahren angenommen und gelangen so nicht mehr oder nur noch formal auf die Tagesordnung der wöchentlichen (in der Regel am Mittwoch stattfindenden) Kabinettssitzungen.

Das Ressortprinzip: Arbeitsteilung in der Bundesregierung

Der größte Teil der täglichen Regierungsarbeit wird nicht vom Bundeskanzler oder vom Kabinett erledigt, sondern von den Mitarbeitenden der Bundesministerien. Hier finden wichtige Vorbereitungs- und Durchführungsarbeiten statt. Die Bundesregierung ist in hohem Grade arbeitsteilig organisiert. Jede Bundesministerin hat bestimmte sachliche Zuständigkeiten und übt hier selbstständig die Leitungsfunktion aus. Für diesen Geschäftsbereich, den man auch Ressort nennt, ist sie politisch verantwortlich. Zwischen der Richtlinienkompetenz des Bundeskanzlers und der Ministerverantwortlichkeit besteht ein gewisses Spannungsverhältnis. Grundsätzlich gilt aber, dass der Bundeskanzler nicht in die Ressorts »hineinregieren« soll, solange seine Richtlinienkompetenz nicht berührt ist.

Anzahl und Zuschnitt der Bundesministerien sind im Großen und Ganzen im Zeitverlauf relativ stabil. Im Detail ändert sich die Ressortaufteilung allerdings von Legislaturperiode zu Legislaturperiode meist ein wenig und ist abhängig von Verhandlungen zwischen und innerhalb der Koalitionsparteien. Etliche Zuständigkeiten sind praktisch immer denselben Bundesministerien zugeordnet, manche wechseln jedoch auch mal die Zugehörigkeit in Folge von Koalitionsverhandlungen.

BUNDESMINISTERIEN IM ÜBERBLICK

Alle Ministerien auf Bundesebene tragen die Bezeichnung »Ministerium« im Namen bis auf das Außenministerium, das traditionell »Auswärtiges Amt« heißt. In der Legislaturperiode 2021 bis 2025 bestanden folgende Bundesministerien:

- ✔ Auswärtiges Amt
- ✔ Bundesministerium der Finanzen
- ✔ Bundesministerium der Verteidigung
- ✔ Bundesministerium des Innern und für Heimat
- ✔ Bundesministerium für Arbeit und Soziales
- ✔ Bundesministerium für Bildung und Forschung
- ✔ Bundesministerium für Ernährung und Landwirtschaft
- ✔ Bundesministerium für Familie, Senioren, Frauen und Jugend
- ✔ Bundesministerium für Gesundheit
- ✔ Bundesministerium der Justiz
- ✔ Bundesministerium für Umwelt, Naturschutz, nukleare Sicherheit und Verbraucherschutz
- ✔ Bundesministerium für Digitales und Verkehr
- ✔ Bundesministerium für Wirtschaft und Klimaschutz
- ✔ Bundesministerium für wirtschaftliche Zusammenarbeit und Entwicklung
- ✔ Bundesministerium für Wohnen, Stadtentwicklung und Bauwesen

Die meisten Bundesministerien haben ihren Hauptsitz in der Bundeshauptstadt Berlin. Alle Ministerien verfügen aber auch noch über einen Dienstsitz in der früheren Hauptstadt (jetzt »Bundesstadt«) Bonn.

Unter den Ministern kommt dem Bundesfinanzminister eine herausgehobene Rolle bei allen finanzwirksamen Vorlagen zu, weil er für die Finanzplanung und -koordination zuständig ist. Das Bundesjustizministerium prüft unter anderem Gesetzesinitiativen auf ihre

Rechtmäßigkeit. Die Befehlsgewalt über die Streitkräfte liegt beim Bundesverteidigungsminister. Im Verteidigungsfall geht sie auf den Bundeskanzler über. Ein Bundesminister wird zum Stellvertreter des Bundeskanzlers ernannt. Der Vizeregierungschef ist in der Regel ein Spitzenpolitiker des größten Koalitionspartners.

Die Amtszeit von Bundeskanzler und Bundesministerinnen endet beim Zusammentritt eines neu gewählten Bundestags. Sie können wieder gewählt beziehungsweise wieder ernannt werden. Die Bundesministerinnen verlieren automatisch dann ihr Amt, wenn der Bundeskanzler das seine – aus welchem Grund auch immer – verliert. In der Regel führen die Mitglieder der Bundesregierung ihre jeweiligen Regierungsgeschäfte kommissarisch bis zur Ernennung von Nachfolgern weiter. Es gibt also keine regierungslose Zeit im deutschen Regierungssystem.

Die eingeschränkte Rolle des Bundeskabinetts

Eine bloße Lektüre des Grundgesetzes könnte nahelegen, dass das Kabinett ein wichtiges politisches Entscheidungszentrum ist. Das trifft aber nur in begrenztem Umfang zu.

Organisatorische und parteipolitische Gründe

Die Kabinettsmitglieder werden meist durch die Ressortarbeit stark beansprucht und vernachlässigen daher teilweise ihre politischen Kontakte oder Informationskanäle. Zudem ist die Gruppengröße des Kollektivorgans wohl eher suboptimal: Das Kabinett ist mit meist 15 bis 20 Mitgliedern mitunter zu groß für komplexe Beratungs- und Entscheidungsprozesse – andererseits erfordert ein starkes Durchsetzungspotenzial natürlich auch die Einbeziehung vieler Interessen und Akteure.

Unter Umständen besteht auch ein gewisser Unterschied zwischen Ministeramt und politischem Gewicht: Nicht alle Bundesminister gehören in ihrer Partei zu den Politikern mit dem stärksten Einfluss; so dürfte etwa der Vorsitz einer Koalitionsfraktion im Bundestag politisch wohl mindestens so viel zählen wie die Leitung eines eher nachrangigen Bundesministeriums.

Regelmäßige oder aus besonderen Gründen (zum Beispiel Krisen) einberufene Koalitionsgespräche, die verschiedene Formen annehmen können, sind häufig informelle Entscheidungszentren. Hieran nehmen die wichtigsten Akteure aus den Koalitionsparteien, den verbündeten Bundestagsfraktionen und der Bundesregierung teil. Zu bestimmten Einzelfragen werden gegebenenfalls betroffene Ministerinnen, herausgehobene Abgeordnete oder Parteifunktionäre hinzugeholt. Koalitionsgespräche sind in sehr kleinem Rahmen (nur die Parteivorsitzenden und/oder wichtigsten Kabinettsmitglieder der koalierenden Parteien) oder in großer Runde und in unterschiedlicher Häufigkeit möglich.

KORPORATISTISCHE GROSSPROJEKTE

Korporatistische Strukturen sind in der Regel dadurch gekennzeichnet, dass in einem Politikbereich einige Interessenorganisationen mit unterschiedlicher oder gegensätzlicher Ausrichtung (häufig: Arbeitgeber- und Arbeitnehmerverbände) in einem festen und für politische Entscheidungen wichtigen Austausch mit politischen Entscheidungsträgern (meist: der Exekutive) stehen. In der Vergangenheit gab es in der Bundesrepublik verschiedene korporatistische Großprojekte mit eher mäßigem Erfolg, zum Beispiel

- ✔ die Konzertierte Aktion,
- ✔ das Bündnis für Arbeit und
- ✔ das Bündnis für Arbeit, Ausbildung und Wettbewerbsfähigkeit.

Bei der Bundesregierung beziehungsweise den einzelnen Bundesministerien bestehen verschiedene wissenschaftliche Beiräte oder Planungsräte, die zum Teil mit recht namhaften Forschenden besetzt sind. Sie bringen ihre jeweilige Expertise ehrenamtlich oder nebenberuflich ein. Die Gutachten oder Stellungnahmen dieser Beratungsgremien haben meist kaum einen nach außen sichtbaren Einfluss auf die Regierungsarbeit. Nur gelegentlich beziehen sich Regierungsmitglieder öffentlich auf diese Berichte – anscheinend vor allem dann, wenn darin Pläne oder Handlungen der Bundesregierung lobend erwähnt werden. Eines der wichtigsten dieser Gremien ist der Sachverständigenrat zur Begutachtung der gesamtwirtschaftlichen Entwicklung.

Einflussreicher als befristete korporatistische Großprojekte und wissenschaftliche Beratungsgremien sind mitunter verschiedene von der Regierung eingesetzte Kommissionen, die nicht nur beratend tätig werden, sondern faktisch politische Entscheidungen vorbereiteten. Das Paradebeispiel hierfür war die von Peter Hartz geleitete »Kommission für moderne Dienstleistungen am Arbeitsmarkt« (»Hartz-Kommission«). Solche Kommissionen mit einem bestimmten Auftrag sind eine Entlastung für die Bundesregierung, die die Teilnehmenden aussucht und den Rahmen vorgibt. Das Kabinett ist hier, falls es sich für die Umsetzung der Kommissionsvorschläge entschließt, in einer überwiegend ausführenden und nur noch formell beschließenden Rolle. In der Tendenz wird auch der Bundestag geschwächt, wenn ihm von einer Kommission entwickelte und von der Bundesregierung in Gesetzesform gegossene Vorlagen präsentiert werden, für deren Annahme sich die Spitzen der Koalitionsparteien massiv einsetzen.

Verlagerung von Entscheidungen in informelle Gremien

In der Realität findet – etwa in Form von Koalitionsgesprächen und Kommissionen – eine Verlagerung wichtiger politischer (Vor-)Entscheidungen in Gremien statt, die das Grundgesetz nicht vorsieht. Das kann man aus verfassungspolitischer Sicht durchaus kritisieren. Allerdings bleibt das Letztentscheidungsrecht der Bundesregierung beziehungsweise des Bundestags hierbei gewahrt.

Zudem ist es wohl auch so, dass Regierungen in einem großen und vielfältigen politischen System wie dem der Bundesrepublik Deutschland nicht alle Entscheidungen stets völlig öffentlich und transparent vor den Augen der Bevölkerung und Massenmedien entwickeln können beziehungsweise sollten (selbst wenn sie es wollten). Um einerseits politische Kompromisse zu sichern und andererseits entscheidungs- und handlungsfähig zu sein, ist vermutlich in einem gewissen Umfang informale politische Führung und Koordination notwendig. Hierzu zählen auch vorentscheidende Strukturen jenseits des Kabinetts.

Politische Verwaltung: Die Ministerialbürokratie

Die Bundesregierung wäre kaum handlungsfähig ohne ihren administrativen Unterbau. Tausende in der Regel hochqualifizierte Mitarbeitende arbeiten in den verschiedenen Bundesministerien in Berlin und Bonn sowie in diversen nachgelagerten Bundesbehörden. Die Ministerialbürokratie ist die Schnittstelle zwischen (Partei-)Politik und Verwaltung.

Die bürokratische Organisation der Ministerien

Bundesministerien und Bundeskanzleramt sind wie klassische Behörden hierarchisch organisiert (also mit Weisungsrecht von oben nach unten) und pyramidenförmig aufgebaut (das heißt mit von oben nach unten zunehmenden Unterteilungen beziehungsweise mit zunehmender Breite). Sie bestehen im Wesentlichen aus

- ✔ Abteilungen,
- ✔ Unterabteilungen (gelegentlich auch Stäben und zeitlich befristen Projektgruppen),
- ✔ Referaten sowie
- ✔ einigen Büros und Stäben außerhalb der Linienorganisation (etwa besetzt mit persönlichen Referentinnen oder Öffentlichkeitsmitarbeitern).

Es gelten folgende Strukturmerkmale der Ministerialbürokratie:

- ✔ Jeder Einheit ist ein bestimmter sachlicher Zuständigkeitsbereich zugeordnet, übergeordnete Instanzen bündeln diese Bereiche.
- ✔ Im geschäftlichen Verkehr gilt grundsätzlich der »Dienstweg«, das heißt Kommunikation und Entscheidungen erfolgen über die vorgesetzte Instanz. In der Praxis gibt es allerdings viele »kurze Dienstwege« und informelle Querverbindungen zur Koordinierung, ohne die effiziente Arbeit kaum möglich wäre.

Führungsebenen zwischen Politik und Verwaltung

Die Bundesministerien sind Behörden, die von einer Person geleitet werden (monokratische Organisation). An der Spitze steht der jeweilige Bundesminister, in den allermeisten Fällen ein führender Parteipolitiker der Regierungskoalition. Er hat die politische Leitungsfunktion und muss gegebenenfalls auch die politische Verantwortung für Vorfälle im

Geschäftsbereich seines Ministeriums übernehmen. Die Bundesministerinnen sind mittelbar demokratisch legitimiert: Der direkt gewählte Bundestag wählt den Bundeskanzler, der wiederum Ernennung und Entlassung der Bundesminister veranlasst.

Neben ihrem Amt haben viele Ministerinnen und in der Regel auch der Bundeskanzler noch ein Abgeordnetenmandat (das sie allerdings nur eingeschränkt wahrnehmen können). Ein Bundestagsmandat ist zulässig, aber nicht notwendig, um ein Mitglied der Bundesregierung zu sein. Ansonsten gilt: »Der Bundeskanzler und die Bundesminister dürfen kein anderes besoldetes Amt, kein Gewerbe und keinen Beruf ausüben und weder der Leitung noch ohne Zustimmung des Bundestages dem Aufsichtsrate eines auf Erwerb gerichteten Unternehmens angehören« (Art. 66 GG).

Direkt unterhalb einer Bundesministerin sind in der Hierarchie die Staatssekretäre angesiedelt. Man unterscheidet zwischen beamteten Staatssekretären und parlamentarischen Staatssekretärinnen. Die beamteten Staatssekretäre sind voll in die Linienorganisation des jeweiligen Bundesministeriums eingebunden. Jeder dieser Staatssekretäre hat die Verantwortung für mehrere Abteilungen. Die parlamentarischen Staatssekretärinnen hingegen sind überwiegend Parteipolitikerinnen und stehen außerhalb der Linienorganisation des Ministeriums.

Parlamentarische Staatssekretäre müssen in der Regel Bundestagsabgeordnete sein. Sie übernehmen Aufgaben im Ministerium und vertreten ihre Bundesministerin (von deren Amtszeit sie auch grundsätzlich abhängig sind) im politischen, insbesondere im parlamentarischen Bereich. So stehen sie beispielsweise öfters vor allem den Abgeordneten der Opposition bei verschiedenen Anlässen im Bundestag Rede und Antwort. Die Stellen der parlamentarischen Staatssekretäre sind auch wichtig für die Postenvergabe in Koalitionen. Parlamentarische Staatssekretäre können in Anlehnung an international übliche Begrifflichkeiten die Bezeichnung »Staatsminister« erhalten. In der Praxis wird hiervon vor allem im Bundeskanzleramt und im Auswärtigen Amt Gebrauch gemacht.

Die Abteilungen der Ministerien sind in übergeordnete Zuständigkeitsbereiche gegliedert. Neben verschiedenen inhaltlichen Abteilungen – je nach Themengebiet des entsprechenden Bundesministeriums – gibt es immer auch eine Zentralabteilung, die für organisatorische Fragen (zum Beispiel Personalangelegenheiten) zuständig ist. An der Spitze der Abteilungen stehen die Abteilungsleiter. Manche Abteilungen sind noch unterteilt in Unterabteilungen und/oder Stäbe.

Referate und die Entstehung von Gesetzentwürfen

Die Referate sind die untersten organisatorischen Einheiten und die Keimzellen der Bundesministerien. Sie werden jeweils überwiegend von einer Referatsleiterin geleitet und bestehen meist aus mehreren Mitarbeitenden, häufig Juristen. In den Referaten entstehen die meisten Gesetzentwürfe. Üblicherweise durchläuft eine Gesetzesinitiative der Bundesregierung die folgenden Phasen:

- ✔ Zunächst wird ein sogenannter Referentenentwurf entwickelt. Dafür konsultiert das Referat verschiedene verwaltungsinterne und externe Akteure. Im Anschluss werden die interessierten Kreise um eine Stellungnahme gebeten. Dabei handelt es sich in der

Regel um einschlägige Interessenorganisationen, aber beispielsweise auch um Behörden der Länder.

- ✔ Die Rückmeldungen werden im Referat ausgewertet. Gegebenenfalls kommt es zu einer Überarbeitung des Referentenentwurfs und weiteren Abklärungen zwischen verschiedenen Organisationseinheiten der Bundesregierung, eventuell auch noch einmal zu einer erneuten Einbindung von Interessenorganisationen.
- ✔ Nach einer juristischen Prüfung wird der Entwurf zur Ministervorlage.
- ✔ Ein positiver Kabinettsbeschluss macht die Vorlage zu einer Gesetzesinitiative der Bundesregierung.

Oft werden grundsätzliche Entscheidungen von beträchtlicher politischer Tragweite bereits von Ministerialbeamten in den Referaten getroffen. Ein umsichtig ausgearbeiteter und mit vielen politischen Akteuren und Verwaltungseinheiten abgesicherter Entwurf wird von der politischen Spitze eines Bundesministeriums eher selten grundsätzlich infrage gestellt. Die eigentliche Ursache der Macht der Ministerialbürokratie liegt häufig in einer Überlastung der parlamentarischen Politik. Die Aufnahme- und Problemverarbeitungskapazitäten der Bundestagsabgeordneten sowie ihrer Mitarbeitenden und Fraktionen sind im Vergleich zu den Ressourcen der Ministerien relativ begrenzt. Abgeordnete können immerhin häufig vor allem dort eine entscheidende Rolle spielen, wo es gelingt, öffentliches Interesse auf ein bestimmtes Thema zu lenken beziehungsweise zu konzentrieren.

Zwischen positiven Anreizen und Ämterpatronage

Stellenbesetzungen sind in allen öffentlichen und privaten Organisationen von großer Bedeutung. In den Bundesministerien sind sie auch ein wichtiges Steuerungsinstrument der politischen Spitze. Mit Stellenbesetzungen und Beförderungen kann ein Minister gute fachliche Leistungen belohnen, aber auch programmatische (das heißt inhaltliche) oder parteiliche Nähe. Es gelten einige Besonderheiten:

- ✔ Eine Bundesministerin hat gewisse personalpolitische Spielräume, ist aber längst nicht völlig frei bei Stellenbesetzungen in ihrem Ministerium. Bestimmte Begrenzungen ergeben sich durch das Beamtenrecht, die Mitwirkung von Personalräten sowie die haushaltstechnisch und -rechtlich bedingte Knappheit an Planstellen und Aufstiegsstellen.
- ✔ Insbesondere rangniedrigere Ministerialbeamte in den Referaten und Unterabteilungsleiter kann ein Bundesminister nicht einfach »loswerden«. Mehr »Personalmacht« besteht dagegen bei den sogenannten politischen Beamten, die jederzeit in den einstweiligen Ruhestand versetzt werden können. Hierbei handelt es sich vor allem um die Staatssekretäre und Abteilungsleiterinnen. Auch über besondere Stellen wie persönliche Referentinnen und Öffentlichkeitsmitarbeiter kann ein Minister freier verfügen.

- ✔ Eine Bundesministerin muss sich insbesondere auf das Führungspersonal in ihrem Ministerium verlassen können, um in der Lage zu sein, ihre Politik und die der gesamten Bundesregierung durchzusetzen. Auch vor diesem Hintergrund wurde die Möglichkeit geschaffen, die Stellen der politischen Beamten jederzeit neu besetzen zu können. So lässt sich zwar eine gewisse Parteipolitisierung einiger führender Ministerialbeamter beobachten. Eine Parteimitgliedschaft ist aber nicht unbedingt notwendig, um in höhere Positionen in einem Bundesministerium aufzusteigen.
- ✔ Die Besetzung von Stellen in den Ministerien mit parteinahem Personal kann allerdings auch zu Vorwürfen der Ämterpatronage, zur Demotivierung der parteilosen Ministerialbeamten und zur Erosion von deren Loyalität führen. Außerdem bedeutet die Versetzung höherer Ministerialbeamter in den einstweiligen Ruhestand auch eine gewisse Belastung des Bundeshaushalts.

IN DIESEM KAPITEL

Funktionen der Länderkammer, des Staatsoberhaupts und des Verfassungsgerichts

Zusammensetzung und Stellung dieser drei Verfassungsorgane

Bundesrat, Bundespräsident und Bundesverfassungsgericht zwischen Verfassungstext und Verfassungswirklichkeit

Kapitel 9
Bundesrat, Bundespräsident und Bundesverfassungsgericht

Der Bundestag und die Bundesregierung sind im politischen Alltag fraglos die wichtigsten Verfassungsorgane auf Bundesebene. Warum sollte man sich also auch noch mit dem Bundesrat, dem Bundespräsidenten und dem Bundesverfassungsgericht beschäftigen? Bei einer Ausklammerung dieser Institutionen kann man etliche politische Prozesse im deutschen Regierungssystem nur unvollständig verstehen. Jedes dieser Organe – sogar der Bundespräsident – kann im Extremfall zum Vetospieler werden, das heißt ein Gesetz verhindern. Dann hagelt es (je nach Blickwinkel) möglicherweise wieder Kommentare zur Blockadeanfälligkeit der deutschen Politik (die aber definitiv nicht immer vorliegt).

Die drei in diesem Kapitel behandelten Verfassungsorgane setzen sich unterschiedlich zusammen und haben verschiedene Aufgaben im gewaltenteilig aufgebauten Regierungssystem der Bundesrepublik. In allen Fällen spielen die politischen Parteien eine wichtige Rolle bei der Besetzung. Eine so enge Beziehung wie zwischen Bundesregierung und Bundestagsmehrheit liegt hier aber in der Regel nicht vor. Zum Teil haben die Institutionen historische Vorläufer (Bundesrat), teilweise sind sie eher eine verfassungsrechtliche Neuerung (Bundesverfassungsgericht) oder eine bewusste Abkehr von bestimmten Elementen des Weimarer Verfassungssystems (Bundespräsident).

In diesem Kapitel gehe ich der Reihe nach auf den Bundesrat, den Bundespräsidenten und das Bundesverfassungsgericht ein. Dabei beschreibe ich jeweils zunächst Organisation und Kompetenzen und umreiße dann die Folgen des betreffenden Verfassungsorgans für das politische System.

Der Bundesrat

Aus Sicht der vergleichenden Regierungslehre ist der Bundesrat eine Besonderheit, wenn nicht sogar eine einzigartige Einrichtung. Zweite Kammern in föderalen – also bundesstaatlich organisierten – politischen Systemen setzen sich üblicherweise anders zusammen. In Deutschland hat das Bundesratsmodell jedoch Tradition. Vorläufer des Bundesrats waren:

- ✔ der Reichstag des Alten Reiches,
- ✔ die Bundesversammlung des Deutschen Bundes (Bundestag),
- ✔ der Bundesrat des Kaiserreichs von 1871 und
- ✔ der Reichsrat der Weimarer Republik.

All diese historischen Institutionen bestanden aus weisungsgebundenen Regierungsvertretern der Gliedstaaten (siehe hierzu Kapitel 2). Das kennzeichnet auch den Bundesrat der Bundesrepublik Deutschland.

Einen Bundesrat gab es nicht nur in der Vergangenheit in Deutschland schon einmal (in Form der Fürstenkammer des Kaiserreichs von 1871), es gibt auch heute in benachbarten deutschsprachigen Regierungssystemen Einrichtungen mit dieser Bezeichnung, die man nicht mit dem deutschen Bundesrat verwechseln sollte. Der österreichische Bundesrat ist die zweite Kammer des zentralstaatlichen Parlaments in Wien und dient wie in Deutschland der Interessenvertretung der Bundesländer (die erste, direkt gewählte Kammer trägt die Bezeichnung »Nationalrat«). Im Unterschied zum deutschen Bundesrat – der innenpolitisch einflussreicher ist – werden die Mitglieder des österreichischen Bundesrats von den jeweiligen Landtagen gewählt und verfügen über ein freies Mandat. Auch im Regierungssystem der Schweiz gibt es die Institution Bundesrat. Hierbei handelt es sich allerdings um die siebenköpfige Regierung auf Bundesebene mit Sitz in Bern. Ein Schweizer Regierungsmitglied – von der Funktion her mit einem Minister vergleichbar – wird ebenfalls als Bundesrat bezeichnet (der Bundesrat als Verfassungsorgan setzt sich hier also aus den Bundesräten als Regierungsmitgliedern zusammen). Die beiden Kammern des schweizerischen Parlaments heißen »Nationalrat« (Volksvertretung) und »Ständerat« (Kammer der Kantone).

Organisation und Kompetenzen der Länderkammer

Teil IV des Grundgesetzes (Art. 50 bis 53) ist der Organisation des Bundesrats gewidmet. Hier findet sich auch die Hauptaufgabenbeschreibung dieses Verfassungsorgans: »Durch den Bundesrat wirken die Länder bei der Gesetzgebung und Verwaltung des Bundes und in Angelegenheiten der Europäischen Union mit« (Art. 50 GG). Bei genauerer Betrachtung sind es aber lediglich die Regierungen der Länder, die über den Bundesrat vor allem an bundespolitischen Entscheidungen beteiligt sind. Die Mehrheitsverhältnisse der Landtage werden nur begrenzt im Bundesrat abgebildet, denn die jeweiligen oppositionellen Landtagsfraktionen sind dort nicht vertreten.

Die Stimmenverteilung

Die Länder haben bei Abstimmungen im Plenum des Bundesrats unterschiedlich viele Stimmen. Bei der Stimmenverteilung hat man sich für einen Kompromiss entschieden zwischen einer Gleichstellung der Länder und einer proportionalen Repräsentation (also einer exakten Berücksichtigung der sehr unterschiedlichen Bevölkerungszahlen): »Jedes Land hat mindestens drei Stimmen, Länder mit mehr als zwei Millionen Einwohnern haben vier, Länder mit mehr als sechs Millionen Einwohnern fünf, Länder mit mehr als sieben Millionen Einwohnern sechs Stimmen« (Art. 51 Abs. 2 GG). Daraus ergibt sich derzeit die folgende Stimmenverteilung:

- ✔ Bremen, Hamburg, Mecklenburg-Vorpommern und das Saarland haben drei Stimmen.
- ✔ Berlin, Brandenburg, Rheinland-Pfalz, Sachsen, Sachsen-Anhalt, Schleswig-Holstein und Thüringen haben vier Stimmen.
- ✔ Hessen hat fünf Stimmen.
- ✔ Baden-Württemberg, Bayern, Niedersachsen und Nordrhein-Westfalen haben sechs Stimmen.

An einer Plenarsitzung des Bundesrats können für jedes Land mehrere Vertreterinnen teilnehmen (höchstens so viele wie die jeweilige Stimmenzahl). Es ist allerdings nur eine einheitliche Stimmabgabe pro Bundesland zulässig. Eine Aufteilung der Stimmen ist also nicht möglich. Ein einziger Regierungsvertreter kann auch – was in der Regel geschieht – die Stimmen seines Landes auf einmal abgeben.

Die Landesregierungen legen vor den Bundesratssitzungen jeweils ihr Abstimmungsverhalten fest. Kann sich eine Regierung nicht auf eine Position einigen – beispielsweise weil sich in einer Koalitionsregierung die koalierenden Parteien nicht auf eine Linie verständigen können –, enthält sich das Land im Regelfall bei der entsprechenden Abstimmung im Bundesrat.

Der Bundesrat hat derzeit insgesamt 69 Stimmen. Änderungen sind durch Bevölkerungszuwächse oder -verluste in den Ländern möglich (siehe die oben genannte Zuordnung von Stimmen zu bestimmten Einwohnerzahlen). Im Unterschied zum Bundestag werden Beschlüsse im Bundesrat in der Regel mit der Mehrheit aller Stimmen gefasst, also mit absoluter Mehrheit (35 Stimmen). Enthalten sich viele Landesregierungen bei einer Abstimmung, etwa aufgrund von Meinungsverschiedenheiten zwischen den jeweiligen Koalitionsparteien, ist eine absolute Mehrheit mitunter nur schwer zu erreichen. In seltenen Fällen – etwa bei Grundgesetzänderungen – ist eine Zweidrittelmehrheit (46 Stimmen) erforderlich.

Zur Arbeitsweise des Bundesrats

Die Länderkammer hat ihren Sitz in Berlin in einem historischen Gebäude unweit des Potsdamer Platzes. Die Bundesratspräsidentschaft rotiert zwischen den Ländern, wobei die Amtszeit ein Jahr beträgt und lange im Voraus feststeht, wann welches Land an der Reihe ist. Der Regierungsvertreter des jeweils amtierenden Landes hat dann den Vorsitz in den Bundesratssitzungen. Kann der Bundespräsident seine Amtsgeschäfte nicht wahrnehmen, ist die Bundesratspräsidentin als Stellvertreterin vorgesehen. Sie tritt als solche allerdings selten in Erscheinung. Nach dem Rücktritt des Bundespräsidenten Horst Köhler nahm beispielsweise der damalige Bundesratspräsident Jens Böhrnsen (Bürgermeister des Stadtstaats Bremen) übergangsweise die Aufgaben des Staatsoberhaupts wahr.

Der Bundesratspräsidentin untersteht das Sekretariat des Bundesrats. Es ist eine kleinere Behörde mit drei Abteilungen und einer Direktorin im Range einer Staatssekretärin an der Spitze. Der Bundesrat ist im Unterschied zum Bundestag ein dauerhaftes Verfassungsorgan. Während sich der Bundestag nach jeder Bundestagswahl neu konstituiert, schreitet die Arbeit im Bundesrat kontinuierlich voran. Ein Regierungswechsel auf Landesebene (etwa nach einer Landtagswahl) kann zu einer Änderung der Mehrheitsverhältnisse führen. Deshalb sind Landtagswahlen immer auch indirekt »(Teil-)Bundesratswahlen«.

In den Plenarsitzungen des Bundesrats, die in der Regel alle drei bis vier Wochen freitags stattfinden, müssen die Länder durch Regierungsmitglieder vertreten sein (also durch Ministerinnen oder Ministerpräsidenten beziehungsweise im Fall der Stadtstaaten durch Senatorinnen oder Bürgermeister). Diese Sitzungen haben den Ruf, dass es dort sachlicher und nicht so emotional und polemisch zugeht wie in manchen Debatten des Bundestags.

DIE AUSSCHUSSEBENE DES BUNDESRATS: DOMINIERT VON BEAMTEN

In den Ausschusssitzungen werden die Länder meistens durch Ministerialbeamte aus den einschlägigen Landesministerien vertreten. Das ist schon allein wegen der Arbeitsbelastung notwendig: In einer Legislaturperiode stehen Hunderte von Gesetzesvorlagen auf der Tagesordnung, hinzu kommen vor allem noch zahlreiche Rechtsverordnungen der Bundesregierung, die der Zustimmung des Bundesrats bedürfen, und Vorlagen mit EU-Bezug. Und die Landesregierungen haben ja auch noch anderes zu tun, als Bundes- und Europapolitik zu machen…

Die Regierungsmitglieder und Ministerialbeamten haben kein freies Mandat wie Bundestagsabgeordnete: Sie sind im Bundesrat grundsätzlich weisungsgebunden, das heißt, sie verhandeln und votieren im Rahmen von Beschlüssen und Vorgaben ihrer jeweiligen Landesregierungen (die natürlich mehr oder weniger konkret sein können).

Die Arbeit in den Ausschüssen

Die eigentliche Arbeit im Bundesrat ist überwiegend auf die Ausschussebene verlagert. Dort gefallene Vorentscheidungen können wegen des Termindrucks meist nur noch schwer geändert werden. Politische Koordinierung findet oft zunächst innerhalb und zwischen den Ministerien eines Landes statt, dann zwischen den Bundesländern, vor allem Ländern derselben Parteicouleur auf Regierungsebene. Der Entscheidungsspielraum der Ministerialbeamten in den Ausschüssen ist je nach Brisanz einer Angelegenheit unterschiedlich groß.

Die Bundesratsausschüsse tagen unter Ausschluss der Öffentlichkeit. Jedes Land hat in jedem Ausschuss eine Stimme. Die fachliche Aufteilung der 16 Ausschüsse des Bundesrats ähnelt dem Zuschnitt der Bundesministerien (siehe Kapitel 8) und der Bundestagsausschüsse (siehe Kapitel 7):

- ✔ Agrarpolitik und Verbraucherschutz
- ✔ Arbeit, Integration und Sozialpolitik
- ✔ Auswärtige Angelegenheiten
- ✔ Europa
- ✔ Familie und Senioren
- ✔ Finanzen
- ✔ Frauen und Jugend
- ✔ Gesundheit
- ✔ Inneres
- ✔ Kultur
- ✔ Recht
- ✔ Umwelt
- ✔ Verkehr
- ✔ Verteidigung
- ✔ Wirtschaft
- ✔ Wohnungsbau

Der Bundesrat verfügt nicht nur über einen Ausschuss für Europaangelegenheiten, sondern auch noch über eine Europakammer. In sehr eilbedürftigen Fällen kann diese Kammer Entscheidungen zur EU-Politik treffen (insbesondere Stellungnahmen abgeben), die »als Beschlüsse des Bundesrates gelten« (Art. 52 Abs. 3a GG), obwohl sie nicht vom Bundesratsplenum beschlossen wurden.

Folgen des Bundesrats für das Regierungssystem

Aus verfassungsrechtlicher Sicht hat der Bundesrat vor allem die folgenden Aufgaben:

- ✔ Einbringen von administrativen Gesichtspunkten (Verwaltungsexpertise) in die Bundespolitik
- ✔ Schutz des Föderalismus vor Aushöhlung durch den Bundesgesetzgeber
- ✔ allgemeines politisches Mitwirkungsrecht (vor allem ein Initiativ- und Einspruchsrecht in der Bundesgesetzgebung)

Der Bundesrat als Mitgesetzgeber

Insbesondere aus dem Punkt »Schutz des Föderalismus vor Aushöhlung durch den Bundesgesetzgeber« folgt, dass die Zustimmung des Bundesrats vorwiegend bei Gesetzen erforderlich ist, die die Verfassung verändern (Art. 79 GG) und/oder das Bund-Länder-Verhältnis berühren. Grundsätzlich müssen alle zustimmungspflichtigen Bundesgesetze als solche im Grundgesetz genannt werden, doch sind sie dort ziemlich unübersichtlich gestreut (zur Frage, in welchen Fällen ein Gesetz zustimmungsbedürftig ist, siehe Kapitel 10).

Alle nicht zustimmungsbedürftigen Gesetze sind »Einspruchsgesetze«. Nach erfolgtem Beschluss des Bundestags kann der Bundesrat in diesem Fall einen Einspruch einlegen. Zuvor muss der Bundesrat allerdings den Vermittlungsausschuss angerufen haben und der muss seine Vermittlungsberatungen beendet haben. Der Bundestag kann den Einspruch mit der absoluten Mehrheit der Bundestagsabgeordneten zurückweisen, ein Beschluss des Bundesrats mit Zweidrittelmehrheit kann nur mit einer Zweidrittelmehrheit im Bundestag (und der Mehrheit der Abgeordneten) überstimmt werden (zur Mitwirkung des Bundesrats im Prozess der Bundesgesetzgebung siehe Kapitel 7).

Auf Initiative eines Landes oder mehrerer Länder kann der Bundesrat Entwürfe für Bundesgesetze beschließen. Diese werden zunächst der Bundesregierung zugeleitet und dann – mit deren Stellungnahme – dem Bundestag. Im Unterschied zum Bundestag ist der Bundesrat am Erlass bestimmter Rechtsverordnungen durch die Bundesregierung beteiligt. So muss der Bundesrat beispielsweise Rechtsverordnungen der Bundesregierung oder eines Bundesministers zustimmen, die auf der Grundlage von zustimmungsbedürftigen Gesetzen erlassen werden sollen. Der Bundesrat hat auch das Recht, der Bundesregierung Vorschläge für zustimmungsbedürftige Rechtsverordnungen zu unterbreiten.

Konfliktlinien im Bundesrat

In den vergangenen Jahrzehnten gab es etliche politische und in der Folge häufig auch verfassungsrechtliche Streitigkeiten zwischen Bundesregierungen und Bundesratsmehrheiten unterschiedlicher Parteicouleur über die Zustimmungsbedürftigkeit bestimmter Gesetze. Während die Bundesregierung und die sie stützende Bundestagsmehrheit in der Regel ein Interesse daran haben, dass nur der Bundestag einem Gesetz zustimmen muss, sind im Bundesrat vertretene Parteien, die auf Bundesebene der Opposition angehören, häufig anderer Auffassung.

Manchmal greift eine Bundesregierung, die mit Widerstand im Bundesrat rechnen muss, zu einem verfahrensrechtlichen Trick: Sie teilt ein Gesetzgebungsprojekt auf in einen nicht zustimmungsbedürftigen Gesetzentwurf und ein Zustimmungsgesetz. So kann sie sich sicher sein, dass dank ihrer Bundestagsmehrheit zumindest ein Teil des politischen Vorhabens Realität werden wird.

Der Bundesrat ist nicht einfach eine zweite Parlamentskammer, in der meist andere Mehrheitsverhältnisse vorherrschen als im Bundestag. Parteipolitische Gesichtspunkte spielen in der Arbeit des Bundesrats zweifellos eine große Rolle, aber bei Weitem nicht die einzige. Nicht selten sind auch administrative Aspekte von Bedeutung. Die Länder sind im Regelfall für die Ausführung der Bundesgesetze zuständig und wissen daher recht gut, wodurch in der Verwaltungspraxis die Umsetzung von Gesetzen erleichtert oder erschwert wird. So kann zum Beispiel ein praktisch kaum handhabbares Gesetz auf parteiübergreifenden Widerstand bei den Landesregierungen stoßen.

Teilweise vertreten die Länder auch besondere Eigeninteressen. So stimmte etwa das Saarland unter einer CDU-geführten Regierung im Bundesrat gegen die (später ohnehin gescheiterte) Pkw-Maut (ein Unionsprojekt), weil man eine Beeinträchtigung des für die Wirtschaft des kleinen Landes wichtigen Grenzverkehrs mit Frankreich befürchtete. Außerdem lassen sich hin und wieder bestimmte Spaltungslinien zwischen den Ländern jenseits der Parteienfärbung der Regierungen ausmachen:

- ✔ »neue« versus »alte« Länder,
- ✔ finanzstarke versus finanzschwache Länder,
- ✔ Flächenstaaten versus Stadtstaaten.

Politikverflechtung durch den Bundesrat

In den letzten Jahren entsprach die Bundestagsmehrheit von der Parteienkonstellation her meistens nicht der Bundesratsmehrheit (selbst große Koalitionen haben häufig keine Mehrheit im Bundesrat). Auch früher waren parteipolitisch gleichgerichtete Mehrheiten in Bundestag und Bundesrat oft nur von kurzer Dauer, weil die auf Bundesebene regierenden Parteien häufig bei Landtagswahlen Verluste hinnehmen mussten. Es ist also vielfach zu beobachten, dass sich die Bundesregierung beziehungsweise die Bundestagsmehrheit um eine Mehrheit im Bundesrat bemüht und dafür Parteien überzeugen muss, die auf Bundesebene in der Opposition, auf Landesebene aber in der Regierung sind. Solche Überzeugungsarbeit wird etwa geleistet durch inhaltliche Zugeständnisse oder Anreize (zum Beispiel in Form von Finanzmitteln für die betreffenden Länder).

Das führt zu konsensdemokratischen Praktiken im deutschen Regierungssystem. In den meisten Fällen einigen sich Bundestags- und Bundesratsmehrheit, nur sehr wenige Gesetze scheitern endgültig an der fehlenden Zustimmung des Bundesrats. Beide Seiten – Bundesregierung und Länderregierungen – stehen unter Druck: Niemand möchte sich vorwerfen lassen, wichtige Reformen zu blockieren. So stimmen letztlich auch in Zeiten ohne große Koalition zumindest CDU/CSU und SPD sowie mindestens eine kleinere Partei vielen großen Gesetzesprojekten zu (im Bundestag und/oder im Bundesrat). Dieser konsensdemokratische Aspekt des politischen Systems führt aus Wählersicht zu einem gewissen Verwischen der Unterschiede und Verantwortlichkeiten zwischen Regierung und Opposition.

Der Bundespräsident

Die Bundesregierung und der Bundespräsident bilden aus funktionaler Sicht die Exekutive auf Bundesebene. Deutschland verfügt also im Unterschied zu präsidentiellen Regierungssystemen (wie etwa in den USA) über eine zweigeteilte oder zweiköpfige Exekutive. Das deutsche Staatsoberhaupt hat allerdings im Vergleich zur Regierung kaum politische Macht.

Die politische und verfassungsrechtliche Schwäche des Bundespräsidenten ist auch auf die Geschichte des Amtes zurückzuführen. Die Weimarer Republik zeichnete sich durch ein semipräsidentielles Regierungssystem mit einem machtvollen Staatsoberhaupt aus. Der Reichspräsident war eine Art »Ersatzkaiser«. Er wurde für sieben Jahre direkt vom Volk gewählt und konnte unter anderem den Reichskanzler ernennen und entlassen, Volksabstimmungen anberaumen, den Reichstag auflösen, Notverordnungen erlassen und hatte den militärischen Oberbefehl (siehe dazu auch Kapitel 2).

Das Scheitern der Weimarer Republik wurde auch der Rolle des Reichspräsidenten angelastet (wobei dafür mehr das Verhalten des damaligen Amtsinhabers von Hindenburg verantwortlich war als die verfassungsrechtliche Ausgestaltung des Amtes). Vor diesem Hintergrund entschied sich der Parlamentarische Rat bewusst dafür, einen politisch relativ schwachen Bundespräsidenten im Grundgesetz zu verankern. Einerseits hat der Amtsinhaber nur wenige politisch bedeutsame Kompetenzen, andererseits wird er nicht direkt gewählt.

Organisation und Kompetenzen des Staatsoberhaupts

Der Bundespräsident hat seinen Amtssitz im Schloss Bellevue in Berlin. Falls er seine Befugnisse nicht wahrnehmen kann, stirbt oder vorzeitig zurücktritt, ist die Präsidentin des Bundesrats übergangsweise als seine Vertreterin vorgesehen. Der Bundespräsident ist der »erste Mann im Staate« (zumindest aus protokollarischer Sicht) und wird unterstützt vom Bundespräsidialamt, einer eher kleinen obersten Bundesbehörde mit einem Staatssekretär als Spitzenbeamten. Teil V des Grundgesetzes (Art. 54 bis 61) liefert die organisationsrechtlichen Grundlagen für das Amt des Staatsoberhaupts.

Der Ehepartner des Bundespräsidenten hat kein offizielles Amt. In der Vergangenheit haben die Ehefrauen der Bundespräsidenten allerdings regelmäßig repräsentierende Aufgaben (etwa bei Veranstaltungen, auf Reisen oder in gemeinnützigen Organisationen) übernommen und konnten auch in begrenztem Umfang öffentliche Ressourcen nutzen. Hierfür schränkten sie zum Teil ihre eigene Berufstätigkeit ein.

Wahl durch die Bundesversammlung

Ein Bewerber für das Amt des Bundespräsidenten muss die deutsche Staatsangehörigkeit sowie das Wahlrecht zum Bundestag besitzen und mindestens 40 Jahre alt sein. Die Bundesversammlung ist ein Gremium, das nur zusammentritt, um den Bundespräsidenten für eine Amtszeit von fünf Jahren zu wählen (Art. 54 GG). Sie besteht aus

- ✔ den Abgeordneten des Bundestags und
- ✔ einer gleichen Anzahl von Mitgliedern, die nach dem Verhältniswahlprinzip (also nach dem Parteienproporz) von den Landtagen bestimmt werden. Hierbei muss es sich nicht um Landtagsabgeordnete handeln. Vielfach machen die Landesparteien Prominente aus Film, Funk, Gesellschaft und Sport zu ihren Delegierten in der Bundesversammlung.

Üblicherweise stimmen Prominente in der Bundesversammlung für die kandidierende Person ab, welche die sie entsendende Partei favorisiert. Grundsätzlich sind die Mitglieder der Bundesversammlung aber frei bei der Stimmabgabe. So stimmte einst die von der CSU nominierte Gloria von Thurn und Taxis nicht für den von der CSU gewünschten Horst Köhler, sondern für die SPD-Kandidatin Gesine Schwan.

Die Wahl des Bundespräsidenten erfolgt durch die absolute Mehrheit der Mitglieder der Bundesversammlung. Im dritten Wahlgang genügt auch die relative Mehrheit. Eine Wiederwahl ist zulässig, direkt im Anschluss allerdings nur einmal. Das ist der Grund dafür, dass bisher kein Bundespräsident länger als zehn Jahre im Amt war. Bemerkenswerterweise ist die Wiederwahlmöglichkeit des Bundeskanzlers, der ja politisch viel machtvoller ist als der Bundespräsident, verfassungsrechtlich nicht begrenzt.

Das Amt wird – obwohl es politisch nicht sehr bedeutsam ist – meistens von der jeweiligen parteipolitischen Mehrheit besetzt. In der Vergangenheit hat die Regierungskoalition auf Bundesebene, wenn sie auch über eine Mehrheit in der Bundesversammlung verfügte, meistens einen eigenen Kandidaten präsentiert. Die Opposition schickte dann oftmals möglichst honorige Gegenkandidaten ohne Erfolgsaussicht ins Rennen (nicht selten Frauen). Gelegentlich kam es auch schon zu übergroßen Zusammenschlüssen von Parteien für einen Bewerber (etwa bei Joachim Gauck).

Aufgaben und Kompetenzen des Staatsoberhaupts

Wenn Bundestag und Bundesregierung wie vom Grundgesetz vorgesehen funktionieren – insbesondere weil sichere Mehrheiten bestehen –, kommt dem Bundespräsidenten überwiegend nur eine beurkundende Funktion zu. Die meisten seiner Akte bedürfen der Gegenzeichnung durch die zuständigen Regierungsmitglieder, die dann hierfür die politische Verantwortung übernehmen.

Der Bundespräsident ernennt den vom Bundestag gewählten Kandidaten zum Bundeskanzler (es sei denn, es handelt sich um eine nicht verfassungsgemäße Wahl). Für den entsprechenden ersten Wahlgang im Bundestag hat er ein Vorschlagsrecht, und er bespricht sich üblicherweise vorher mit den Fraktionen (das Verfahren zur Wahl des Bundeskanzlers beschreibe ich ausführlich in Kapitel 8). Das Staatsoberhaupt ernennt und entlässt unter anderem die Bundesministerinnen auf Vorschlag des Bundeskanzlers.

Nach Artikel 59 GG vertritt der Bundespräsident die Bundesrepublik in der Außenpolitik, insbesondere beim Abschluss völkerrechtlicher Verträge. Diese Aufgabe wird aber in der politischen Realität weitgehend von der Bundesregierung wahrgenommen.

Wenn keine anderen Regelungen bestehen, ist der Bundespräsident nach dem Grundgesetz zuständig für die Ernennung und Entlassung von

- ✔ Bundesrichterinnen,
- ✔ Bundesbeamten,
- ✔ Offizieren und Unteroffizieren.

Ihm steht für den Bund das Recht zu, strafrechtlich Verurteilte zu begnadigen. Diese Kompetenzen kann er anderen Behörden übertragen (Art. 60 GG). Dem Staatsoberhaupt obliegt auch die Ausfertigung der Bundesgesetze (Art. 82 GG).

Der Bundespräsident darf die Ausfertigung eines Gesetzes nicht aus politischen Gründen, sondern nur aus Rechtsgründen verweigern, die sich auf die verfahrensrechtliche Korrektheit des Gesetzgebungsverfahrens oder die Verfassungskonformität des Gesetzes beziehen. Er hat aber nicht die Kapazitäten und auch nicht die Kompetenzen für eine detaillierte verfassungsrechtliche Prüfung wie das Bundesverfassungsgericht, sondern kann und soll nur gröbste, offensichtliche Verfassungswidrigkeiten abwehren. Es kommt sehr selten vor, dass das Staatsoberhaupt ein Gesetz nicht unterschreibt, das dann so nicht in Kraft treten kann.

Reservefunktion mit beachtlicher Machtfülle

Für den Fall, dass die Stabilität des Regierungssystems durch unsichere Mehrheiten gefährdet ist, besitzt der Bundespräsident einige politisch bedeutsame, aber klar begrenzte Notfallkompetenzen:

- ✔ Wird der Bundeskanzler nur mit der Mehrheit der Stimmen und nicht mit der Mehrheit der Abgeordneten gewählt, *kann* der Bundespräsident ihn ernennen oder den Bundestag auflösen.
- ✔ Erhält ein Kanzler auf seine Vertrauensfrage hin keine Mehrheit, *kann* der Bundespräsident auf einen entsprechenden Vorschlag des Bundeskanzlers hin den Bundestag auflösen. Von dieser Regelung wurde bisher einige Male als Ersatz für das fehlende Selbstauflösungsrecht des Bundestags Gebrauch gemacht, aber auch nach dem Scheitern der Ampel-Koalition.
- ✔ Wenn eine (vom Bundespräsidenten im Amt gehaltene) Minderheitsregierung keine parlamentarischen Mehrheiten für ihre Gesetzesvorlagen findet, *kann* der Bundespräsident auf Antrag der Bundesregierung mit Zustimmung des Bundesrats den Gesetzgebungsnotstand erklären: Gesetze (aber keine Verfassungsänderungen) können dann für maximal sechs Monate allein mit Zustimmung des Bundesrats beschlossen werden. Diese Regelung kam bisher noch nicht zur Anwendung.

Einfluss des Bundespräsidenten auf das Regierungssystem

Üblicherweise kommt dem Bundespräsidenten lediglich eine repräsentierende und integrierende Funktion zu. Im Regelfall handelt er vom tagespolitischen Geschehen und von parteipolitischen Auseinandersetzungen entfernt. Gelegentlich äußert das Staatsoberhaupt zwar auch aktuelle politische Kritik, meist aber innerhalb eines breiten gesellschaftlichen Konsenses.

Das Einwirken des Bundespräsidenten auf die öffentliche Meinung beschränkt sich in der Regel auf Ansprachen. Manche Amtsinhaber schaffen es, mit bestimmten Reden oder

Formulierungen im politischen Gedächtnis der Bundesrepublik zu bleiben. Ein Beispiel hierfür ist der inzwischen verstorbene Roman Herzog mit seiner Aussage: »Durch Deutschland muss ein Ruck gehen.« Die tatsächliche Rolle des Bundespräsidenten im Regierungssystem ist nicht zuletzt auch zu einem gewissen Teil abhängig vom persönlichen Amtsstil.

Das Bundesverfassungsgericht

Das Bundesverfassungsgericht gehört zu den bemerkenswertesten Neuerungen, die sich der Parlamentarische Rat bei der Schaffung des Grundgesetzes einfallen ließ. Nachdem der Reichspräsident als Hüter der Weimarer Reichsverfassung ziemlich offensichtlich versagt hatte, entschied man sich für einen gerichtsförmigen Bewahrer der bundesrepublikanischen Verfassungsordnung.

Das Bundesverfassungsgericht ist ein eigenständiges Verfassungsgericht nach österreichischem Vorbild, kein ordentliches Instanzgericht mit verfassungsgerichtlichen Kompetenzen wie beispielsweise der US-amerikanische Supreme Court.

Organisation und Kompetenzen des Verfassungsgerichts

Eine Grundgesetzänderung Ende 2024 hat den Status des Bundesverfassungsgerichts als unabhängiges Verfassungsorgan gestärkt. Die wichtigsten organisations- und verfahrensrechtlichen Grundlagen finden sich in Artikel 93 und 94 GG. Detaillierte Regelungen sind im Bundesverfassungsgerichtsgesetz niedergelegt. Das Gericht hat seine eigene Verwaltung, seinen eigenen Haushalt und seinen Sitz bewusst fern von der Bundeshauptstadt in Karlsruhe.

Struktur des Gerichts und Wahl der Richter

Das Bundesverfassungsgericht besteht aus zwei Senaten. Den beiden Senaten sind unterschiedliche Verfahrensarten zugewiesen. Jeder Senat setzt sich aus acht Richtern zusammen, die je zur Hälfte von Bundestag und Bundesrat jeweils mit Zweidrittelmehrheit gewählt werden. Viele Jahre lang wurden die vom Bundestag zu bestimmenden Richterinnen von einem nach Parteienproporz besetzten Ausschuss gewählt, inzwischen erfolgt die Wahl durch das Bundestagsplenum. Der Präsident sowie die Vizepräsidentin des Bundesverfassungsgerichts gehören unterschiedlichen Senaten an, denen sie jeweils vorstehen. Sie werden abwechselnd von Bundestag und Bundesrat gewählt.

Bundesverfassungsrichter müssen mindestens 40 Jahre alt, zum Bundestag wählbar und Volljuristen sein. Drei Richterinnen pro Senat werden aus den Richtern an den Bundesgerichten ausgewählt (Bundesarbeitsgericht, Bundesfinanzhof, Bundesgerichtshof, Bundessozialgericht und Bundesverwaltungsgericht). Die Amtsdauer beträgt zwölf Jahre, allerdings längstens bis zur Vollendung des 68. Lebensjahrs. Eine Wiederwahl ist nicht möglich. Die

Bundesverfassungsrichter dürfen keinen sonstigen Beruf ausüben (außer nachrangig die Tätigkeit eines Hochschullehrers).

Diese Regelungen sollen unter anderem dafür sorgen, dass eine Selbstselektion innerhalb der Richterschaft nicht möglich ist, die einfache Regierungsmehrheit keine Verfassungsrichterinnen bestimmen kann und es nicht zu einer opportunistischen Orientierung von Richtern an der politischen Mehrheit in Hoffnung auf eine Wiederwahl kommt. Meist ist es so, dass überwiegend CDU/CSU und SPD, gelegentlich auch ihre jeweiligen kleineren Koalitionspartner auf Bundesebene, abwechselnd Personen auswählen. Diese müssen aber auch mindestens für die andere große Partei akzeptabel sein, sonst wird die nötige Zweidrittelmehrheit nicht erreicht. Das führt tendenziell zur Wahl gemäßigter Richterpersönlichkeiten. Juraprofessorinnen werden relativ häufig zu Bundesverfassungsrichterinnen gewählt, frühere hochrangige Politiker eher selten.

Wichtige Zuständigkeiten und Verfahrensarten

Die Zuständigkeiten des Bundesverfassungsgerichts sind in § 13 des Bundesverfassungsgerichtsgesetzes zusammengefasst. Etliche davon finden sich an verschiedenen Stellen des Grundgesetzes. Das Bundesverfassungsgericht entscheidet unter anderem über

- ✔ Verfassungsstreitigkeiten zwischen Verfassungsorganen (zum Beispiel bei Kompetenzkonflikten);
- ✔ die Verfassungsmäßigkeit von Rechtsnormen auf Antrag der Bundesregierung, einer Landesregierung oder eines Viertels der Abgeordneten des Bundestags (»abstrakte Normenkontrolle«);
- ✔ die Verfassungsmäßigkeit von Rechtsnormen in konkreten Streitfällen auf Antrag eines Gerichts (»konkrete Normenkontrolle«): jedes Gericht kann bei Zweifeln an der Verfassungsmäßigkeit einer anzuwendenden Rechtsnorm ein Verfahren aussetzen und die Frage dem Bundesverfassungsgericht vorlegen; nach dessen Antwort entscheidet es den bei ihm anhängigen Fall;
- ✔ Verfassungsbeschwerden auf Antrag von betroffenen Personen oder Gemeinden beziehungsweise Gemeindeverbänden (in der Regel erst nach Ausschöpfung des Rechtswegs);
- ✔ die Verfassungswidrigkeit und das Verbot potenziell verfassungswidriger Parteien auf Antrag des Bundestags, der Bundesregierung, des Bundesrats oder einer Landesregierung (zum NPD-Parteiverbotsverfahren siehe Kapitel 5);
- ✔ die Verwirkung von bestimmten Grundrechten wegen deren Missbrauchs gegen die freiheitliche demokratische Grundordnung auf Antrag des Bundestags, der Bundesregierung oder einer Landesregierung;
- ✔ eine Anklage gegen den Bundespräsidenten wegen vorsätzlichen Verstoßes gegen ein Bundesgesetz oder das Grundgesetz auf Antrag von Bundestag oder Bundesrat (jeweils mit Zweidrittelmehrheit);

- Anklagen gegen Bundesrichter oder Landesrichterinnen wegen Verstoßes gegen Verfassungsgrundsätze auf Antrag des Bundestags beziehungsweise eines Landtags;
- Wahl- und Mandatsprüfungen auf Antrag betroffener Abgeordneter, Wahlberechtigter oder von Teilen des Bundestags;
- bestimmte öffentlich-rechtliche Bund-Länder-Streitigkeiten oder Streitfälle zwischen verschiedenen Ländern.

Die Verfassungsrichter entscheiden im Regelfall mit Mehrheit. Bei bestimmten Verfahrensarten gelten besondere Mehrheiten. Mit einem Abstimmungspatt (etwa vier zu vier Richterstimmen) kann kein Gesetz für verfassungswidrig und damit nichtig erklärt werden. Überstimmte Verfassungsrichterinnen haben die Möglichkeit, ihre abweichende Meinung auszuformulieren und dem Urteilstext beizufügen (*dissenting opinion*).

Ein überlastetes Gericht

Das Bundesverfassungsgericht hat ganz offensichtlich – auch im Vergleich mit anderen Verfassungsgerichten – einen weiten Zuständigkeitsbereich. Quantitativ mit Abstand am wichtigsten sind die Verfassungsbeschwerden. Jedes Jahr erreichen das Gericht Tausende von Verfassungsbeschwerden von Personen, die sich durch die öffentliche Gewalt in ihren Grundrechten verletzt sehen. Allerdings sind nur sehr wenige Verfassungsbeschwerden erfolgreich. Der Rest der Fälle vor dem Bundesverfassungsgericht besteht überwiegend aus Normenkontrollverfahren.

Durch die zahlreichen Verfassungsbeschwerden ist das Karlsruher Gericht seit Jahren stark überbelastet, obwohl jede Richterin von mehreren wissenschaftlichen Mitarbeitern unterstützt wird, die wichtige Vorarbeiten übernehmen. Um die vielen Verfassungsbeschwerden zu bewältigen, werden die meisten von ihnen nicht von einem ganzen Senat des Bundesverfassungsgerichts entschieden, sondern von Kammern aus drei Richtern.

Diese Kammern weisen den Großteil der Verfassungsbeschwerden ohne beziehungsweise nur mit kurzer Begründung ab, etwa weil dem Fall keine grundsätzliche verfassungsrechtliche Bedeutung zukommt, weil er unzulässig oder eindeutig unbegründet ist. Bei gesicherter Rechtsprechung können Kammern allerdings offensichtlich begründeten Verfassungsbeschwerden auch stattgeben. Bestimmte wichtige Fälle beziehungsweise Verfahrensarten werden nur von einem Senat und nicht von Kammern entschieden.

Zwischen Recht und Politik

Da das Grundgesetz wie jede andere Verfassung keine komplette Normenordnung darstellt, muss das Bundesverfassungsgericht teilweise auch prekäre Verfassungsinterpretationen vornehmen, die mehr oder weniger in die Politik hineinreichen, zum Beispiel zur

- Auslegung von Absicht und Sinn einer Rechtsnorm,
- Güterabwägung zwischen kollidierenden Normen,
- Konkretisierung allgemein gehaltener Bestimmungen,
- Berücksichtigung des gesellschaftlichen Wandels.

Hierbei bedient sich das Gericht mehr oder weniger systematisch der verschiedenen juristischen Auslegungsmethoden, insbesondere der folgenden Interpretationsansätze:

- ✔ semantische Auslegung (Wortbedeutung einer Norm),
- ✔ systematische Auslegung (Zusammenhang einer Norm),
- ✔ teleologische Auslegung (Ziel und Zweck einer Norm) und
- ✔ historische Auslegung (Absicht des Normgebers).

Das Bundesverfassungsgericht hat in den letzten Jahrzehnten viele bedeutende Urteile gefällt. So erklärte es beispielsweise die Parteien SRP (1951), KPD (1956) und NPD (2017) für verfassungswidrig (die NPD wurde aber nicht verboten). Es billigte die Auflösung des Bundestags nach einer unechten Vertrauensfrage des Bundeskanzlers (1983 und 2005). Im Kruzifix-Urteil (1995) war das Gericht der Auffassung, Kreuze im Schulraum könnten die Religionsfreiheit verletzen. Die Aussage »Soldaten sind Mörder« ist unter bestimmten Bedingungen vom Grundrecht auf Meinungsfreiheit gedeckt (1994). Die Verträge von Maastricht (1993) und Lissabon (2009) zur Weiterentwicklung der Europäischen Union sind nach Urteilen des Bundesverfassungsgerichts grundsätzlich mit dem Grundgesetz vereinbar.

Folgen des Bundesverfassungsgerichts für das Regierungssystem

Nach der Rechtsprechung des Bundesverfassungsgerichts stehen die einzelnen Grundgesetzartikel nicht isoliert für sich, sondern schaffen gemeinsam eine gewisse abstrakte Wertordnung. Der höchstinstanzliche und letztverbindliche Interpret dieser normativen Ordnung ist allerdings das Karlsruher Gericht selbst. Somit lässt sich etwas überspitzt argumentieren: Das Grundgesetz ist letzten Endes das, was das Bundesverfassungsgericht daraus macht oder darin sieht. Bei aller Machtfülle des Karlsruher Gerichts gilt jedoch natürlich, dass es nur auf Antrag tätig werden kann (»Wo kein Kläger, da kein Richter«).

(K)ein politisiertes Gericht

Die Gefahr einer gewissen Politisierung des Bundesverfassungsgerichts entsteht nicht zuletzt dadurch, dass das Verfassungsrecht im deutschen Regierungssystem eine so bedeutende Stellung einnimmt und damit auch instrumentalisiert werden kann. Viele abstrakte Normenkontrollverfahren und Organstreitverfahren gehen auf oppositionelle Beschwerden oder Klagen zurück. Ist die politische Auseinandersetzung in Bundestag und Bundesrat verloren, wird mitunter fast reflexhaft noch der Weg nach »Karlsruhe« beschritten.

Den Verfassungsrichtern ist ihre politische Macht durchaus bewusst, und sie haben in der Regel kein Interesse daran, sich von den parteipolitischen Akteuren instrumentalisieren und Zweifel an ihrer Unabhängigkeit aufkommen zu lassen. Ihren Urteilen lässt sich des Öfteren richterliche Zurückhaltung (*judicial restraint*) aus Rücksicht auf das Demokratieprinzip, öffentliche Kritik oder politische Reaktionen entnehmen. In solchen Fällen äußern die Richterinnen zum Beispiel Zweifel an der Verfassungskonformität eines Gesetzes, erklären es aber nicht für verfassungswidrig. Gelegentlich urteilen sie, dass nur bestimmte Teile einer Rechtsnorm verfassungswidrig seien. Möglich ist es auch, dass das Gericht eine spezifische Auslegung eines Gesetzes als verfassungskonform vorgibt, bestimmten Aspekten einer Rechtsnorm die richterliche Nachprüfbarkeit abspricht oder den politischen Institutionen bei manchen Fragen einen weiten Ermessensspielraum einräumt.

Eine Fortsetzung der Politik in Karlsruhe durch (partei-)politisch voreingenommene Richter lässt sich im Großen und Ganzen sicherlich nicht beobachten. Mögliche Parteibindungen beziehungsweise vermutete politische oder ideologische Neigungen der Verfassungsrichterinnen sollten nicht überschätzt werden. So urteilte zum Beispiel manch ein von den Unionsparteien vorgeschlagener Verfassungsrichter in seiner Entscheidungspraxis eher liberal als konservativ. Andererseits spiegeln manche Urteile durchaus politische Konstellationen der einst nominierenden Parteien wider. Der Spielraum des Verfassungsrechts für ideologisch oder parteipolitisch gefärbte Auslegungen ist allerdings nicht unbegrenzt. Das Bundesverfassungsgericht muss Urteile letztlich immer im Rückgriff auf das Grundgesetz, die bisherige Rechtsprechung, die rechtswissenschaftliche Literatur und etablierte juristische Auslegungsmethoden rechtfertigen.

Über die internen Diskussionen zwischen den Richtern dringt fast nie etwas an die Öffentlichkeit. Dabei sind etliche Urteile zwischen den Verfassungsrichterinnen mehr oder weniger umstritten. Das öffentliche Ansehen des Bundesverfassungsgerichts lebt allerdings auch davon, dass keine wilden Streitereien nach außen getragen werden, sondern dass am Ende eine Entscheidung präsentiert wird, die den Anschein zu erwecken versucht, sie sei die einzig richtige. Immerhin gewährt das Instrument des Minderheitsvotums einen gewissen Einblick in die Entscheidungsfindung bei manchen umstrittenen Fällen. Bei Mehrheitsentscheidungen wird zudem üblicherweise das Abstimmungsergebnis im Senat angegeben.

Karlsruher Effekte

Das Bundesverfassungsgericht

- ✔ hat sich als verfassungshütende Institution und machtbegrenzende Schranke mit dauerhaft hohen Vertrauenswerten in der Bevölkerung bewährt.
- ✔ beschränkt allerdings den parlamentarischen Gesetzgeber nicht unerheblich: Zahlreiche Bundesgesetze und andere Normen wurden bisher ganz oder teilweise für verfassungswidrig erklärt. Manche Politikfelder sind besonders stark von der Verfassungsrechtsprechung geprägt (etwa das Medien- und das Arbeitsrecht). Teilweise versucht die Politik, Urteile bereits vorauszuahnen – was häufig nicht leicht ist –, mitunter werden unangenehme Entscheidungen mehr oder weniger dem Gericht zugeschoben.
- ✔ zeichnet sich oft durch kompromisshafte Urteile nahe der politischen Mitte aus. So wirkt das Gericht manchmal wie eine Art zusätzlicher Vermittlungsausschuss und stärkt (wie auch der Bundesrat) tendenziell die verhandlungsdemokratischen Züge des deutschen Regierungssystems.

Die europäische Integration hat zu einer gewissen Schwächung des Bundesverfassungsgerichts geführt. Nicht nur das Karlsruher Gericht, auch der Gerichtshof der Europäischen Union in Luxemburg und der Europäische Gerichtshof für Menschenrechte in Straßburg haben heute mitunter beträchtliche Auswirkungen auf die deutsche Politik. In seiner Rechtsprechung muss das Bundesverfassungsgericht immer mehr die Urteile dieser zwei Gerichtshöfe berücksichtigen, die für sich in Anspruch nehmen, das EU-Recht beziehungsweise das Recht der Europäischen Menschenrechtskonvention letztverbindlich auszulegen. Umgekehrt sind aber auch die internationalen Gerichte in hohem Maße darauf angewiesen, dass oberste nationale Gerichtshöfe wie das Bundesverfassungsgericht ihre Entscheidungen akzeptieren und nicht torpedieren.

Teil IV

Politik im Bundesstaat

IN DIESEM TEIL ...

Auch wenn die Aufmerksamkeit der überregionalen Medien und der meisten Menschen hierzulande vor allem auf die Akteure und Entscheidungen in Berlin gerichtet ist: Politik wird in Deutschland bei Weitem nicht nur auf Bundesebene gemacht.

Die Bundesrepublik ist – und das ist bei einem Staat dieser Größe und mit dieser Geschichte sicherlich sinnvoll – ein föderales Gebilde. Die innerstaatlichen politischen Kompetenzen sind im Wesentlichen auf drei Ebenen verteilt: Bund, Länder und Kommunen.

Während in den Teilen I bis III dieses Buches der Schwerpunkt auf der Bundesebene lag, geht es in diesem Teil vorrangig um das Verhältnis zwischen den unterschiedlichen Ebenen des politischen Systems, vor allem die Beziehung zwischen Bund und Ländern.

Außerdem behandele ich eher überblicksartig die Regierungssysteme der Länder und die Grundlagen kommunaler Politik. Schließlich gehe ich auch auf die öffentliche Verwaltung in Bund, Ländern und Kommunen sowie das Verhältnis zwischen Politik und Verwaltung ein.

IN DIESEM KAPITEL

Das Grundgesetz und das Bund-Länder-Verhältnis

Ein Überblick über die Finanzverfassung in Deutschland

Die Kompetenzverteilung bei der Gesetzgebung und Gesetzesausführung im Bundesstaat

Die Position der Länderregierungen in der Kooperation zwischen den Bundesländern und im Bundesrat

Kapitel 10 Das deutsche Mehrebenensystem

Vielleicht fragen Sie sich, warum Sie sich mit politischen Institutionen und Prozessen unterhalb der Bundesebene beschäftigen sollten. Ist das Zusammenspiel von Bundestag, Bundesregierung, Bundesrat, Bundespräsident, Bundesverfassungsgericht, Parteien, Interessenverbänden und Medien nicht kompliziert genug? Erstens hoffe ich, dass Ihnen die politischen Akteure nicht (mehr so) schwer verständlich erscheinen. Zweitens lassen sich viele politische Entscheidungen in Deutschland nicht oder nur unvollständig verstehen, wenn man den Mehrebenencharakter des politischen Systems der Bundesrepublik nicht berücksichtigt. Das ist einfach so.

Im Folgenden gehe ich zunächst auf den Föderalismusbegriff näher ein. Anschließend behandele ich wichtige Aspekte des Verhältnisses zwischen Bund und den Ländern nach dem Grundgesetz. Es folgt ein Überblick über die Finanzverfassung; auch hier sind föderalistische Aspekte von großer Bedeutung. Danach beschreibe ich die Befugnisse von Bund und Ländern bei der Gesetzgebung und Gesetzesausführung. Die Kompetenzen des Bundesrats bei der Bundesgesetzgebung skizziere ich im Anschluss. Abschließend erörtere ich noch die Zusammenarbeit von Regierungen und Ministerialverwaltungen im föderalen Regierungssystem Deutschlands.

Die Bundesrepublik: Mehr als ein dezentralisierter Einheitsstaat

In der vergleichenden Politikwissenschaft unterscheidet man grob zwischen föderalen Regierungssystemen (Bundesstaaten) und Einheitsstaaten. Da praktisch alle Einheitsstaaten auch mehr oder weniger dezentralisiert sind, also bestimmte politische und/oder administrative Entscheidungsbefugnisse auf mindestens eine Ebene unterhalb der zentralstaatlichen Ebene verlagert haben, ist der Unterschied zwischen einem föderalen Regierungssystem und einem dezentralisierten Einheitsstaat nicht immer auf den ersten Blick sichtbar. Von besonderer Bedeutung für die Unterscheidung zwischen den beiden Arten von Regierungssystem ist daher die Frage, ob die gliedstaatlichen Einheiten – ganz egal, ob sie (Bundes-)Länder, Kantone oder Regionen heißen – verfassungsrechtlich (oder auf andere Art und Weise) verbriefte Entscheidungskompetenzen haben, in die die Zentralebene nicht beziehungsweise nicht ohne Weiteres eingreifen darf.

In föderalen Regierungssystemen wie der Bundesrepublik Deutschland sind die politischen Befugnisse der Gliedstaaten ganz oder zumindest teilweise geschützt. Die zentralstaatliche Ebene kann hier nicht oder nur unter erschwerten Bedingungen Änderungen vornehmen (und beispielsweise bestimmte Entscheidungskompetenzen an sich ziehen oder unteren Ebenen Lasten übertragen), etwa durch eine Verfassungsänderung, an der meistens die Gliedstaaten in einer festgelegten Art und Weise beteiligt werden müssen. Im Unterschied dazu können die zentralstaatlichen Entscheidungsträger in Einheitsstaaten meistens die Verteilung der innerstaatlichen politischen und administrativen Aufgaben relativ leicht ändern.

Frankreich und Großbritannien sind Beispiele für dezentralisierte Einheitsstaaten. Zwar haben die jeweiligen politischen Einheiten unterhalb der zentralstaatlichen Ebene einige politische Kompetenzen (in Großbritannien gibt es zudem Unterschiede in den Selbstverwaltungsrechten der einzelnen Landesteile), aber die nationale Politik wäre grundsätzlich berechtigt, diese Entscheidungsbefugnisse (wieder) an sich zu ziehen – auch wenn das im politischen Prozess (etwa gegen protestierende Schotten) möglicherweise nicht so leicht durchzusetzen wäre.

In den föderalen Regierungssystemen Deutschlands, Österreichs und der Schweiz bestehen dagegen verfassungsrechtliche Hürden, die bestimmte Zentralisierungsmaßnahmen schwer oder unmöglich machen (sollen). Allerdings kann man zwischen unterschiedlichen Graden von Föderalismus unterscheiden. So ist die Schweiz etwa deutlich bundesstaatlicher oder föderalistischer ausgestaltet als Deutschland, denn die Kantone sind selbstständiger und verfügen über mehr autonome Befugnisse als die deutschen Länder. Zudem ist die kantonale Identität der schweizerischen Bevölkerung stärker ausgeprägt als die Verbundenheit der meisten Deutschen mit ihrem Bundesland.

Föderale Strukturen sind kein Selbstzweck, sondern sollen nicht zuletzt der Demokratie und Selbstbestimmung dienen: Die kulturell und räumlich (in manchen Bundesstaaten auch religiös und/oder sprachlich) miteinander verbundenen Menschen eines Gliedstaats – beziehungsweise ihre Repräsentanten – können so in gewissem Umfang über sie betreffende politische Fragen selbst entscheiden; im Idealfall bestimmen hier keine zentralstaatlichen Politikerinnen über ihre Köpfe hinweg. Die bundesstaatliche Ebene soll demgegenüber der Theorie nach vor allem für Bereiche zuständig sein, die die Gliedstaaten allein nicht oder nur suboptimal regeln können, oder die von gesamtstaatlicher Bedeutung sind.

Das Bund-Länder-Verhältnis nach dem Grundgesetz

Das Bundesstaatsprinzip findet sich in Artikel 20 Absatz 1 GG und zählt zu den vier Staatsstrukturprinzipien des Grundgesetzes (siehe hierzu ausführlicher Kapitel 3). Zum unveränderlichen Verfassungsrecht nach Artikel 79 Absatz 3 GG gehört

- ✔ die »Gliederung des Bundes in Länder« und
- ✔ die »grundsätzliche Mitwirkung der Länder bei der Gesetzgebung«.

Eine bestimmte Anzahl oder Form der Länder ist allerdings ebenso wenig unabänderlich vorgeschrieben wie die Art und Weise der Ländermitwirkung bei der (Bundes-)Gesetzgebung.

Vorgaben für Länder und Kommunen

Die Bundesländer sind als Gliedstaaten der Bundesrepublik nicht völlig frei im Hinblick auf die Gestaltung ihrer Regierungssysteme. Ihre jeweilige verfassungsmäßige Ordnung muss »den Grundsätzen des republikanischen, demokratischen und sozialen Rechtsstaates im Sinne dieses Grundgesetzes entsprechen« (Art. 28 Abs. 1 GG). Eine Neugliederung der Länder ist möglich durch Bundesgesetz oder Staatsvertrag, jeweils in Verbindung mit einem Volksentscheid (Art. 29 GG).

Städte, Gemeinden und Gemeindeverbände sind aus staatsrechtlicher Sicht Teile der Länder. Sie sind die unterste politisch-administrative Ebene im Mehrebenensystem der Bundesrepublik, sind aber – abgesehen von den Stadtstaaten Berlin, Bremen und Hamburg – keine selbstständigen (glied-)staatlichen Ebenen oder Einheiten. Allerdings besitzen sie das Recht zur kommunalen Selbstverwaltung im Rahmen der Gesetze mit finanzieller Eigenverantwortung. Hinsichtlich der öffentlichen Tätigkeiten formuliert das Grundgesetz eine Kompetenzvermutung zugunsten der Länder. Damit ist eine Klausel gemeint, die besagt, dass vor allem die Länder die Staatsaufgaben wahrnehmen (sollen). Sie sind für die staatliche Aufgabenerfüllung zuständig, »soweit dieses Grundgesetz keine andere Regelung trifft oder zulässt« (Art. 30 GG). In der Tat liegt der Schwerpunkt der öffentlichen Verwaltung nicht zuletzt auch personell bei den Ländern.

Aufgaben für und Aufsicht durch den Bund

Der Vorrang des Bundesrechts vor jeglichem Landesrecht (auch den Verfassungen der Länder) ist in Artikel 31 GG festgeschrieben. Nach dem Grundgesetz gewährleistet der Bund, dass die verfassungsmäßige Ordnung der Länder den grundgesetzlichen Rahmenvorgaben entspricht (Art. 28 Abs. 3 GG). Die staatsbürgerlichen Rechte haben alle Deutschen in jedem Bundesland im gleichen Umfang (Art. 33 Abs. 1 GG).

Bundes- und Landesbehörden »leisten sich gegenseitig Rechts- und Amtshilfe«. Bei außergewöhnlichen Ereignissen und Notsituationen kann ein Land Unterstützung von Bundes- und Landesverwaltungen – etwa der Bundespolizei oder Behörden anderer Länder – anfordern (Art. 35 GG). So sind bei Großereignissen wie einem G20-Gipfel in Deutschland häufig Polizeikräfte aus mehreren Bundesländern im Einsatz.

Die auswärtigen Beziehungen sind grundsätzlich Sache des Bundes. Allerdings dürfen die Länder in Bereichen, in denen sie über die Gesetzgebungskompetenz verfügen, mit Zustimmung der Bundesregierung Verträge mit anderen Staaten abschließen (Art. 32 GG). Was passiert, wenn ein Land seinen bundes- oder grundgesetzlichen Pflichten nicht nachkommt? Mit Zustimmung des Bundesrats kann die Bundesregierung dann die notwendigen Mittel ergreifen, um ein Land dazu zu bringen, entsprechende Verpflichtungen zu erfüllen (Art. 37 GG). Bisher hat diese Regelung allerdings (glücklicherweise) keine Bedeutung erlangt. Im Zweifelsfall landen solche Konflikte eher vor dem Bundesverfassungsgericht.

Einrichtung und Verwaltung der Gerichte ist überwiegend Aufgabe der Länder. Sie sind insbesondere für die Organisation von Amts-, Landes- und Oberlandesgerichten (ordentliche Gerichtsbarkeit) sowie Fachgerichten (besondere Gerichtsbarkeit) zuständig. Neben dem Bundespatentgericht mit Sitz in München gehören die obersten Gerichte in Deutschland zum Aufgabenbereich des Bundes:

- ✔ Bundesgerichtshof (Straf- und Zivilsachen, Karlsruhe)
- ✔ Bundesarbeitsgericht (Erfurt)
- ✔ Bundesfinanzhof (München)
- ✔ Bundessozialgericht (Kassel)
- ✔ Bundesverwaltungsgericht (Leipzig)

Das Bundesverfassungsgericht in Karlsruhe (siehe hierzu ausführlich Kapitel 9) ist keine automatische vierte Instanz oder eine »Superrevisionsinstanz«. Aus der Perspektive natürlicher Personen ist es vor allem für Fälle vorgesehen, in denen die grundsätzlich zuständigen Gerichte verfassungsrechtlich verbriefte Rechte nicht ausreichend zur Geltung gebracht oder selbst verletzt haben. Bevor man eine Verfassungsbeschwerde einlegen darf, muss daher im Regelfall stets der ordentliche Rechtsweg durch die Gerichtsinstanzen beschritten werden.

Die Finanzverfassung

Bund und Länder verwalten ihre jeweiligen Haushalte getrennt und selbstständig nach gemeinsamen Haushaltsgrundsätzen (Art. 109 GG). Sie tragen ihre jeweiligen Ausgaben grundsätzlich eigenständig. Der Bund trägt die betreffenden Kosten, wenn die Länder Bundesgesetze in seinem Auftrag ausführen (also nicht als eigene Angelegenheit umsetzen).

Der Bundesrat muss Geldleistungsgesetzen zustimmen, die von den Ländern ausgeführt werden und mit finanziellen Belastungen für die Länder verbunden sind (Art. 104a GG). Diese Regelungen sollen insbesondere bezwecken, dass der Bund den Ländern nicht einfach Ausgaben auferlegen kann.

Verflechtung bei der Steuergesetzgebung

In der Steuergesetzgebung gibt es mit Blick auf die einschlägigen Bestimmungen des Grundgesetzes eine Kompetenzvermutung zugunsten des Bundes: Eine bestimmte Steuerart unterliegt der konkurrierenden Gesetzgebung, wenn dem Bund die betreffende Steuer zumindest teilweise zusteht oder »im gesamtstaatlichen Interesse« eine Bundesregelung erforderlich erscheint. Mit konkurrierender Gesetzgebung ist gemeint, dass die Länder nur so lange gesetzgeberisch tätig werden dürfen, solange der Bund noch kein entsprechendes Gesetz erlassen hat.

Bei Steuern, die die Länder oder die Gemeinden zumindest teilweise betreffen, gilt allerdings ein Zustimmungsrecht des Bundesrats. Die Steuergesetzgebung zeichnet sich so vielfach dadurch aus, dass die Länder zwar nicht allein tätig werden können, dass ein Bundessteuergesetz allerdings die Mehrheit der Stimmen der Länderregierungen benötigt. Ausschließlich dem Bund stehen unter anderem folgende Steuerarten zu:

- ✔ Kapitalverkehrsteuern,
- ✔ Kraftfahrzeugsteuer,
- ✔ Straßengüterverkehrsteuer,
- ✔ Versicherungsteuer,
- ✔ Wechselsteuer und
- ✔ bestimmte Teile der Verbrauchssteuern.

Den Ländern stehen dagegen unter anderem ausschließlich zu:

- ✔ Abgaben von Spielbanken,
- ✔ Biersteuer,
- ✔ Erbschaftssteuer und
- ✔ bestimmte Teile der Verkehrssteuern.

Zu den Gemeinschaftssteuern, die zwischen Bund und Ländern nach zum Teil recht komplizierten Regelungen aufgeteilt werden, zählen folgende wichtige Steuerarten:

- ✔ Einkommensteuer,
- ✔ Körperschaftsteuer und
- ✔ Umsatzsteuer.

Den Gemeinden stehen insbesondere zu:

- ✔ Grundsteuer und
- ✔ Gewerbesteuer.

Die Kommunen dürfen hier in gewissem Rahmen »Hebesätze« festlegen, also die Höhe von Grund- und Gewerbesteuer jenseits eines Sockelwerts bestimmen. Zudem erhalten Städte und Gemeinden anteilige Einnahmen aus Einkommensteuer, Umsatzsteuer und gegebenenfalls örtlichen Verbrauch- und Aufwandsteuern.

Steueroasen gibt es nur in dubiosen Kleinstaaten oder auf exotischen Inseln? Nein, gewisse (Gewerbe-)Steueroasen existieren auch mitten in Deutschland. Einige Gemeinden wie etwa Monheim im Rheinland haben ihre Gewerbesteuersätze in den letzten Jahren bewusst drastisch gesenkt. Dadurch machen sie anderen Kommunen Konkurrenz, denn sie ziehen in beträchtlichem Umfang Unternehmen an, die möglichst wenig Gewerbesteuer zahlen wollen. Die entsprechenden Steuereinnahmen fehlen dann anderen deutschen Gemeinden, häufig größeren Städten.

Finanzhilfen und Länderfinanzausgleich

Der Bund kann den Ländern Finanzhilfen für wirtschaftlich besonders wichtige Investitionen auf Landes- oder Gemeindeebene zukommen lassen. Möglich sind auch Finanzhilfen durch den Bund in außergewöhnlichen Notsituationen.

Die Steuereinnahmen der Länder unterscheiden sich zum Teil erheblich voneinander. Das Grundgesetz sieht vor diesem Hintergrund vor, dass die unterschiedliche Finanzkraft der Länder »angemessen ausgeglichen« werden soll (Art. 107 Abs. 2 GG). Diesem Ziel dient der sogenannte (Länder-)Finanzausgleich. Seine Regelungen sind im Detail sehr kompliziert, basieren aber im Wesentlichen auf zwei Komponenten:

- ✔ Zum einen erfolgt eine Umverteilung dadurch, dass finanzschwache Länder Ergänzungsanteile aus bestimmten Steuern erhalten.
- ✔ Zum anderen lässt der Bund Ländern mit unterdurchschnittlichen Steuereinnahmen Ergänzungszuweisungen zukommen.

Haushalte in Ordnung halten

Das zentrale Ziel der Haushaltspolitik von Bund und Ländern ist es, möglichst langfristig ausgeglichene Haushalte zu erreichen. Um die Verschuldung der öffentlichen Haushalte einzudämmen beziehungsweise zu beseitigen, gilt mittlerweile ein grundsätzliches Verbot im Grundgesetz, Bundes- und Landeshaushalte durch Kredite auszugleichen. Der Bund darf allerdings trotzdem in geringem Umfang Kredite aufnehmen, und größere Ausnahmen vom Verschuldungsverbot sind in Notsituationen möglich. Ein Stabilitätsrat überwacht die Entwicklung der Haushalte, warnt vor Haushaltsnotlagen, unterbreitet Empfehlungen und ist an der Entwicklung von Sanierungsprogrammen beteiligt.

Der Bundeshaushaltsplan soll vor Beginn des betreffenden Rechnungsjahrs durch ein Haushaltsgesetz festgestellt werden. Hierfür gilt gegenüber dem normalen Gesetzgebungsverfahren (siehe Kapitel 7) ein leicht verändertes Prozedere: Gesetzesvorlage und Änderungsanträge werden gleichzeitig beim Bundesrat und beim Bundestag eingebracht, und der Bundesrat hat jeweils ein Recht zur Stellungnahme innerhalb bestimmter Fristen. Wurde für ein angebrochenes Rechnungsjahr noch kein Haushaltsgesetz verabschiedet, darf die Bundesregierung rechtlich vorgesehene Ausgaben weiter vorläufig leisten und dafür notfalls auch in begrenztem Umfang Kredite aufnehmen.

Während des Vollzugs des Haushaltsplans gilt: Außerplanmäßige und überplanmäßige Ausgaben im Bund sind nur mit Zustimmung des Bundesfinanzministers und nur unter besonderen Bedingungen zulässig (Art. 112 GG).

Bei Bundesgesetzen, die entgegen den Vorstellungen der Bundesregierung Ausgabenerhöhungen oder Einnahmeminderungen für den Bundeshaushalt bedeuten, hat die Bundesregierung ein Zustimmungsrecht. Sie kann vom Bundestag die Aussetzung der Beschlussfassung oder eine nochmalige Beschlussfassung verlangen und dann innerhalb von sechs Wochen die Zustimmung versagen.

Der Bundesfinanzminister legt Bundestag und Bundesrat die Haushalts- und Vermögensrechnungen des Bundes vor. Dem Bundesrechnungshof obliegt in diesem Zusammenhang die Aufgabe, in richterlicher Unabhängigkeit »die Rechnung sowie die Wirtschaftlichkeit und Ordnungsmäßigkeit der Haushalts- und Wirtschaftsführung« zu prüfen (Art. 114 Abs. 2 GG). Die Behörde erstellt jährliche Berichte, die sie Bundesregierung, Bundestag und Bundesrat zukommen lässt, und gegebenenfalls auch Sonderprüfberichte zu bestimmten Bereichen.

Gesetzgebung und Gesetzesausführung im Bundesstaat

»Die Länder haben das Recht der Gesetzgebung, soweit dieses Grundgesetz nicht dem Bunde Gesetzgebungsbefugnis verleiht« (Art. 70 Abs. 1 GG). Diese Verfassungsbestimmung formuliert eine Kompetenzvermutung zugunsten der Länder bei der Gesetzgebung. Allerdings besteht diesbezüglich im deutschen Regierungssystem ein deutlicher Unterschied zwischen Verfassungstext und Verfassungswirklichkeit: Die Gesetzgebungstätigkeit wird faktisch vom Bund dominiert, er erlässt die wichtigsten Gesetze.

Die Gesetzgebung in Deutschland kann in folgende Bereiche gegliedert werden:

- **Ausschließliche Bundesgesetzgebung** (Art. 71 und 73 GG): In diesen Politikfeldern darf nur der Bund gesetzgeberisch tätig werden. Zu den betreffenden Gebieten zählen zum Beispiel die auswärtigen Angelegenheiten, Verteidigung, Post und Luftverkehr, Staatsangehörigkeitsrecht, Kernenergie sowie das Waffen- und das Sprengstoffrecht.
- **Konkurrierende Bundesgesetzgebung** (Art. 72 und 74 GG): Die Länder haben hier so lange die Gesetzgebungskompetenz, bis der Bund tätig wird (oder die Länder

explizit wieder zur Gesetzgebung ermächtigt werden). Zu diesen Feldern gehört die große Masse der innenpolitisch interessanten Sachgebiete, etwa das bürgerliche Recht, das Strafrecht, das Vereinsrecht, das Wirtschaftsrecht (mit einigen Ausnahmen), das Arbeitsrecht und das Verkehrsrecht, aber auch die Zulassung zu ärztlichen und anderen Heilberufen und zum Heilgewerbe, das Apothekenrecht sowie das Heilmittel- und Betäubungsmittelrecht. Der Bund ist in diesen Politikfeldern in der Regel in großem Umfang gesetzgeberisch tätig geworden.

- ✔ **Gemeinschaftsaufgaben** (Art. 91a ff. GG): Bund und Länder arbeiten hier gemeinsam bei der Erfüllung bestimmter staatlicher Aufgaben. Dazu zählen unter anderem die Verbesserung der regionalen Wirtschaftsstruktur, der Agrarstruktur und des Küstenschutzes sowie die Förderung von Wissenschaft, Forschung und Lehre von überregionaler Bedeutung.
- ✔ **Ausschließliche Landesgesetzgebung** (Art. 70 GG): Insbesondere in den folgenden Bereichen liegt die Gesetzgebungskompetenz (noch) auf Landesebene: Kultur, Schul- und Hochschulwesen, Presse und Rundfunk, Landespolizei sowie Kommunalverfassung.
- ✔ Aus der konkurrierenden Bundesgesetzgebung – siehe oben – **ausgeklammerte Bereiche der Landesgesetzgebung** (Art. 74 Abs. 1 GG): Den Ländern obliegt unter anderem die Regelungskompetenz in folgenden Teilgebieten: Gaststätten, Ladenschluss, Märkte, Messen, Spielhallen und Untersuchungshaftvollzug.
- ✔ **Abweichungsgesetzgebung** (Art. 72 Abs. 3 GG): In ein paar Bereichen dürfen die Länder eigene gesetzliche Regelungen treffen, selbst wenn der Bund von seiner konkurrierenden Gesetzgebungskompetenz Gebrauch gemacht hat, unter anderem bei der Bodenverteilung, der Raumordnung, der Hochschulzulassung und den Hochschulabschlüssen sowie Teilgebieten des Naturschutzes und der Landschaftspflege.

Die Ausführung der Bundesgesetze

Gesetze des Bundes können von verschiedenen Institutionen auf unterschiedliche Art und Weise ausgeführt werden. Die deutsche Mehrebenenpolitik zeichnet sich dadurch aus, dass der Schwerpunkt der Gesetzgebung beim Bund liegt, der Schwerpunkt der Verwaltungstätigkeit allerdings bei den Ländern. Der Vollzug der Bundesgesetze kann erfolgen

- ✔ durch die **Länder als eigene Angelegenheit** (Art. 83 und 84 GG). Das ist der Regelfall in der bundesrepublikanischen Politik. Dem Bund kommt hier nur die Rechtsaufsicht zu, das heißt, er prüft die rechtliche, nicht aber die administrative Umsetzung der betreffenden Bundesgesetze durch die Länder. Der Bundesrat muss einem entsprechenden Bundesgesetz zustimmen, wenn der Bund das Verwaltungsverfahren verbindlich ohne Abweichungsmöglichkeit regeln möchte.
- ✔ durch die **Länder im Auftrag des Bundes** (Art. 85 und 87c GG). In diesem Fall übt der Bund nicht nur die Rechtsaufsicht, sondern auch die Fachaufsicht aus. Er kann also die Behörden der Länder anweisen, wie sie ein entsprechendes Bundesgesetz ausführen sollen. Wenn der Bund die Einrichtung von Behörden verbindlich regeln möchte, ist ein Bundesgesetz zustimmungsbedürftig.

- durch die **Bundesverwaltung** (Art. 86 ff. GG). Hierbei handelt es sich eher um einen Ausnahmefall, denn der Bund hat im Vergleich mit den Ländern nur einen kleineren eigenen Verwaltungsunterbau. Untere Verwaltungsbehörden des Bundes finden sich etwa in den Bereichen Auswärtiger Dienst, Bundesfinanzverwaltung, Bundeswehr, Bundespolizei und Bundeswasserstraßenverwaltung.

Bei den Gemeinschaftsaufgaben (Art. 91a ff. GG) erfolgt eine gemeinsame Koordinierung zwischen Bundes- und Landesbehörden. Die Ausgaben werden nach Vereinbarungen zum Teil vom Bund und zum Teil von den Ländern getragen.

Der Bund hat also grundsätzlich drei Möglichkeiten, ein Bundesgesetz, dem der Bundesrat an sich nicht zustimmen muss, im Hinblick auf den Verwaltungsvollzug durch die Länder (als deren eigene Angelegenheit) auszugestalten:

- Er verzichtet auf die Regelung des Verwaltungsverfahrens: Das Gesetz ist weiterhin nicht zustimmungsbedürftig.
- Er regelt das Verwaltungsverfahren, die Länder können aber davon abweichende Regelungen treffen: Das Gesetz ist weiterhin nicht zustimmungsbedürftig.
- Er regelt das Verwaltungsverfahren ohne Abweichungsmöglichkeit für die Länder: Das Gesetz ist zustimmungsbedürftig.

Zentralistische Entwicklung im Bundesstaat

Die verfassungsrechtliche Kompetenzvermutung in der Gesetzgebung zugunsten der Länder (Art. 70 GG) wurde in den letzten Jahrzehnten durch eine sehr weite Auslegung der Bundeskompetenzen im Rahmen der konkurrierenden Gesetzgebung zunehmend ausgehöhlt. Ein wesentlicher Hebel der Zentralisierung war früher die Klausel »Wahrung der Einheitlichkeit der Lebensverhältnisse« (Art. 72 Abs. 2 GG alte Fassung). Die heutige Formulierung der Voraussetzung einer Inanspruchnahme bestimmter konkurrierender Gesetzgebungskompetenzen des Bundes lautet: »Herstellung gleichwertiger Lebensverhältnisse im Bundesgebiet oder Wahrung der Rechts- oder Wirtschaftseinheit im gesamtstaatlichen Interesse« (Art. 72 Abs. 2 GG).

Ein Muster der Bund-Länder-Politik, das in der Vergangenheit immer wieder zu beobachten war, lässt sich folgendermaßen beschreiben: Die Länder stimmen Kompetenzausweitungen des Bundes (Gesetzgebung, Gemeinschaftsaufgaben, Mitentscheidungs- und Finanzfragen) im Rahmen von Verfassungsänderungen häufig im Tausch gegen weitere Zustimmungsrechte des Bundesrats und/oder gegen zusätzliche Finanzmittel aus dem Bundeshaushalt zu.

DIE FÖDERALISMUSREFORM VON 2006

Die extensive Nutzung der konkurrierenden Gesetzgebungskompetenzen und die häufige Neigung des Bundesgesetzgebers zur verbindlichen Regelung des bei der Gesetzesausführung anzuwendenden Verwaltungsverfahrens führten über die Jahre zu einem starken Anstieg der Gesetze, denen der Bundesrat zustimmen musste. Es kam also zu einer Zunahme des Verflechtungsgrads zwischen Bund und Ländern und einem erhöhten Risiko der wechselseitigen Blockade von Bund und Ländern. Eines der größten Projekte, das dieser Entwicklung etwas entgegensetzen sollte, war die Föderalismusreform von 2006. Sie enthielt unter anderem folgende Maßnahmen, um zu einer gewissen Entflechtung von Bund und Ländern bei der Gesetzgebung und einer Senkung des Anteils der zustimmungsbedürftigen Bundesgesetze beizutragen:

- ✔ Abschaffung der Rahmengesetzgebung des Bundes (Aufteilung bestimmter Gesetzgebungsmaterien)
- ✔ Abweichungsgesetzgebung bei Verwaltungsverfahren
- ✔ Abweichungsgesetzgebung bei einigen Materien der konkurrierenden Gesetzgebung
- ✔ Beschränkung der Erforderlichkeitsklausel (Art. 72 Abs. 2 GG)
- ✔ entflechtende Verteilung einiger Materien an Länder oder Bund (ausschließliche Bundesgesetzgebung)

Zentralisierende Entwicklungen und einheitsstaatliche Tendenzen entsprechen in gewisser Weise auch der bundesrepublikanischen Mehrheitsmentalität. Im Unterschied zu anderen Bundesstaaten (etwa Belgien oder der Schweiz) scheint die Verbundenheit der meisten Deutschen mit ihrem Bundesland und mit föderalistischen Prinzipien nicht allzu stark ausgeprägt. Vorteile, die unterschiedliche Regelungen in den Ländern mit sich bringen könnten, werden von der Bevölkerung wohl eher selten gesehen. Häufiger stoßen hingegen politische und rechtliche Unterschiede zwischen den Ländern – zum Beispiel in der Schulpolitik – auf Unverständnis. Das zeigt sich auch an dem in der Bundesrepublik meist eher abschätzig verwendeten Begriff der »Kleinstaaterei«. Während man in manchen föderalen Regierungssystemen tendenziell gegen zu viel politischen Einfluss der nationalen Entscheidungsträger ist, wünschen sich in Deutschland viele Menschen einheitliche Lösungen von der Bundesebene.

Der Bundesrat zwischen Bundes- und Landespolitik

Im Verfassungsorgan Bundesrat (zur Organisation des Bundesrats siehe Kapitel 9) zeigt sich eine institutionelle Verflechtung zwischen Bund und Ländern, die zu Blockaden im deutschen Regierungssystem führen kann, aber je nach politischer Konstellation nicht notwendigerweise führen muss:

- ✔ Der Bundesrat hat bestimmte Klagebefugnisse vor dem Bundesverfassungsgericht (siehe den Abschnitt zum Bundesverfassungsgericht in Kapitel 9).

- ✔ Grundgesetzänderungen bedürfen stets der Zustimmung des Bundesrats (mit einer Zweidrittelmehrheit der Bundestagsmitglieder und einer Zweidrittelmehrheit der Bundesratsstimmen).
- ✔ Grundsätzlich verfügt der Bundesrat in der Bundesgesetzgebung immer über ein Einspruchsrecht und er kann den Vermittlungsausschuss anrufen (zum Gesetzgebungsprozess siehe Kapitel 7).
- ✔ Bei einer Vielzahl von Materien (Bundesgesetze und Rechtsverordnungen der Bundesregierung) muss der Bundesrat zustimmen.

Es sind vor allem jene Bundesgesetze zustimmungsbedürftig, die das Bund-Länder-Verhältnis berühren. Alle zustimmungspflichtigen Gesetzesmaterien müssen als solche im Grundgesetz genannt werden, doch sie sind dort unübersichtlich gestreut. Zu den zustimmungsbedürftigen Bereichen gehören Bundesgesetze, die

- ✔ als eigene Angelegenheit der Länder auszuführen sind und bei denen der Bund das Verwaltungsverfahren ohne Abweichungsmöglichkeit für die Länder regelt;
- ✔ im Auftrag des Bundes durch die Länder ausgeführt werden und bei denen die Einrichtung der Behörden für die Länder verbindlich festgelegt wird;
- ✔ die Finanzen der Länder betreffen (zum Beispiel Steuern, Finanzausgleich, Finanzverwaltung, bestimmte Ausgaben) oder die für Bund und Länder geltenden Haushaltsgrundsätze;
- ✔ Gerichten der Länder die Ausübung von Bundesgerichtsbarkeit auferlegen;
- ✔ kleinere Gebietsveränderungen vornehmen;
- ✔ Hoheitsrechte auf die Europäische Union übertragen oder die Mitwirkung der Länder in EU-Angelegenheiten betreffen;
- ✔ Maßnahmen für den Verteidigungsfall oder den Gesetzgebungsnotstand festlegen;
- ✔ die Staatshaftung oder die Statusrechte und -pflichten der Beamten in den Ländern regeln.

Die Zustimmung des Bundesrats ist außerdem unter anderem erforderlich bei

- ✔ der Festlegung der Liste der als verfolgungsfrei betrachteten Staaten (Asylpolitik) und
- ✔ der Ausübung des Bundeszwangs gegen ein Land.

Kooperation der Exekutiven im Mehrebenensystem

Im föderalen Regierungssystem Deutschlands gibt es eine Fülle von Kooperationsbeziehungen zwischen den Regierungen und Ministerialverwaltungen des Bundes und der Länder beziehungsweise zwischen den Ländern.

Vielfältiges Mitentscheiden der Landesregierungen

Die Landesregierungen wirken insbesondere über den Bundesrat und die Landesvertretungen in Berlin unter anderem mit an

- ✔ der Bundesgesetzgebung,
- ✔ der Bundesverwaltung (Beteiligung am Erlass bestimmter Rechtsverordnungen der Bundesregierung),
- ✔ Finanzhilfeprogrammen,
- ✔ Haushaltskoordinierungen und
- ✔ der innerstaatlichen Willensbildung in Angelegenheiten der Europäischen Union.

Es gibt zwar auch in begrenztem Umfang einen Austausch zwischen Abgeordneten verschiedener Landtage beziehungsweise zwischen Landtagsabgeordneten und Bundestagsabgeordneten, aber die mit Abstand meisten Kontakte und vor allem politischen (Vor-)Entscheidungen laufen über die Exekutiven. Regelmäßige Konferenzen und sonstige Treffen zwischen Vertretern von Bund und Ländern finden in der Regel auf drei unterschiedlichen Ebenen statt:

- ✔ Regierungschefs
- ✔ Fachministerinnen
- ✔ fachlich zuständige Mitarbeitende – meist Beamte – der Ministerialverwaltung (»Arbeitsebene«)

Spitzentreffen der Regierungschefs der Länder oder von Bund und Ländern werden in der Regel auf der Arbeits- und Fachministerebene vorbereitet.

Gemeinsame Planungsräte sollen die Bundes- und Landespolitik in bestimmten Bereichen unterstützen. Sie sind nicht nur mit Vertretern der Regierungen von Bund und Ländern besetzt, sondern auch mit Expertinnen aus dem jeweiligen Politikfeld. Ein Beispiel hierfür ist der Wissenschaftsrat. Er hat unter anderem die Aufgabe, Stellungnahmen und Empfehlungen zu allgemeinen Fragen der Forschung und Hochschullehre abzugeben sowie Strukturen und Leistungsfähigkeit von Hochschulen und außeruniversitären Forschungseinrichtungen zu bewerten. Der Wissenschaftsrat setzt sich aus einschlägigen Regierungs- beziehungsweise Ministerialvertretern von Bund und Ländern sowie Forschenden und Persönlichkeiten des öffentlichen Lebens zusammen.

Koordinierung der Länder untereinander

In Politikfeldern, für die mehr oder weniger ausschließlich die Länder zuständig sind, herrscht eher selten eine scharfe Konkurrenz um die beste Politik. Stattdessen findet vielfach eine rege Koordinierung zwischen den Landesregierungen auf unterschiedlichen

Ebenen statt. Ein Beispiel hierfür ist die Kultusministerkonferenz, auf der unter anderem gemeinsame Fragen des Schulunterrichts und schulischer Prüfungen besprochen und zum Teil auch entschieden werden. Der im deutschen Bundesstaat häufig festzustellende Druck nach einheitlichen Lösungen führt somit auch in bundesfreien Aufgabenbereichen zu Vereinheitlichung, das heißt in diesem Fall zu Unitarisierung (ähnlichen oder gleichen Regelungen) ohne Zentralisierung.

Absprachen zwischen den Landesregierungen sind in der Regel nur im Konsens möglich und haben faktische Bindungskraft für alle Beteiligten. Daraus folgt unter anderem

- ✔ ein hohes Blockadepotenzial der einzelnen Teilnehmenden aus Landesregierungen und Ministerialbürokratie sowie
- ✔ eine begrenzte demokratische Legitimation des Regierens durch Kooperation der Exekutiven, weil die Landtage oft nur noch bestätigen dürfen beziehungsweise müssen, was von den Landesregierungen vorher ausgehandelt wurde.

IN DIESEM KAPITEL

Informationen zu den Bundesländern

Verfassungen und Verfassungsänderungen auf Landesebene

Regierungen, Parlamente, Gerichte und Parteiensysteme der Länder

Direkte Demokratie in den Bundesländern

Kapitel 11
Die Regierungssysteme der Länder

Die Regierungssysteme der Länder stehen relativ selten im Fokus der Öffentlichkeit, etwa der überregionalen Qualitätspresse. Vielleicht fragen Sie sich, weshalb Sie sich vor diesem Hintergrund überhaupt mit den politischen Institutionen und Prozessen auf Landesebene beschäftigen sollten. Dazu kann man in aller Kürze sagen: Einerseits gibt es ein paar Politikfelder von eher größerer Bedeutung (wie etwa Schul- und Hochschulwesen, Polizei und Kommunalverfassung) und einige von eher geringerer Bedeutung (zum Beispiel Ladenöffnungszeiten und Glücksspiel), für die ausschließlich oder überwiegend die Länder zuständig sind. Andererseits sind die Bundesländer – und hier vor allem die Landesregierungen – oftmals wichtige Akteure in der Bundespolitik. Die für die Bundesrepublik charakteristische Mehrebenenverflechtung zeigt sich nicht zuletzt

- ✔ in der Institution des Bundesrats (siehe hierzu Kapitel 9) sowie
- ✔ bei der Finanzverfassung und der Ausführung der meisten Bundesgesetze durch die Länder (siehe hierzu Kapitel 10).

Im Folgenden gebe ich zunächst einen Überblick über die Gebiete der Länder und die Möglichkeit der Länderneugliederung. Eine Tabelle fasst wichtige Eckdaten der Bundesländer zusammen. Anschließend erläutere ich zentrale Aspekte der Landesverfassungen. Die Regierungen, Parlamente, direktdemokratischen Verfahren, Wahlsysteme und Gerichte auf Landesebene werden danach behandelt. Abschließend bespreche ich noch überblicksartig die Parteiensysteme der Bundesländer.

Die Länder und ihre Territorien

Bis auf Bayern und die Stadtstaaten Bremen und Hamburg sowie mit Abstrichen Sachsen haben die meisten heutigen Länder der Bundesrepublik Deutschland nur in begrenztem Umfang eine ungebrochene eigenstaatliche Tradition. Nach 1945 kam es maßgeblich durch die alliierten Besatzungskräfte zu einer weitreichenden territorialen Umstrukturierung. Diese Neugliederung erfolgte innerhalb der vier alliierten Besatzungszonen und im Zuge der stufenweisen Rückübertragung von Regierungs- und Verwaltungsverantwortung an Deutsche (zur Entstehung der Bundesrepublik siehe Kapitel 3). Viele Länderneuschaffungen nach dem Zweiten Weltkrieg kann man an den »Bindestrichnamen« erkennen, zum Beispiel Nordrhein-Westfalen und Rheinland-Pfalz.

Die Neuschaffung beziehungsweise Wiedererrichtung von Ländern bereitete eine föderale, also bundesstaatliche Gestaltung des späteren (west-)deutschen Staates vor. Auch auf dem Gebiet der sowjetischen Besatzungszone kam es zur Gründung oder Wiederherstellung von Ländern. Allerdings wurden die ostdeutschen Länder – und mit ihnen die Landesregierungen und Landtage – im Jahre 1952 aufgelöst. Das Staatsgebiet der Deutschen Demokratischen Republik (DDR) wurde in der Folge in Bezirke aufgeteilt. Nach der friedlichen Revolution im Herbst 1989 wurden die ostdeutschen Länder (die umgangssprachlich immer noch gelegentlich »die neuen Länder« genannt werden) wieder errichtet. Einen kurzen Abriss zum politischen System der DDR finden Sie in Kapitel 2.

Die Bundesrepublik weist mit seit der Wiedervereinigung 16 Ländern eine rationalere und aus politisch-administrativer Sicht sicherlich zweckmäßigere Gliederung auf als die Weimarer Republik. Dort gab es historisch bedingt unter anderem

- ✔ mit Preußen ein übermächtig großes und einflussreiches Land sowie
- ✔ etliche kleine und sehr kleine Länder (wie etwa Schaumburg-Lippe) mit zum Teil nicht einmal zusammenhängenden Territorien (zum Beispiel Braunschweig).

Ein Überblick über die Länder

Tabelle 11.1 listet die 16 Länder auf, aus denen die Bundesrepublik Deutschland mit einer Gesamtbevölkerung von 84.669.326 Menschen auf einer Fläche von 357.683 km² besteht.

Land	Hauptstadt	Fläche (km²)	Bevölkerung	Bundesratsstimmen
Baden-Württemberg	Stuttgart	35.748	11.339.260	6
Bayern	München	70.542	13.435.062	6
Berlin	Berlin	891	3.782.202	4
Brandenburg	Potsdam	29.654	2.581.667	4
Bremen	Bremen	420	691.703	3
Hamburg	Hamburg	755	1.910.160	3
Hessen	Wiesbaden	21.116	6.420.729	5

Land	Hauptstadt	Fläche (km²)	Bevölkerung	Bundesratsstimmen
Mecklenburg-Vorpommern	Schwerin	23.293	1.629.464	3
Niedersachsen	Hannover	47.710	8.161.981	6
Nordrhein-Westfalen	Düsseldorf	34.113	18.190.422	6
Rheinland-Pfalz	Mainz	19.858	4.174.311	4
Saarland	Saarbrücken	2.572	994.424	3
Sachsen	Dresden	18.450	4.089.467	4
Sachsen-Anhalt	Magdeburg	20.555	2.180.448	4
Schleswig-Holstein	Kiel	15.804	2.965.691	4
Thüringen	Erfurt	16.202	2.122.335	4

Tabelle 11.1: Die deutschen Länder im Überblick Ende 2023 (Stand Juni/Oktober 2024)

Das Instrument der Länderneugliederung

Die Bundesländer unterscheiden sich zum Teil erheblich im Hinblick auf Bevölkerung, Größe und wirtschaftliche Leistungsfähigkeit. Hinsichtlich der Wirtschaftskraft besteht in der Tendenz ein West-Ost-Gefälle sowie ein Süd-Nord-Gefälle. In früheren Jahren gab es etliche Debatten über eine Neuordnung des Bundesgebiets, um eine möglicherweise bessere Gliederung zu erreichen.

Nach dem Grundgesetz sind Länderneugliederungen möglich, »um zu gewährleisten, dass die Länder nach Größe und Leistungsfähigkeit die ihnen obliegenden Aufgaben wirksam erfüllen können. Dabei sind die landsmannschaftliche Verbundenheit, die geschichtlichen und kulturellen Zusammenhänge, die wirtschaftliche Zweckmäßigkeit sowie die Erfordernisse der Raumordnung und der Landesplanung zu berücksichtigen« (Art. 29 Abs. 1 GG).

Während in den ersten Jahrzehnten der Bundesrepublik auch die Schaffung beziehungsweise Wiederherstellung zusätzlicher Länder im Gespräch war, konzentrierte sich die Debatte in jüngerer Zeit eher auf eine Verringerung der Anzahl der Länder (insbesondere zur Einsparung von Kosten). So diskutierte man unter anderem jeweils folgenlos

- ✔ eine Fusion des Saarlands mit Rheinland-Pfalz,
- ✔ eine Vereinigung von Bremen und Niedersachsen zu einem Nordweststaat oder anderer nördlicher Länder zu einem Nordstaat,
- ✔ eine Zusammenlegung von Berlin und Brandenburg (gegebenenfalls auch noch mit Mecklenburg-Vorpommern).

Nach Artikel 29 GG bestehen folgende verfassungsrechtliche Kernvorgaben und Voraussetzungen für eine Neuordnung des Bundesgebiets:

- ✔ Eine Länderneugliederung findet grundsätzlich durch ein Bundesgesetz statt.

- Erforderlich ist allerdings eine Bestätigung durch Volksentscheid in den betroffenen Ländern beziehungsweise Gebieten. Hier haben wir somit den derzeit praktisch einzigen Fall von direkter Demokratie auf Bundesebene.
- Bei der Volksabstimmung ist grundsätzlich die mehrheitliche Zustimmung in allen betroffenen Ländern erforderlich.
- Es besteht auch die Möglichkeit des Volksbegehrens, um eine Länderneugliederung zu initiieren.
- Kleinere Grenzveränderungen zwischen Ländern sind durch Staatsvertrag oder Bundesgesetz mit Zustimmung des Bundesrats möglich.
- Abweichend von einer bundesgesetzlichen Lösung sind Länderneugliederungen auch durch Staatsvertrag zwischen den beteiligten Ländern mit Volksentscheid und Zustimmung des Bundestags realisierbar.

Bisher kam es nur im Südwesten von Deutschland zu einer erfolgreichen Länderneugliederung: Aus Baden, Württemberg-Baden und Württemberg-Hohenzollern wurde 1952 nach einer prozedural durchaus umstrittenen Volksabstimmung das Land Baden-Württemberg. Im Jahr 1996 scheiterte die Fusion von Berlin und Brandenburg deutlich in dem entsprechenden Volksentscheid in Brandenburg. Für beide Neugliederungsprojekte griff man übrigens nicht auf Artikel 29 GG zurück, sondern verwendete als Rechtsgrundlagen speziell geschaffene Verfassungsartikel (Artikel 118 beziehungsweise 118a GG), die eine stärkere Rolle der betreffenden Länder beziehungsweise eine schwächere Rolle des Bundes im Entscheidungsprozess vorsehen.

Die Landesverfassungen

Als Gliedstaaten eines Bundesstaats haben die Länder eine gewisse politische Autonomie, sind allerdings nicht völlig frei bei der Gestaltung ihrer Regierungssysteme und grundlegenden Rechtsordnungen.

Vorgaben für die Verfassungen der Länder

Die Verfassung der Bundesrepublik fordert eine grundsätzliche Übereinstimmung zwischen Grundgesetz und den Verfassungen der Länder hinsichtlich zentraler staatsrechtlicher Aspekte: »Die verfassungsmäßige Ordnung in den Ländern muss den Grundsätzen des republikanischen, demokratischen und sozialen Rechtsstaates im Sinne dieses Grundgesetzes entsprechen. In den Ländern, Kreisen und Gemeinden muss das Volk eine Vertretung haben, die aus allgemeinen, unmittelbaren, freien, gleichen und geheimen Wahlen hervorgegangen ist« (Art. 28 Abs. 1 GG).

Der Bund hat diesbezüglich eine Aufsichts- und Gewährleistungsaufgabe. Nicht zulässig wären in einem Land beispielsweise die Einführung einer Monarchie, die Abschaffung der Volksvertretung, die Beseitigung rechtsstaatlicher Verfahren und die Einführung eines mittelbaren, also indirekten Wahlsystems (etwa in Gestalt von Wahlleutegremien).

Alle Länder haben eine eigene Verfassung. Manche Landesverfassungen traten noch vor der Schaffung des Grundgesetzes in Kraft. Das liegt daran, dass die meisten westdeutschen Länder vor der Bundesrepublik entstanden. Die älteste noch gültige Landesverfassung ist die hessische vom 1. Dezember 1946. Für die Rechtsqualität der Landesverfassungen ist es heute unerheblich, ob sie vor oder nach dem Inkrafttreten des Grundgesetzes geschaffen wurden.

Die Landesverfassungen verfügen teilweise über ausführliche Grundrechtskataloge. Diese Grundrechtsbestimmungen sind in der Praxis allerdings von geringer Bedeutung. Das liegt insbesondere an den relativ begrenzten Landeskompetenzen – vor allem in der Gesetzgebung – und der Überlagerung der Landespolitik durch Bundesrecht (siehe hierzu Kapitel 10). Abweichend von der Grundregel »Bundesrecht bricht Landesrecht« (Art. 31 GG) »bleiben Bestimmungen der Landesverfassungen auch insoweit in Kraft, als sie in Übereinstimmung mit den Artikeln 1 bis 18 dieses Grundgesetzes Grundrechte gewährleisten« (Art. 142 GG). Im Zweifelsfall müssen die Grundrechtsbestimmungen der Landesverfassungen also im Lichte des Grundgesetzes ausgelegt werden (zu Art. 1 bis 18 GG siehe Kapitel 3).

In Bayern hat politische Bildung Verfassungsrang, jedenfalls bestimmt Artikel 188 der bayerischen Verfassung: »Jeder Schüler erhält vor Beendigung der Schulpflicht einen Abdruck dieser Verfassung.«

Von meist größerer Bedeutung als die Grundrechtskataloge sind die Unterschiede zwischen den Landesverfassungen sowie zwischen Bund und Ländern im Staatsorganisationsrecht, also hinsichtlich der rechtlichen Grundlagen der Regierungssysteme. Darauf gehe ich weiter hinten in diesem Kapitel ein.

Verfahren zur Änderung der Landesverfassungen

In fast allen Ländern ist eine Zweidrittelmehrheit im Landesparlament für eine Änderung der Verfassung nötig. Hessen ist diesbezüglich eine Ausnahme: Hier sind für eine Verfassungsänderung ein entsprechender Landtagsbeschluss mit absoluter Mehrheit und eine Volksabstimmung erforderlich, in der sich die Mehrheit der Abstimmenden für die Vorlage ausspricht.

Verpflichtende Volksentscheide bei Verfassungsänderungen sehen nur Bayern und Hessen vor. In Berlin muss eine Volksabstimmung anberaumt werden, wenn die Verfassungsbestimmungen über direkte Demokratie von der geplanten Änderung betroffen sind. Möglich, aber nicht erforderlich sind Volksentscheide über vom Parlament beschlossene Verfassungsänderungen etwa in Baden-Württemberg, Bremen, Nordrhein-Westfalen und Sachsen. Verfassungsänderungen können mitunter auch von Volksbegehren ausgehen. Zum Teil gelten aber sehr hohe Quoren (Beteiligungs- beziehungsweise Zustimmungshürden) bei Volksentscheiden über Verfassungsänderungen.

Die Regierungen der Länder

Im Unterschied zum Bund sind die Landesexekutiven »einköpfig«: Es gibt nicht einerseits ein Staatsoberhaupt und andererseits einen Regierungschef mit Ministerinnen, sondern nur die Regierung. Die im Gliedstaat eines Bundesstaats eher untergeordnete Funktion des

Staatsoberhaupts liegt je nach Land beim Regierungschef oder bei der Regierung (Kabinett). Die zentralen Aufgaben von Regierungen in demokratischen Verfassungsstaaten erläutere ich in Kapitel 8.

Zusammensetzung und Amtsdauer

Eine Landesregierung besteht jeweils aus der Regierungschefin und den Ministern. In manchen Bundesländern können auch Staatsräte und/oder Staatssekretäre der Regierung angehören. In den Flächenländern trägt der Regierungschef die Bezeichnung »Ministerpräsident«, in Berlin heißt er »Regierender Bürgermeister«, in Bremen »Bürgermeister« und in Hamburg »Erster Bürgermeister«. Die Landesministerinnen werden in den Stadtstaaten als »Senatorinnen« bezeichnet.

In allen Ländern wird mindestens der Regierungschef vom Parlament gewählt. Dafür ist in den meisten Ländern im ersten Wahlgang die absolute Mehrheit vorgesehen, also die Mehrheit der Abgeordneten. Im zweiten oder dritten Wahlgang genügt dann in der Regel die relative Mehrheit, also die Mehrheit der abgegebenen Stimmen.

Eine gleichzeitige Mitgliedschaft in Regierung und Parlament ist in den meisten Ländern erlaubt, nicht aber in Bremen und Hamburg.

Über die Zusammensetzung der Regierung entscheidet etwa in den östlichen Bundesländern offiziell nur der Ministerpräsident. In anderen Ländern wie beispielsweise Baden-Württemberg muss die Regierung vor dem Amtsantritt durch einen Beschluss des Parlaments bestätigt werden. In Bremen wird jedes Regierungsmitglied vom Parlament einzeln gewählt. Der Rücktritt einzelner Regierungsmitglieder ist in allen Bundesländern jederzeit möglich. Die Amtszeit der Ministerinnen ist jeweils an die des Regierungschefs gebunden. Eine Landesregierung scheidet nach der Wahl eines neuen Landtags grundsätzlich aus dem Amt.

In vielen Ländern kann die Regierung lediglich durch ein konstruktives Misstrauensvotum vom Parlament abgewählt werden wie im Bund (siehe hierzu Kapitel 8). Das bedeutet, dass gleichzeitig eine neue Regierung gewählt werden muss. In Berlin, Hessen, Rheinland-Pfalz und dem Saarland ist es dagegen möglich, die amtierende Landesregierung einfach nur abzuwählen (einfaches Misstrauensvotum). In manchen Ländern kann das Parlament auch nur einzelnen Ministern das Misstrauen aussprechen. Grundsätzlich gilt – wie im Bund –, dass eine Regierung nach einem Misstrauensvotum, einer Neuwahl des Parlaments oder einem Rücktritt so lange kommissarisch die Geschäfte weiterführt, bis eine neue Regierung im Amt ist.

Nach der Landtagswahl 2008 in Hessen scheiterten die Verhandlungen und Versuche zur Bildung einer Regierungskoalition. So blieb die CDU-Regierung unter Ministerpräsident Roland Koch weiterhin geschäftsführend im Amt. Die rot-rot-grüne Landtagsmehrheit setzte allerdings eine Abschaffung der Studiengebühren an hessischen Hochschulen gegen den Willen der kommissarischen Landesregierung durch. Anfang 2009 kam es dann zu einer vorgezogenen Neuwahl des Landtags und in der Folge zur Wahl einer neuen Landesregierung unter Koch (einer Koalition aus CDU und FDP).

Regierungsarbeit und -organisation

Über die Geschäftsverteilung, also die Verteilung von Politikbereichen an bestimmte Ministerien, entscheiden in den meisten Ländern die Regierungsmitglieder gemeinsam. In einigen wenigen Bundesländern wie etwa dem Saarland wird diese Frage offiziell lediglich vom Ministerpräsidenten geregelt. Die Beteiligung des Landesparlaments in dieser Frage ist nur in wenigen Ländern vorgesehen, beispielsweise in Rheinland-Pfalz. Die Landesregierungen weisen weniger Ressorts auf als die Bundesregierung, aber immer noch eine beträchtliche Anzahl von etwa sechs bis ca. zwölf Ministerien.

Ressortprinzip, Kabinettsprinzip und Richtlinienkompetenz findet man nicht nur auf Bundesebene (siehe hierzu Kapitel 8), sondern auch auf Landesebene:

- ✔ Das Ressortprinzip gilt in allen Landesregierungen. Die Fachminister und Senatorinnen sind demnach grundsätzlich für die Führung der Geschäfte in ihrem jeweiligen Zuständigkeitsbereich verantwortlich.
- ✔ Nach dem Kabinettsprinzip werden bestimmte Angelegenheiten nur von der Regierung als Ganzes beschlossen, etwa Gesetzentwürfe. In der Praxis kommt es häufig zu Konsensentscheidungen innerhalb der Landesregierungen, insbesondere weil heikle Fragen vorher schon auf der Ebene der Koalitionsparteien geklärt werden.
- ✔ Alle Länder außer Bremen sehen zumindest formell eine Richtlinienkompetenz des Regierungschefs vor. Er darf also jenseits des Ressortprinzips die Grundlinien der Regierungspolitik vorgeben. Der Regierungschef kann auch einzelne Ministerinnen entlassen, in manchen Ländern allerdings nur mit Zustimmung des Landtags.

Die reale politische Macht einer Regierungschefin auf Landesebene ist nicht nur abhängig von den verfassungs- und organisationsrechtlichen Bestimmungen, sondern maßgeblich von ihrer Position in ihrer Partei und in der jeweiligen Regierungskoalition. Das haben die Ministerpräsidenten mit dem Bundeskanzler gemein (siehe Kapitel 8).

Parlamente und Gesetzgebung

Bei den Volksvertretungen auf Landesebene handelt es sich ausnahmslos um direkt gewählte Einkammerparlamente (die zentralen Aufgaben von Parlamenten in demokratischen Verfassungsstaaten beschreibe ich in Kapitel 7).

Organisation der Volksvertretungen auf Landesebene

Die Parlamente der Flächenländer haben die Bezeichnung »Landtage«. In den Stadtstaaten heißen die Volksvertretungen »Bürgerschaft« (Bremen und Hamburg) beziehungsweise »Abgeordnetenhaus« (Berlin). Mit dem Sammelbegriff »Landtage« sind in diesem Buch (und umgangssprachlich) auch die Parlamente der Stadtstaaten gemeint.

Bayern hatte einst mit dem Senat eine zweite Parlamentskammer. Der Bayerische Senat setzte sich zusammen aus Vertretern der Land- und Forstwirtschaft, der Industrie und des Handels, des Handwerks, der Gewerkschaften, der freien Berufe, der Genossenschaften, der Religionsgemeinschaften, der Wohltätigkeitsorganisationen, der Hochschulen und Akademien sowie der Gemeinden und Gemeindeverbände. Er hatte ein Initiativrecht und konnte Einwendungen gegen vom Landtag verabschiedete Gesetze vorbringen, die Letzterer mit einfacher Mehrheit überstimmen konnte. Der Senat wurde durch ein Volksbegehren mit anschließendem Volksentscheid im Jahre 1998 abgeschafft.

Die Größe der Landtage variiert stark zwischen 51 Sitzen (Saarland) und 181 Sitzen (Nordrhein-Westfalen), wobei es in manchen Ländern zu Überhangmandaten sowie Ausgleichsmandaten und damit zu zusätzlichen Abgeordnetensitzen kommen kann. Im Unterschied zur Bundesebene beträgt die reguläre Dauer einer Legislaturperiode auf Landesebene fünf Jahre. Bremen ist hier eine Ausnahme: In der Hansestadt dauert eine Legislaturperiode wie im Bund vier Jahre.

Alle Landtage können vorzeitig aufgelöst werden:

- ✔ Eine Selbstauflösung der Parlamente ist auf Landesebene (im Unterschied zum Bund) überall möglich, in der Regel mit einer besonderen Mehrheit (absolute Mehrheit oder Zweidrittelmehrheit).
- ✔ In einigen Bundesländern wie etwa Bayern und Baden-Württemberg kann eine Landtagsauflösung auch durch Volksbegehren und Volksentscheid herbeigeführt werden, allerdings häufig nur in Verbindung mit sehr hohen Quoren.
- ✔ Mancherorts werden Neuwahlen angesetzt nach einer gescheiterten Vertrauensfrage entweder durch den Regierungschef oder das Parlament.
- ✔ In einer Minderheit der Länder kommt es außerdem zu einer automatischen Auflösung des Parlaments, wenn innerhalb einer bestimmten Frist keine Regierung gebildet beziehungsweise kein Regierungschef gewählt wird (beispielsweise in Baden-Württemberg und Brandenburg).

Bis auf Bremen und Hamburg hat sich mittlerweile auf Landesebene der Typus des voll alimentierten Berufspolitikers durchgesetzt. Das bedeutet, dass die Landtagsabgeordneten ihre Tätigkeit offiziell in Vollzeit ausüben und entsprechende Abgeordnetenentschädigungen und Altersversorgungen erhalten (über die sie selbst entscheiden). Kritiker wie der Staats- und Verfassungsrechtler Hans Herbert von Arnim halten die entsprechenden Regelungen für überzogen: Zum einen hätten die Landtage deutlich weniger zu tun als etwa der Bundestag, und zum anderen zeigten die Nebentätigkeiten mancher Abgeordneter, dass es sich bei einem durchschnittlichen Landtagsmandat eher nicht um eine Vollzeittätigkeit handele.

In allen Bundesländern bestehen parlamentarische Regierungssysteme, in denen die Regierung vom Vertrauen und der Unterstützung der Landtagsmehrheit abhängig ist. Es ist überall grundsätzlich ein klarer Dualismus zwischen Regierungsmehrheit und Opposition sowie eine entsprechende Aufgabenteilung zwischen den Abgeordneten festzustellen. Für die Länder gelten somit in der politischen Praxis die wesentlichen Merkmale parlamentarischer Regierungssysteme (mehr dazu in Kapitel 7).

Die Landtage weisen zudem für Volksvertretungen in demokratischen Verfassungsstaaten typische Organisationseinheiten und -merkmale auf:

- ✔ An der Spitze der Landtage steht der Landtagspräsident. Er entstammt in der Regel der stärksten Fraktion. Bei der Leitung des Parlamentsbetriebs wird er von einem Präsidium (teilweise auch einem Ältestenrat) unterstützt, das sich üblicherweise aus Mitgliedern aller Fraktionen zusammensetzt.
- ✔ Öffentlichkeitswirksame Debatten werden (wenn überhaupt) im Plenum geführt. Der Schwerpunkt der inhaltlichen Arbeit findet in Fachausschüssen statt. In manchen Ländern sind die Ausschusssitzungen öffentlich.
- ✔ Fraktionen als »parlamentarische Arme der Parteien« vereinfachen die politische Willensbildung und die Arbeitsorganisation in den Landtagen. Innerhalb der Fraktionen bestehen zum Teil Arbeitskreise zu bestimmten Politikbereichen.
- ✔ Die Abgeordneten werden durch die Landtagsverwaltung, persönliche Mitarbeitende und Fraktionsangestellte unterstützt.

Parlamentarische Gesetzgebung

Das Recht zur Gesetzesinitiative haben auf Landesebene in der Regel

- ✔ die Regierung; von der Exekutive stammen wie im Bund die meisten Gesetzentwürfe.
- ✔ das Parlament; häufig ist ein Quorum (zum Beispiel Fraktionsstärke) vorgeschrieben, nur in einigen wenigen Ländern wie etwa dem Saarland kann auch ein einzelner Landtagsabgeordneter eine Gesetzesvorlage einbringen.
- ✔ das Volk in Form von Volksbegehren.

Die Landtage behandeln Gesetzentwürfe in mehreren Lesungen (in der Regel drei). Fachlich einschlägige Ausschüsse beraten die Vorlagen intensiv und geben Beschlussempfehlungen für das Plenum ab. Gesetzentwürfe der Regierung oder der Koalitionsfraktionen (Regierungsmehrheit) werden üblicherweise verabschiedet, Initiativen oppositioneller Landtagsabgeordneter dagegen abgelehnt.

Im Unterschied zur Bundesebene hat die Volksgesetzgebung in den letzten Jahrzehnten auf Landesebene immer mehr Bedeutung erlangt, auch durch die Änderung einschlägiger Verfassungs- und Gesetzesvorschriften. In allen Ländern existieren mittlerweile mehr oder weniger anwendungsfreundliche direktdemokratische Verfahren, die die Gesetzgebungsaktivitäten der Landtage hin und wieder ergänzen.

Direkte Demokratie: Auf Landesebene möglich

Die landesrechtlichen Vorschriften über direktdemokratische Verfahren unterscheiden sich zwischen den Ländern. Ihre praktische Wirksamkeit hängt unter anderem davon ab,

- ✔ wie viele Unterschriften erforderlich sind, um ein Volksbegehren zu initiieren,
- ✔ in welcher Form und innerhalb welcher Fristen unterstützende Unterschriften gesammelt werden dürfen,
- ✔ wie hoch etwaige Beteiligungs- und Zustimmungsquoren beim Volksentscheid sind (darauf gehe ich weiter hinten in diesem Kapitel genauer ein),
- ✔ wie viele und welche Politikbereiche von Volksabstimmungen ausgeschlossen sind.

In etlichen Ländern gibt es inzwischen das Instrument der Volksinitiative oder des Volksantrags. Damit kann der Landtag aufgefordert werden, sich mit einem bestimmten Thema zu befassen. Die Anforderungen hierfür (vor allem an unterstützenden Unterschriften) sind in der Regel verhältnismäßig niedrig. Allerdings sind die Landtagsabgeordneten in diesem Fall auch nur verpflichtet, über das Thema zu diskutieren, ohne sonst irgendwelche Maßnahmen zu ergreifen.

Im Unterschied dazu zielt ein Volksbegehren, das in allen Bundesländern möglich ist, auf den Erlass, die Änderung oder die Aufhebung eines Gesetzes:

- ✔ Erforderlich ist üblicherweise ein ausformulierter Gesetzentwurf.
- ✔ Es gibt in der Regel von der Volksgesetzgebung ausgeklammerte Bereiche wie den Landeshaushalt, Dienst- und Versorgungsbezüge, Abgaben und Personalentscheidungen.
- ✔ Teilweise existieren hohe Anforderungen im Hinblick auf die Unterschriftensammlung.
- ✔ Ein zustande gekommenes Volksbegehren wird von der Regierung beziehungsweise dem Landesverfassungsgericht auf seine rechtliche Zulässigkeit geprüft.

Danach geht die Vorlage an den Landtag. Das weitere Verfahren ist von dessen Verhalten abhängig:

- ✔ Stimmt das Landesparlament dem mit dem Volksbegehren beantragten Gesetz unverändert zu, gilt es als erlassen.
- ✔ Stimmt der Landtag nicht unverändert zu, wird ein Volksentscheid anberaumt. Hierbei kann das Parlament in der Regel einen Gegenvorschlag unterbreiten.
- ✔ Bei der Volksabstimmung entscheidet grundsätzlich die Mehrheit der Abstimmenden. In den meisten Ländern gelten allerdings zusätzlich Beteiligungsquoren (die eine Mindestbeteiligung an Stimmberechtigten festlegen) oder Zustimmungsquoren (die vorsehen, dass die Abstimmungsmehrheit mindestens einen bestimmten Anteil der Stimmberechtigten ausmachen muss). Das Ziel solcher Regelungen ist, dass weitreichende Entscheidungen nicht von kleinen Minderheiten abstimmender

Wahlberechtigter getroffen werden. Nur wenige Länder wie etwa Bayern verzichten auf entsprechende Quoren bei Volksentscheiden über einfache Gesetze.

Im Jahr 2010 stimmten bei einem Volksentscheid in Bayern, der durch ein Volksbegehren initiiert worden war, 60,9 Prozent der Abstimmenden für einen weitreichenden Nichtraucherschutz, unter anderem ein komplettes Rauchverbot in Gaststätten. Da die Abstimmungsbeteiligung allerdings nur bei 37,7 Prozent lag, votierten lediglich 22,9 Prozent der Stimmberechtigten für die Gesetzesänderung. In Ermangelung eines Beteiligungs- oder Zustimmungsquorums konnten sie die Volksabstimmung so für sich entscheiden und die rechtlichen Änderungen wirksam beschließen.

In manchen Ländern – etwa Baden-Württemberg – sind unter bestimmten Bedingungen auch Plebiszite möglich, also Volksabstimmungen auf Veranlassung »von oben«, das heißt durch Beschluss der Landesregierung oder des Landtags. Ein Beispiel hierfür ist die Volksabstimmung zum Bahnprojekt »Stuttgart 21« in Baden-Württemberg im Jahr 2011.

Vom Beschluss zum Gesetz

In den Ländern gibt es keine zweiten Parlamentskammern, die ein Veto gegen Gesetzgebungsbeschlüsse der Landtage einlegen könnten wie der Bundesrat auf Bundesebene (siehe hierzu Kapitel 7). Die hessische Landesregierung verfügt über ein begrenztes Vetorecht gegen legislative Entscheidungen des Landtags. Das Parlament kann einen entsprechenden Einspruch der Exekutive mit absoluter Mehrheit zurückweisen. Diese Regelung hat in der Praxis bisher keine Bedeutung erlangt.

Vom Landtag oder durch Volksabstimmung angenommene Gesetze werden je nach Landesrecht vom Parlamentspräsidenten oder von der Regierungschefin (gegebenenfalls unter Beteiligung bestimmter Minister) ausgefertigt und im jeweiligen Landesgesetzblatt veröffentlicht.

Wahlsysteme in den Ländern

Die Grundsätze für das Wahlrecht auf Landesebene sind durch das Grundgesetz vorgegeben und mit den entsprechenden Rechtsprinzipien auf Bundesebene (siehe Kapitel 7) identisch: Landtagswahlen müssen allgemein, unmittelbar, frei, gleich und geheim sein (Art. 28 Abs. 1 GG). Aktiv wahlberechtigt sind deutsche Staatsangehörige, die seit einem bestimmten Zeitraum – überwiegend mindestens drei Monate – in dem betreffenden Land mit erstem Wohnsitz wohnhaft sind.

Es ist möglich, dass Sie in ein anderes Bundesland umziehen und dadurch an einer in Ihrem bisherigen Land stattfindenden Landtagswahl nicht mehr teilnehmen dürfen, aber auch bei einer zeitnahen Landtagswahl im neuen Wohnsitzland noch nicht stimmberechtigt sind, weil Sie dort noch nicht lange genug wohnen.

Das aktive Wahlrecht erhält man in den meisten Ländern mit 18 Jahren. In Baden-Württemberg, Brandenburg, Bremen, Hamburg, Mecklenburg-Vorpommern und Schleswig-Holstein dürfen Bürgerinnen und Bürger hingegen schon mit 16 Jahren den Landtag wählen. Für das passive Wahlrecht gilt in allen Ländern die Altersgrenze 18 Jahre.

In sämtlichen Bundesländern existieren Verhältniswahlsysteme. Die Verteilung der Mandate erfolgt also grundsätzlich proportional zu den abgegebenen (Haupt-)Stimmen. Wahlberechtigte haben in den meisten Ländern wie im Bund zwei Stimmen. Im Saarland verfügen sie nur über eine Stimme. In Bremen und Hamburg darf man fünf beziehungsweise zehn Stimmen vergeben. Im Detail weisen die Wahlsysteme durchaus einige Unterschiede auf:

- ✔ Die meisten Länder sehen Formen der personalisierten Verhältniswahl mit geschlossenen Listen vor, die der Regelung auf Bundesebene (siehe Kapitel 7) mehr oder weniger ähneln. Das bedeutet, dass man in der Regel einen Wahlkreiskandidierenden und die Landesliste einer Partei wählen kann.
- ✔ In Bayern gibt es eine personalisierte Verhältniswahl mit offenen Listen. Die Wahlberechtigten wählen hier mit ihrer Zweitstimme einen Kandidierenden von der Wahlkreisliste einer Partei.
- ✔ Eine Verhältniswahl mit offenen Listen ist in Bremen und Hamburg vorgesehen. Hier können die Wählenden ihre Stimmen auf die Kandidierenden verschiedener Parteien verteilen.
- ✔ Im Saarland hat man sich für eine einfache Verhältniswahl mit geschlossenen Listen entschieden. Die Wahlberechtigten können hier nur eine Partei wählen.
- ✔ Baden-Württemberg kannte bisher eine personalisierte Verhältniswahl ohne Listen: Die Wahlberechtigten wählten mit ihrer einzigen Stimme gleichzeitig einen Wahlkreisbewerber und seine Partei. Ein Teil der Mandate wurde, ausgehend von der Stimmenverteilung, an unterlegene Wahlkreiskandidierende vergeben. Künftig gibt es auch in Baden-Württemberg eine personalisierte Verhältniswahl mit geschlossenen Listen basierend auf zwei Stimmen.

In sämtlichen Ländern gilt wie im Bund eine 5-Prozent-Hürde: Nur Parteien mit mehr als 5 Prozent der Stimmen ziehen in den Landtag ein. Für Bremen gilt die Besonderheit, dass die 5-Prozent-Hürde getrennt auf Bremen und Bremerhaven angewandt wird. Berlin, Brandenburg, Sachsen und Schleswig-Holstein sehen auch eine Grundmandatsklausel vor; Parteien, die ein beziehungsweise zwei Direktmandate erringen können, kommen in diesen Ländern auch bei weniger als 5 Prozent der Stimmen in den Landtag. Die 5-Prozent-Hürde gilt in Brandenburg nicht für die Minderheit der Sorben und in Schleswig-Holstein nicht für die dänische Minderheit (organisiert im Südschleswigschen Wählerverband, SSW).

Überhangmandate können in etlichen Ländern anfallen, das heißt, Parteien können über Direktmandate mehr Abgeordnetensitze erzielen, als ihnen eigentlich im Verhältnis nach dem (Zweit-)Stimmenergebnis zustehen. In diesem Fall kommt es überall zur Vergabe von Ausgleichsmandaten, um das proportionale Kräfteverhältnis zwischen den Parteien herzustellen. Damit ist eine Erhöhung der Gesamtsitzzahl verbunden, also eine Vergrößerung des Landtags. Einen guten Überblick über die zum Teil recht komplizierten Detailregelungen bei der Mandatsverteilung bietet `www.wahlrecht.de/landtage/`.

Gerichte in den Bundesländern

Für die meisten Gerichte in der Bundesrepublik sind die Länder zuständig. Nur die obersten Gerichte in Deutschland sind Bundesgerichte.

Ordentliche Gerichtsbarkeit und Fachgerichtsbarkeit

Man unterscheidet zwischen der ordentlichen Gerichtsbarkeit und den Fachgerichten. Die ordentliche Gerichtsbarkeit umfasst die Straf- und Zivilgerichte. In den Ländern gibt es diesbezüglich Amtsgerichte, Landgerichte und Oberlandesgerichte. Ein Streitfall kann in der Regel drei Gerichtsinstanzen durchlaufen. Meist sind zwei so genannte Rechtsmittel möglich (wenn nicht eines aus bestimmten Gründen nicht zugelassen wird): Berufung und Revision. Die oberste Instanz ist grundsätzlich das zuständige Bundesgericht, im Fall der ordentlichen Gerichtsbarkeit der Bundesgerichtshof. Es ist von der Streitsache abhängig, ob die Erstinstanz das Amtsgericht oder das Landgericht ist. In besonderen Fällen kann auch das Oberlandesgericht die erste Instanz sein.

Hinsichtlich der Arbeitsgerichtsbarkeit existieren auf Landesebene erstinstanzlich Arbeitsgerichte und zweitinstanzlich ein Landesarbeitsgericht. Für Verwaltungsstreitigkeiten haben die Länder Verwaltungsgerichte und ein Oberverwaltungsgericht beziehungsweise einen Verwaltungsgerichtshof eingerichtet. Der Zweig der Sozialgerichtsbarkeit besteht in den Ländern aus Sozialgerichten und einem Landessozialgericht. Im Rahmen der Finanzgerichtsbarkeit gibt es lediglich eine Instanz in den Ländern in Form der Finanzgerichte. Hier ist nur ein Rechtsmittel (Revision) zum Bundesfinanzhof möglich.

Die Verfassungsgerichte der Länder

Alle Bundesländer verfügen zudem über ein Landesverfassungsgericht. Die Verfassungsrichterinnen werden von den Landtagen gewählt. In einigen Ländern sind bestimmte Juristen durch ihr Amt automatisch Verfassungsrichter (zum Beispiel der Präsident des Oberverwaltungsgerichts). Die Wahl einiger Nichtjuristinnen zu Verfassungsrichterinnen ist in etlichen Ländern möglich. Einige Länder schließen eine Wiederwahl von Verfassungsrichtern aus. Die Landesverfassungsgerichte sind üblicherweise zuständig für

- ✔ Organstreitigkeiten zwischen den obersten Institutionen des Landes,
- ✔ abstrakte Normenkontrollen, das heißt Überprüfungen von Rechtsvorschriften, auf Antrag bestimmter Institutionen (etwa der Regierung oder eines bestimmten Teils der Landtagsabgeordneten),
- ✔ konkrete Normenkontrollen auf Antrag von Gerichten.

Manche Landesverfassungsgerichte sind außerdem zuständig für einige oder alle der folgenden Verfahrensarten:

- ✔ Verfassungsbeschwerden (bezogen auf die Landesverfassung),
- ✔ Wahlprüfungsbeschwerden im Hinblick auf Landtagswahlen,
- ✔ Minister- und/oder Abgeordnetenanklagen.

Die Landesverfassungsgerichte haben bisher keine allzu große rechtspolitische Bedeutung erlangt, was sicher auch mit der häufigen Überlagerung von Landesrecht durch Bundesrecht zusammenhängt. So werden die ganz großen verfassungsrechtlichen Streitfälle meistens eher vom Bundesverfassungsgericht entschieden (siehe hierzu Kapitel 9).

Parteiensysteme auf Landesebene

Die politischen Parteien und ihre Konstellation in den Ländern unterscheiden sich in der Regel nicht fundamental von der Bundesebene (mehr zu der Funktion von Parteien, ihren rechtlichen Grundlagen, dem Thema Parteienfinanzierung, dem inneren Aufbau von Parteien, ihrer geschichtlichen Entwicklung in Deutschland und den wichtigsten programmatischen Unterschieden zwischen ausgewählten Parteien in Kapitel 5; für einen Überblick über zehn wichtige Parteien siehe Kapitel 20).

Unterschiede zwischen Bund und Ländern

In allen Landtagen gibt es Mehrparteiensysteme mit mindestens drei, aber meist nicht mehr als sechs Parteien beziehungsweise Fraktionen. Die Parteiensysteme auf Landesebene sind vielfältiger als im Bund:

- ✔ Die großen Parteien CDU (in Bayern CSU) und SPD sind in allen Landtagen vertreten, aber teilweise in sehr unterschiedlichen Stärkeverhältnissen.
- ✔ Die kleineren beziehungsweise mittelgroßen Parteien Bündnis 90/Die Grünen, FDP, Die Linke und AfD haben in vielen, aber jeweils meist nicht in allen Landtagen eigene Fraktionen.
- ✔ Teilweise gibt es Regionalparteien. Die CSU ist seit Jahrzehnten in Bayern die dominierende Partei, und der Südschleswigsche Wählerverband (SSW) ist seit Langem im Landtag von Schleswig-Holstein vertreten und war auch schon an der Regierung beteiligt.

Parteipolitische Eintagsfliegen haben auf Landesebene offenbar größere Chancen. Das zeigt beispielsweise der kurzzeitige Erfolg der rechtspopulistischen Partei Rechtsstaatlicher Offensive, umgangssprachlich meist »Schill-Partei« genannt, die im Jahr 2001 bei den Wahlen zur Hamburger Bürgerschaft 19,4 Prozent der Stimmen erzielte und daraufhin an der Regierungskoalition der Hansestadt beteiligt wurde, aber schon wenige Jahre später in der Bedeutungslosigkeit versank.

Ein großer Unterschied zwischen den östlichen und den westlichen Bundesländern ist seit Jahren die Linkspartei: Im Osten ist beziehungsweise war sie relativ stark, während sie im Westen häufig um den Einzug in die Landtage kämpfen muss. Diese Rolle könnte ihr künftig zumindest teilweise die Abspaltung Bündnis Sahra Wagenknecht (BSW) streitig machen. Offen rechtsextreme Parteien wie Die Heimat (vormals NPD) hatten zuletzt auf Landesebene keine Chance mehr, die 5-Prozent-Hürde zu überspringen.

Einige Länder werden oder wurden jahrzehntelang von einer großen Partei dominiert. So ist etwa die SPD in Bremen und Brandenburg traditionell vergleichsweise stark und die CSU in Bayern. Süddeutschland ist tendenziell stärker von den Unionsparteien geprägt, während die Stadtstaaten eher »rot« sind. Auf Landesebene kann man wie im Bund ein gewisses Schrumpfen der großen Parteien ausmachen. Dadurch kommt es häufiger zur Bildung von großen Koalitionen und Drei-Parteien-Regierungskoalitionen. Nach Ansicht der

Wahlforschung werden die Landesparteien nicht selten bei Landtagswahlen stellvertretend für ihre Bundesparteien abgestraft.

In der Vergangenheit gab es auf Landesebene

- überwiegend Regierungskoalitionen aus zwei Parteien (oft entlang der Links/Rechts-Lager wie im Bund), aber auch
- deutlich häufiger Einparteienregierungen als im Bund (zum Beispiel in Bayern),
- häufiger – wenn auch insgesamt immer noch selten – Minderheitsregierungen (etwa in Thüringen),
- teilweise bislang eher untypische Koalitionen, zum Beispiel SPD/Die Linke, CDU/Grüne, CSU/Freie Wähler und verschiedene Drei-Parteien-Koalitionen.

Die Regierungssysteme und die Parteiendimension

Die in diesem Kapitel dargestellten (verfassungs-)rechtlichen Unterschiede zwischen den Regierungssystemen der Länder sowie zwischen Bund und Ländern sind trotz gewisser Vereinheitlichungstendenzen bemerkenswert. Im politischen Alltag werden diese Unterschiede aber weitgehend von der Parteiendemokratie – insbesondere dem Dualismus Regierungsmehrheit/Opposition – überlagert und spielen deshalb kaum eine Rolle. Daher ähneln sich politische Prozesse auf Bundes- und Landesebene häufig.

Die verfassungs- und organisationsrechtlichen Besonderheiten in den einzelnen Ländern kommen gegebenenfalls in Ausnahmefällen zum Tragen, insbesondere bei unklaren, sehr knappen oder fehlenden parlamentarischen Mehrheiten. Hier kann es beispielsweise von Bedeutung sein, welche Mehrheit zur Wahl des Ministerpräsidenten wann rechtlich notwendig ist, wie die Bestimmungen zur kommissarischen Regierungsführung ausgestaltet sind und unter welchen Bedingungen Neuwahlen angesetzt werden können. Das Erstarken der AfD, das tendenzielle Schrumpfen der großen Parteien CDU/CSU und SPD sowie das Aufkommen neuer Parteien (etwa BSW) machen die Bildung stabiler Regierungsmehrheiten auf Landesebene in Zukunft voraussichtlich nicht einfacher.

Auch die Unterschiede bei den direktdemokratischen Verfahren können mitunter eine bemerkenswerte Wirkung entfalten: In Ländern mit anwendungsfreundlicheren Bestimmungen wie etwa Bayern kam es bisher häufiger zu erfolgreichen Volksbegehren und nachfolgenden Volksentscheiden als anderswo.

IN DIESEM KAPITEL

Die Aufgaben von Gemeinden, Städten und Landkreisen in Politik und Verwaltung

Überblick über die Kommunalverfassungen in Deutschland

Wahlsysteme und direkte Demokratie auf kommunaler Ebene

Politische Prozesse in den Kommunen

Kapitel 12
Die kommunale Ebene

Vielleicht fragen Sie sich, warum Sie sich mit Politik und Verwaltungsangelegenheiten in Gemeinden und Städten auseinandersetzen sollten. Ist das Zusammenspiel der Verfassungsorgane und Interessenorganisationen auf Bundesebene und in den Ländern nicht schon kompliziert genug? Reicht eine Beschäftigung damit nicht aus, um das politische System der Bundesrepublik zu verstehen?

Um ein erstes Gefühl für die wichtigsten politischen Institutionen und Prozesse in Deutschland zu erlangen, mag die kommunale Ebene tatsächlich nicht so wichtig erscheinen. Die grundlegenden politischen Entscheidungen, die das Staatswesen betreffen, werden nun einmal auf Bundesebene beschlossen. Allerdings haben die meisten Menschen in der Bundesrepublik üblicherweise vor allem auf kommunaler Ebene mit der Staatsgewalt zu tun: Die Bundes- und Landesgesetze werden zu einem Großteil von den Gemeinden und Städten umgesetzt. Außerdem entscheidet die Kommunalpolitik fortlaufend über wichtige Belange, die das alltägliche Umfeld der Bürgerinnen und Bürger betreffen. Die Bedeutung der Politik in den Kommunen sollte also keinesfalls unterschätzt werden.

Im Folgenden gehe ich zunächst auf den Begriff »Kommune« näher ein. Anschließend behandele ich zentrale grundgesetzliche Vorgaben für die Kommunalpolitik. Es folgt ein Überblick über die politischen und administrativen Aufgaben der Städte, Gemeinden und Landkreise. Danach beschreibe ich wichtige Aspekte der Kommunalverfassungen. Wahlsysteme und direkte Demokratie auf kommunaler Ebene skizziere ich im Anschluss. Abschließend bespreche ich noch ausgewählte politische Prozesse in der Lokalpolitik.

Kommunen in Deutschland

In der Bundesrepublik ist »Kommunen« ein Sammelbegriff für

- ✔ kreisangehörige Gemeinden,
- ✔ kreisangehörige Städte,
- ✔ kreisfreie Städte,
- ✔ (Land-)Kreise sowie in einzelnen Bundesländern auch Bezirke.

Aus der Größe einer Kommune (Bevölkerung und/oder Fläche) kann man nicht automatisch ableiten, ob es sich um eine Gemeinde oder eine Stadt handelt oder ob von einer kreisangehörigen oder einer kreisfreien Kommune die Rede ist. Die diesbezüglichen Regelungen der Bundesländer sind unterschiedlich. Manche Kommunen haben vor langer Zeit einmal das Stadtrecht erhalten (damit war unter anderem in der Regel das Recht auf Abhalten eines Marktes verbunden), sind aber heute kleiner als einige Gemeinden, die sich nicht »Stadt« nennen dürfen.

Die drei Stadtstaaten Berlin, Bremen und Hamburg sind eine Besonderheit im mehrgliedrigen Staatsaufbau der Bundesrepublik: Sie sind gleichzeitig Länder (also föderale Gliedstaaten) und Kommunen. Bremen ist nochmal ein Sonderfall, denn die Hansestadt besteht streng genommen aus zwei Kommunen (Bremen und Bremerhaven). In diesem Kapitel gehe ich fast ausschließlich auf die Kommunen der Flächenländer ein. Zwar haben die Stadtstaaten auch administrative Untergliederungen (in Berlin etwa die Bezirke), die zum Teil bedeutend größer sind als manche Städte und Gemeinden, doch handelt es sich hierbei nicht (mehr) um eigenständige Kommunen (zu den Regierungssystemen der Länder – darunter auch jenen der Stadtstaaten – siehe Kapitel 11).

In Deutschland gibt es zurzeit

- ✔ ungefähr 10.800 Kommunen, davon circa 2.100 Städte,
- ✔ knapp 300 Landkreise,
- ✔ gut 100 kreisfreie Städte (in denen etwa ein Drittel der deutschen Bevölkerung lebt).

Die Kommunen als Teile der Länder

Historisch gesehen hat die Zahl der Kommunen in Deutschland trotz Bevölkerungswachstums abgenommen. Die Landespolitik wollte Effizienzgewinne in der Verwaltung durch Zusammenschlüsse von Kommunen erreichen. Dabei sind etliche Verbandsgemeinden (zum Teil mit mehr oder weniger sperrigen »Bindestrichnamen«) entstanden. Als Folge unterschiedlich einschneidender Gebietsreformen, die in den Ländern der alten Bundesrepublik vor allem in den 1970er-Jahren stattfanden, variiert die Größe der deutschen Kommunen zum Teil erheblich. So zählt das bevölkerungsreichste Bundesland Nordrhein-Westfalen nur knapp 400 Gemeinden, während das eher kleine Rheinland-Pfalz etwa 2.300 Gemeinden hat.

Die Kommunen stellen im grundsätzlich dreistufigen Staatsaufbau Deutschlands die unterste Stufe dar. Im Unterschied zu Bund und Ländern kommt ihnen allerdings – abgesehen von den Stadtstaaten Berlin, Bremen und Hamburg – keine (Glied-)Staatenqualität zu. Sie haben das grundgesetzlich verbriefte Recht auf Selbstverwaltung, üben aber keine staatliche Hoheitsgewalt im engeren juristischen Sinne aus.

Die Kommunen sind Teile der Länder und unterliegen deren Rechts- und zum Teil auch Fachaufsicht (darauf gehe ich weiter hinten genauer ein). Organisatorisch gesehen ist die Kommunalverwaltung allerdings kein Teil der Landesverwaltung (zum Verwaltungsaufbau in der Bundesrepublik siehe Kapitel 13). Die Länder bestimmen für die Kommunen ihres Territoriums jeweils die Kommunalverfassungen – insbesondere die Gemeinde- und Kreisordnungen und das Kommunalwahlrecht – sowie die Kommunalgrenzen. Da jede Kommune zu einem bestimmten Bundesland gehört, überschreiten die Grenzen der Städte und Gemeinden in der Regel nicht die Grenzen der Länder.

Büsingen am Hochrhein in der Nähe von Schaffhausen ist vollständig von Schweizer Staatsgebiet umgeben. Bei der kleinen Gemeinde, die politisch zum Landkreis Konstanz (Baden-Württemberg) gehört, handelt es sich um eine sogenannte Exklave. Für Büsingen gelten einige Besonderheiten: So gehört die Gemeinde etwa zum Schweizer Zollgebiet, es gelten zum Teil andere steuer- und polizeirechtliche Vorschriften als im übrigen Deutschland, die Gemeinde hat je eine deutsche und eine schweizerische Postleitzahl sowie ein eigenes Kfz-Kennzeichen (BÜS), und man bezahlt dort häufig mit Schweizer Franken.

Der Bund entscheidet durch seine weitreichende Gesetzgebungskompetenz in Steuerfragen zu einem großen Teil (auch) über die Finanzgrundlagen der Kommunen. Hierbei sind in der Regel die Landesregierungen über den Bundesrat maßgeblich beteiligt (zur Finanzverfassung siehe Kapitel 10).

Das Konnexitätsprinzip besagt, dass höhere politisch-administrative Ebenen, die den Kommunen Aufgaben übertragen, sie auch mit den für die Aufgabenerfüllung nötigen (Finanz-)Mitteln ausstatten sollen oder müssen. Manchmal hat dieses Prinzip sogar Verfassungsrang, etwa in Artikel 137 Absätze 5 und 6 der hessischen Landesverfassung.

Grundgesetzliche Vorgaben für die Kommunalpolitik

Nach dem Grundgesetz muss den Gemeinden »das Recht gewährleistet sein, alle Angelegenheiten der örtlichen Gemeinschaft im Rahmen der Gesetze in eigener Verantwortung zu regeln. Auch die Gemeindeverbände haben im Rahmen ihres gesetzlichen Aufgabenbereiches nach Maßgabe der Gesetze das Recht der Selbstverwaltung. Die Gewährleistung der Selbstverwaltung umfasst auch die Grundlagen der finanziellen Eigenverantwortung; zu diesen Grundlagen gehört eine den Gemeinden mit Hebesatzrecht zustehende wirtschaftskraftbezogene Steuerquelle« (Art. 28 Abs. 2 GG).

Was ist darunter zu verstehen? Im Rahmen ihres verfassungsrechtlich geschützten Selbstverwaltungsrechts verfügen die Kommunen in den Grenzen der Gesetze von Bund und Ländern über die

- ✔ Organisationshoheit (Gestaltung ihrer Verwaltungsstruktur),
- ✔ Personalhoheit (Entscheidung über das Personal der Gemeindeverwaltung),
- ✔ Finanzhoheit (Festlegung des Kommunalhaushalts),
- ✔ Planungshoheit (Planung bestimmter Aufgaben),
- ✔ Satzungshoheit (Kompetenz zur Rechtsetzung),
- ✔ Gebietshoheit (zum Beispiel Ausweisung von Gebieten für bestimmte Nutzungszwecke) und
- ✔ Aufgabenhoheit (etwa Priorisierung und Durchführung bestimmter Tätigkeiten).

Die Kommunen dürfen für ihr Gebiet die Höhe der Gewerbesteuer und der Grundsteuer durch die Festlegung der jeweiligen »Hebesätze« bestimmen. Die Höhe dieser beiden Steuern setzt sich jeweils aus einem festen Mindestsatz und zusätzlichen, von der Gemeinde beschlossenen Prozentpunkten zusammen. Außerdem haben die Kommunen das Recht zur Erhebung bestimmter Abgaben (zum Beispiel der Hundesteuer) und Gebühren (etwa für die Haushaltsmüllentsorgung).

Nicht nur Menschen können unter bestimmten Bedingungen vor das Bundesverfassungsgericht ziehen (siehe hierzu Kapitel 9), es gibt auch die Kommunalverfassungsbeschwerde: Gemeinden und Gemeindeverbände, die sich durch ein Gesetz in ihrem Recht auf Selbstverwaltung verletzt sehen, haben die Möglichkeit, in Karlsruhe gegen den Bund gerichtlich vorzugehen (beziehungsweise gegen das betreffende Land, wenn es sich um ein Landesgesetz handelt und vor dem Landesverfassungsgericht keine entsprechende Beschwerde möglich ist).

Aufgaben der Kommunen

Bei den kommunalen Aufgaben kann man grundsätzlich zwischen dem eigenen Wirkungskreis (Selbstverwaltung) und dem übertragenen Wirkungskreis (Auftragsverwaltung) unterscheiden.

Der eigene Wirkungskreis betrifft die Selbstverwaltungsangelegenheiten der Städte und Gemeinden. Hier ist noch einmal folgende Unterscheidung möglich:

- ✔ **Freiwillige Aufgaben** (zum Beispiel kommunale Schwimmbäder und Theater): Ob und inwieweit eine Kommune hier tätig wird, ist ihre freie Entscheidung. Das Land übt die Rechtsaufsicht aus.
- ✔ **Weisungsfreie Pflichtaufgaben** (etwa Gemeindestraßen und Schulbauten): Eine Kommune muss hier grundsätzlich tätig werden; so kann sie nicht einfach

beschließen, keine Gemeindestraßen zu bauen. Aber sie kann relativ autonom über den Straßenverlauf und andere Eigenschaften der Straßen entscheiden. In diesen Fällen liegt die Rechtsaufsicht ebenfalls beim Land.

- ✔ **Pflichtaufgaben nach Weisung** (beispielsweise Bauaufsicht und Landschaftsschutz): Die Gemeinde muss hier tätig werden und kann auch entsprechend angewiesen werden. Hier übt das betreffende Bundesland die Rechts- und Fachaufsicht aus.

Beim übertragenen Wirkungskreis handelt es sich um Auftragsangelegenheiten. Manchmal spricht man auch von Organleihe, weil die kommunalen Behörden und Verwaltungsstrukturen hier verwendet werden, um Bundes- und Landesgesetze auszuführen (zum Beispiel Wahlrecht, Personenstandsrecht, Sozialhilferecht oder Naturschutzrecht). Das Land hat in diesen Fällen die Kompetenz zur Rechts- und Fachaufsicht.

Rechtsaufsicht bedeutet, dass eine höhere Ebene lediglich überprüft, ob eine niedrigere Ebene (hier eine Kommune) bestimmte Rechtsnormen einhält. Mehr Einfluss darf sie erst einmal nicht ausüben. Mit Fachaufsicht ist dagegen gemeint, dass eine Behörde einer höheren Ebene eine nachgelagerte Verwaltungseinheit anweisen darf, bei der Erfüllung einer Aufgabe in einer bestimmten Art und Weise tätig zu werden, etwa um eine Aufgabe ihrer Auffassung nach besonders effizient zu erledigen.

Die Kommunen als Dienstleister

Der übertragene Wirkungskreis macht einen Großteil der kommunalen Tätigkeit aus. Die Verwaltungseinheiten der Städte und Gemeinden widmen sich zwar auch etlichen freiwilligen lokalen Aufgaben, doch führen sie nun einmal die Mehrzahl der Bundes- und Landesgesetze vor Ort aus. Die Kommunen tätigen zudem mehr als die Hälfte aller öffentlichen Investitionen.

Die öffentliche Auftragsvergabe – und insbesondere der Bausektor – ist ein häufiges Einfallstor für Mauscheleien bis hin zur Korruption. Kommunen stecken hier immer wieder in einem Dilemma: Einerseits sind sie an das Vergaberecht gebunden, müssen also Aufträge oberhalb bestimmter Schwellenwerte öffentlich ausschreiben. Das dient neben der Betrugsbekämpfung vor allem dem Gemeinwohl sowie dem Schutz der kommunalen Haushalte, weil in einem fairen Bieterverfahren jener Bewerber den Zuschlag bekommen soll, der in Sachen Qualität und Preis das beste Angebot vorgelegt hat. Andererseits haben Gemeinden aber auch ein Interesse daran, Betriebe und Gewerbetreibende aus der Region – die sie möglicherweise gut kennen und die lokale Arbeitsplätze schaffen – besonders zu fördern (selbst wenn deren Preise und Leistungen denen anderer deutscher oder europäischer Anbieter mehr oder weniger unterlegen sind).

Die Landkreise erledigen in der Regel Aufgaben, die die Leistungsfähigkeit einzelner Gemeinden übersteigen oder die eine einheitliche Erledigung über Gemeindegrenzen hinweg erfordern. Zu den Aufgaben, die häufig von den Landkreisen wahrgenommen werden, zählen der öffentliche Personennahverkehr, der Katastrophenschutz, die Kreisstraßen, die Zulassung von Kraftfahrzeugen und die Lebensmittelüberwachung. Kreisangehörige Städte erledigen häufig mehr Aufgaben in Eigenregie als kleine kreisangehörige Gemeinden. Bei der jeweiligen Aufteilung der Aufgaben zwischen verschiedenen Gemeinden und Kreisen kann es Unterschiede innerhalb und zwischen den Bundesländern geben.

Gegenüber den kreisangehörigen Städten und Gemeinden wird die Kommunalaufsicht von den Landkreisen ausgeübt. Kreisfreie Städte werden entsprechend der Verwaltungsstruktur des betreffenden Bundeslandes meist von Landesmittelbehörden beaufsichtigt (etwa Regierungspräsidien oder Bezirksregierungen). In bestimmten Fällen können auch die Landesministerien mit Aspekten der Kommunalaufsicht befasst werden (zum Verwaltungsaufbau der Länder siehe Kapitel 13).

Die Kommunalverfassungen

Der Begriff der Verfassung wird überwiegend im Zusammenhang mit Staaten verwendet (zum Grundgesetz als Verfassung des Bundes siehe Kapitel 3, zu den Verfassungen der Länder Kapitel 11). Versteht man unter einer Verfassung aber die grundlegende Rechtsordnung eines Gemeinwesens, die die wichtigsten »Spielregeln« für die betreffende Politik festlegt, so haben auch Kommunen Verfassungen (und selbst die Europäische Union, siehe Kapitel 14).

Die zentrale Aufgabe aller Kommunalverfassungen ist der Ausgleich zwischen den beiden Zielen kommunale Demokratie und Verwaltungseffizienz. Den Versuch, diesen Ausgleich zu bewältigen, kann man rechtlich und organisatorisch in unterschiedlicher Weise angehen. In den Flächenländern der alten Bundesrepublik gab es jahrzehntelang im Wesentlichen vier Typen von Kommunalverfassungen:

- ✔ die Norddeutsche Ratsverfassung (in Niedersachen und Nordrhein-Westfalen)
- ✔ die Magistratsverfassung (in Hessen und in Teilen von Schleswig-Holstein)
- ✔ die Rheinische Bürgermeisterverfassung (im Saarland und in Rheinland-Pfalz)
- ✔ die Süddeutsche Bürgermeister- oder Ratsverfassung (in Bayern und Baden-Württemberg)

Diese Vielfalt ging nicht zuletzt auf die Besatzungszeit nach dem Zweiten Weltkrieg zurück. Die Alliierten nahmen mehr oder weniger Einfluss auf die Grundlagen der Kommunalpolitik in ihren jeweiligen Gebieten und bevorzugten dabei unterschiedliche Modelle. So hatte der vom Gemeinderat gewählte Bürgermeister in der Norddeutschen Ratsverfassung eher repräsentative Aufgaben, während ein Stadtdirektor an der Spitze der Kommunalverwaltung stand. Nach der Magistratsverfassung wählte das Gemeindeparlament ein kollektives Gremium (Magistrat), in dem die Bürgermeisterin keine herausgehobene Position innehatte. Die Rheinische Bürgermeisterverfassung sah einen vom Gemeinderat gewählten Bürgermeister als Verwaltungsspitze und Ratsvorsitzenden vor. Das mittlerweile dominierende (ursprünglich) süddeutsche Modell zeichnet sich durch eine Direktwahl der Bürgermeisterin aus, die gleichzeitig Verwaltungschefin und Vorsitzende der Gemeindevertretung ist.

Unterschiede zwischen den Ländern trotz Vereinheitlichung

In den 1990er-Jahren reformierten die meisten Bundesländer ihre Kommunalverfassungen in geringerem oder größerem Umfang. Dabei kam es zu einer Vereinheitlichung oder Angleichung hin zur Bürgermeisterverfassung mit direktdemokratischen Elementen in Anlehnung an das süddeutsche Modell. Die wesentlichen Elemente, die es heute bundesweit in den Flächenländern gibt, sind

- die Direktwahl des Bürgermeisters beziehungsweise Landrats sowie
- die Möglichkeit von Bürgerbegehren und Bürgerentscheid (zum Teil sind auch Bürgerentscheide auf Beschluss der Gemeindevertretung möglich).

Trotz des Angleichungsprozesses bestehen weiterhin gewisse Unterschiede zwischen den Kommunalverfassungen der Länder. An der Spitze der Kommunalverwaltung steht der Bürgermeister oder Oberbürgermeister beziehungsweise Landrat (bei Landkreisen). Ob es in einer Kommune eine Oberbürgermeisterin (mit dieser Bezeichnung) gibt, hängt üblicherweise von der Größe der Kommune ab. Die dafür nötigen Schwellenwerte variieren zwischen den Bundesländern.

In den meisten Ländern ist der (Ober-)Bürgermeister oder Landrat nicht nur Verwaltungsleiter, sondern übt auch Funktionen im Gemeinderat beziehungsweise Kreistag aus (er hat zum Beispiel ein Stimmrecht und/oder den Vorsitz). Die Bürgermeisterin ist in sehr kleinen Kommunen ehrenamtlich, ansonsten meist hauptamtlich als Wahlbeamtin auf Zeit tätig. In Hessen obliegt die Verwaltungsleitung einem kollektiven Organ, dem Magistrat beziehungsweise Gemeindevorstand oder Kreisausschuss.

Die Amtszeit des Bürgermeisters variiert zwischen den Ländern. In den meisten Fällen findet die direkte Wahl getrennt von der Wahl der Gemeindevertretung statt. Das hat nicht zuletzt auch damit zu tun, dass die Amtszeiten der Bürgermeister und die Wahlperioden der Gemeindeparlamente voneinander abweichen.

In fast allen Bundesländern ist eine vorzeitige Abwahl des Bürgermeisters (das heißt vor Ablauf der regulären Amtszeit) möglich, meist nach einem Beschluss der Gemeindevertretung mit qualifizierter Mehrheit. Teilweise kann eine Abstimmung über eine Abwahl auch durch ein Bürgerbegehren eingeleitet werden. In Bayern und Baden-Württemberg ist eine vorzeitige Abwahl des Bürgermeisters nicht möglich.

Die Bürgermeisterin ist in den meisten Ländern eine monokratische Verwaltungsleiterin, das heißt grundsätzlich allein für die Erledigung der laufenden Verwaltungsgeschäfte in ihrer Kommune verantwortlich und zuständig. Sie hat diesbezüglich die Organisationshoheit und kann als Verwaltungschefin Weisungen erteilen. Die Gemeindevertretung verfügt in manchen Bundesländern über gewisse Vorbehalts- und Rückholrechte, kann sich also gegenüber dem Bürgermeister in die Erledigung der Verwaltungsgeschäfte einmischen. In Hessen obliegen die laufenden Verwaltungsangelegenheiten einem kollektiven Verwaltungsorgan und der Bürgermeister hat diesem gegenüber kein Weisungsrecht.

Zur Spitze der Kommunalverwaltung gehören neben der (Ober-)Bürgermeisterin in der Regel mehrere Beigeordnete. Sie haben unter anderem Vertretungsfunktionen und sind je nach Größe der Kommune ehrenamtlich oder hauptamtlich tätig. In manchen Städten mit Oberbürgermeistern tragen die Beigeordneten die Bezeichnung Bürgermeister. Üblicherweise werden sie vom Gemeindeparlament gewählt. Bei der Festlegung der Geschäftsbereiche (Politikfelder) der Beigeordneten ist in den meisten Ländern eine Einigung zwischen Bürgermeister und Gemeindevertretung notwendig. Die Beigeordneten stehen an der Spitze der Dezernate. Deren Zuschnitt und Bezeichnung variiert zwischen den Kommunen.

Wahlsysteme auf kommunaler Ebene

Nach dem Grundgesetz muss es in den Gemeinden und Kreisen jeweils Vertretungen geben, »die aus allgemeinen, unmittelbaren, freien, gleichen und geheimen Wahlen hervorgegangen« sind (Art. 28 Abs. 1 GG). Für das Wahlrecht auf kommunaler Ebene gelten also dieselben Grundsätze wie für das Bundestagswahlrecht (siehe hierzu Kapitel 7). Die Bezeichnungen für die Kommunalparlamente variieren je nach Kommunalverfassungsrecht zwischen und zum Teil auch innerhalb der einzelnen Bundesländer erheblich und sind mitunter abhängig von der Größe der Kommune. Häufige Bezeichnungen sind

- ✔ Bürgerschaft,
- ✔ Gemeinderat,
- ✔ Gemeindevertretung,
- ✔ Rat der Gemeinde/Stadt,
- ✔ Ratsversammlung,
- ✔ Stadtrat und
- ✔ Stadtverordnetenversammlung.

Bemerkenswert ist, dass auf kommunaler Ebene auch Staatsangehörige anderer EU-Mitgliedstaaten wahlberechtigt und wählbar sind. Das gilt natürlich auch für Sie, falls Sie Ihren Wohnsitz dauerhaft in einen anderen Mitgliedstaat der Europäischen Union verlegen. Dann dürfen Sie in Ihrer entsprechenden Gemeinde oder Stadt auf kommunaler Ebene wählen und beispielsweise für das Kommunalparlament kandidieren.

Um in die Gemeindevertretung gewählt werden zu können, muss man mindestens 18 Jahre alt sein, lediglich in Baden-Württemberg sind bereits 16-Jährige wählbar. Das aktive Mindestwahlalter beträgt immer noch häufig ebenfalls 18 Jahre, allerdings wurde es in etlichen Ländern in den letzten Jahren gesenkt. In Brandenburg, Bremen, Baden-Württemberg, Mecklenburg-Vorpommern, Niedersachsen, Nordrhein-Westfalen, Sachsen-Anhalt, Schleswig-Holstein und Thüringen darf man mittlerweile mit 16 Jahren auf kommunaler Ebene wählen.

Die kommunalen Wahlsysteme der Bundesländer unterscheiden sich in verschiedenen Punkten:

- ✔ Die meisten Länder sehen Verhältniswahlen mit offenen Listen vor und der Möglichkeit zum Kumulieren (Häufeln von Stimmen zugunsten eines oder mehrerer Kandidaten) und Panaschieren (Verteilen von Stimmen auf Kandidatinnen unterschiedlicher Parteilisten).
- ✔ Personalisierte Verhältniswahlen mit geschlossenen Listen gibt es in Nordrhein-Westfalen und Schleswig-Holstein.
- ✔ Im Saarland findet eine Verhältniswahl mit geschlossenen Listen statt.

Auch bei der Anzahl der zu vergebenden Stimmen gibt es Unterschiede:

- ✔ In Baden-Württemberg, Bayern, Hessen und Rheinland-Pfalz verfügen die Wahlberechtigten über so viele Stimmen, wie Sitze in der Gemeindevertretung zu vergeben sind (also mitunter mehrere Dutzend).
- ✔ In Bremen hat man fünf Stimmen.
- ✔ Drei Stimmen können die Wahlberechtigten in Brandenburg, Mecklenburg-Vorpommern, Niedersachsen, Sachsen, Sachsen-Anhalt und Thüringen vergeben.
- ✔ In Schleswig-Holstein ergibt sich die Stimmenanzahl aus der Zahl der zu vergebenden Direktmandate.
- ✔ Lediglich eine Stimme haben die Wahlberechtigten in Nordrhein-Westfalen und im Saarland.

Im Unterschied zur Bundes- und Landesebene gibt es auf kommunaler Ebene mittlerweile praktisch keine Sperrklauseln mehr (zur Sperrklausel bei der Bundestagswahl siehe Kapitel 7, zu Sperrklauseln bei Landtagswahlen siehe Kapitel 11). Früher galt auch für die Kommunen meist eine 5-Prozent-Sperrklausel. Verschiedene Verfassungsgerichtsurteile haben zu deren flächendeckender Abschaffung geführt. Eine Ausnahme ist in diesem Zusammenhang die Stadtbürgerschaft Bremen – die Kommunalvertretung der Stadt Bremen –, denn hierbei handelt es sich um einen Teil der Bremischen Bürgerschaft, also des Landesparlaments, für die eine 5-Prozent-Sperrklausel gilt.

Die reguläre Wahlperiode beträgt in den meisten Ländern fünf Jahre. Ausnahmen sind Bayern (sechs Jahre) und Bremen (vier Jahre). Einen guten Überblick über die zum Teil recht komplizierten Detailregelungen des Kommunalwahlrechts bietet: `www.wahlrecht.de/kommunal`.

Direkte Demokratie in den Kommunen

Bürgerbegehren und Bürgerentscheide sind nach den Reformen der Kommunalverfassungen in den 1990er-Jahren in jedem Land möglich. Teilweise gibt es diese Formen direkter Demokratie auch auf Landkreisebene. Häufig besteht zudem die Möglichkeit von

Ratsbegehren, also Bürgerentscheiden auf Beschluss der Gemeindevertretung (Plebiszit). Die direktdemokratischen Verfahren auf kommunaler Ebene unterscheiden sich allerdings mitunter beträchtlich.

Drei zentrale Aspekte sind in diesem Zusammenhang vor allem von Bedeutung – der Anwendungsbereich direkter Demokratie, die Unterschriftenhürde und das Zustimmungsquorum:

- ✔ Der Anwendungsbereich ergibt sich aus dem Umfang der für Bürgerbegehren und Bürgerentscheide zulässigen Themen (Politikfelder). Hier gibt es grundsätzlich eine Beschränkung auf den eigenen Wirkungskreis der Kommune, also die Selbstverwaltungsangelegenheiten. In allen Bundesländern existieren Negativkataloge, die bestimmte Sachbereiche ausschließen (unter anderem meist die innere Verwaltungsorganisation und den Haushalt). Einen eher weiten Anwendungsbereich finden Sie zum Beispiel in Bayern und Thüringen, eher eng ist er hingegen etwa in Brandenburg und Niedersachsen.
- ✔ Die Unterschriftenhürde für Bürgerbegehren ist überwiegend abhängig von der Größe der Kommune. Meist gilt ein niedrigeres Quorum bei steigender Gemeindegröße (Einwohnerzahl). Die Initiatoren oder Unterstützerinnen müssen die betreffende Mindestzahl an zulässigen Unterschriften von Wahlberechtigten der Kommune vorlegen, damit ihr Bürgerbegehren die nächste Verfahrensstufe erreicht. Ein eher niedriges Quorum sieht zum Beispiel Mecklenburg-Vorpommern vor, eine relativ hohe Unterschriftenhürde gilt etwa im Saarland.
- ✔ Lehnt die Gemeindevertretung die vollständige Annahme eines rechtmäßig zustande gekommenen Bürgerbegehrens ab, kommt es zum Bürgerentscheid. Hierbei gilt die begehrte Regelung als beschlossen, wenn die Mehrheit der Abstimmenden zustimmt und diese Mehrheit außerdem einem bestimmten Mindestanteil der Wahlberechtigten entspricht. Dieses Zustimmungsquorum variiert und ist häufig abhängig von der Größe der Kommune (Einwohnerzahl). Eine eher niedrige Hürde legt zum Beispiel Schleswig-Holstein an, ein relativ hohes Zustimmungsquorum kommt dagegen im Saarland zur Anwendung.

Beim Bürgerentscheid über das Bürgerbegehren »Raus aus der Steinkohle« gab es im November 2017 eine Mehrheit von 60,2 Prozent für eine Abschaltung des Steinkohlekraftwerks in der bayerischen Landeshauptstadt bis zum Ende des Jahres 2022. Allerdings beteiligten sich nur 17,8 Prozent der Wahlberechtigten an der politisch umstrittenen und technisch wohl schwierig zu bewertenden Abstimmung. Das nötige Zustimmungsquorum von mindestens 10 Prozent der Wahlberechtigten für einen gültigen Bürgerentscheid wurde dennoch knapp erreicht. Aus energiepolitischen und -wirtschaftlichen Gründen wurde die Umsetzung des Beschlusses jedoch über das Jahr 2022 hinaus verzögert.

Es gibt noch weitere Aspekte, die für die Bürgerfreundlichkeit oder »Anwendungsfreundlichkeit« direktdemokratischer Verfahren wichtig sind. Dazu gehören die Fristen, innerhalb derer man die Unterstützerunterschriften sammeln muss, die Form der Unterschriftensammlung (etwa freie Sammlung oder Eintragung auf einer Behörde) und das Verfahren, wie die rechtliche Zulässigkeit eines Bürgerbegehrens überprüft wird. Einen guten Überblick über die Regelungen zur direkten Demokratie auf kommunaler Ebene in den unterschiedlichen Bundesländern erhalten Sie unter `https://www.mehr-demokratie.de/mehr-wissen/buergerbegehren-in-den-kommunen/verfahrensregelungen`.

Politische Prozesse auf kommunaler Ebene

Kommunalpolitik hat zweifellos gewisse Ähnlichkeiten mit der Bundes- und Landespolitik. Es gibt aber auch bemerkenswerte Unterschiede, etwa hinsichtlich der Parteien, der relativ starken Position des direkt gewählten Bürgermeisters und der besonderen Konstellation der kommunalen Selbstverwaltung zwischen Politik und Administration.

Die bundes- und landespolitisch wichtigen Parteien CDU – beziehungsweise in Bayern die CSU –, SPD, Bündnis 90/Die Grünen, FDP, Die Linke und AfD spielen auch in vielen Kommunen eine große Rolle (zu diesen Parteien siehe die Kapitel 5 und 20). Die lokalen Parteiensysteme sind aber mitunter wesentlich abwechslungsreicher und bunter als jene auf Bundes- und Landesebene. Nicht selten sind in den Gemeindevertretungen auch Kleinstparteien, »Ein-Mann-Parteien«, »Ein-Thema-Parteien«, Lokalparteien und vor allem in Süddeutschland freie Wählergemeinschaften vertreten.

Begünstigt wird die lokale Parteienvielfalt durch die Abschaffung der Sperrklauseln, in etlichen Bundesländern auch durch Wahlsysteme mit offenen Listen. Die Direktwahl der Bürgermeisterin schwächt in der Tendenz den Einfluss der Parteien. Bei der Wahlentscheidung zählen mitunter die persönlichen Eigenschaften der Kandidierenden mehr als die Parteizugehörigkeit. Immer wieder sind auch unabhängige und parteilose Personen bei Bürgermeisterwahlen erfolgreich.

Parteien- und Fraktionsdisziplin sind auf kommunaler Ebene meist nicht so stark ausgeprägt wie auf Bundes- und Landesebene. Das liegt nicht zuletzt auch am weitgehend ehrenamtlichen und freiwilligen Charakter der Kommunalpolitik. In manchen größeren Städten werden mehr oder weniger feste Koalitionen gebildet, in sehr vielen (vor allem kleineren) Kommunen ist so etwas dagegen eher unüblich. Bürgermeister und Beigeordnete müssen sich teilweise in der Gemeindevertretung jeweils um sachbezogene Mehrheiten für ihre Vorhaben bemühen. Dabei agieren sie mitunter auch mal distanziert von der eigenen Partei.

Zwischen Kooperation und Konkurrenz

Kommunalpolitik ist bisweilen stärker harmonie- beziehungsweise kompromissorientiert als die Bundes- und Landespolitik. Zum einen leben die relevanten politischen Akteure in derselben Stadt oder Gemeinde, kennen sich zum Teil schon seit Längerem, sind in der Regel nicht in ihrer Existenz von der Politik abhängig und haben den gemeinsamen Wunsch, die konkreten Lebensbedingungen vor Ort möglichst optimal zu gestalten. Zum anderen sind Gemeindevertretung und Bürgermeisterin beziehungsweise Kommunalverwaltung häufig aufeinander angewiesen und würden sich mit dauerhaften Blockaden wechselseitig schaden.

Vor allem in größeren Kommunen gibt es aber durchaus auch Konfliktbewusstsein und Konkurrenzorientierung, nicht zuletzt auch durch Bürgerinitiativen, zivilgesellschaftliche Proteste oder wirtschaftliche Interessen. Gehören der Bürgermeister einerseits und die

Mehrheit des Kommunalparlaments andererseits unterschiedlichen Parteien an, kann das zu Konflikten und Blockaden führen. Kommunalpolitik wird im Allgemeinen stark geprägt von der Verwaltung und der lokalen politischen Elite (Bürgermeisterin, Beigeordnete und Spitzen der Gemeinderatsfraktionen).

Die gewählten Mitglieder der Gemeindevertretungen sind grundsätzlich ehrenamtlich tätig und erhalten üblicherweise Aufwandsentschädigungen. Gerade in größeren Kommunen ist mit einer solchen Tätigkeit allerdings eine hohe Arbeitsbelastung verbunden: Neben den Sitzungen des Kommunalparlaments müssen auch noch Fraktionssitzungen, Ausschusssitzungen und gegebenenfalls weitere Termine bewältigt sowie (eigentlich) umfangreiche Unterlagen bearbeitet werden. Hier stellt sich die Frage der Abkömmlichkeit (oder sozialen Selektivität): Nicht jeder kann es sich beruflich und/oder familiär leisten, einer solch aufwendigen Freizeitbeschäftigung nachzugehen.

Bundes- und Landtagsabgeordnete sind häufig auch noch kommunalpolitisch aktiv. So gehören sie oft einer Gemeindevertretung oder einem Kreistag an und/oder stehen einem Kreis- oder Bezirksverband ihrer Partei vor. Das ist nicht nur der Fall, weil sie sich meist in ihrer Partei und in politischen Einrichtungen von unten nach oben gearbeitet haben. Eine gewisse lokale Präsenz und Verankerung ist für einen Berufspolitiker nicht zuletzt deshalb wichtig, um im Vorfeld künftiger Bundes- beziehungsweise Landtagswahlen den nötigen Rückhalt zu haben, im Wahlkreis wieder als Kandidat nominiert zu werden.

Zur Erfüllung ihrer Aufgaben kooperieren Kommunen nicht selten und bilden zum Beispiel Zweckverbände. So gibt es etwa Zweckverbände zur Wasserversorgung, zum Bau und Betrieb von Krankenhäusern und für den öffentlichen Personennahverkehr. Städte und Gemeinden konkurrieren aber auch untereinander um Fördermittel unterschiedlicher Institutionen, Arbeitsplätze, Unternehmen (und die damit verbundenen Gewerbesteuereinnahmen) sowie Einwohnerinnen (die Einwohnerzahl ist in der Regel ein wichtiger Faktor im kommunalen Finanzausgleich). Um ihre Wettbewerbsfähigkeit zu sichern und Kosten zu sparen, lagern Kommunen teilweise Tätigkeiten aus oder (teil-)privatisieren Einrichtungen (zu den Themen öffentliche Verwaltung und Staatstätigkeit siehe auch Kapitel 13). Gelegentlich übernehmen sie aber auch wieder einst ausgelagerte oder privatisierte Aufgaben (Rekommunalisierung).

IN DIESEM KAPITEL

Das Verhältnis zwischen Politik und öffentlicher Verwaltung

Der Aufbau der Verwaltung in der Bundesrepublik

Staatstätigkeit und das Personal im öffentlichen Dienst

Kontrolle der öffentlichen Verwaltung

Kapitel 13
Politik und Verwaltung

Vielleicht fragen Sie sich, warum Sie sich mit der öffentlichen Verwaltung auseinandersetzen sollten. Geht es in diesem Buch nicht um das politische System Deutschlands? Reicht deshalb nicht eine Beschäftigung mit *politischen* Akteuren und Institutionen aus, also insbesondere mit Regierung, Parlament, Parteien und Interessenorganisationen?

Von dem Soziologen Max Weber stammt das Zitat: »Herrschaft ist im Alltag primär: Verwaltung.« Das ist eigentlich schon eine ausreichende Antwort auf die obigen Fragen. Ohne einen funktionierenden Verwaltungsunterbau kann keine Regierung in nennenswertem Umfang Politik machen. Verwaltungseinrichtungen sind zentral an der Vorbereitung und Durchführung politischer Entscheidungen beteiligt und haben hierbei mitunter beträchtliche Spielräume. Auch Parlamente sind auf Verwaltungsstrukturen angewiesen. Interessenorganisationen konzentrieren große Teile ihrer Lobbytätigkeit auf die Ministerialbürokratie. Vor diesem Hintergrund kann man sich durchaus fragen, weshalb die öffentliche Verwaltung in Büchern, Diskussionen, Lehrveranstaltungen und Medienbeiträgen über das politische System der Bundesrepublik oft so wenig Beachtung findet.

Im Folgenden gehe ich zunächst näher auf das politisch-administrative System ein. Anschließend behandele ich den Aufbau der öffentlichen Verwaltung in Deutschland. Es folgt ein Überblick über zentrale Elemente und Formen des Verwaltungshandelns. Danach widme ich mich dem Thema Staatstätigkeit und öffentliche Verwaltung. Wichtige Aspekte des Personals im öffentlichen Dienst skizziere ich im Anschluss. Abschließend bespreche ich noch Kontrollen der Verwaltung.

Das politisch-administrative System

Politik und öffentliche Verwaltung lassen sich in vielen Bereichen nicht klar voneinander trennen. Der Satz »Politikerinnen machen Politik und Beamte beziehungsweise Angestellte im öffentlichen Dienst verwalten« ist daher meist wenig aussagekräftig. Politische Systeme weisen regelmäßige Strukturen (Organisationseinheiten) auf, beziehen aus anderen Gesellschaftsbereichen Ressourcen und müssen in der Lage sein, politische Entscheidungen zu produzieren und in die anderen Teilsysteme der Gesellschaft zu vermitteln (eine Annäherung an den Begriff des politischen Systems finden Sie in Kapitel 1). In all diesen Aspekten sind Politik und Verwaltung oft eng miteinander verwoben. In der Politikwissenschaft verwendet man vor diesem Hintergrund mitunter den Begriff »politisch-administratives System«.

Obwohl die öffentliche Verwaltung in modernen Staaten nahezu allgegenwärtig ist, fällt eine entsprechende Definition eher schwer. Eine grobe Begriffsbestimmung lautet: »Staatliches oder sonstiges öffentlich-rechtliches Handeln, das nicht Regierungstätigkeit im engeren Sinne, Gesetzgebung oder Rechtsprechung ist«. Verwaltungseinrichtungen in demokratischen Verfassungsstaaten weisen typische Merkmale auf, die in der Regel weitgehend dem bürokratischen Idealtypus im Rahmen legaler Herrschaft nach Max Weber entsprechen:

- ✔ hauptamtliches Personal (insbesondere das Berufsbeamtentum)
- ✔ professionelles Personal (Einstellung aufgrund einschlägiger Bildung)
- ✔ Beförderung des Personals nach Leistung (meritokratisches Prinzip)
- ✔ Arbeitsteilung (systematisch und zweckmäßig gegliederte Organisationsstruktur)
- ✔ Spezialisierung des Personals (Entwicklung von Fachkompetenz)
- ✔ hierarchische Organisation (Vorgesetzte mit Weisungsrecht sowie vorgeschriebene Dienstwege)
- ✔ Regelbindung (Bindung an Rechtsnormen, Willkürverbot)
- ✔ Schriftlichkeit (Pflicht zur Verschriftlichung der wichtigsten Vorgänge)
- ✔ Aktenmäßigkeit (Dokumentationspflicht)
- ✔ Trennung von Amt und Person (Ämter »gehören« nicht bestimmten Personen)
- ✔ Nichtaneignung der Verwaltungsmittel (Verwaltungsmitarbeitende dürfen die ihnen anvertrauten Ressourcen nur für die vorgesehenen öffentlichen Zwecke verwenden)

Verstöße gegen dieses Modell, das sich über einen längeren Zeitraum herausgebildet hat und in der Realität unterschiedliche Ausprägungen annehmen kann, verletzen heute Rechtsnormen oder zumindest moralische Überzeugungen der Bevölkerungsmehrheit.

»New Public Management« zielt darauf ab, die öffentliche Verwaltung mithilfe privatwirtschaftlicher Elemente effizienter und bürgerfreundlicher zu machen. Beispiele hierfür sind Dezentralisierung, Kennzahlensysteme, Leistungsvereinbarungen und Wettbewerbselemente. Dieser Ansatz wirkt sich auch auf die Sprache aus: So werden dann etwa aus Dienstleistungen »Produkte« und aus Bürgern »Kunden«. Manche New-Public-Management-Instrumente stehen in einem Spannungsverhältnis zu klassischen Prinzipien bürokratischer Organisation.

Das politisch-administrative System ist durch verschiedene Themenfelder und Zusammenhänge von Politik und Verwaltung gekennzeichnet. Hervorzuheben sind diesbezüglich insbesondere

- ✔ die Rolle der öffentlichen Verwaltung bei der Politikformulierung,
- ✔ die (quasi-)politischen Handlungsspielräume der Verwaltung,
- ✔ die Beziehungen der Verwaltung zu Interessengruppen, Unternehmen, Medien, Bevölkerung, anderen Verwaltungseinheiten und zum eigenen Personal,
- ✔ die »politischen«, das heißt durch Konflikt, Kooperation und Konsensbildung gekennzeichneten Prozesse der Umsetzung politischer Entscheidungen,
- ✔ die vielfältigen Akteure, Handlungsmuster und netzwerkartigen Einbindungen, die die Verwaltung prägen.

Konzepte von Verwaltung

Das Verwaltungshandeln unterliegt verschiedenen Denkfiguren, Handlungslogiken und Prinzipien, sogenannten Rationalitäten, die jeweils von bestimmten Wissenschaftsdisziplinen besonders gut beschrieben und analysiert werden können, wie die Verwaltungswissenschaftler Jörg Bogumil und Werner Jann betonen:

- ✔ **Juristische Rationalität:** Legalität (Rechtmäßigkeit)
- ✔ **Funktionale Rationalität:** Effektivität (Zielerreichung)
- ✔ **Ökonomische Rationalität:** Effizienz (Zielerreichung mit möglichst geringem Mitteleinsatz)
- ✔ **Politische Rationalität:** Legitimität (Akzeptanz und Anerkennungswürdigkeit)

Meist widmen sich Forschende aus verschiedenen Disziplinen (insbesondere Geschichtswissenschaft, Politikwissenschaft, Psychologie, Rechtswissenschaft, Soziologie und Wirtschaftswissenschaft) verschiedenen Aspekten der öffentlichen Verwaltung in Forschung und Lehre. Verwaltungswissenschaft als interdisziplinäre Sozialwissenschaft ist dagegen bislang nur schwach an den deutschen Universitäten etabliert. Entsprechende Studiengänge gibt es vor allem in Konstanz, Potsdam und Speyer. Daneben existieren seit einigen Jahren verschiedene »Governance«-Studiengänge mit gewissen verwaltungswissenschaftlichen Inhalten. Auf Fachhochschulebene sind hauptsächlich die zahlreichen Verwaltungsfachhochschulen des Bundes und der Länder zu nennen, die mehr oder weniger direkt Personal für den öffentlichen Dienst ausbilden.

In der Theorie können verschiedene idealtypische (also »reine«) Verwaltungsmodelle unterschieden werden. Die Verwaltungswissenschaftler Jörg Bogumil und Werner Jann haben die folgende Unterscheidung entworfen:

- ✔ **Autonome Verwaltung:** Die öffentliche Verwaltung erkennt und verwirklicht selbstständig und möglichst ohne äußere Einflüsse das Gemeinwohl.
- ✔ **Hierarchische Verwaltung:** Die Verwaltung setzt politische Vorgaben um, die in demokratischen Verfahren beschlossen wurden.
- ✔ **Kooperative Verwaltung:** Die Verwaltung etabliert und administriert Aushandlungsprozesse zwischen dem öffentlichen und dem privaten Sektor im Interesse adäquater Problemlösungen.
- ✔ **Responsive Verwaltung:** Die Verwaltung erbringt Dienstleistungen, um die konkreten Bedürfnisse der Bevölkerung und Betriebe zu erfüllen.

In der Wirklichkeit des politisch-administrativen Systems in der Bundesrepublik finden wir üblicherweise nicht diese reinen Verwaltungsmodelle, sondern auf verschiedenen Ebenen unterschiedliche Mischformen.

Der Aufbau der Verwaltung

Trotz der Vielfalt an Verwaltungsformen und Behörden gibt es auf den verschiedenen Ebenen des Staates (Bund, Länder und Kommunen) häufig bestimmte identische oder ähnliche Grundmerkmale:

- ✔ An der Spitze der höchsten Verwaltungsorganisation(en) einer Ebene stehen in der Regel Politiker. Sie sind auf Zeit demokratisch legitimiert und verantwortlich gegenüber der Öffentlichkeit.
- ✔ Verwaltungseinrichtungen sind arbeitsteilig und hierarchisch aufgebaut. Vermutlich kennt jeder die Grundform des Organigramms einer klassisch nach oben spitz zulaufenden und sich nach unten verästelnden Behördenstruktur.

Die Grundidee der »Legitimationskette« der öffentlichen Verwaltung in der parlamentarischen Demokratie ist, dass selbst Entscheidungen unterer Verwaltungseinheiten über eine gewisse, wenn auch indirekte (und faktisch eher schwache) demokratische Legitimation verfügen. Demokratisch gewählte Abgeordnete bestimmen die Regierung, das heißt die Spitze der Exekutive (auf kommunaler Ebene wird die Verwaltungsleitung in Gestalt der Bürgermeisterin direkt gewählt). Die Verwaltungsmitarbeitenden sind in ihren Handlungen verantwortlich gegenüber der politischen Spitze, die auch über Weisungsrechte verfügt. So lässt sich eine zunehmend dünner werdende Legitimationskette konstruieren von der demokratischen Wahl über die politischen Spitzen der höchsten Verwaltungsorganisationen bis hin zu den verschiedenen Gliederungen und Niederungen der öffentlichen Verwaltung.

Bei der Organisation öffentlicher Aufgaben gibt es zwei konkurrierende grundsätzliche Modelle:

- ✔ Nach dem **Gebietsorganisationsmodell** werden alle Aufgaben in einem bestimmten Gebiet von einer einzigen allgemein und breit angelegten Verwaltungseinrichtung erfüllt.
- ✔ Das **Aufgabenorganisationsmodell** besagt, dass für abgrenzbare Aufgaben jeweils spezialisierte Behörden geschaffen werden, die ihre Aufgaben eigenständig erledigen.

Beide Modelle kommen im Verwaltungsaufbau der Bundesrepublik zur Anwendung.

Die Bundesverwaltung

Im politisch-administrativen System Deutschlands ist der Bund überwiegend für die Gesetzgebung zuständig und die Länder vorrangig für die Verwaltung (siehe Kapitel 10). Aus diesem Grund hält sich der Umfang der Bundesbehörden in Grenzen, auch wenn es mittlerweile doch etliche Verwaltungseinrichtungen des Bundes gibt. Unterhalb der Bundesregierung (siehe Kapitel 8) haben nur wenige Bundesbehörden einen dreistufigen Behördenaufbau. Dazu gehören insbesondere die Bundesfinanzverwaltung, die Wasser- und Schifffahrtsverwaltung des Bundes, die Bundeswehrverwaltung, die Bundespolizei und der Auswärtige Dienst.

Das zentrale Merkmal der unmittelbaren Bundesverwaltung ist, dass die unteren Verwaltungsbehörden des Bundes hierarchisch den höheren Organisationseinheiten unterstehen und von diesen gegebenenfalls angewiesen werden können, einschlägige Rechtsnormen einzuhalten sowie in einer bestimmten Art und Weise zu handeln (Rechts- und Fachaufsicht). Zur unmittelbaren Bundesverwaltung gehören

- ✔ die **obersten Bundesbehörden**, die keiner anderen Behörde unterstellt sind (zum Beispiel die Bundesministerien und das Bundespräsidialamt) sowie die einzelnen Bundesministerien nachgeordneten **Bundesoberbehörden** (etwa das Statistische Bundesamt, das Bundeskriminalamt und das Umweltbundesamt),
- ✔ die **Bundesmittelbehörden** (beispielsweise die Wehrbereichsverwaltungen) und
- ✔ die **Bundesunterbehörden** (zum Beispiel Wasser- und Schifffahrtsämter und Zollämter).

Daneben gibt es noch die mittelbare Bundesverwaltung. Hierbei handelt es sich um öffentlich-rechtliche Einrichtungen mit Sonderaufgaben. Sie sind dem direkten politischen Zugriff der Bundesregierung entzogen, diese hat ihnen gegenüber lediglich die Rechtsaufsicht. Die entsprechenden Behörden werden in der Regel von bestimmten Selbstverwaltungsgremien gesteuert und sind als Anstalten, Körperschaften oder Stiftungen des öffentlichen Rechts organisiert. Zur mittelbaren Bundesverwaltung zählen etwa die Bundesagentur für Arbeit und die Bundesbank.

Die Landesverwaltung

Historisch gesehen haben die Verwaltungen der Länder eine deutlich längere Tradition als die Bundesverwaltung. Im 19. Jahrhundert waren die Länder beziehungsweise ihre Vorläufer souveräne Staaten mit für ihre damalige Zeit vollständigen Verwaltungsapparaten. Erst mit der Gründung des Deutschen Kaiserreichs (siehe Kapitel 2) wurden zunehmend mehr Verwaltungseinrichtungen auf zentralstaatlicher Ebene geschaffen. Der Verwaltungswiederaufbau nach dem Zweiten Weltkrieg erfolgte zunächst auf kommunaler Ebene und in den Ländern. Diese Verwaltungstradition wirkt in bestimmten Bereichen des politisch-administrativen Systems immer noch fort.

Die Landesverwaltung überwiegt größenmäßig die Bundesverwaltung. Eine Ursache hierfür ist nicht zuletzt der Bildungssektor. Die öffentliche Bildungsverwaltung (also insbesondere Schulen und Hochschulen) ist überwiegend Sache der Länder. Daneben kam es zu größeren Privatisierungen auf Bundesebene (zum Beispiel Post und Bahn) und in diesem Zusammenhang zu gewissen Schrumpfungen der Bundesverwaltung. Zu den zentralen Aufgaben der Landesverwaltung zählen

- ✔ der Vollzug von Bundesgesetzen als eigene Angelegenheit,
- ✔ der Vollzug von Bundesgesetzen im Auftrag des Bundes,
- ✔ der Vollzug von Landesgesetzen.

Die Verwaltungsautonomie der Länder ist beträchtlich. Es ist grundsätzlich ihnen überlassen, wie sie ihre Behördenstruktur aufbauen. So variiert die allgemeine Verwaltungsorganisation der Länder teilweise nicht unerheblich. Ein und dieselbe öffentliche Aufgabe kann in den Ländern sehr unterschiedliche Organisationsformen annehmen. Unterschiede zwischen den Ländern gibt es nach Ansicht von Bogumil und Jann insbesondere bei

- ✔ der Anzahl und Struktur der Landesministerien und spezieller Behörden,
- ✔ der Verteilung von Aufgaben auf lokale und regionale Verwaltungseinrichtungen,
- ✔ der Staffelung des vertikalen Verwaltungsaufbaus (zweistufig oder dreistufig),
- ✔ dem Design der Strukturen und Abläufe in den Ministerien und bestimmten Behörden,
- ✔ der Ausgestaltung der Kommunalverfassungen (siehe Kapitel 12).

Die höheren Ebenen der unmittelbaren Landesverwaltung üben gegenüber den niedrigeren Ebenen die Rechts- und Fachaufsicht aus. Während die Stadtstaaten und kleineren Flächenländer überwiegend zweistufige Verwaltungsstrukturen etabliert haben, folgt die unmittelbare Landesverwaltung in den größeren westdeutschen Flächenländern meist einem dreistufigen Aufbau:

- ✔ **oberste Landesbehörden** (Landesministerien und Landesrechnungshof) und **Landesoberbehörden** (zum Beispiel Landesamt für Verfassungsschutz, Landesarchiv, Statistisches Landesamt),

- **Landesmittelbehörden** (vor allem Regierungspräsidien beziehungsweise Bezirksregierungen und höhere Sonderbehörden),
- **untere Landesbehörden** und Sonderbehörden (etwa Finanzämter, Forstämter, Versorgungsämter, Gewerbeaufsichtsämter, Gesundheitsämter, Katasterämter, Straßenbauämter, soweit sie nicht in die Kommunalverwaltung eingegliedert sind).

Daneben gibt es wie beim Bund eine mittelbare Staatsverwaltung. Die entsprechenden Landeseinrichtungen sind dem direkten Zugriff der Landesregierung entzogen, diese hat ihnen gegenüber lediglich die Rechtsaufsicht. Die betreffenden Behörden werden in der Regel von Selbstverwaltungsgremien gesteuert und sind als Anstalten, Körperschaften oder Stiftungen des öffentlichen Rechts organisiert. Zur mittelbaren Landesverwaltung gehören etwa die Landesversicherungsanstalten, die Landesmedienanstalten, die Landesbanken, Ärzte- und Handelskammern, die öffentlichen Hochschulen und die öffentlich-rechtlichen Rundfunkanstalten.

Die Kommunalverwaltung

Gemeinden, Städte und Kreise haben nach dem Grundgesetz das Recht auf kommunale Selbstverwaltung. Sie dürfen im Rahmen der Gesetze ihre örtlichen Angelegenheiten weitgehend autonom regeln. Die Kommunalverwaltung ist in Deutschland grundsätzlich ähnlich hierarchisch und arbeitsteilig gegliedert wie sonstige bürokratische Organisationen. Ein beträchtlicher Teil der kommunalen Behördentätigkeit besteht in der Ausführung von Bundes- und Landesgesetzen (Auftragsverwaltung).

Die kommunale Behördenstruktur ist unter anderem abhängig

- von der Kommunalverfassung, die vom jeweiligen Bundesland festgelegt wird,
- von der Größe der Kommune und
- von ihrem Aufgabenumfang; kreisfreie Städte erledigen mehr Aufgaben in Selbstverwaltung als kreisangehörige Gemeinden und Städte.

An der Spitze der Kommunalverwaltung stehen mittlerweile in allen Flächenländern direkt gewählte Bürgermeister. Hessen ist ein Sonderfall: Hier werden die Kommunalverwaltungen von kollektiven Gremien geleitet, denen auch die direkt gewählte Bürgermeisterin angehört. Die in der Regel von der Gemeindevertretung gewählten Beigeordneten stehen den Dezernaten vor. Bei den Bezeichnungen der einzelnen Organisationseinheiten der Kommunalverwaltungen gibt es teilweise Unterschiede zwischen den Bundesländern (zur Kommunalpolitik und Kommunalverwaltung siehe Kapitel 12).

Formen des Verwaltungshandelns

Insbesondere bei der Vorbereitung von größeren Entscheidungen steht die öffentliche Verwaltung oft vor der Aufgabe, verschiedene Akteure zu beteiligen und unterschiedliche Gesichtspunkte und Interessen zu berücksichtigen. Wichtige Formen bürokratischer Koordination sind nach Bogumil und Jann:

- **Federführung** durch eine das Verfahren vorantreibende, hauptverantwortliche Verwaltungseinheit
- **Mitzeichnung** (das heißt in der Regel Zustimmung) der an einer Entscheidung oder einem Vorgang beteiligten, mitunter auch betroffenen Verwaltungseinheiten
- **Besprechung** mit anderen Akteuren in- und außerhalb der Verwaltung
- **Anhörung** von Expertinnen und Betroffenen in größerer Runde

Finale und konditionale Programmierung von Entscheidungen

In Politik und Verwaltung werden permanent Entscheidungen getroffen. Man kann diesbezüglich zwischen konditional- und finalprogrammierten Entscheidungen unterscheiden. »Programmierung« klingt sehr technisch, aber es geht hier auch tatsächlich darum, wie politische und administrative Prozesse und Entscheidungen durch bestimmte Vorgaben gesteuert oder vorstrukturiert werden:

- Von **konditionaler Programmierung** spricht man, wenn die zugrunde liegende Rechtsnorm eine »Wenn-dann-Struktur« aufweist. Das heißt: *Wenn* ein bestimmter (mehr oder weniger eindeutig definierter) Tatbestand vorliegt, *dann* kommt es zu einer (mehr oder weniger klar) festgelegten Rechtsfolge.
- **Finale Programmierung** bedeutet, dass die zugrunde liegende Rechtsnorm lediglich Ziele und Zwecke liefert. Hier kann und muss die Verwaltung entscheiden, welche Maßnahmen sie wie zur Zielerreichung einsetzt.

Bei beiden Formen von Entscheidungen beziehungsweise Entscheidungsprogrammierungen haben Akteure in Politik und Verwaltung häufig erhebliche Beurteilungs- und Ermessensspielräume durch unbestimmte (das heißt vage) Rechtsbegriffe.

Rationale und begrenzt rationale Planung

Die öffentliche Verwaltung wird oft in hohem Maße planerisch tätig. Beispiele hierfür sind: Raumplanung, Finanzplanung und Projektplanung. In einer idealen Welt würde der rationale Planungsprozess einer Behörde (etwa eines Ministeriums bei der Entwicklung eines Gesetzentwurfs) nach Bogumil und Jann folgendermaßen ablaufen:

- Problemdefinition
- Zieldefinition
- Suche nach verschiedenen Lösungen (dabei umfassende Beteiligung einschlägiger Verwaltungseinheiten, Experten und Betroffener)
- vergleichende Kosten-Nutzen-Analysen
- Auswahl der besten Lösung vor dem Hintergrund der vorab festgelegten Kriterien

In der Realität stehen Politik und Verwaltung aber nur begrenzte Ressourcen (unter anderem Zeit, Finanzen, Sachverstand, politische Mehrheiten) zur Verfügung. Daher kommt es meist zu begrenzt rationalen Entscheidungen, etwa zur Auswahl einer Lösung, die irgendwie »gut genug« ist. Sehr häufig wird auch ein inkrementelles Vorgehen gewählt, das heißt, es werden nur hier und da eher geringfügige Veränderungen am politischen oder rechtlichen Status quo vorgenommen. Inkrementalismus dient auch der Risikominimierung, denn oft ist nur begrenzt absehbar, welche Auswirkungen eine Neuregelung haben wird.

Vollständig rationale Planung ist mitunter kaum oder gar nicht im Interesse der politischen Spitze einer Behörde (oder anderer Beteiligter). Ein solcher Planungsprozess könnte andere Lösungen hervorbringen oder bevorzugen als jene, die dem Parteiprogramm, der politischen Ideologie oder den sonstigen Überzeugungen der politisch Verantwortlichen entsprechen. Also beschränkt man sich häufig darauf, vor allem jene Akteure einzubinden, deren Zustimmung man für eine Entscheidung unbedingt braucht, und sammelt Argumente, die die eigene bereits vorgefertigte Meinung stützen.

Umsetzung politischer Entscheidungen

Implementation ist der politik- und verwaltungswissenschaftliche Fachbegriff für die Umsetzung und Durchführung politischer Entscheidungen. Das Verwaltungshandeln ist durch Rechtsnormen, politische Appelle und Aufsicht nur begrenzt steuerbar. Wichtige Elemente der Umsetzungsphase sind nach Bogumil und Jann

- die **Programmkonkretisierung** (Festlegung der einzelnen Typen von Maßnahmen),
- die **Ressourcenbereitstellung** (Organisation der Verteilung verschiedener Güter) und
- **Einzelfallentscheidungen** (Detailentscheidungen in der konkreten Umsetzung).

Der Implementationsprozess ist meist nicht nur hierarchische Steuerung von oben nach unten, sondern auch ein gemeinsamer Lern- und Aushandlungsprozess. Im Kontakt mit den Betroffenen (zum Beispiel Bürgern, Anwohnerinnen, Unternehmen, Interessenorganisationen) finden Verwaltungsmitarbeitende heraus, welche Probleme bestehen, auf welche Art und Weise man Regelungen am besten umsetzt oder wie sich bestimmte politische Ziele vor Ort einfacher verwirklichen lassen.

Die Evaluation – also die systematische Bewertung bestimmter Institutionen oder Maßnahmen anhand geeigneter Kriterien – wird zwar fast überall offiziell als sehr nützlich und erstrebenswert angesehen. Politik und Verwaltung haben allerdings in der Regel nur ein begrenztes Eigeninteresse an der Bewertung ihrer Handlungen. Es könnte ja dabei herauskommen, dass die jeweilige »Performanz« eher kritikwürdig war oder ist. Man unterscheidet verschiedene Formen der Evaluation, unter anderem Ex-ante- oder prospektive Evaluation (bevor eine Maßnahme beschlossen oder begonnen wird), begleitende Evaluation sowie Ex-post- oder retrospektive Evaluation (nach Abschluss der Maßnahme). Um die Effektivität oder Effizienz eines Gesetzes zu bewerten, gibt es mittlerweile mehr oder weniger standardisierte Formen der Gesetzesfolgenabschätzung. Manche Gesetze sehen ausdrücklich eine wissenschaftliche Evaluation der Gesetzesfolgen nach einem bestimmten Zeitraum vor.

Beratung von Politik und Verwaltung

Politikberatung kann von unterschiedlichen Interessen geleitet sein und in unterschiedlicher Form erfolgen. Bei der Organisationsberatung geht es vorrangig um die Gestaltung von Prozessen und Strukturen. Fachberatung dreht sich überwiegend um inhaltliche Aspekte (»policies«, mehr dazu in Kapitel 1). Strategische Politikberatung zielt unter anderem auf die richtige Auswahl von politischen Instrumenten, Kommunikationsformen und Personal zur Erreichung bestimmter Ziele. Die Beratung von Politik und Verwaltung erfolgt unter anderem durch kommerzielle Berater (etwa Unternehmensberatungen und Anwaltskanzleien), Interessenverbände und Wissenschaftlerinnen.

Viele Forschende wie beispielsweise Bogumil und Jann unterscheiden drei Grundtypen der Politikberatung:

- ✔ Im **technokratischen Modell** geben Verwaltung und/oder Wissenschaft aufgrund ihrer Sachkompetenz Entscheidungen vor und die Politik legitimiert sie lediglich.
- ✔ Im **dezisionistischen Modell** dominiert die Politik und entscheidet weitgehend allein und unabhängig von Beratungseinflüssen.
- ✔ Im **pragmatischen Modell** besteht ein kritisch-konstruktiver Austausch zwischen Beraterinnen und politischen Entscheidern unter Berücksichtigung der jeweiligen professionellen Grenzen.

Staatstätigkeit und öffentliche Verwaltung

In modernen Staaten gibt es zahlreiche Aufgaben von gesellschaftlicher und übergeordneter Bedeutung, wobei in einem liberalen und pluralistischen Staatswesen nicht alle Aufgaben von der Bundes-, Landes- oder Kommunalverwaltung erledigt werden müssen und sollten. Andererseits gibt es Bereiche, bei denen eine staatliche Aufgabenwahrnehmung naheliegt oder zumindest in bestimmten Fällen geboten scheint.

Man kann mit den Verwaltungswissenschaftlern Bogumil und Jann zwischen folgenden Typen öffentlicher und privater Aufgaben unterscheiden:

- ✔ **Staatliche Kernaufgaben** werden vom Staat grundsätzlich selbst vollzogen (zum Beispiel Polizei).
- ✔ **Staatliche Gewährleistungsaufgaben** werden vom Staat grundsätzlich garantiert, aber nicht unbedingt von ihm selbst übernommen (etwa Dienstleistungen freier Träger wie Kindergärten und Seniorenheime).
- ✔ **Staatliche Ergänzungsaufgaben** werden nur im Ausnahmefall vom Staat wahrgenommen, wenn er sie besser als Private erledigen kann (beispielsweise Straßeninstandhaltung).
- ✔ **Private Kernaufgaben** werden nahezu immer von Privaten übernommen (zum Beispiel weite Bereiche von Sport und Kultur).

Verwaltungseinrichtungen üben verschiedene Funktionen aus. Die wichtigsten Tätigkeitsbereiche können wie folgt unterschieden werden:

- **Ordnungsverwaltung:** Hier stehen Durchsetzung und Überprüfung der Einhaltung von Rechtsnormen im Vordergrund (zum Beispiel Bauordnungsamt und Polizei).
- **Dienstleistungsverwaltung:** Entsprechende Behörden kümmern sich um die Bereitstellung verschiedener Dienstleistungen (beispielsweise Bürgerämter und Sozialämter).
- **Politische Verwaltung:** Darunter fallen Verwaltungseinheiten, die die politische Führung unterstützen, etwa bei der Entscheidungsvorbereitung und strategischen Planung (zum Beispiel Ministerien).
- **Organisationsverwaltung:** Diese Einrichtungen unterstützen die Verwaltung selbst (etwa Personalämter).

Der – nicht unumstrittene – Trend der letzten Jahrzehnte geht vom Leistungsstaat, der möglichst viele Aufgaben selbst erledigt, zum Regulierungs- und Gewährleistungsstaat, der Rahmenregelungen schafft und die Erfüllung bestimmter Aufgaben durch verschiedene Akteure sicherstellt. Zu diesem Prozess zählen unter anderem:

- die öffentliche Förderung und Unterstützung privater, zivilgesellschaftlicher und individueller Selbstorganisation und Selbstverantwortung,
- Deregulierung (also Abbau von Vorschriften, mitunter auch Privatisierung) und
- Re-Regulierung (die Schaffung von neuen rechtlichen Rahmenbedingungen), beispielsweise in den Sektoren Bahn, Post, Energie und Telekommunikation.

Das Leitbild des aktivierenden Staates lässt sich folgendermaßen umschreiben: Der Staat fördert (und fordert) grundsätzlich Formen gesellschaftlicher Selbststeuerung, übernimmt bei Bedarf aber Gewährleistungsverantwortung (wo ein öffentliches Interesse besteht) und unter Umständen auch Finanzierungsverantwortung (falls dies unbedingt notwendig ist) oder Vollzugsverantwortung (wo die Durchführung nicht von Dritten erledigt werden kann). Nach dem Subsidiaritätsprinzip sollen Aufgaben von einer höheren Ebene übernommen werden, wenn die niedrigere Ebene sie nicht (ausreichend) erfüllen kann (aber auch erst dann).

Personal im öffentlichen Dienst

Die öffentliche Verwaltung ist ein großer Wirtschaftsfaktor und wichtiger Arbeitgeber. Das Grundgesetz legt fest, dass jeder Deutsche »nach seiner Eignung, Befähigung und fachlichen Leistung gleichen Zugang zu jedem öffentlichen Amte« hat (Art. 33 Abs. 2 GG). Der Zugang zum öffentlichen Dienst muss also diskriminierungsfrei gestaltet werden.

Beamte und Angestellte

»Die Ausübung hoheitsrechtlicher Befugnisse ist als ständige Aufgabe in der Regel Angehörigen des öffentlichen Dienstes zu übertragen, die in einem öffentlich-rechtlichen Dienst- und Treueverhältnis stehen« (Art. 33 Abs. 4 GG). Damit sind Beamte gemeint. Es ist zum Teil umstritten, welche Tätigkeiten genau zu den hoheitlichen Befugnissen im engeren Sinne zählen. Eindeutig gehören die Sicherheitsverwaltung (insbesondere die Polizei) und der Kernbereich der politischen Verwaltung (große Teile der Ministerien) dazu. Früher war auch das Personal von Bahn und Post zumindest zum Teil verbeamtet – heute gehören diese Bereiche nicht einmal mehr zum öffentlichen Dienst. Einige Bundesländer haben zumindest in bestimmten Zeiträumen neue Lehrkräfte an staatlichen Schulen nicht mehr verbeamtet.

Nach dem Grundgesetz ist das Recht des öffentlichen Dienstes »unter Berücksichtigung der hergebrachten Grundsätze des Berufsbeamtentums zu regeln und fortzuentwickeln« (Art. 33 Abs. 5 GG). Möglicherweise beschränkt diese Vorschrift grundlegende Reformen des öffentlichen Dienstes. Neben dem Budgetrecht der Bundes- und Landesparlamente gibt es auch den Grundsatz der parlamentarischen Verantwortung für den Stellenplan der öffentlichen Verwaltung.

Zum Teil haben die Mitarbeitenden des öffentlichen Dienstes eine speziell auf den öffentlichen Dienst beziehungsweise bestimmte Tätigkeiten ausgerichtete Ausbildung durchlaufen; das kann zu einer begrenzten Mobilität des Personals führen. Der öffentliche Dienst zeichnet sich durch ein engmaschiges Dienstrecht, spezifische Rechtsnormen (zum Beispiel Bundes- und Landesbeamtengesetze sowie Bundes- und Landeslaufbahnverordnungen) und weitere Spezialregelungen etwa für Besoldung und Versorgung, Reisekostenerstattung und Umzugskostenerstattung aus.

Es besteht ein differenziertes Laufbahnsystem aus einfachem, mittlerem, gehobenem und höherem Dienst mit jeweils einheitlichen Zugangsvoraussetzungen. Die Angehörigen des einfachen und mittleren Dienstes benötigen eine spezielle Ausbildung. Voraussetzung für eine Tätigkeit im gehobenen Dienst ist in der Regel ein abgeschlossenes Studium an einer Fachhochschule für öffentliche Verwaltung. Für eine Anstellung im höheren Dienst ist ein einschlägiges Universitätsstudium Voraussetzung.

Die Regelung der Arbeitsverhältnisse der Beamten erfolgt durch Gesetze. Bei Angestellten im öffentlichen Dienst werden die Arbeitsverhältnisse dagegen durch von Arbeitnehmer- und Arbeitgeberverbänden ausgehandelte Tarifverträge geregelt. Auch sonst bestehen einige rechtliche Unterschiede zwischen Beamten und Angestellten, obwohl sich die Tätigkeiten oftmals ähneln.

Für Beamte gilt:

- ✔ sie sind grundsätzlich unkündbar (vom Lebenszeitprinzip abweichend gibt es gelegentlich auch Beamte auf Zeit),
- ✔ sie werden finanziell »alimentiert« und erhalten im Alter eine Pension aus staatlichen Mitteln,
- ✔ sie haben kein Streikrecht,

- sie unterliegen einer besonderen Treuepflicht und einem speziellen Disziplinarrecht und
- werden für eine Laufbahn rekrutiert (und müssen daher unter Umständen verschiedene Dienstposten durchlaufen).

Angestellte im öffentlichen Dienst

- sind grundsätzlich kündbar,
- erhalten ein Gehalt und im Alter eine Rente aus einer Rentenversicherung,
- dürfen streiken,
- unterliegen keiner besonderen Treuepflicht und keinem speziellen Disziplinarrecht (wobei bestimmte für sie geltende Regelungen zum Teil an das Beamtenrecht angelehnt sind) und
- werden üblicherweise für einen bestimmten Dienstposten rekrutiert.

Führungskräfte in der öffentlichen Verwaltung

In Deutschland gibt es keine besonderen Elite(hoch)schulen für Führungskräfte des öffentlichen Dienstes. Demgegenüber haben beispielsweise in Frankreich sehr viele Spitzenkräfte in Politik und Verwaltung die frühere École nationale d'administration (ENA) besucht. In den höheren Verwaltungsebenen der Bundesrepublik dominieren vor allem Juristen.

Wer eine Führungsposition im öffentlichen Dienst anstrebt, muss die entsprechenden Laufbahnvoraussetzungen erfüllen und gegebenenfalls auch spezifische Fortbildungen, Berufserfahrungen und gute Bewertungen vorweisen können. Ab einer bestimmten Ebene ist die Besetzung von Spitzenfunktionen in der öffentlichen Verwaltung eine mehr oder weniger politische Entscheidung.

Es lassen sich grob drei Haupttypen hoher Verwaltungsmitarbeitender unterscheiden:

- *permanente Beamte* (»Karrierebeamte«), die politisch neutral handeln sollen (zum Beispiel beamtete Staatssekretäre),
- *politische Beamte,* die sich durch programmatische und ideologische Loyalität gegenüber der politischen Spitze auszeichnen (etwa parlamentarische Staatssekretärinnen),
- *politische Berater,* die Sachverstand von außen einbringen sollen (beispielsweise persönliche Beraterinnen und Stabsmitarbeiter).

Kontrolle der Verwaltung

Die öffentliche Verwaltung ist unabdingbar für die Staatstätigkeit in der Bundesrepublik und die Wahrnehmung zahlreicher Aufgaben von gesamtgesellschaftlicher Bedeutung. Allerdings bestehen auch gewisse Gefahren des Missmanagements und des Missbrauchs anvertrauter Macht durch teilweise große Spielräume, etwa bei der Vorbereitung und Umsetzung politischer Entscheidungen. In diesem Zusammenhang ist auch zu betonen, dass große Teile der öffentlichen Verwaltung nur über eine eher schwache demokratische Legitimation verfügen, weil die beschriebene Legitimationskette doch schnell in den Verästelungen und Niederungen der Bürokratie ausdünnt. Oder haben Sie sich schon einmal überlegt, dass der Angestellte des Ordnungsamts, der Ihnen einen Bußgeldbescheid ausstellt, sehr indirekt beziehungsweise abstrakt auch von Ihnen als Bürgerin legitimiert ist?

Nach Max Weber tragen unter anderem folgende Faktoren zur Macht des Verwaltungspersonals bei:

- ✔ Ausbildung und Spezialisierung
- ✔ Erfahrung und Permanenz (Berufsbeamtentum, Lebenszeitprinzip)
- ✔ eine Tendenz zur Geheimhaltung
- ✔ die Fragmentierung der Bürokratie, also die komplexe Aufgliederung und Aufgabenverteilung in der öffentlichen Verwaltung

Der in den Sozial- und Wirtschaftswissenschaften weitverbreitete »Rational Choice«-Ansatz geht davon aus, dass Individuen und Organisationen bestimmte mehr oder weniger klar definierte Interessen haben und grundsätzlich in einem gegebenen Rahmen alles unternehmen, um diese Interessen so weit wie möglich zu erreichen oder durchzusetzen. Dieser theoretische Ansatz der rationalen Maximierung der eigenen Vorteile beziehungsweise des eigenen Nutzens lässt sich nicht nur auf Politikerinnen (und jedermann), sondern auch auf Bürokraten anwenden. Demnach hat die Verwaltung ein grundsätzliches Eigeninteresse an Machterhalt und Machterweiterung. Sie strebt unter anderem nach Stellenausbau, Budgeterhöhungen, mehr Kompetenzen und weniger Einschränkungen. Das lässt sich in der Realität auch zumindest teilweise beobachten.

In den Sozialwissenschaften spricht man gelegentlich von »Prinzipal-Agenten-Problemen« hierarchischer Organisationen wie der öffentlichen Verwaltung: Die politische und demokratisch legitimierte Spitze (»Prinzipal«) hat zwar die Gesamtverantwortung sowie ein Entscheidungs- und Weisungsrecht, allerdings verfügen die unteren Verwaltungseinheiten (»Agenten«) über die detaillierte Fachkompetenz und Einzelfallentscheidungsrechte. So kann es sein, dass Bürokraten als »Agenten« nicht (nur) im Interesse ihres »Prinzipals« beziehungsweise des Gemeinwohls handeln, sondern mitunter mehr oder weniger (auch) im Eigeninteresse oder im Interesse ihrer jeweiligen Verwaltungseinheit.

Formen der Verwaltungskontrolle

Verschiedene Institutionen sind in unterschiedlicher Art und Weise an der Kontrolle der öffentlichen Verwaltung beteiligt. Man kann nach Ansicht von Bogumil und Jann grob unterscheiden zwischen

- ✔ gerichtlicher Kontrolle,
- ✔ Finanzkontrolle,

- ✔ politischer Kontrolle und
- ✔ administrativer Kontrolle.

Die gerichtliche Kontrolle der Verwaltung hat ihren Schwerpunkt in der Verwaltungsgerichtsbarkeit. Der entsprechende Instanzenzug hat folgende Stufen: Verwaltungsgerichte, Oberverwaltungsgerichte beziehungsweise Verwaltungsgerichtshöfe und das Bundesverwaltungsgericht. Bei manchen Behörden muss erst einmal ein Einspruch eingelegt werden, bevor man das Verwaltungsgericht anrufen kann. Ein solcher Einspruch wird von einer höheren Stelle in derselben Behörde geprüft. Wird er abgelehnt, steht in der Regel der Weg zum Verwaltungsgericht offen. Neben der Verwaltungsgerichtsbarkeit sind unter dem Gesichtspunkt der Verwaltungskontrolle auch die Finanzgerichtsbarkeit und die Sozialgerichtsbarkeit von Bedeutung (zum Aufbau der Gerichte in Deutschland siehe Kapitel 11). Auch das Bundesverfassungsgericht spielt bei der Kontrolle der öffentlichen Verwaltung oft eine wichtige Rolle (zum Bundesverfassungsgericht siehe Kapitel 9).

Die Finanzkontrolle wird insbesondere durch die Rechnungshöfe ausgeübt. Sie prüfen die Haushalts- und Wirtschaftsführung des Bundes oder des entsprechenden Landes auf Ordnungsmäßigkeit (das heißt Rechtmäßigkeit, Vollständigkeit und Richtigkeit) sowie Wirtschaftlichkeit (plausibles Verhältnis von Kosten und Zweck). Hierbei gehen die Rechnungshöfe überwiegend stichprobenartig vor. Von besonderer Bedeutung bei der Finanzkontrolle sind auch die staatlichen und kommunalen Rechnungsprüfungsämter, die hinsichtlich ihrer Prüfungstätigkeit den Landtagen beziehungsweise Kommunalvertretungen unterstehen und ihnen Prüfberichte und sonstige Erkenntnisse zukommen lassen.

Eine politische Kontrolle der Verwaltung findet unter anderem durch die Parlamente auf Bundes-, Landes- und Kommunalebene (insbesondere durch die jeweilige Opposition), die Medien, Nichtregierungsorganisationen und die Bürger statt (zum Beispiel in Form von Wahlen, Abstimmungen und Demonstrationen). Die Bevölkerung kann zudem Petitionsrechte, bestimmte Informationsfreiheitsregelungen und in einigen Bundesländern beziehungsweise Behörden auch Ombudspersonen in Anspruch nehmen. Schließlich üben auch Internationale Organisationen politische Kontrollfunktionen gegenüber der nationalen Verwaltung aus (siehe hierzu die Kapitel 14 und 15).

Administrative Kontrolle bedeutet eine Kontrolle von Behörden durch andere – in der Regel vorgesetzte oder hierarchisch übergeordnete – Verwaltungseinrichtungen. Hier wird insbesondere zwischen drei Formen der »Aufsicht« unterschieden:

- ✔ **Dienstaufsicht:** im engeren Sinne die Überwachung der Einhaltung von Dienst- und Disziplinarvorschriften
- ✔ **Rechtsaufsicht:** die Überwachung der Befolgung einschlägiger Rechtsnormen
- ✔ **Fachaufsicht:** die Überwachung der Zweckmäßigkeit des Verwaltungshandelns (inhaltliches Weisungsrecht)

Bei der Ausführung von Bundesgesetzen durch die Länder als eigene Angelegenheit hat der Bund die Rechtsaufsicht, beim Vollzug der Bundesgesetze durch die Länder im Auftrag des Bundes kommt ihm neben der Rechtsaufsicht auch die Fachaufsicht zu (siehe Kapitel 10).

Teil V
Europäische und internationale Einflüsse

IN DIESEM TEIL …

… gebe ich einen kurzen Überblick über das politische System der Europäischen Union, um dann auf die Europäisierung der deutschen Politik einzugehen. Doch auch andere grenzüberschreitende Beziehungen und Internationale Organisationen sind für Deutschland von Bedeutung.

Dieser Teil behandelt daher in Grundzügen Auswirkungen der Außenpolitik auf das politische System der Bundesrepublik.

IN DIESEM KAPITEL

Die Entwicklung der Europäischen Union

Ein Überblick über das politische System der EU

Politikfelder, Aufgabenverteilung und supranationale Rechtsetzung

Deutsche politische Akteure im europäischen Mehrebenensystem

Kapitel 14
Die Europäisierung des politischen Systems

Vielleicht fragen Sie sich, warum Sie sich mit der Europäischen Union beschäftigen sollten. Sie möchten doch etwas über das politische System Deutschlands erfahren. Die Bedeutung der EU zeigt sich bereits daran, dass an manchen Tagen etwa die Hälfte der Artikel auf der ersten Seite einer überregionalen Qualitätszeitung wie der Süddeutschen Zeitung in der ein oder anderen Form mit der Europäischen Union zu tun hat. Da geht es dann beispielsweise um den Beschluss einer EU-Verordnung von Rat und Europäischem Parlament zum Verbraucherschutz, Streitigkeiten innerhalb der Bundesregierung hinsichtlich des Abstimmungsverhaltens im Ministerrat zum Entwurf einer Umweltschutzrichtlinie, ein Urteil des Gerichtshofs der EU gegen die Bundesrepublik wegen eines Verstoßes gegen Europarecht oder um eine Entscheidung der EU-Kommission in ihrer Funktion als Wettbewerbsbehörde gegen ein Unternehmenskartell unter Beteiligung deutscher Firmen. Das ist zugegebenermaßen nicht an jedem Tag der Fall. Aber das Beispiel ist auch nicht untypisch. Es zeigt sehr deutlich: Das politische System Deutschlands kann heute ohne gute Grundkenntnisse der EU-Politik nicht mehr ausreichend verstanden werden.

Im Folgenden gehe ich zunächst auf die historische Entwicklung der Europäischen Union ein. Anschließend behandele ich das politische System der EU in Grundzügen. Es folgt ein Überblick über die EU-Rechtsetzung. Danach widme ich mich der Aufgabenverteilung im europäischen Mehrebenensystem. Wichtige Aspekte der europäischen Integration aus Sicht des Grundgesetzes skizziere ich im Anschluss. Abschließend bespreche ich die Europäisierung einzelner Bereiche des deutschen Regierungssystems.

Zur Entwicklung der europäischen Integration

Die Entstehung der Vorläuferorganisationen der Europäischen Union fällt in die Zeit der europäischen Einigungs- und Friedensbewegung nach dem Zweiten Weltkrieg. Es ging um den friedlichen, sozialen und wirtschaftlichen Wiederaufbau der europäischen Staaten sowie die Westintegration beziehungsweise langfristige Kontrolle Deutschlands. Etliche politische und zivilgesellschaftliche Akteure wollten übersteigerten Nationalismus und seine furchtbaren Folgen künftig durch überstaatliche Organisationsformen verhindern, durch eine »Vergemeinschaftung« von Politik. Die Schaffung des Europarats im Jahre 1949, einer Internationalen Organisation klassischen Typs (also ohne Rechtsetzungsbefugnisse mit Direktwirkung und Anwendungsvorrang), galt da vielen nur als kleiner Wurf (zum Europarat siehe Kapitel 15).

Die Europäischen Gemeinschaften

Vom damaligen französischen Außenminister Schuman und seinem Umfeld stammte die Idee, die Verwaltung der damals kriegswichtigen Montanindustrie zu vergemeinschaften. Das Ergebnis war die Europäische Gemeinschaft für Kohle und Stahl (EGKS), die erste supranationale Organisation in Westeuropa mit zunächst lediglich sechs Mitgliedstaaten. Sie war auf 50 Jahre angelegt und lief daher 2002 aus.

Der »Schuman-Plan« wurde am 9. Mai 1950 vorgestellt. Aus diesem Grund wird jedes Jahr am 9. Mai der – in der Öffentlichkeit allerdings eher wenig bekannte – Europatag gefeiert.

Das Konzept der sogenannten sektoralen Integration wurde im Anschluss weiterverfolgt. Damit ist gemeint, dass nicht etwa ein europäischer Bundesstaat geschaffen wurde, sondern dass man sich auf die Vergemeinschaftung einzelner Politikfelder konzentrierte. So entstanden in der Folge die Europäische Wirtschaftsgemeinschaft (EWG) und die Europäische Atomgemeinschaft (EAG oder Euratom). Zwei zentrale Ziele der EWG waren die Schaffung einer Zollunion und eines gemeinsamen Binnenmarkts mit freiem Waren-, Personen-, Dienstleistungs- und Kapitalverkehr. Mit der Atomenergie waren damals sehr große – aus heutiger Sicht wohl unrealistische – Hoffnungen verbunden, daher sollte Euratom insbesondere die zivile Nutzung der Atomkraft fördern. Die Verträge zur Gründung von EWG und EAG werden auch als »Römische Verträge« bezeichnet.

Die drei Europäischen Gemeinschaften EWG, EAG und EGKS hatten jahrzehntelang Bestand. Aus völkerrechtlicher Sicht waren sie eigenständige Organisationen mit jeweils eigener Rechtspersönlichkeit. Sie teilten sich aber bald gemeinsame Institutionen (auf die ich weiter hinten in diesem Kapitel eingehe). Die völkerrechtlichen Gründungsverträge wurden etliche Male verändert. Aus der Europäischen Wirtschaftsgemeinschaft, die bald die anderen zwei Gemeinschaften an Bedeutung weit überragte, wurde die Europäische Gemeinschaft (EG), der schrittweise immer mehr Kompetenzen in immer mehr Politikfeldern übertragen wurden. Im Jahr 1992 wurde schließlich die Europäische Union (EU) geschaffen, zunächst als ergänzende, vor allem außenpolitische Konstruktion neben beziehungsweise über den Europäischen Gemeinschaften. Die EG ist mittlerweile in der EU aufgegangen.

Das war alles etwas schwer verständlich? Hier folgen ein paar zentrale Ereignisse in der Entwicklung der europäischen Integration noch einmal im Schnelldurchlauf:

- ✔ 1951/52: Schaffung der Europäischen Gemeinschaft für Kohle und Stahl (EGKS). Sie lief 2002 aus. Ihr politischer und rechtlicher Besitzstand wurde von der EG übernommen.
- ✔ 1957/58: Gründung der Europäischen Wirtschaftsgemeinschaft (EWG) und der Europäischen Atomgemeinschaft (EAG/Euratom). Die drei Europäischen Gemeinschaften sind rechtlich selbstständig, teilen sich aber bald gemeinsame Organe.
- ✔ 1992/93: Entstehung der Europäischen Union (EU) als politisches, rechtlich nicht selbstständiges Dach einer Säulenkonstruktion. Die erste Säule bilden die supranationalen Gemeinschaften EG (vormals EWG), EAG und EGKS. Die zweite Säule ist die Gemeinsame Außen- und Sicherheitspolitik, die dritte Säule die polizeiliche und justizielle Zusammenarbeit in Strafsachen. Die zweite und dritte Säule basieren überwiegend auf Regierungszusammenarbeit, die supranationalen Institutionen (Kommission, Europäisches Parlament, Gerichtshof) haben hier nur begrenzte Befugnisse.
- ✔ Seit dem Vertrag von Lissabon aus dem Jahr 2007 (in Kraft seit dem 1. Dezember 2009) gibt es nur noch die Europäische Union (als Rechtsnachfolgerin der EG) und Euratom. Die Europäischen Gemeinschaften (und auch die politische Säulenkonstruktion) sind also inzwischen weitgehend Vergangenheit. Die EU hat ihr politisches Erbe angetreten.

Ein einzigartiges politisches Gebilde

Bei der Europäischen Union handelt es sich um ein schwer definierbares politisches System, das sich dynamisch weiterentwickelt. Es bewegt sich irgendwo zwischen einem Staatenbund (einem Zusammenschluss souveräner Staaten) und einem Bundesstaat, also einem souveränen, föderalen Staat (zur Definition eines Staates siehe Kapitel 1, zum Föderalismusbegriff Kapitel 10).

Die EU weist einerseits Ähnlichkeiten mit klassischen Internationalen Organisationen auf:

- ✔ Sie hat insbesondere eine völkerrechtliche Grundlage (zum Völkerrecht siehe Kapitel 15). Früher waren hier vor allem die Verträge über die drei Europäischen Gemeinschaften zu nennen. Das derzeit gültige sogenannte »Primärrecht« umfasst im Wesentlichen den Vertrag über die Europäische Union (EUV), den Vertrag über die Arbeitsweise der Europäischen Union (AEUV), den Vertrag zur Gründung der Europäischen Atomgemeinschaft (EAGV) sowie ergänzende völkerrechtlich verbindliche Dokumente wie etwa Protokolle.
- ✔ Die Mitgliedstaaten beziehungsweise deren Regierungsvertreter spielen eine sehr starke Rolle in der Willensbildung und Entscheidungsfindung der EU. Fundamentale Entscheidungen werden von den Regierungen nach dem Einstimmigkeitsprinzip getroffen.

Andererseits ähnelt die EU in gewisser Hinsicht auch einem Bundesstaat:

- ✔ In zahlreichen Politikfeldern (insbesondere der EU-Tagespolitik) werden Beschlüsse nicht einstimmig getroffen, sondern es gibt häufig Mehrheitsentscheidungen.
- ✔ Das EU-Recht (Unionsrecht) hat in bestimmten Fällen eine direkte Rechtswirkung in den Mitgliedstaaten, ohne dass – wie in der internationalen Politik sonst üblich – ein nationaler Umsetzungsrechtsakt nötig ist.
- ✔ In einem konkreten Kollisionsfall zwischen einer europarechtlichen Norm und einer nationalen Rechtsnorm geht das Unionsrecht grundsätzlich vor. Das nationale Recht verliert seine (innerstaatliche) Gültigkeit nicht, ist aber bei einem Anwendungskonflikt mit EU-Recht nicht anwendbar.

Die Europäische Union wird oft als supranationale Organisation bezeichnet. Was darunter zu verstehen ist, also was die EU eindeutig von einer Internationalen Organisation (IO) unterscheidet, ist letztlich nicht ganz klar. Sicher spielen hierbei die Faktoren Mehrheitsentscheidungen unter den Regierungen sowie Direktwirkung und Anwendungsvorrang des Unionsrechts eine zentrale Rolle. Direktwirkung und Anwendungsvorrang machen das Recht der Europäischen Union zu supranationalem Recht. Manche Politikwissenschaftlerinnen und Europarechtler sprechen auch von »Konstitutionalisierung« und meinen damit, dass die Grundlagen der EU-Rechtsordnung verfassungsähnliche Züge aufweisen.

Verträge und Beitritte

Die Geschichte der Europäischen Union lässt sich aus unterschiedlichen Perspektiven erzählen. Bei historischen Rückblicken werden häufig die völkerrechtlichen Verträge und Reformverträge genannt, die die rechtlichen Grundlagen der EU geschaffen und verändert haben. Hierbei sind vor allem folgende Vertragswerke zu nennen, die alle auf Regierungskonferenzen der Mitgliedstaaten beschlossen wurden und zum Teil die Namen jener Orte tragen, an denen diese Konferenzen stattfanden:

- ✔ Der *EGKS-Vertrag* (1951) sowie die *EWG-* und *EAG-Verträge* (1957) sind die Gründungsverträge der Europäischen Gemeinschaften.
- ✔ Der *Fusionsvertrag* (1965) bezweckte die Schaffung einer gemeinsamen Kommission und eines gemeinsamen Rates für alle drei Europäischen Gemeinschaften.
- ✔ Die *Einheitliche Europäische Akte* (1986) diente unter anderem der Institutionenreform, der Ausdehnung der Fälle von qualifizierter Mehrheitsentscheidung im Rat zur Verwirklichung des Binnenmarkts und der Stärkung des Europäischen Parlaments im Rechtsetzungsprozess.
- ✔ Der *Vertrag von Maastricht* (1992) schuf die EU (neben den Europäischen Gemeinschaften). Er legte außerdem unter anderem die Grundlagen der Währungsunion und führte die Unionsbürgerschaft, Elemente gemeinsamer Außen- und Innenpolitik sowie neue Formen intergouvernementaler Zusammenarbeit (also Regierungszusammenarbeit) ein.

- Der *Vertrag von Amsterdam* (1997) widmete sich unter anderem der Reform der Institutionen, der Konsolidierung der Verträge und der Stärkung des Europäischen Parlaments durch Ausweitung des Mitentscheidungsverfahrens. Zudem integrierte er das Schengener Abkommen (von 1985 und 1990) über die Abschaffung der Grenzkontrollen an den Binnengrenzen der Mitgliedstaaten in das EU-Recht.
- Der *Vertrag von Nizza* (2001) reformierte unter anderem die Institutionen im Hinblick auf die Erweiterung der EU. So kam es beispielsweise zu Neuregelungen bei der Zusammensetzung der Europäischen Kommission und der Stimmgewichtung im Rat (die einzelnen Institutionen behandele ich weiter hinten in diesem Kapitel).
- Nach dem Scheitern des Verfassungsvertrags aufgrund ablehnender Volksabstimmungen in einigen Ländern legte auch der *Vertrag von Lissabon* (2007) einen Schwerpunkt auf die Reform der Institutionen. Die Neuerungen umfassen unter anderem ein verändertes Abstimmungsverfahren im Rat, einen ständigen Präsidenten des Europäischen Rates, einen Hohen Vertreter für Außen- und Sicherheitspolitik sowie einen diplomatischen Dienst der EU, eine Stärkung des Europäischen Parlaments und die Einführung der Europäischen Bürgerinitiative. Außerdem wurde die EU-Grundrechtecharta von einem politischen zu einem rechtsverbindlichen Dokument.

Die Geschichte der Europäischen Union kann auch aus der Perspektive der territorialen Erweiterung beziehungsweise Veränderung des Integrationsprojekts betrachtet werden. Folgende Staaten traten über die Jahre den Europäischen Gemeinschaften beziehungsweise der Europäischen Union bei:

- 1951/57: Belgien, Bundesrepublik Deutschland, Frankreich, Italien, Luxemburg, Niederlande (Gründungsstaaten)
- 1973: Dänemark, Großbritannien, Irland
- 1981: Griechenland
- 1986: Spanien, Portugal
- 1995: Österreich, Finnland, Schweden
- 2004: Estland, Lettland, Litauen, Malta, Polen, Slowakei, Tschechische Republik, Ungarn, Slowenien, Zypern
- 2007: Bulgarien, Rumänien
- 2013: Kroatien

Nach einer Volksabstimmung im Jahr 2016 und langwierigen Verhandlungen hat Großbritannien Ende Januar 2020 die Europäische Union verlassen. Bei dem sogenannten Brexit handelt es sich – sieht man einmal vom Sonderfall Grönland ab – um den ersten Austritt eines Mitgliedstaats in der Geschichte des europäischen Integrationsprojekts.

Die europäische Integration hatte nie einen wirklichen Masterplan, jedenfalls wurde die EU nach keinem konstruiert. Sie zeichnet sich stattdessen durch eine schrittweise Weiterentwicklung der Institutionen, Entscheidungsverfahren, politischen Maßnahmen und gemeinsam bearbeiteten Politikfelder über Jahrzehnte und etliche Rückschläge hinweg aus. Völkerrechtliche Verträge und Änderungsverträge als Rechts- und Organisationsgrundlagen sind stets von allen Mitgliedstaaten zu ratifizieren. Das bedeutet, dass sie im Regelfall nicht nur von den Regierungen unterzeichnet, sondern auch von den jeweiligen nationalen Parlamenten gebilligt werden müssen; gelegentlich sind hierbei in manchen Staaten (nicht aber Deutschland) auch Volksabstimmungen notwendig (die Beteiligung von Bundestag und Bundesrat in EU-Angelegenheiten behandele ich weiter hinten in diesem Kapitel).

Die Verträge zur Weiterentwicklung der Europäischen Union entstehen auf Konferenzen der Regierungen der Mitgliedstaaten, die vor allem von den Ministerialbürokratien vorbereitet werden. Bei größeren Änderungsvorhaben kann inzwischen ein mit Persönlichkeiten aus unterschiedlichen nationalen und supranationalen Einrichtungen besetzter Konvent vorgeschaltet werden. Kleinere Vertragsänderungen sind mitunter schon durch einen entsprechenden Beschluss des Europäischen Rates möglich (gegebenenfalls nach Zustimmung der Mitgliedstaaten beziehungsweise ihrer Parlamente und/oder des Europäischen Parlaments).

Ein Beitritt zur Europäischen Union ist grundsätzlich jedem europäischen Staat möglich, der drei zentrale Kriterien erfüllt:

- ✔ institutionelle Stabilität, Demokratie und Rechtsstaatlichkeit,
- ✔ eine funktionsfähige Marktwirtschaft, die dem Wettbewerbsdruck in der EU standhält, sowie
- ✔ die Übernahme des gemeinschaftlichen rechtlichen Besitzstands (des sogenannten »acquis communautaire«).

Die Erfüllung dieser Voraussetzungen (heruntergebrochen in etliche Unterkriterien) wird in einem jahrelangen Beitrittsprozess von der Europäischen Kommission und den Regierungen der Mitgliedstaaten überprüft. Bei einer erfolgreichen Entwicklung handelt man einen Beitrittsvertrag aus, der von allen alten und künftigen Mitgliedstaaten ratifiziert werden muss. Möchte ein Staat aus der EU austreten, übermittelt er eine Austrittsmitteilung. Es folgen Verhandlungen über die Modalitäten des Austritts und der Abschluss eines Austrittsabkommens.

Werte und Ziele

Auch wenn die Europäische Union oft so fern erscheint, Probleme mit geflüchteten Menschen an und innerhalb ihrer Grenzen hat und hinsichtlich demokratiefeindlicher Bestrebungen in manchen Mitgliedstaaten und Drittstaaten oft nur zögerlich agiert: Die EU versteht sich als Wertegemeinschaft: »Ziel der Union ist es, den Frieden, ihre Werte und das Wohlergehen ihrer Völker zu fördern« (Art. 3 Abs. 1 Vertrag über die Europäische Union).

Welche Werte sind damit gemeint? »Die Werte, auf die sich die Union gründet, sind die Achtung der Menschenwürde, Freiheit, Demokratie, Gleichheit, Rechtsstaatlichkeit und die

Wahrung der Menschenrechte einschließlich der Rechte der Personen, die Minderheiten angehören. Diese Werte sind allen Mitgliedstaaten in einer Gesellschaft gemeinsam, die sich durch Pluralismus, Nichtdiskriminierung, Toleranz, Gerechtigkeit, Solidarität und die Gleichheit von Frauen und Männern auszeichnet« (Art. 2 Vertrag über die Europäische Union).

Ein Beispiel und Instrument zur Verwirklichung dieser Werte und zur Schaffung einer gemeinsamen Identität ist die Unionsbürgerschaft. Jeder Staatsangehörige eines Mitgliedstaats ist gleichzeitig auch Unionsbürger. Aus der Unionsbürgerschaft erwachsen unter anderem folgende Rechte (die gegebenenfalls bestimmten Einschränkungen unterliegen können):

- ✔ das Verbot der Diskriminierung (also ungerechtfertigten Ungleichbehandlung) aufgrund der Nationalität im Anwendungsbereich des EU-Rechts
- ✔ das aktive und passive Wahlrecht bei Kommunalwahlen (siehe hierzu Kapitel 12) und Europawahlen auch bei einem dauerhaften Wohnsitz in einem anderen Mitgliedstaat
- ✔ Freizügigkeit in der Europäischen Union (das Recht auf freies Reisen innerhalb der EU bedeutet allerdings nicht, dass man in einem Mitgliedstaat automatisch auch ein Anrecht auf dieselben Sozialleistungen hat wie die Staatsangehörigen des betreffenden EU-Staates; hierfür gelten bestimmte Voraussetzungen)
- ✔ konsularischer Schutz durch die entsprechenden Einrichtungen eines anderen Mitgliedstaats in Drittstaaten, in denen der Heimatstaat nicht vertreten ist
- ✔ das Petitionsrecht beim Europäischen Parlament (also das Recht, Bitten und Beschwerden einzureichen)
- ✔ das Recht zur Beteiligung an einer Europäischen Bürgerinitiative sowie zur Initiierung einer solchen
- ✔ das Recht, sich an die Europäische Bürgerbeauftragte zu wenden (etwa bei Konflikten mit EU-Institutionen)

Die EU-Institutionen

Bei den Institutionen der Europäischen Union kann man grundsätzlich zwischen den Organen und weniger wichtigen zusätzlichen Einrichtungen unterscheiden. Die EU-Organe sind

- ✔ das Europäische Parlament,
- ✔ der Europäische Rat,
- ✔ der Rat,
- ✔ die Kommission,
- ✔ der Gerichtshof der Europäischen Union,
- ✔ die Europäische Zentralbank und
- ✔ der Rechnungshof.

Zusätzliche Einrichtungen der Europäischen Union sind insbesondere

- ✔ der Wirtschafts- und Sozialausschuss,
- ✔ der Ausschuss der Regionen,
- ✔ die Europäische Investitionsbank und
- ✔ die EU-Agenturen.

Das Europäische Parlament

Das Europäische Parlament ist das einzige direkt gewählte EU-Organ. Es hat Rechtsetzungs-, Haushalts-, Kontroll- und Beratungsaufgaben. Sein Sitz ist in Straßburg (Plenarsitzungen) und Brüssel (vor allem Ausschuss- und Fraktionssitzungen). Teile des Generalsekretariats befinden sich außerdem in Luxemburg.

Finden Sie es nicht auch komisch, dass die Abgeordneten des Europäischen Parlaments ungefähr einmal im Monat ihre Koffer packen und mit ihren Mitarbeitenden von Brüssel nach Straßburg fahren, um dort ein paar Tage Plenarsitzungen abzuhalten? Selbst viele Abgeordnete haben schon kritisiert, dass diese Pendelei wohl ziemlich unnötige Zeit- und Geldverschwendung ist. Aber Frankreich beharrt bislang auf seinem prestigeträchtigen europäischen Parlamentssitz im Elsass.

Die Abgeordneten des Europäischen Parlaments werden seit 1979 für fünf Jahre »in allgemeiner, unmittelbarer, freier und geheimer Wahl« gewählt (Art. 14 Abs. 3 Vertrag über die Europäische Union). Das Parlament hat maximal 751 Abgeordnete – derzeit 720 – und ist damit im Vergleich zu nationalen Volksvertretungen sehr groß. Aus den einzelnen Mitgliedstaaten kommen je nach Bevölkerungsgröße mindestens sechs Abgeordnete (zurzeit beispielsweise Malta) und höchstens 96 Abgeordnete (momentan Deutschland). Grundsätzlich beschließt das Europäische Parlament mit der Mehrheit der abgegebenen Stimmen.

DAS WAHLSYSTEM FÜR DIE EUROPAWAHLEN IN DEUTSCHLAND

Im Rahmen bestimmter Grundsätze entscheiden die Mitgliedstaaten selbstständig über die jeweiligen Details des für ihre Abgeordneten geltenden Europawahlrechts. In Deutschland darf man ab 16 Jahren wählen, das passive Mindestwahlalter liegt bei 18 Jahren. Gewählt wird nach einem Verhältniswahlsystem mit geschlossenen, von den Parteien aufgestellten Listen. Wahlberechtigte haben jeweils eine Stimme, mit der sie die Liste einer Partei wählen können. Die 96 deutschen Abgeordnetensitze werden entsprechend dem Verhältnis der erzielten Stimmen vergeben. Das Bundesverfassungsgericht hat eine Sperrklausel bei Europawahlen – im Unterschied zu Bundestags- und Landtagswahlen – für verfassungswidrig erklärt. Dadurch sitzen auch Abgeordnete von kleinen deutschen Parteien im Europäischen Parlament, die es üblicherweise nicht in den Bundestag schaffen (zur dortigen Sperrklausel siehe Kapitel 7).

Die Abgeordneten des Europäischen Parlaments gruppieren sich in Brüssel und Straßburg nicht nach Nationalität, sondern nach parteipolitischer Ausrichtung. Mindestens 23 Abgeordnete aus mindestens einem Viertel der Mitgliedstaaten können eine Fraktion gründen. Zurzeit gibt es acht Fraktionen, die das klassische Parteienspektrum von Sozialisten über Sozialdemokraten, Grüne und Liberale bis hin zu Konservativen abdecken. Hinzu kommen einige mehr oder weniger rechtspopulistische beziehungsweise EU-feindliche Fraktionen. Außerdem sind immer einige Europaabgeordnete fraktionslos.

Auch die sonstige Organisation des Europäischen Parlaments folgt weitgehend den üblichen parlamentarischen Strukturen und Verfahren (siehe hierzu Kapitel 7). So gibt es eine Präsidentin, mehrere Vizepräsidenten, ein Präsidium sowie zahlreiche fachlich gegliederte Ausschüsse und Delegationen. Bemerkenswert sind Arbeitsgruppen zu bestimmten Themen, die mit Abgeordneten aus unterschiedlichen Fraktionen besetzt sind.

Beim Europäischen Parlament können Petitionen (zum Beispiel Bitten und Beschwerden) aus der Bevölkerung eingereicht werden. Im Falle von Konflikten oder Problemen mit EU-Institutionen kann man sich an eine vom Parlament gewählte Europäische Bürgerbeauftragte wenden. Sie erstattet dem Parlament regelmäßig Bericht. Das Parlament kann der Kommission mit einer Zweidrittelmehrheit das Misstrauen aussprechen.

Rat und Europäischer Rat

Der **Rat** – umgangssprachlich auch häufig Ministerrat genannt – ist das zentrale Entscheidungsorgan auf EU-Ebene. Oft entscheidet er mit dem Europäischen Parlament zusammen, in manchen Bereichen sind seine Befugnisse allerdings noch weitreichender. Er hat vor allem Rechtsetzungs-, Haushalts- und Koordinierungsaufgaben.

Der Sitz des Rates ist in Brüssel. Er setzt sich aus einem Vertreter auf Ministerebene pro Mitgliedstaat zusammen. Der Rat tagt in unterschiedlichen Formationen getrennt nach Politikfeldern. So gibt es etwa den Rat in der Zusammensetzung der Außenminister, der Landwirtschaftsministerinnen, der Finanzminister, der Umweltministerinnen und so weiter. Aus formaler Sicht handelt es sich aber immer, unabhängig von der jeweiligen Zusammensetzung, um das Organ »Rat«. Zwar ist es so, dass die unterschiedlichen Ratsformationen jeweils vor allem Themen bearbeiten, die in ihre fachliche Zuständigkeit fallen, aber grundsätzlich kann jede Ratszusammensetzung jeden Beschluss des EU-Organs »Rat« fällen. Der Ratsvorsitz rotiert halbjährlich zwischen den Mitgliedstaaten und ist auf Jahre im Voraus festgelegt.

»Ein Vertreter auf Ministerebene« bedeutet übrigens nicht, dass es sich unbedingt um ein zentralstaatliches Regierungsmitglied handeln muss. In bestimmten Fällen können auch Ministerinnen von Gliedstaaten einen bundesstaatlich organisierten Mitgliedstaat im Rat vertreten. Das ist für föderale politische Systeme wie etwa Belgien und Deutschland von Bedeutung. Die Bundesrepublik wird von einem vom Bundesrat benannten Landesminister im Rat vertreten, wenn dort über Themen der schulischen Bildung, der Kultur oder des Rundfunks verhandelt wird, die schwerpunktmäßig ausschließliche Gesetzgebungsbefugnisse der Länder betreffen (zur innerstaatlichen Kompetenzaufteilung bei der Gesetzgebung siehe Kapitel 10).

Der Rat beschließt, wenn nicht anders vorgeschrieben, mit qualifizierter Mehrheit. Die Anforderungen für diese Mehrheit sind recht kompliziert (und zeigen, dass die Entscheidungsverfahren im Rat in der Vergangenheit oft zwischen den Mitgliedstaaten stark umkämpft waren): Eine qualifizierte Mehrheit kommt zustande, wenn mindestens 55 Prozent der Mitgliedstaaten zustimmen, die sich aus mindestens 15 Staaten zusammensetzen und mindestens 65 Prozent der EU-Bevölkerung ausmachen. Zudem gilt, dass eine erfolgreiche Sperrminorität aus mindestens vier Mitgliedstaaten bestehen muss. Gelegentlich entscheidet der Rat auch mit anderen Mehrheiten, wobei grundsätzlich meist ein Konsens angestrebt wird. Bei bestimmten sehr wichtigen Entscheidungen ist das Einstimmigkeitsprinzip vorgeschrieben.

Besteht innerhalb einer Regierung keine Einigkeit über ein EU-Vorhaben (etwa aufgrund von Meinungsverschiedenheiten zwischen verschiedenen Ministerien und/oder Koalitionsparteien), enthält sich ein Mitgliedstaat in der Regel bei der entsprechenden Abstimmung im Rat. Deutschland ist in Brüssel bekannt für relativ häufige Enthaltungen im Rat, mitunter wird diesbezüglich auch schon ironisch von »German Vote« gesprochen.

Für die Funktionsfähigkeit des Rates ist sein administrativer Unterbau von besonderer Bedeutung. Auf der Arbeitsebene kommen Ministerialbeamte aus den fachlich einschlägigen Ministerien der Mitgliedstaaten zu Vorarbeiten zusammen. Eine Ebene höher werden dann im Ausschuss der Ständigen Vertreter der Regierungen viele Punkte schon vorbeschlossen. Die Ministerinnen diskutieren während der Ratssitzungen oft nur noch die verbliebenen strittigen Punkte.

Der **Europäische Rat** sollte nicht mit dem Rat verwechselt werden, auch wenn es sich in beiden Fällen um aus Regierungsvertretern bestehende EU-Organe handelt. Er sollte auch nicht mit dem Europarat verwechselt werden, einer eigenständigen Internationalen Organisation mit Sitz in Straßburg (siehe Kapitel 15). Als Spitzengremium der EU entscheidet der Europäische Rat über die politischen Leitlinien der EU-Politik, fällt Grundsatzentscheidungen und beschließt Prioritäten. Teilweise ist er auch mit Schlichtungsaufgaben betraut. Der Europäische Rat hat keine reguläre Gesetzgebungsfunktion. Sein offizieller Sitz ist in Brüssel, er tagt aber auch gelegentlich anderswo. In der Regel kommt er für mindestens vier Treffen im Jahr zusammen.

Die Staats- und Regierungschefs der Mitgliedstaaten, der Präsident des Europäischen Rates und die Kommissionspräsidentin bilden den Europäischen Rat. Der Präsident wird auf zweieinhalb Jahre gewählt. Er kommt nicht aus dem Kreis der aktuellen Staats- und Regierungschefs und hat unter anderem eine Vermittlerrolle zwischen den Staats- und Regierungschefs inne. Der Europäische Rat entscheidet meistens im Konsens. Bei Abstimmungen sind der Präsident des Europäischen Rates und die Kommissionspräsidentin nicht stimmberechtigt. Der Europäische Rat beschließt unter anderem über die verschiedenen Zusammensetzungen des (Minister-)Rats und die Vorsitzregelung im Rat. Er wird vom Generalsekretariat des Rates unterstützt.

Kommission und Gerichtshof

Die **Kommission** wird umgangssprachlich auch oft Europäische Kommission genannt. Ihre zentrale Aufgabe ist die Förderung des Gemeinschaftsinteresses. Sie hat Initiativ- und Durchführungsfunktionen (etwa beim EU-Haushalt und verschiedenen Programmen) sowie Überwachungs-, Koordinierungs-, Verwaltungs- und Außenvertretungsaufgaben. Die Kommission ist eine supranationale Behörde, die sich kaum in die Kategorien der klassischen horizontalen Gewaltenteilung auf nationaler Ebene (siehe hierzu Kapitel 1) einordnen lässt. Sie hat ihren Sitz in Brüssel, einige Einheiten sind zudem in Luxemburg untergebracht.

Zurzeit setzt sich die Kommission aus einem Staatsangehörigen pro Mitgliedstaat zusammen. Im EU-Vertrag angelegt ist eine Reduktion der Anzahl der Kommissionsmitglieder. Für eine Art EU-Regierung hat die Kommission derzeit wohl eigentlich zu viele Mitglieder. Die Mitgliedstaaten haben aber bisher darauf beharrt, dass jeder Staat ein Kommissionsmitglied stellt. Dabei sind die Kommissare unabhängig und unterliegen insbesondere keinen Weisungen aus den Mitgliedstaaten. Sie sollen ausschließlich die EU-Interessen fördern und vertreten jeweils ein Ressort mit einem bestimmten fachpolitischen Zuschnitt.

Die Präsidentin der Kommission hat eine herausgehobene Funktion. Sie wird vom Europäischen Parlament auf Vorschlag des Europäischen Rats gewählt. Letzterer soll bei seinem Vorschlag das Ergebnis der Europawahlen berücksichtigen. Die Kommissionspräsidentin kann unter anderem Leitlinien vorgeben, die interne Arbeit der Kommission organisieren, Aufgaben verteilen und Vizepräsidenten ernennen. Außerdem darf sie Kommissionsmitglieder zwingend zum Rücktritt auffordern.

Neben der Kommissionspräsidentin gibt es ein weiteres herausgehobenes Mitglied der Kommission: die »Hohe Vertreterin für Außen- und Sicherheitspolitik«. Sie hat Aufgaben in Kommission und Rat. Zum einen kommt ihr eine Führungsaufgabe in der vom Rat dominierten Gemeinsamen Außen- und Sicherheitspolitik zu. So hat sie beispielsweise den Vorsitz im Rat »Auswärtige Angelegenheiten« inne. Zum anderen ist sie eine Vizepräsidentin der Kommission und innerhalb der Kommission für die Außenbeziehungen der EU zuständig. Sie wird vom Europäischen Rat mit qualifizierter Mehrheit und im Einvernehmen mit der Kommissionspräsidentin ernannt.

Die sonstigen Mitglieder der Kommission werden zunächst jeweils von den Regierungen der Mitgliedstaaten nominiert. Das gesamte Kollegium bedarf eines Zustimmungsvotums des Europäischen Parlaments. Vorher müssen sich die Kommissionskandidaten kritischen Parlamentsanhörungen stellen. Danach ernennt der Rat die Kommission mit qualifizierter Mehrheit für eine Amtszeit von fünf Jahren. Das Europäische Parlament kann der Kommission mit einer Zweidrittelmehrheit das Misstrauen aussprechen; das Kollegium muss dann geschlossen zurücktreten.

Die Kommission fasst üblicherweise mit der Mehrheit ihrer Mitglieder Beschlüsse. Sie hat das Initiativmonopol für die meisten EU-Rechtsetzungsakte. Der administrative Unterbau der Kommission folgt klassischen bürokratischen Prinzipien (siehe hierzu Kapitel 13) und ist im Großen und Ganzen mit dem von Ministerien vergleichbar. So gliedert sich die Kommission in verschiedene Generaldirektionen und Dienststellen. Der Kommission unterstellte

Exekutivagenturen sind mit der Verwaltung von EU-Programmen in unterschiedlichen Politikfeldern beauftragt.

Der **Gerichtshof** der EU wird umgangssprachlich auch häufig Europäischer Gerichtshof genannt und EuGH abgekürzt. Er sollte jedoch nicht mit dem Europäischen Gerichtshof für Menschenrechte (EGMR) verwechselt werden (siehe hierzu Kapitel 15). Aufgabe des Gerichtshofs ist die »Wahrung des Rechts bei der Auslegung und Anwendung der Verträge« (Art. 19 Abs. 1 Vertrag über die Europäische Union). Er hat seinen Sitz in Luxemburg.

Das EU-Organ besteht aus dem eigentlichen Gerichtshof und einem unterinstanzlichen Gericht. Der Gerichtshof hat zurzeit einen Richter aus jedem Mitgliedstaat und eine geringere Anzahl an Generalanwältinnen, deren Anzahl variieren kann. Die Aufgabe der Generalanwälte ist es, vor dem Urteilsspruch gutachtenähnliche Schlussanträge zu stellen. Der Gerichtshof ist an diese Schlussanträge nicht gebunden, folgt ihnen aber inhaltlich häufig.

Das für bestimmte Fälle beziehungsweise Verfahrensarten als erste Instanz auf EU-Ebene vorgesehene Gericht setzt sich aus mindestens einem Richter (zur Zeit zwei) pro Mitgliedstaat zusammen. Die Richterinnen beider Einrichtungen werden von den Mitgliedstaaten im gegenseitigen Einvernehmen jeweils auf sechs Jahre mit der Möglichkeit der Wiederberufung ernannt. Die Richter wählen aus ihrer Mitte jeweils einen Präsidenten für Gerichtshof und Gericht. Beide Einrichtungen tagen in verschiedenen Kammern.

Die wichtigsten Verfahrensarten vor dem Gerichtshof lauten:

- ✔ **Vorabentscheidungsverfahren:** Jedes mitgliedstaatliche Gericht kann dem EuGH eine Frage zur Auslegung und Gültigkeit von EU-Rechtsnormen und Handlungen der EU-Institutionen vorlegen, die sich ihm im Rahmen eines laufenden Verfahrens stellt. Dazu setzt das nationale Gericht das bei ihm anhängige Verfahren vorübergehend aus und schickt die entsprechenden Fragen nach Luxemburg. Auf der Basis der Entscheidung des Gerichtshofs fällt das vorlegende Gericht dann sein Urteil. Diese Verfahrensart ähnelt dem Verfahren der konkreten Normenkontrolle vor dem Bundesverfassungsgericht (siehe Kapitel 9).

- ✔ **Vertragsverletzungsverfahren:** Ein Mitgliedstaat kann von der Kommission oder einem anderen Mitgliedstaat vor dem EuGH wegen Verletzung von EU-Recht verklagt werden.

- ✔ **Nichtigkeitsklage:** Der Gerichtshof entscheidet über Klagen von Mitgliedstaaten oder EU-Institutionen, die die Rechtmäßigkeit bestimmter EU-Rechtsakte bezweifeln.

- ✔ **Untätigkeitsklage:** Unterlassen es bestimmte EU-Institutionen, Beschlüsse zu fassen, zu denen sie rechtlich verpflichtet sind, können andere EU-Einrichtungen oder Mitgliedstaaten entsprechend vor dem Gerichtshof Klage erheben.

Außerdem entscheidet das EU-Organ EuGH unter anderem über Schadensersatzklagen, dienstrechtliche Streitfälle sowie Durchsetzungs- und Zwangsgeldverfahren. Gegen Entscheidungen des Gerichts kann in der Regel ein Rechtsmittel beim Gerichtshof eingelegt werden. Individualpersonen können im Regelfall nicht direkt vor dem EuGH klagen. Es kann aber sein, dass ihr Fall vor einem nationalen Gericht zu einem Vorabentscheidungsverfahren führt.

Die Rechtsprechung des Gerichtshofs hat wesentlich zur Festigung und Weiterentwicklung des Rechtssystems und damit auch des politischen Systems der Europäischen Union beigetragen. So hat der EuGH beispielsweise so grundlegende Prinzipien wie die Direktwirkung und den Anwendungsvorrang des Unionsrechts (siehe weiter vorn in diesem Kapitel) entwickelt. Der Gerichtshof verfolgt oft eine integrationsfreundliche Auslegung der EU-Verträge. Manche Politikerinnen und Rechtswissenschaftler kritisieren allerdings vor diesem Hintergrund, der EuGH greife mitunter zu stark in die Rechtssysteme und Befugnisse der Mitgliedstaaten ein.

Europäische Zentralbank und Rechnungshof

Die Hauptaufgabe der **Europäischen Zentralbank** ist die Gewährleistung der Preisstabilität im Euroraum. Außerdem soll sie die allgemeine Wirtschaftspolitik der Europäischen Union unterstützen. Die Europäische Zentralbank (übliche Abkürzung: EZB) hat ihren Sitz in Frankfurt am Main wie auch die Deutsche Bundesbank. Bei der Schaffung der Europäischen Zentralbank galt die Deutsche Bundesbank aufgrund ihrer autonomen Stellung als Vorbild: So genießt die Europäische Zentralbank weitgehende Unabhängigkeit von den anderen EU-Organen und den Regierungen der Mitgliedstaaten. Die Geldpolitik der EU soll einseitigem politischem Zugriff möglichst entzogen sein.

Das Direktorium der Europäischen Zentralbank besteht aus der Präsidentin (ihre Unterschrift findet sich übrigens auf den Euro-Geldscheinen), dem Vizepräsidenten sowie vier weiteren Mitgliedern. Sie werden vom Europäischen Rat für eine einzige Amtszeit von acht Jahren ernannt. Der Rat der Europäischen Zentralbank ist das wichtigste Entscheidungsgremium der EZB. Er setzt sich aus dem Direktorium und den Präsidenten der Zentralbanken der Euro-Mitgliedstaaten (also auch dem Präsidenten der Deutschen Bundesbank) zusammen.

Wichtige Tätigkeiten der Europäischen Zentralbank sind

- ✔ die Festlegung und Ausführung der EU-Geldpolitik (vor allem die Festsetzung der Leitzinsen),
- ✔ die Durchführung von Devisengeschäften,
- ✔ das Fördern des Funktionierens der Zahlungssysteme,
- ✔ die Ausgabe beziehungsweise Genehmigung der Ausgabe von Euro-Banknoten und Euro-Münzen.

Die zentrale Aufgabe des **Rechnungshofs** ist die Prüfung der Einnahmen und Ausgaben der EU. Der Rechnungshof setzt sich aus einem Staatsangehörigen jedes Mitgliedstaats zusammen. Die von den Regierungen vorgeschlagenen Personen werden vom Rat für eine Amtsdauer von sechs Jahren ernannt (eine Wiederernennung ist zulässig). Die Mitglieder des Rechnungshofs sind in ihrer Prüfungstätigkeit unabhängig von anderen EU-Organen und den Regierungen der Mitgliedstaaten. Sie dürfen von niemandem Anweisungen entgegennehmen. Der Sitz des Rechnungshofs ist in Luxemburg.

Der Rechnungshof

- ✔ prüft die Einnahmen und Ausgaben der EU-Institutionen hinsichtlich ihrer Rechtmäßigkeit, Ordnungsmäßigkeit und Wirtschaftlichkeit,
- ✔ legt dem Europäischem Parlament und dem Rat eine Erklärung über die Zuverlässigkeit der Rechnungsführung vor,
- ✔ erstellt Jahresberichte (sie werden zusammen mit den Antworten beziehungsweise Anmerkungen der anderen EU-Organe publiziert),
- ✔ verfasst gegebenenfalls Sonderberichte und Stellungnahmen mit besonderem Fokus auf etwaigen Unregelmäßigkeiten,
- ✔ soll andere Organe bei der Kontrolle der Umsetzung des Haushaltsplans unterstützen.

Weitere EU-Einrichtungen

Der **Wirtschafts- und Sozialausschuss** berät bestimmte EU-Organe in wirtschafts- und sozialpolitischen Fragen. Er setzt sich aus derzeit 329 Mitgliedern von Arbeitgeber- und Arbeitnehmerverbänden sowie sonstigen Interessengruppen aus allen Mitgliedstaaten zusammen. Die Mitglieder werden auf der Grundlage von nationalen Vorschlägen für fünf Jahre ernannt. Sie sind in ihrer Tätigkeit unabhängig von anderen EU-Institutionen und den Regierungen der Mitgliedstaaten. Der Wirtschafts- und Sozialausschuss wählt einen Präsidenten und ein Präsidium aus seiner Mitte und hat seinen Sitz in Brüssel.

Der Ausschuss wird vom Europäischen Parlament, Rat und/oder der Kommission in bestimmten Fällen gehört, die in den Verträgen vorgeschrieben sind. Er kann von diesen Organen auch bei anderer Gelegenheit gehört werden und von sich aus Stellungnahmen abgeben. Seine Stellungnahmen sind grundsätzlich unverbindlich. Die EU-Organe müssen sie zur Kenntnis nehmen, aber nicht befolgen.

Der **Ausschuss der Regionen** ähnelt in organisatorischer und verfahrensrechtlicher Hinsicht dem Wirtschafts- und Sozialausschuss. Er berät bestimmte EU-Organe in lokal- und regionalpolitischen Fragen. Seine derzeit 329 Mitglieder und ebenso viele stellvertretenden Mitglieder entstammen lokalen und regionalen Gebietskörperschaften aus allen Mitgliedstaaten. Sie müssen entweder über ein auf Wahlen basierendes Mandat verfügen oder einer gewählten Vertretung gegenüber verantwortlich sein. Mitglieder und stellvertretende Mitglieder werden vom Rat nach Vorschlägen aus den Mitgliedstaaten für fünf Jahre berufen. Sie sind in ihrer Tätigkeit unabhängig von anderen EU-Institutionen und den nationalen Regierungen. Üblicherweise organisieren sie sich in verschiedenen Fraktionen. Der Ausschuss der Regionen wählt einen Präsidenten und ein Präsidium aus seiner Mitte. Er hat seinen Sitz in Brüssel.

Die Arbeitsweise des Gremiums ist mit der des Wirtschafts- und Sozialausschusses vergleichbar. Der Ausschuss der Regionen wird vom Europäischen Parlament, Rat und/oder der Kommission im Vorfeld bestimmter Entscheidungen gehört, die in den Verträgen angegeben sind. Er kann von diesen Organen auch in sonstigen Fällen gehört werden und eigeninitiativ Stellungnahmen abgeben. Seine Verlautbarungen sind grundsätzlich nicht verbindlich, aber von den betreffenden EU-Organen zur Kenntnis zu nehmen.

Deutschland hat wie andere große EU-Mitgliedstaaten auch jeweils 24 Mitglieder im Wirtschafts- und Sozialausschuss und im Ausschuss der Regionen. Die Mitglieder des erstgenannten Ausschusses kommen aus verschiedenen einschlägigen Interessengruppen, unter anderem Arbeitnehmer- und Arbeitgeberverbänden. Bei den deutschen Mitgliedern des Ausschusses der Regionen handelt es sich um Regierungsvertreter der Bundesländer (Minister oder Staatssekretäre) sowie einige Landtagsabgeordnete und Kommunalpolitikerinnen.

Die **Europäische Investitionsbank** (nicht zu verwechseln mit der Europäischen Zentralbank) soll unter anderem zu einer positiven Entwicklung des Binnenmarkts der Europäischen Union beitragen. Sie greift dabei auf Instrumente des Kapitalmarkts und eigene Mittel zurück. So stellt die Europäische Investitionsbank etwa Darlehen und Bürgschaften zur Verfügung, um beispielsweise Vorhaben zu fördern, die der Erschließung wenig entwickelter Gebiete, der Modernisierung von Unternehmen, der Schaffung von Arbeitsplätzen oder den Interessen mehrerer Mitgliedstaaten dienen und nicht allein aus in einzelnen Mitgliedstaaten verfügbaren Mitteln finanziert werden können. Die Europäische Investitionsbank hat ihren Sitz in Luxemburg.

Mittlerweile gibt es etliche **EU-Agenturen** an Standorten in der ganzen Europäischen Union. Sie haben unterschiedliche, meist unterstützende oder ausführende Aufgaben. Dabei handelt es sich je nachdem häufig um Informationsbeschaffung und -auswertung, Koordinierung und/oder eine eher eng begrenzte Regulierungstätigkeit (zum Beispiel Einzelfallentscheidungen) in überwiegend gesundheitlichen, landwirtschaftlichen, technischen oder wirtschaftsnahen Bereichen. Einige Agenturen werden im Folgenden beispielhaft mit ihrem Sitz genannt:

- ✔ Amt der Europäischen Union für geistiges Eigentum (Alicante)
- ✔ Europäische Agentur für die Grenz- und Küstenwache (Frontex, Warschau)
- ✔ Europäische Agentur für Sicherheit und Gesundheitsschutz am Arbeitsplatz (Bilbao)
- ✔ Europäische Arzneimittel-Agentur (Amsterdam)
- ✔ Europäische Aufsichtsbehörde für das Versicherungswesen und die betriebliche Altersversorgung (Frankfurt am Main)
- ✔ Europäische Beobachtungsstelle für Drogen und Drogensucht (Lissabon)
- ✔ Europäisches Zentrum für die Prävention und die Kontrolle von Krankheiten (Stockholm)

Rechtsetzung in der EU

Politische Steuerung findet im politischen System der Europäischen Union häufig in Form von Rechtsetzung statt. Es gibt aber auch andere politische Handlungsmöglichkeiten der EU-Politik, etwa

- ✔ Informationssammlung und -verbreitung,
- ✔ Koordinierung nationaler Maßnahmen sowie

- ✔ finanzielle Instrumente (etwa die Förderung strukturschwacher Regionen, bestimmter Forschungs- und Wirtschaftsbereiche und grenzüberschreitender Aktivitäten).

Grundsätzlich kann man zwischen den folgenden Typen von EU-Rechtsakten unterscheiden:

- ✔ **Verordnung:** Eine Verordnung ist voll verbindlich und gilt allgemein und direkt in den Mitgliedstaaten. Im Prinzip ist sie eine Art EU-Gesetz.
- ✔ **Richtlinie:** Eine Richtlinie ist hinsichtlich ihrer Ziele (die zum Teil sehr detailliert festgelegt sind) für die Mitgliedstaaten verbindlich. Die nationale Politik darf aber die Mittel zur Zielerreichung wählen. Daher ist die Richtlinie eine Art EU-Rahmengesetz. Sie gilt meist nicht direkt, da in der Regel noch Umsetzungsmaßnahmen auf der Ebene der Mitgliedstaaten erforderlich sind.
- ✔ **Beschlüsse:** Sie sind für die jeweiligen Adressaten voll rechtsverbindlich.
- ✔ **Empfehlungen und Stellungnahmen:** Sie sind – wie es der Wortlaut schon nahelegt – nicht verbindlich.

EU-Richtlinien müssen immer innerhalb einer gewissen Frist in nationales Recht umgesetzt werden (zum Beispiel zwei oder drei Jahre). Die Kommission kann gegen Mitgliedstaaten, die Richtlinien nicht rechtzeitig oder nicht vollständig umsetzen, ein Vertragsverletzungsverfahren vor dem Gerichtshof der EU einleiten. Das kommt in der Praxis sogar relativ häufig vor. Wird der betreffende Mitgliedstaat verurteilt und bleibt weiterhin untätig, so hat die Kommission das Recht, ihn erneut vor dem EuGH zu verklagen. In diesem Fall kann der Mitgliedstaat zu einem Zwangsgeld in empfindlicher Höhe verurteilt werden. Der Gerichtshof hat außerdem in seiner Rechtsprechung herausgearbeitet, dass bestimmte Teile von EU-Richtlinien, die konkret genug formuliert sind, nach Ablauf der Umsetzungsfrist gegebenenfalls innerstaatlich zur Anwendung kommen können, selbst wenn der fragliche Mitgliedstaat bisher keine Durchführungsrechtsakte erlassen hat.

Bis es zur Verhängung eines Zwangsgelds wegen Nichtumsetzung einer EU-Richtlinie kommt, können viele Jahre vergehen: Zunächst hat ein Mitgliedstaat etwa zwei bis drei Jahre Zeit zum Erlass nationaler Rechtsnormen. Dann muss die Kommission das Fehlen einer rechtzeitigen beziehungsweise ausreichenden Umsetzung der Richtlinie bemerken (das dauert in der Regel nicht so lange, denn die Regierungen sind verpflichtet, ihre Umsetzungsmaßnahmen in Brüssel vorzulegen). Im Anschluss muss die Kommission dem Mitgliedstaat ihre rechtlichen Bedenken mitteilen. Die betroffene Regierung darf sich dazu äußern. Ist die Kommission mit der Antwort nicht zufrieden, verfasst sie eine Stellungnahme und setzt eine Frist. Erst wenn all das erfolglos ist, darf die Kommission vor dem Gerichtshof klagen. Der EuGH braucht häufig mehrere Jahre für ein Urteil. Danach hat der verurteilte Mitgliedstaat wieder etwas Zeit zum Erlass passender Rechtsakte. Die Kommission muss daraufhin feststellen, dass der Mitgliedstaat weiterhin seinen europarechtlichen Pflichten nicht nachkommt. Sie teilt der Regierung ihre Einschätzung mit und gibt ihr Gelegenheit zur Stellungnahme. Danach kann sie erneut vor den Gerichtshof ziehen. Und dann muss dieser nur noch ein zweites Urteil fällen ...

Primärrecht und Sekundärrecht

Im Hinblick auf das Recht der Europäischen Union unterscheidet man häufig zwischen dem Primärrecht und dem Sekundärrecht. Zum Primärrecht gehören die völkerrechtlichen Grundlagen der EU (man könnte auch von der Verfassung beziehungsweise Verfassungsordnung der Union sprechen), also insbesondere

- ✔ der Vertrag über die Europäische Union (EUV) und der Euratom-Vertrag,
- ✔ der Vertrag über die Arbeitsweise der Europäischen Union (AEUV),
- ✔ die Charta der Grundrechte der EU,
- ✔ die Beitrittsverträge und
- ✔ die Protokolle zu den verschiedenen Verträgen.

Das Sekundärrecht ist das von den EU-Institutionen auf der Grundlage der Verträge erlassene Recht. Hierbei handelt es sich vor allem um

- ✔ Verordnungen,
- ✔ Richtlinien und
- ✔ Beschlüsse.

Im politischen System der Europäischen Union gilt der Grundsatz der begrenzten Einzelermächtigung. Das bedeutet, dass EU-Organe nur im Rahmen der ihnen (in der Regel in den Verträgen) eingeräumten Befugnisse und Kompetenzen Recht setzen dürfen. Außerdem soll die EU nach dem Subsidiaritätsprinzip nur dann tätig werden, wenn »die Ziele der in Betracht gezogenen Maßnahmen von den Mitgliedstaaten weder auf zentraler noch auf regionaler oder lokaler Ebene ausreichend verwirklicht werden können, sondern vielmehr wegen ihres Umfangs oder ihrer Wirkungen auf Unionsebene besser zu verwirklichen sind« (Art. 5 Abs. 3 Vertrag über die Europäische Union). Über entsprechende rechtliche Streitfälle entscheidet grundsätzlich der EuGH.

Gelingt es nicht, eine größere Anzahl von Mitgliedstaaten für eine bestimmte EU-Maßnahme zu gewinnen, besteht als letztes Mittel die Möglichkeit, dass mindestens neun Mitgliedstaaten unter bestimmten Voraussetzungen eine verstärkte Zusammenarbeit begründen. Sie darf nicht gegen bestehende EU-Regelungen verstoßen und muss offen für weitere Mitgliedstaten sein.

EU-Politik, an der sich nicht alle Mitgliedstaaten beteiligen, bezeichnet man auch als differenzierte Integration. Prominente Beispiele sind die Währungspolitik (insbesondere der Beitritt zur Euro-Zone) und der sogenannte Schengen-Besitzstand (er betrifft die Abschaffung der Personenkontrollen an den EU-Binnengrenzen).

Von delegierten EU-Rechtsakten spricht man, wenn die Kommission durch einen (Basis-) Rechtsakt ermächtigt wird, Vorschriften zur Änderung oder Ergänzung nicht wesentlicher Teile bestimmter Rechtsnormen zu erlassen. Der Rat und das Europäische Parlament verfügen diesbezüglich über Kontrollrechte. Außerdem kann die Kommission bevollmächtigt werden, in bestimmten Fällen Durchführungsrechtsakte zu erlassen. Spezielle Ausschüsse (häufig »Komitologie-Ausschüsse« genannt), die mit Kommissions- und Ministerialbeamten besetzt sind, üben dann Entscheidungs- beziehungsweise Kontrollbefugnisse aus. Grundsätzlich sind die Mitgliedstaaten verpflichtet, verbindliche EU-Rechtsakte (also insbesondere Verordnungen, Richtlinien und an sie gerichtete Beschlüsse) umzusetzen. Sie müssen dazu ausreichende rechtliche und tatsächliche Maßnahmen ergreifen.

Das ordentliche Gesetzgebungsverfahren

Verordnungen, Richtlinien und Beschlüsse der EU kommen durch unterschiedliche Verfahren zustande. Die Kommission hat in fast allen Fällen das alleinige Initiativrecht. Nur in einigen wenigen Bereichen können auch Mitgliedstaaten (etwa in der Gemeinsamen Außen- und Sicherheitspolitik) oder andere EU-Institutionen Vorschläge für Rechtsakte unterbreiten. Die Verträge schreiben in der Regel für jedes Politikfeld genau vor, nach welchem Verfahren welche Arten von Rechtsakten von welchen Organen erlassen werden können.

Ursprünglich hatte das Europäische Parlament fast nur beratende Funktionen. Im Laufe der Jahre wurde es mit immer mehr Mitspracherechten ausgestattet. Mittlerweile ist es in weiten Bereichen der EU-Politik – einschließlich der Haushaltspolitik – dem Rat praktisch gleichgestellt. Mit der institutionellen Aufwertung des Parlaments wurde von den Mitgliedstaaten auch eine Demokratisierung der Union bezweckt. Allerdings gibt es immer noch einige Bereiche, in denen Rechtsakte vom Rat beschlossen werden (zum Teil mit besonderen Mehrheiten bis hin zur Einstimmigkeit) und das Europäische Parlament nur angehört wird oder seine Zustimmung zwar erforderlich ist, es aber keine Änderungsanträge einbringen darf.

Das »ordentliche Gesetzgebungsverfahren« wird im Vertrag über die Arbeitsweise der EU als Regelverfahren der Sekundärrechtssetzung ausführlich beschrieben. Es hat folgende Phasen (die Fristen lasse ich aus Gründen der Übersichtlichkeit weg):

- ✔ Die Kommission legt dem Europäischen Parlament und dem Rat einen Vorschlag vor – zum Beispiel für eine Verordnung oder eine Richtlinie.
- ✔ **Erste Lesung:** Das Europäische Parlament übermittelt dem Rat seinen Standpunkt zum Kommissionsvorschlag. Falls der Rat
  - dem Standpunkt zustimmt, ist der Rechtsakt in der vom Europäischen Parlament gewünschten Form erlassen.
  - den Standpunkt des Europäischen Parlaments ablehnt, legt er einen eigenen Standpunkt fest und sendet ihn an das Parlament.
- ✔ **Zweite Lesung:** Wenn das Europäische Parlament
  - den Ratsstandpunkt billigt oder sich nicht fristgerecht äußert, ist der Rechtsakt so erlassen.
  - den Standpunkt des Rates mit der Mehrheit seiner Mitglieder ablehnt, ist der Rechtsakt gescheitert.
  - Änderungen mit der Mehrheit seiner Mitglieder beschließt, geht die abgeänderte Fassung an Kommission und Rat.

✔ Falls nun der Rat

- allen vom Europäischen Parlament vorgeschlagenen Änderungen zustimmt, ist der Rechtsakt dementsprechend erlassen.
- nicht alle Änderungen mitträgt, wird der Vermittlungsausschuss angerufen.

✔ **Vermittlung:** Der Vermittlungsausschuss setzt sich aus den Ratsmitgliedern oder ihren Vertretern und der gleichen Anzahl an Abgeordneten des Europäischen Parlaments zusammen. Wenn der Vermittlungsausschuss

- keinen gemeinsamen Entwurf annimmt, ist der Rechtsakt gescheitert.
- einen gemeinsamen Entwurf billigt, geht dieser an das Europäische Parlament und den Rat.

✔ **Dritte Lesung:** Falls das Europäische Parlament und der Rat

- jeweils dem Vermittlungsentwurf zustimmen, ist der Rechtsakt so erlassen.
- gemeinsam oder einzeln den Vermittlungsentwurf ablehnen oder nicht fristgemäß beschließen, ist der Rechtsakt gescheitert.

Die Europäische Bürgerinitiative ist das bislang einzige direktdemokratische Element im politischen System der Europäischen Union. Mit einer erfolgreichen Bürgerinitiative wird die Kommission aufgefordert, einen Vorschlag für einen EU-Rechtsakt vorzulegen (der dann gegebenenfalls nach dem ordentlichen Gesetzgebungsverfahren beschlossen wird). Erforderlich sind eine Million Unterstützerunterschriften aus mindestens sieben Mitgliedstaaten, wobei jeweils eine vorgeschriebene Mindestzahl von Unterschriften pro Mitgliedstaat notwendig ist. Bürgerinitiativen sind nur in Politikfeldern möglich, in denen die Kommission über ein Initiativrecht verfügt und die EU entsprechende Rechtsetzungskompetenzen hat. Eine erfolgreiche Bürgerinitiative zwingt die Kommission nicht, einen entsprechenden Vorschlag für einen Rechtsakt vorzulegen. Sie muss aber in jedem Fall ihre Entscheidung begründen.

Beschlossene Rechtsakte sowie bestimmte Mitteilungen und Verlautbarungen von EU-Institutionen werden im Amtsblatt der Europäischen Union veröffentlicht, das in der Regel werktäglich in elektronischer Form erscheint. Das Amtsblatt ist mit dem deutschen Bundesgesetzblatt vergleichbar.

Aufgabenverteilung im europäischen Mehrebenensystem

Aktivitäten der Europäischen Union berühren mittlerweile praktisch alle Bereiche öffentlicher Politik in den Mitgliedstaaten und zum Teil auch in Drittstaaten. Unter dem schwammigen Begriff der Europäisierung kann man grob formuliert Veränderungen in unterschiedlichen Bereichen und auf unterschiedlichen Ebenen verstehen, die durch europäische

Phänomene ausgelöst werden (wobei Europa natürlich nicht nur die EU ist). Im Einzelnen handelt es sich meist um

- ✔ eine konkrete Reaktion etwa auf eine politische oder rechtliche Maßnahme der Europäischen Union,
- ✔ eine Anpassung an einen möglichen beziehungsweise erwarteten EU-Impuls und/oder
- ✔ eine Veränderung von handlungsleitenden Einstellungen, Haltungen und Überzeugungen durch den europäischen Integrationsprozess.

Von der sektoralen zur sektorübergreifenden Integration

Viele EU-Maßnahmen zielen auf die Regulierung von Märkten, also Wirtschaftspolitik im weiteren Sinne. EU-Politik betrifft aber auch etliche andere Politikfelder in zunehmend hohem Maße, beispielsweise die

- ✔ Agrarpolitik,
- ✔ Außenhandelspolitik,
- ✔ Fischereipolitik,
- ✔ Justiz- und Innenpolitik,
- ✔ Umweltpolitik,
- ✔ Verbraucherschutzpolitik,
- ✔ Verkehrspolitik,
- ✔ Währungspolitik (der Euro-Länder) und
- ✔ Wettbewerbspolitik (das heißt Themen wie Unternehmensfusionen, Kartelle und Missbrauch einer marktbeherrschenden Stellung).

Weniger bedeutsam auf europäischer Ebene ist die umverteilende Politik wie etwa die klassische, finanzintensive Sozialpolitik. Aber auch hier gibt es einige bemerkenswerte EU-Instrumente, etwa im Rahmen der

- ✔ mobilitätsbezogenen Bildungspolitik (beispielsweise grenzüberschreitende Austauschprogramme wie »Erasmus« für Auszubildende, Schüler, Studierende und Dozentinnen) und der
- ✔ Strukturfonds- und Regionalförderungspolitik (Förderung wirtschaftsschwacher Regionen und bedürftiger Sektoren).

In der Politikwissenschaft ist man sich nicht darüber einig, wie stark die deutsche Politik mittlerweile europäisiert ist. Nach bestimmten Schätzungen oder Berechnungen basiert mindestens ein Viertel der in Deutschland beschlossenen Gesetze inzwischen ganz oder teilweise auf einem EU-Impuls, also beispielsweise einer EU-Richtlinie oder einem Urteil des EuGH. Der entsprechende Anteil variiert allerdings von Politikfeld zu Politikfeld und dürfte in manchen Bereichen noch spürbar höher liegen. Jedenfalls nimmt die Europäisierung des deutschen Rechts tendenziell zu. In den letzten Jahrzehnten konnte man eine dynamische Ausweitung des EU-Rechts auf immer mehr Bereiche beobachten.

Bei der Verteilung der Aufgaben im europäischen Mehrebenensystem kann man zunächst einmal grundsätzlich zwischen verschiedenen Zuständigkeitsformen unterscheiden, die in den Verträgen verankert sind:

- ✔ **Ausschließliche Zuständigkeit:** Hier darf nur die EU gesetzgeberisch tätig werden, es sei denn, die Mitgliedstaaten werden ausdrücklich dazu ermächtigt.
- ✔ **Geteilte Zuständigkeit:** Union und Mitgliedstaaten können Rechtnormen erlassen. Die Mitgliedstaaten dürfen nur so lange eigenständig handeln, bis die EU aktiv wird beziehungsweise bis sie eine Zuständigkeit nicht mehr ausüben möchte.
- ✔ **Koordinierung nationaler Politiken:** Die Union kann in diesen Bereichen Maßnahmen beschließen, die die Koordinierung mitgliedstaatlicher Politiken erleichtern.
- ✔ **Unterstützende, koordinierende und ergänzende Maßnahmen:** Die EU kann entsprechende Maßnahmen ohne Rechtsharmonisierung (also Angleichung oder Vereinheitlichung von Rechtsvorschriften) beschließen.
- ✔ **Gemeinsame Außen- und Sicherheitspolitik:** Die Union erarbeitet und verwirklicht schrittweise eine Außen-, Sicherheits- und Verteidigungspolitik (sie ist bis auf Weiteres stark intergouvernemental geprägt, basiert also zu großen Teilen auf der Zusammenarbeit zwischen den Regierungen).

Die Unterscheidung zwischen ausschließlichen Zuständigkeiten und geteilten Zuständigkeiten in der EU lässt sich zumindest vom Ansatz her vergleichen mit der Differenzierung zwischen ausschließlicher Bundesgesetzgebung und konkurrierender Bundesgesetzgebung im politischen System Deutschlands (siehe Kapitel 10).

Politikfelder zwischen EU und Mitgliedstaaten

Die Aufgabenverteilung zwischen Union und Mitgliedstaaten hinsichtlich der einzelnen Politikfelder lässt sich folgendermaßen zusammenfassen (die Reihenfolge folgt der Darstellung im Vertrag über die Arbeitsweise der EU):

- ✔ **Ausschließliche Zuständigkeiten** (vollständig vergemeinschaftet):
  - Zollunion
  - Wettbewerbsregeln im Binnenmarkt

- Währungspolitik für die Euro-Staaten
- Erhaltung biologischer Meeresschätze (Fischereipolitik)
- gemeinsame Handelspolitik
- bestimmte internationale Abkommen (insbesondere, wenn sich das aus internen Zuständigkeiten oder einem speziellen Rechtsetzungsakt ergibt)

✔ **Geteilte Zuständigkeiten** (mittelstark vergemeinschaftet beziehungsweise europäisiert):

- Binnenmarktpolitik
- Sozialpolitik (nur bestimmte Bereiche, die im Vertrag über die Arbeitsweise der EU aufgeführt werden)
- wirtschaftlicher, sozialer und territorialer Zusammenhalt
- Landwirtschaft und Fischerei
- Umwelt
- Verbraucherschutz
- Verkehr
- transeuropäische Netze
- Energie
- Raum der Freiheit, der Sicherheit und des Rechts (damit ist vor allem Innen- und Justizpolitik gemeint)
- gemeinsame Sicherheitsaspekte der öffentlichen Gesundheit (nur bestimmte vertraglich definierte Bereiche)
- Forschung, technologische Entwicklung, Raumfahrt und Entwicklungszusammenarbeit (hier hindern Maßnahmen der EU die Mitgliedstaaten nicht an eigenen Aktivitäten)

✔ **Koordinierung mitgliedstaatlicher Politiken** (schwach bis mittelstark europäisiert):

- Wirtschaftspolitik
- Beschäftigungspolitik
- sonstige Sozialpolitik

✔ **Unterstützende, koordinierende und ergänzende Maßnahmen** (eher schwach europäisiert):

- Schutz und Verbesserung der menschlichen Gesundheit
- Industrie

- Kultur
- Tourismus
- allgemeine und berufliche Bildung, Jugend und Sport
- Katastrophenschutz
- Verwaltungszusammenarbeit

✔ **Gemeinsame Außen- und Sicherheitspolitik** (schwach bis mittelstark europäisiert):

- Außenpolitik
- Sicherheitspolitik
- Verteidigungspolitik

Im EU-Vertrag und im Vertrag über die Arbeitsweise der Europäischen Union ist im Detail festgelegt, in welchen Fällen und in welcher Form die EU aktiv werden darf. Das hört sich nach einem engen Korsett an, aber in der Praxis bestehen häufig relativ viele Spielräume für Maßnahmen der Union, wenn sie denn politisch gewollt sind. Die Umsetzung des EU-Rechts, vor allem der Verordnungen, Richtlinien und Beschlüsse, erfolgt größtenteils durch die Regierungssysteme der Mitgliedstaaten, insbesondere die nationalen Bürokratien (zur öffentlichen Verwaltung in Deutschland siehe Kapitel 13).

Während Rechtsetzungsbefugnisse zunehmend auch auf Ebene der Europäischen Union angesiedelt sind, liegen die Organisations- und Verwaltungskompetenzen sowie die große Masse der entsprechenden Kapazitäten weiterhin bei den Mitgliedstaaten. Zu einem kleineren Teil werden allerdings auch auf EU-Ebene administrative (und mitunter auch politisch relevante) Maßnahmen durchgeführt und umgesetzt, insbesondere durch

✔ die Kommission und ihren Verwaltungsunterbau,

✔ besondere Ausschüsse aus Ministerial- und Kommissionsmitarbeitenden (oft »Komitologie« genannt),

✔ spezielle Exekutiveinrichtungen, zum Beispiel Agenturen.

Die europäische Integration aus Sicht des Grundgesetzes

In der deutschen Verfassung wird der europäische Integrationsprozess befürwortet, das Grundgesetz beauftragt die Bundespolitik, sich daran zu beteiligen: »Zur Verwirklichung eines vereinten Europas wirkt die Bundesrepublik Deutschland bei der Entwicklung der Europäischen Union mit« (Art. 23 Abs. 1 GG). Artikel 23 wurde – nachdem er seine ursprüngliche Bedeutung nach der Wiedervereinigung verloren hatte – vom verfassungsändernden Gesetzgeber zu einem »EU«- oder »Integrations«-Artikel des Grundgesetzes weiterentwickelt beziehungsweise umgebaut. Auch in der Präambel des Grundgesetzes wird die Bedeutung der europäischen Integration betont. Dort heißt es unter anderem, das deutsche Volk sei »von dem Willen beseelt, als gleichberechtigtes Glied in einem vereinten Europa dem Frieden der Welt zu dienen«.

Die Integrationsoffenheit des Grundgesetzes wurde vor allem durch die einschlägige Rechtsprechung des Bundesverfassungsgerichts konkretisiert (zum Bundesverfassungsgericht siehe Kapitel 9). In einigen zentralen Urteilen, etwa zum Vertrag von Maastricht oder zum Vertrag von Lissabon, hat das Bundesverfassungsgericht mehr oder weniger deutlich Möglichkeiten und Grenzen der Beteiligung Deutschlands an der Europäischen Union aufgezeigt. Das Gericht bezeichnet die EU als einen »Staatenverbund«, nämlich »eine enge, auf Dauer angelegte Verbindung souverän bleibender Staaten«. Der Begriff des Staatenverbunds hat sich in Politik und Politikwissenschaft bisher nicht durchgesetzt, und aus politikwissenschaftlicher (nicht verfassungsrechtlicher) Perspektive kann man durchaus kritisch fragen, wie souverän die EU-Mitgliedstaaten in dem komplexen und eng verflochtenen europäischen Mehrebenensystem tatsächlich noch sind.

Anforderungen des Demokratieprinzips

Das Bundesverfassungsgericht ist der Auffassung, dass demokratische Legitimation in der Europäischen Union nach dem Demokratieprinzip des Grundgesetzes (siehe Kapitel 3) maßgeblich von den Völkern (also Staatsangehörigen) der Mitgliedstaaten ausgeht. Es gebe kein europäisches (Staats-)Volk. Da die Völker der Mitgliedstaaten im Prozess der europäischen Integration »die Subjekte demokratischer Legitimation« blieben, müsse demokratische Legitimation größtenteils über die nationalen Parlamente erzeugt werden. Das Europäische Parlament habe daher nur eine eher untergeordnete beziehungsweise ergänzende Legitimationsfunktion. Bundestag und Bundesrat müssten die Übertragung von Kompetenzen auf die EU-Ebene stets ausreichend legitimieren.

Die Ansicht, dass es kein europäisches Volk gibt, wird gelegentlich auch als »No-demos-These« bezeichnet (demos ist der Begriff für das Volk, das im Wort Demokratie steckt, siehe Kapitel 1). Manche Vertreter dieser These sind der Auffassung, dass es nie ein europäisches Volk geben wird (oder geben kann). Andere meinen, dass sich durchaus so etwas wie eine europäische Öffentlichkeit und damit auch eine kollektive Identität (also ein gemeinsames Bewusstsein) in der Europäischen Union entwickeln könnte.

Da die nationalen Demokratien nach der Rechtsprechung des Bundesverfassungsgerichts für das politische System der EU von so großer Bedeutung sind, brauchen sie im Prozess der europäischen Integration eine Art Bestandsschutz. Den Mitgliedstaaten müsse ein »ausreichender Raum zur politischen Gestaltung der wirtschaftlichen, kulturellen und sozialen Lebensverhältnisse« bleiben. Das gelte vor allem für den von den Grundrechten geschützten privaten Raum, für die persönliche und soziale Sicherheit sowie für Bereiche, die besonders auf »kulturelle, historische und sprachliche Vorverständnisse angewiesen sind und die sich im parteipolitisch und parlamentarisch organisierten Raum einer politischen Öffentlichkeit diskursiv entfalten«.

Daraus folgt: Das Grundgesetz ist grundsätzlich integrationsoffen und europarechtsfreundlich – wie man insbesondere aus der Präambel und Artikel 23 des Grundgesetzes ersehen kann –, es gibt aber eine Grenze der europäischen Integration: Das Bundesverfassungsgericht nimmt für sich ein Prüfungsrecht in Anspruch, ob im Konfliktfall der »unantastbare Kerngehalt der Verfassungsidentität des Grundgesetzes« gewahrt bleibt (zu Art. 79 Abs. 3 GG, der sogenannten »Ewigkeitsklausel« der Verfassung, siehe Kapitel 3).

Das Bundesverfassungsgericht formuliert Grenzen

Das Bundesverfassungsgericht warnt auch vor möglichen »ausbrechenden Rechtsakten« der EU, die die den Unionsorganen eingeräumten Rechtsetzungsbefugnisse überschreiten. Diesbezüglich sieht das Karlsruher Gericht bei sich selbst ein (Letzt-)Prüfungsrecht, um zu entscheiden, ob sich europäische Rechtsakte unter Wahrung des Subsidiaritätsprinzips noch »in den Grenzen der ihnen im Wege der begrenzten Einzelermächtigung eingeräumten Hoheitsakte halten«.

Bei der Frage, ob ein supranationaler Rechtsakt ausreichend auf die in den Verträgen festgelegten Gesetzgebungskompetenzen der EU gestützt werden kann, besteht Konfliktpotential zwischen dem Bundesverfassungsgericht und dem Gerichtshof der Europäischen Union. Nach dem EU-Primärrecht darf allein der EuGH und nicht ein nationales (Verfassungs-)Gericht darüber entscheiden, ob beispielsweise ein EU-Sekundärrechtsakt mangels Ermächtigung nicht hätte erlassen werden dürfen. Wie politisch bedeutend der EuGH mittlerweile ist, zeigt sich nicht zuletzt auch an seiner beachtlichen Präsenz in den Medien.

Was den Schutz der Grundrechte anbelangt (siehe Kapitel 3), hat das Bundesverfassungsgericht entschieden, dass es seine diesbezügliche Gerichtsbarkeit im Hinblick auf das EU-Recht so lange nicht mehr ausübt, »wie die Europäische Union eine Grundrechtsgeltung gewährleistet, die nach Inhalt und Wirksamkeit dem Grundrechtsschutz, wie er nach dem Grundgesetz unabdingbar ist, im Wesentlichen gleichkommt«. Das bedeutet, dass die Rechtsprechung des EuGH zum Grundrechtsschutz nicht völlig identisch mit der des Bundesverfassungsgerichts sein muss. Es reicht grundsätzlich, wenn der Gerichtshof einen Grundrechtsschutz gewährleistet, der den Mindesterfordernissen des Grundgesetzes entspricht.

Europäisierte Institutionen und Politikfelder

Politikfelder sind in Deutschland in der Tendenz stärker europäisiert als staatliche Institutionen. Letztere weisen oft eine gewisse Trägheit auf, wenn es um Anpassungen im Zusammenhang mit der europäischen Integration geht. Bei den Politikfeldern gibt es Unterschiede im Grad der Europäisierung:

Relativ stark europäisiert sind in der Bundesrepublik zum Beispiel die

- ✔ Agrarpolitik,
- ✔ binnenmarktbezogene Wirtschaftspolitik,
- ✔ Umweltpolitik,

- Währungspolitik und
- Wettbewerbspolitik.

Eher schwächer europäisiert sind in Deutschland etwa die

- Bildungspolitik,
- Kulturpolitik,
- Sozialpolitik,
- Steuerpolitik und
- Verteidigungspolitik.

Der Streitfall »Frauen bei der Bundeswehr« ist ein Beispiel, wie sich die Europäisierung auch auf ein eher wenig europäisiertes Politikfeld wie die Verteidigungspolitik auswirken kann. Eine deutsche Frau hatte geklagt, weil sie aufgrund ihres Geschlechts seinerzeit nicht in einem bestimmten technischen Aufgabengebiet bei der Bundeswehr beschäftigt werden durfte (früher standen Frauen nur die Musik- und Sanitätsbereiche der Bundeswehr offen). Der Fall landete als Vorabentscheidungsverfahren vor dem Gerichtshof der EU, der entschied, dass hier ein Verstoß gegen Europarecht vorlag (Diskriminierungsverbot im Arbeitsbereich). Kurz darauf öffnete die deutsche Politik grundsätzlich alle Verwendungsbereiche der Bundeswehr auch für Frauen.

Verfassungsorgane unter Europäisierungsdruck

Die Bundesregierung ist nicht zuletzt durch ihre direkte Mitwirkung im EU-Gesetzgebungsprozess (als Mitglied des Rats, siehe weiter vorn in diesem Kapitel) tendenziell stärker europäisiert als Bundestag und Bundesrat. Das wird noch dadurch verstärkt, dass der administrative Unterbau der Bundesregierung (siehe die Kapitel 8 und 13) über unzählige Arbeitsgruppen und sonstige Gremienkontakte eng mit der Kommission, weiteren EU-Organen und den Ministerialbürokratien der anderen Mitgliedstaaten vernetzt ist. Kann sich die Bundesregierung hinsichtlich eines EU-Vorhabens nicht einigen – etwa aufgrund von Meinungsverschiedenheiten zwischen den Koalitionsparteien oder den mit der Sache befassten Bundesministerien –, enthält sich üblicherweise der deutsche Regierungsvertreter im Rat.

Die Beteiligung von Bundestag und Bundesrat in EU-Angelegenheiten wird in Artikel 23 GG grob skizziert. Mit einem Bundesgesetz, dem der Bundesrat zustimmen muss, können Hoheitsrechte (also insbesondere Gesetzgebungskompetenzen) auf die Europäische Union übertragen werden. Sind damit Verfassungsänderungen verbunden, gelten die üblichen Vorgaben für Änderungen des Grundgesetzes (Art. 79 Abs. 2 und 3 GG), also

- Zweidrittelmehrheiten in Bundestag und Bundesrat
- die Grenzen der »Ewigkeitsklausel« betreffend den veränderungsfesten Kern des Grundgesetzes (siehe Kapitel 3).

Die jeweiligen Detailregelungen zur Beteiligung von Bundestag und Bundesrat in der EU-Politik finden sich insbesondere in den folgenden Ausführungsgesetzen:

- ✔ Gesetz über die Zusammenarbeit von Bundesregierung und Deutschem Bundestag in Angelegenheiten der Europäischen Union
- ✔ Gesetz über die Zusammenarbeit von Bund und Ländern in Angelegenheiten der Europäischen Union
- ✔ Gesetz über die Wahrnehmung der Integrationsverantwortung des Bundestags und des Bundesrats in Angelegenheiten der Europäischen Union

Nach dem »Integrationsverantwortungsgesetz« muss der Bundestag – gegebenenfalls mit Billigung des Bundesrats – besondere Zustimmungsgesetze verabschieden, bevor Deutschland auf europäischer Ebene in vereinfachten Verfahren bestimmten Veränderungen der EU-Verträge zustimmen darf. Dieses Gesetz geht auf das Urteil des Bundesverfassungsgerichts zum Vertrag von Lissabon zurück. Nach Ansicht des Karlsruher Gerichts müssen grundsätzlich auch kleinere Änderungen der primärrechtlichen Grundlagen der Union innerstaatlich ausreichend demokratisch legitimiert werden.

Die Bundesregierung ist unter anderem verpflichtet, Bundestag und Bundesrat

- ✔ im Vorfeld und nach wichtigen Entscheidungen und Gremiensitzungen auf EU-Ebene zu informieren,
- ✔ EU-Dokumente rechtzeitig zuzuleiten,
- ✔ ausreichend Gelegenheit zu Stellungnahmen zu EU-Vorhaben zu geben.

Stellungnahmen von Bundestag und Bundesrat müssen von der Bundesregierung bei ihren Handlungen auf EU-Ebene berücksichtigt werden, sie ist grundsätzlich aber nicht an diese gebunden. Werden überwiegend Gesetzgebungskompetenzen der Länder, die Behörden der Länder oder ihre Verwaltungsverfahren von einem EU-Vorhaben berührt, muss die Bundesregierung Stellungnahmen des Bundesrats bei ihrem Abstimmungsverhalten im Rat maßgeblich beachten. Sind vorwiegend ausschließliche Gesetzgebungsbefugnisse der Bundesländer in den Bereichen schulische Bildung, Kultur und Rundfunk betroffen, wird Deutschland im Rat von einer Landesministerin vertreten, die vom Bundesrat benannt wird.

Bundestag und Bundesrat können unter anderem jeweils auch Klage wegen Verletzung des Subsidiaritätsprinzips durch einen EU-Rechtsakt vor dem EuGH erheben. Beide Verfassungsorgane haben spezielle Regelungen und Einrichtungen geschaffen, um EU-Angelegenheiten zu bearbeiten:

- ✔ Der Ausschuss für die Angelegenheiten der EU des Bundestags hat im Unterschied zu den meisten anderen Bundestagsausschüssen (siehe Kapitel 7) sogar Verfassungsrang (Art. 45 GG). Eine Besonderheit ist, dass dieser Ausschuss ermächtigt werden kann, für das Bundestagsplenum zu handeln (etwa beim Beschluss einer Stellungnahme zu einem EU-Vorhaben). Mittlerweile hat der Bundestag auch ein eigenes Verbindungsbüro in Brüssel, um über einen direkten und eigenständigen Draht zu den EU-Institutionen zu verfügen.

✔ Der Bundesrat hat einerseits einen Europaausschuss, der mit den anderen Bundesratsausschüssen (siehe Kapitel 9) vergleichbar ist. Er kann aber auch eine spezielle Europakammer bilden (Art. 52 Abs. 3a GG). Deren Beschlüsse gelten als Entscheidungen des Bundesrats. Die Länder unterhalten in Brüssel eigene Vertretungen, um sich zu informieren, auszutauschen und ihre Interessen in der EU-Politik gegebenenfalls auch selbst vor Ort vorbringen zu können.

Die besonderen Rechte des EU-Ausschusses des Bundestags und der Europakammer des Bundesrats haben vor allem einen Hintergrund: Es besteht die Gefahr, dass die beiden Verfassungsorgane aufgrund der zum Teil anders getakteten Zeitpläne in Brüssel und Straßburg nicht in der Lage sind, rechtzeitig auf EU-Vorhaben und Abstimmungen zu reagieren. Daher haben sie Gremien eingerichtet, die relativ flexibel in EU-Angelegenheiten anstelle des jeweiligen Plenums Entscheidungen treffen können. Dennoch sollte man den Einfluss gerade des Bundestags in der Europapolitik nicht überbewerten. Die Bundestagsmehrheit wird kaum eine von ihr gestützte Bundesregierung in EU-Fragen zu sehr einschränken oder kritisieren. Die Länder beziehungsweise die Landesregierungen sind hingegen schon mehr darauf bedachtet, dass ihre ohnehin eher begrenzten Kompetenzen im Rahmen der europäischen Integration nicht noch weiter geschmälert werden. Mitunter eröffnet die EU für die Länder aber auch neue Handlungsmöglichkeiten, beispielsweise durch ihre Regionalförderungspolitik.

Europäisierte Interessenvermittlung

Die deutschen Interessenorganisationen sind (zum Teil politikfeldabhängig) mitunter recht stark europäisiert. Etliche Interessengruppen – etwa aus der Industrie – haben schon frühzeitig bemerkt, dass viele für sie relevante Entscheidungen zunehmend auf EU-Ebene fallen. Dementsprechend haben sie in Brüssel Repräsentanzen aufgebaut. Die belgische Stadt wird nicht von ungefähr häufig als die europäische Hauptstadt des Lobbyings bezeichnet. Auch Nichtregierungsorganisationen sind mittlerweile zahlreich vertreten. Man findet in Brüssel sowohl Büros von deutschen Interessengruppen als auch von vielen europäischen Dachverbänden. Die Zugänge der Interessenorganisationen, Unternehmen und Einzellobbyisten zu den verschiedenen EU-Institutionen sind unterschiedlich. Zumindest die Kommission veranstaltet zu geplanten Maßnahmen regelmäßig auch offizielle Anhörungen.

Im Vergleich zu den Interessenverbänden scheinen die Parteien schwächer europäisiert. Das hängt wohl auch damit zusammen, dass Politik, Medienöffentlichkeit und vor allem Parteienwettbewerb immer noch stark national ausgerichtet sind. Für viele Parteiakteure ist die EU weiterhin eher eine Art Nebenschauplatz. Nationale Wahlen sind prestigeträchtiger (vor allem in großen Mitgliedstaaten), man versucht tendenziell eher im Heimatland eine politische Karriere zu machen. Der glücklicherweise langsam Staub ansetzende Spruch »Hast du einen Opa, schick ihn nach Europa« ist beispielhaft für diesen (fragwürdigen) Geist.

Selbst die Wahlen zum Europäischen Parlament sind immer noch stark national orientiert. Die Parteien aus den Mitgliedstaaten stellen in der Regel jeweils ihre eigenen Kandidaten auf und werben nicht selten auch mit eher nationalen Themen. Von einem echten europaweiten Wahlkampf kann man kaum sprechen, und die Wahlbeteiligung ist oft gering. Es gibt europäische Parteienverbünde (etwa der liberalen, konservativen und sozialdemokratischen Parteien), die bisher allerdings keine große Bedeutung erlangt haben.

Politik in Deutschland und der EU im Vergleich

Die politischen Systeme Deutschlands und der Europäischen Union haben mehrere Gemeinsamkeiten:

- ✔ Es handelt sich in beiden Fällen um föderale Systeme (zu diesem Begriff siehe Kapitel 10). Der EU-Beteiligungsföderalismus (starke Stellung der Regierungen der Mitgliedstaaten und der nationalen Bürokratien) ähnelt dem deutschen Verbundföderalismus (starke Stellung der Landesregierungen und der Landesverwaltung).
- ✔ Bei beiden politischen Systemen kommt es in der Tendenz auch zu einer Schwächung der Parlamente: In der EU werden Rechtsetzungskompetenzen von den nationalen Volksvertretungen auf Rat und Europäisches Parlament (zum Teil auch die Kommission) übertragen. Das schwächt den Bundestag, auch wenn er versucht, sich zunehmend stärker in europäisierten Politikfeldern zu positionieren. Im deutschen Föderalismus haben Zentralisierungsentwicklungen die eigenständigen Gesetzgebungskompetenzen der Länder (und damit auch die Bedeutung der Landtage) zunehmend ausgehöhlt.
- ✔ Sowohl das europäische Mehrebenensystem als auch das deutsche Mehrebenensystem (siehe Kapitel 10) zeichnen sich durch eine gewisse Intransparenz der Entscheidungs- und Verantwortungsebenen aufgrund der praktizierten Politikverflechtung aus. Für die Bevölkerung ist in beiden Fällen oft nur schwer ersichtlich, wer denn nun alles einer bestimmten politischen Entscheidung zugestimmt hat und somit dafür (mit-)verantwortlich ist.
- ✔ Das Regieren sowohl in der Europäischen Union als auch in Deutschland ist stark verrechtlicht. Der Gerichtshof der EU kann als eine Art Verfassungsgericht mit beachtlichen Kompetenzen bezeichnet werden. In Deutschland hat die Rechtsprechung des Bundesverfassungsgerichts oft politische Konsequenzen (siehe Kapitel 9). Die Europäisierung führt aber in der Tendenz zu einer Schwächung des Bundesverfassungsgerichts, auch wenn es sich noch gewisse Not- oder Letztentscheidungsbefugnisse im europäischen Integrationsprozess offenhält.

Einer meiner Lieblingsfälle vor dem Gerichtshof der EU ist schon älteren Datums und betrifft das deutsche Reinheitsgebot für Bier. Deutsche Behörden wollten einem belgischen Bierbrauer untersagen, sein Produkt in der Bundesrepublik unter der Bezeichnung »Bier« zu vertreiben, da es mit Zusätzen hergestellt war, die nicht dem deutschen Reinheitsgebot für Bier entsprachen. Schließlich landete die Streitsache in Luxemburg. Der EuGH sah im Handeln der deutschen Behörden einen Verstoß gegen die im EU-Recht festgeschriebene Warenverkehrsfreiheit im europäischen Binnenmarkt. Er konnte keine ausreichenden Gründe des Gesundheits- oder Verbraucherschutzes erkennen, die ein entsprechendes Bezeichnungsverbot gerechtfertigt hätten. Dieses Urteil hat wohl nicht zu einem nennenswerten Bedeutungsverlust des Reinheitsgebots in Deutschland geführt – eher zu einem breiteren Angebot an Bier.

- ✔ Mit der Europäischen Zentralbank verfügt die EU über eine Einrichtung, die weitgehend autonom die Währungspolitik für die Mitgliedstaaten der Euro-Zone (also auch Deutschland) betreibt. Die Bundesbank hat zwar immer noch ihre Autonomie gegenüber der Bundespolitik, ist aber inzwischen vielfach nur noch ein (eher untergeordneter) Teil des Europäischen Systems der Zentralbanken.

- ✔ Beide politischen Systeme weisen sogenannte konkordanzdemokratische Steuerungsmechanismen auf. Damit ist gemeint, dass oft viele unterschiedliche politische Akteure (oder »Vetospieler«) zustimmen müssen, damit eine Entscheidung zustande kommt. In der EU ist in der Regel für eine Verordnung oder Richtlinie die Zustimmung von Kommission (aufgrund ihres Initiativrechts), Europäischem Parlament und Rat (das heißt einer bestimmten Mehrheit der Mitgliedstaaten) notwendig. Weitreichenden Bundesgesetzen müssen in Deutschland häufig nicht nur der Bundestag, sondern auch die Landesregierungen mit der Mehrheit ihrer Stimmen im Bundesrat zustimmen (siehe die Kapitel 7 und 10).

Die EU: ein bürokratisches Monster?

Die Europäische Union erscheint nicht wenigen Unionsbürgern offenbar als eine ferne, unverständliche Macht, die nationale Demokratien mit anscheinend unsinnigen Rechtsnormen zum Beispiel zur Beschaffenheit von Traktorensesseln oder dem Krümmungsgrad von Gurken bevormundet.

Gegenüber dieser Auffassung lassen sich kritische Fragen anbringen: Wie groß ist das Problem jeweils wirklich? Sind auch die Ziele und Errungenschaften der EU bekannt? Etliche Menschen sehen die Vorteile der europäischen Integration nicht oder kaum. Die Abwesenheit von Krieg in großen Teilen West- und Mitteleuropas seit Jahrzehnten, Freizügigkeit und freier Warenverkehr von Finnland bis Portugal sowie zahlreiche rechtliche, wirtschaftliche und wohlfahrtsstaatliche Errungenschaften werden kaum gewürdigt oder nicht einmal anteilig der Europäischen Union zugerechnet. Dabei wurden mittlerweile sogar die Mobilfunk-Roaminggebühren in der EU abgeschafft. Letztlich ist es doch so: Auf supranationaler Ebene kann gute und schlechte Politik gemacht werden, wie auf nationaler Ebene auch. Was gute und was schlechte Politik ist, hängt – wie übrigens auch die Frage, auf welcher Ebene bestimmte politische Entscheidungen am besten getroffen werden sollten – vom jeweiligen Bewertungsmaßstab ab und ist also eine politische Frage.

Ist das politische System der EU so viel verschachtelter, komplizierter und unverständlicher als das der Bundesrepublik? Bilden Sie sich anhand von Kapitel 14 selbst eine Meinung. Ich bin der Auffassung, dass das EU-Regierungssystem nicht nennenswert schwieriger zu verstehen ist als das deutsche Regierungssystem. Wer behauptet, das Regieren in der Europäischen Union sei viel komplexer, kennt möglicherweise (auch) das politische System der Bundesrepublik nur sehr oberflächlich. Zur Bürokratiekritik ist anzumerken, dass in einem europäischen Binnenmarkt entsprechende einheitliche Marktregeln sinnvollerweise auf EU-Ebene beschlossen werden sollten. Sehr viele Regulierungen gehen übrigens auf Wünsche aus einzelnen Mitgliedstaaten – nicht selten einzelnen Wirtschaftsbranchen wie der Traktorensesselindustrie – zurück, die bestimmte (Mindest-)Regelungen begehren, um im grenzüberschreitenden Binnenmarkt keine Wettbewerbsnachteile gegenüber anderen Konkurrenten aus der EU zu erleiden.

Vieles spricht also dafür, dass die EU-Institutionen mitunter auch Eigeninteressen verfolgen, gute wie schlechte Politik machen und sich durchaus manche Rechtsnormen hinterfragen lassen, dass aber viele supranationale Regelungen zumindest teilweise auf nationalen, regionalen und/oder privaten Interessen oder Forderungen beruhen. Im Übrigen hat das EU-Regierungssystem bemerkenswerte Ähnlichkeiten mit dem politischen System Deutschlands (siehe weiter vorne), und der bürokratische Apparat der EU ist verglichen mit der öffentlichen Verwaltung in den verschiedenen Mitgliedstaaten relativ klein.

IN DIESEM KAPITEL

Merkmale internationaler Politik

Verfassungsrechtliche Grundlagen deutscher Außenpolitik

Innerstaatliche Willensbildung in der Außenpolitik

Auswirkungen ausgewählter Internationaler Organisationen

Kapitel 15
Außenpolitik und das politische System

Vielleicht fragen Sie sich, warum Sie sich mit internationalen Beziehungen und Außenpolitik beschäftigen sollten. Sie möchten doch etwas über das politische System *Deutschlands* erfahren. Reicht es da nicht aus, sich mit politischen Institutionen, Akteuren und Prozessen innerhalb der Grenzen der Bundesrepublik zu befassen?

Staaten bewegen sich nicht im luftleeren Raum und sind keine völlig abgekapselten Einheiten. Ihre verschiedenen gesellschaftlichen Teilsysteme stehen in vielfältigen Beziehungen mit ihrer Umwelt, also den Teilsystemen anderer Staaten. Das gilt auch für das politische System Deutschlands. Um seine Funktionen zu erfüllen, ist es auch auf Kontakte und Ressourcen aus anderen Staaten und deren politischen Systemen angewiesen.

Für die internationale Politik und die innerstaatliche Organisation der Außenpolitik gelten einige Besonderheiten. Die Politik zwischen zwei oder mehr Staaten sowie zwischen Staaten und Internationalen Organisationen weist aber auch einige Unterschiede im Vergleich zur Politik im europäischen Mehrebenensystem auf (siehe Kapitel 14). Aus diesem Grund ist es sinnvoll, die Europäisierung des politischen Systems und die Auswirkungen der Außenpolitik auf das politische System in getrennten Kapiteln zu behandeln.

Im Folgenden gehe ich zunächst auf verschiedene Begriffe und Besonderheiten der internationalen Politik ein. Anschließend behandele ich verfassungsrechtliche Grundlagen sowie innerstaatliche Meinungsfindungs- und Willensbildungsprozesse in der deutschen Außenpolitik. Danach gehe ich auf ausgewählte Internationale Organisationen und deren Auswirkungen auf das politische System Deutschlands ein.

Besonderheiten internationaler Politik

Internationale Politik ist grundsätzlich Politik jenseits staatlicher Grenzen. Was ist damit gemeint? Unter Politik versteht man in der Politikwissenschaft häufig »das Gemeinwesen betreffende, kollektiv-verbindliche Entscheidungen« (siehe Kapitel 1). Einen Staat begreifen viele Politikwissenschaftlerinnen und Rechtswissenschaftler als ein politisches Organisationsgefüge oder Gemeinwesen mit folgenden Merkmalen:

- ✔ einem Staatsgebiet,
- ✔ einem Staatsvolk und
- ✔ einer Staatsgewalt.

Das internationale System weist diese Eigenschaften nicht auf, dort tummeln sich vielmehr knapp 200 Staaten (wobei nicht alle Staaten oder staatsähnlichen Gebilde von allen anderen Staaten als Staaten anerkannt werden). Politik jenseits staatlicher Grenzen bedeutet erst einmal, dass kollektiv-verbindliche Entscheidungen – etwa darüber, was von wem wann getan und was nicht getan werden sollte und welche Mittel von wem wie an wen verteilt werden – nicht nur in und von einzelnen Staaten beschlossen werden.

Von *internationalen Beziehungen* – mit kleinem »i« – ist häufig die Rede, wenn internationale Politik gemeint ist, also etwa die politischen Beziehungen zwischen zwei Staaten. Eine weite Definition umfasst hingegen staatliche Grenzen überschreitende Aktivitäten und Kontakte auch ohne politische Elemente (zum Beispiel kulturelle Beziehungen zwischen verschiedenen Gesellschaften). *Internationale Beziehungen* – mit großem »I« – bezeichnet eine Wissenschaftsdisziplin. Entweder versteht man darunter wie überwiegend in Deutschland eine Teildisziplin der Politikwissenschaft oder vor allem im angelsächsischen Raum eine relativ eigenständige, interdisziplinäre Sozialwissenschaft (International Relations).

Politik unter den Bedingungen von Anarchie

Das Besondere an internationaler oder zwischenstaatlicher Politik ist, dass sich das internationale System grundsätzlich durch Anarchie auszeichnet und für die Staaten erst einmal das Prinzip der Selbsthilfe gilt. Damit ist kein permanentes Drunter und Drüber, keine ständige Regellosigkeit und Willkür gemeint. Allerdings gibt es immer wieder bewaffnete Konflikte und Kriege zwischen Staaten oder mit staatlicher Beteiligung. Vor nicht allzu langer Zeit war das auch in Westeuropa noch häufig der Fall. Der Begriff Anarchie zielt vor allem darauf ab, dass es jenseits der Staaten grundsätzlich kein legitimes Gewaltmonopol gibt.

Das zentrale Element der Staatsgewalt ist die interne Souveränität in Form eines Gewaltmonopols beziehungsweise des Monopols legitimer Herrschaftsausübung. Es gibt allerdings keinen souveränen Weltstaat, der über ein entsprechendes legitimes Gewaltmonopol verfügt, der also allgemein akzeptierte globale Regeln erlassen und notfalls mit Zwang durchsetzen könnte.

Alte Probleme übersteigerter nationaler Souveränität sind beziehungsweise waren unter anderem Rüstungswettläufe und Kriege, ökonomischer Protektionismus (wirtschaftliche Abschottung) und Imperialismus (Beherrschung beziehungsweise Ausbeutung) sowie innerstaatlich Unterdrückung und Verfolgung. Neue Probleme durch geschwächte oder ausgehöhlte staatliche Souveränität sind unter anderem Bürgerkriege, kaum regulierte Weltmärkte, Wettläufe »nach unten« bei Arbeits- und Sozialstandards, grenzüberschreitende Umweltprobleme und demokratische Defizite internationaler Politik.

Immerhin bedeutet Anarchie auch nicht totales Chaos oder völlige Regellosigkeit. Staaten können Regeln vereinbaren, und sie tun das in vielfältiger Weise. In den letzten Jahrzehnten hat die Verrechtlichung in bestimmten Bereichen der internationalen Politik stark zugenommen, auch wenn die vereinbarten Regeln nicht immer eingehalten werden. Nicht zuletzt im Zusammenhang mit der Möglichkeit, dass Staaten Vereinbarungen treffen, kann zudem durchaus mehr oder weniger legitime Macht jenseits staatlicher Grenzen in begrenztem Umfang ausgeübt werden.

Weltgeschichtlich gesehen ist das anarchische Staatensystem ein vergleichsweise neues Phänomen. Über Jahrtausende hinweg existierten keine Staaten im modernen Sinne, die sich durch Staatsgebiet, -volk und -gewalt auszeichneten. Es gab stattdessen unter anderem Gruppen, Clans, Stämme, feudale Ordnungen, später auch Reiche (zum Heiligen Römischen Reich Deutscher Nation siehe Kapitel 2). Das heutige internationale System aus Nationalstaaten, die sich grundsätzlich durch innere und äußere Souveränität auszeichnen, besteht etwa seit dem 17. Jahrhundert. Es wird auch »westfälische Ordnung« oder »westfälisches System« genannt, weil es sich nach dem Westfälischen Frieden, das heißt im Anschluss an den Dreißigjährigen Krieg, herausbildete.

Völkerrecht und staatliches Recht

In Staaten wie der Bundesrepublik gilt staatliches Recht, wobei in Bundesstaaten noch – mindestens – zwischen nationalem Recht und gliedstaatlichem Recht unterschieden werden kann (siehe Kapitel 10). Dank des staatlichen Gewaltmonopols kann es im Zweifelsfall hierarchisch und mit Zwang durchgesetzt werden. Im internationalen System gilt dagegen Völkerrecht. Der deutsche Begriff »Völkerrecht« ist insoweit etwas irreführend, als er nahelegt, hier seien Völker direkt beteiligt. Im Unterschied zum staatlichen Recht sind natürliche Personen (also einzelne Individuen) im Völkerrecht aber keine Rechtssubjekte. Grundsätzlich gibt es im Völkerrecht nur zwei Arten von Rechtssubjekten:

- ✔ Staaten und
- ✔ Internationale Organisationen.

Es gibt einige wenige Ausnahmen nichtstaatlicher Völkerrechtssubjekte, die auch keine Internationalen Organisationen im engeren Sinne sind, zum Beispiel das Internationale Komitee vom Roten Kreuz, der Heilige Stuhl – nicht zu verwechseln mit dem Staat Vatikanstadt – und der Souveräne Malteser-Ritterorden, der schon vor einer ganzen Weile die Herrschaft über das Territorium von Malta verlor.

Verbindliches internationales Recht basiert grundsätzlich auf völkerrechtlichen Verträgen. Völkerrechtliche Verträge kommen dadurch zustande, dass mindestens zwei Völkerrechtssubjekte einen entsprechenden Vertrag vereinbaren. Manchmal heißen solche völkerrechtlichen Verträge tatsächlich »Verträge«, wie etwa die Verträge zur Gründung und Weiterentwicklung der Europäischen Union (siehe Kapitel 14). Sie werden aber auch oft als (internationale) Abkommen, Konventionen oder Übereinkommen bezeichnet; das macht im Hinblick auf ihre Rechtsnatur und rechtliche Bindung in der Regel keinen Unterschied. Im Völkerrecht gilt das Prinzip der Staatengleichheit: Alle souveränen Staaten haben formal den gleichen Status. Aus einer politikwissenschaftlichen Perspektive, die auf Macht und andere Ressourcen abstellt, sind natürlich ein Mikrostaat wie etwa San Marino und die Großmacht USA nicht gleich.

Völkerrecht gilt im Regelfall nicht automatisch in einem Staat. Üblicherweise wird dazu eine innerstaatliche Rechtsnorm benötigt, die besagt, dass zum Beispiel ein bestimmter völkerrechtlicher Vertrag von nun an innerstaatlich gelten soll. Das ist auch in Deutschland so. Die wichtigsten Schritte von der Entstehung einer völkerrechtlichen Norm bis zu ihrer innerstaatlichen Geltung können folgendermaßen vereinfacht zusammengefasst werden:

- ✔ Regierungen verschiedener Staaten handeln einen völkerrechtlichen Vertrag aus. Meist finden zuvor längere Vorarbeiten durch Ministerialbeamte statt (zur Bundesverwaltung siehe Kapitel 8 und 13). Für die Schlussphase reisen Regierungschefs und/oder Ministerinnen an, verhandeln die noch strittigen Punkte und unterzeichnen den Vertragstext – falls sie sich einig werden.

- ✔ Ein unterzeichnetes Abkommen ist zwar mehr oder weniger politisch, aber noch nicht völkerrechtlich wirksam. Erst muss es von den beteiligten Staaten – den sogenannten Vertragsparteien – nach ihren jeweiligen verfassungsrechtlichen Vorgaben »ratifiziert« werden.

- ✔ Die Regierung veranlasst innerstaatlich das jeweils Nötige, um die Ratifizierungserfordernisse zu erfüllen (es sei denn, sie verliert das Interesse an dem völkerrechtlichen Vertrag, beispielsweise aufgrund eines zwischenzeitlich erfolgten Regierungswechsels). In der Regel wird für die Ratifizierung innenpolitisch vor allem ein Zustimmungsgesetz benötigt. Meistens muss das jeweilige nationale Parlament ein entsprechendes Gesetz verabschieden – so ist es auch in Deutschland. Danach kann die Regierung eine sogenannte Ratifikationsurkunde ausstellen und bei der Regierung oder der Internationalen Organisation hinterlegen, die für den jeweiligen völkerrechtlichen Vertrag diese Aufbewahrungs- und Dokumentationsaufgabe übernommen hat.

- ✔ Das Abkommen tritt erst dann in Kraft, wenn es so viele Staaten ratifiziert haben, wie der Vertrag es vorschreibt. Bei manchen Abkommen ist ein gewisser Anteil beziehungsweise eine bestimmte Mindestanzahl an Ratifizierungen notwendig – das ist oft bei Verträgen der weiter hinten in diesem Kapitel behandelten Vereinten Nationen der Fall –, bei anderen Übereinkommen müssen alle Vertragsparteien ratifizieren (etwa den Beitritts- und Änderungsverträgen der Europäischen Union). Selbst wenn ein Vertrag in Kraft tritt, der nicht von allen beteiligten Staaten ratifiziert werden muss, ist das Abkommen erst dann für einen involvierten Staat rechtsverbindlich, wenn der betreffende Staat ratifiziert und damit die Bindungswirkung offiziell anerkannt hat.

In der internationalen Politik unterscheidet man häufig zwischen »hard law« und »soft law«. Mit »hard law« ist völkerrechtlich verbindliches Recht gemeint, zum Beispiel in Kraft getretene völkerrechtliche Verträge. »Soft law« ist dagegen eine Bezeichnung für Beschlüsse, Empfehlungen, Resolutionen, Stellungnahmen und andere Entscheidungen und Verlautbarungen – etwa von Internationalen Organisationen –, die zwar eine gewisse politische oder symbolische Wirkung haben (sollen), bei denen es sich aber nicht um bindendes Völkerrecht handelt.

Die innerstaatliche Organisation der deutschen Außenpolitik

Die Außenpolitik ist in praktisch allen Staaten eine Domäne der Exekutive, also der Regierung. Das ist in Deutschland grundsätzlich nicht anders. Die Bundesregierung verfügt mit ihrem administrativen Unterbau – insbesondere den Bundesministerien – über die Ressourcen, um in allen Politikfeldern außenpolitische Beziehungen auf unterschiedlichen Ebenen zu pflegen (zum Verwaltungsaufbau des Bundes siehe Kapitel 8 und 13). Wie bei den Beziehungen zwischen den Exekutiven der Bundesländer beziehungsweise zwischen den Regierungen von Bund und Ländern (siehe Kapitel 10) lassen sich auch hier grundsätzlich drei politisch-administrative Ebenen unterscheiden:

- ✔ die Ebene der Staats- und Regierungschefs, auf der beispielsweise sogenannte Gipfeltreffen abgehalten werden
- ✔ die (Fach-)Ministerebene, auf der unter anderem hochrangige Verhandlungen geführt und Abkommen unterzeichnet werden
- ✔ die Arbeitsebene, auf der Mitarbeitende der Ministerien Tagespolitik betreiben und etwa im Austausch mit den Ministerialbürokratien anderer Staaten hinsichtlich der Vorbereitung und Umsetzung völkerrechtlicher Verträge stehen

Das Außenministerium – »Auswärtiges Amt« genannt – ist zentral für viele Bereiche der deutschen Außenpolitik zuständig. Im Unterschied zu den anderen Bundesministerien tragen die Staatssekretäre im Auswärtigen Amt die Bezeichnung »Staatsminister«. Das Auswärtige Amt unterhält in anderen Staaten Botschaften und/oder Konsulate. Jeder Staat kann in einem anderen Staat nur eine Botschaft unterhalten, daneben sind mehrere Konsulate möglich. Zudem hat die Bundesrepublik ständige Vertretungen bei verschiedenen Internationalen Organisationen, etwa der EU, der NATO und den Vereinten Nationen. Botschaften, Konsulate und ständige Vertretungen sind nicht nur mit Diplomatinnen des Auswärtigen Amtes besetzt. Häufig werden auch Mitarbeitende anderer Bundesministerien an diese Behörden im Ausland abgeordnet – in der Regel nur für eine bestimmte Zeit –, um in den entsprechenden Politikfeldern grenzüberschreitende Themen zu bearbeiten.

Verfassungsrechtliche Grundlagen außenpolitischen Handelns

Laut Artikel 32 Absatz 1 GG ist Außenpolitik in Deutschland grundsätzlich »Sache des Bundes«. Falls ein Bundesland allerdings in besonderer Weise von einem völkerrechtlichen Vertrag betroffen ist, muss es vor dem Abschluss eines solchen Abkommens gehört werden. Die Länder dürfen, wenn sie in einem Bereich die entsprechende Gesetzgebungskompetenz haben, mit Zustimmung der Bundesregierung völkerrechtliche Verträge mit anderen Staaten abschließen.

Ein eigener Artikel im Grundgesetz ist Deutschlands Mitgliedschaft in der Europäischen Union gewidmet. Artikel 23 GG

- ✔ ermächtigt zur Mitwirkung und Beteiligung der Bundesrepublik an der Weiterentwicklung der EU;
- ✔ sieht vor, dass der Bund in Form von Bundesgesetzen Hoheitsrechte (etwa Gesetzgebungskompetenzen) auf die EU übertragen kann;
- ✔ regelt in Grundzügen die Beteiligungsrechte von Bundestag und Bundesrat in EU-Angelegenheiten (zu Deutschland in der EU siehe Kapitel 14).

Gleich auf den Europaartikel folgt in der Verfassung mit Artikel 24 GG eine Bestimmung über die Beteiligung Deutschlands an Internationalen Organisationen:

- ✔ Der Bund hat das Recht, per Gesetz Hoheitsrechte auf zwischenstaatliche Einrichtungen wie etwa Internationale Organisationen zu übertragen.
- ✔ Die Bundesrepublik kann einem kollektiven System der Friedenssicherung beitreten, also etwa einem Verteidigungsbündnis. Hier lässt sich vor allem die NATO-Mitgliedschaft Deutschlands anführen.
- ✔ Die Bundespolitik wird aufgefordert, internationalen Streitschlichtungsmechanismen beizutreten. Deutschland ist Mitglied verschiedener internationaler Gerichtshöfe.
- ✔ Die Länder können im Rahmen ihrer Befugnisse mit Zustimmung der Bundesregierung Hoheitsrechte »auf grenznachbarschaftliche Einrichtungen übertragen« (Art. 24 Abs. 1a GG).

Allgemeine Regeln des Völkerrechts gehören zum Bundesrecht (Art. 25 GG). Sie haben Vorrang vor den Bundesgesetzen (aber nicht der Verfassung) und können für die Menschen in Deutschland gegebenenfalls direkt Rechte und Pflichten erzeugen. Eine solche allgemeine Regel des Völkerrechts ist etwa der Grundsatz, dass (völkerrechtliche) Verträge erfüllt werden müssen (lateinisch: pacta sunt servanda). Auch das Verbot der Sklaverei kann mittlerweile als ein allgemeiner völkerrechtlicher Grundsatz angesehen werden. Wenn bei einem konkreten Gerichtsverfahren unklar ist, ob es sich bei einer Völkerrechtsnorm in diesem Sinne um einen Teil des Bundesrechts handelt und Rechte und Pflichten für Individuen damit verbunden sind, muss das entsprechende Gericht – bevor es ein Urteil fällt – die Frage dem Bundesverfassungsgericht vorlegen (zum Bundesverfassungsgericht siehe Kapitel 9).

Kriegerische Handlungen, vor allem die Vorbereitung von Angriffskriegen, sind verfassungswidrig und unter Strafe zu stellen (Art. 26 Abs. 1 GG). Kriegswaffen und kriegswaffenfähiges Material dürfen »nur mit Genehmigung der Bundesregierung hergestellt, befördert und in Verkehr gebracht werden« (Art. 26 Abs. 2 GG). Im Kriegswaffenkontrollgesetz, dem Außenwirtschaftsgesetz und der Außenwirtschaftsverordnung gibt es hierzu detaillierte Regelungen. Über bedeutendere Rüstungsexporte entscheidet der Bundessicherheitsrat, der aus dem Bundeskanzler und acht weiteren Mitgliedern der Bundesregierung besteht. Rüstungsexporte sind politisch umstritten, insbesondere solche in Staaten, die nicht der EU und/oder der NATO angehören, sich in Krisenregionen befinden und eine fragwürdige Menschenrechtslage aufweisen.

Der Bund ist für die Streitkräfte und die Bundeswehrverwaltung zuständig. Er hat zudem unter anderem folgende außenpolitisch relevante Gesetzgebungskompetenzen (zur Unterscheidung zwischen ausschließlicher und konkurrierender Bundesgesetzgebung siehe Kapitel 10):

✔ Die ausschließliche Bundesgesetzgebung bezieht sich insbesondere auf:

- auswärtige Angelegenheiten
- Verteidigung
- Schutz der Zivilbevölkerung
- »Schutz deutschen Kulturgutes gegen Abwanderung ins Ausland«
- Luftverkehr
- internationale Terrorismusbekämpfung
- Versorgung von Kriegsopfern.

✔ Die konkurrierende Bundesgesetzgebung erstreckt sich etwa auf:

- Ausländerrecht
- Flüchtlinge und Vertriebene
- Kriegsschäden und Wiedergutmachung
- Kriegsgräber
- Schifffahrt.

Akteure und Prozesse in der Außenpolitik

Die Bundesregierung dominiert die deutsche Außenpolitik. Neben der Bundesaußenministerin kommt insbesondere dem Bundeskanzler eine herausgehobene Stellung in der Außenpolitik zu. Seine Richtlinienkompetenz (Art. 65 Abs. 1 GG) gilt auch beispielsweise für die Bereiche der Außen-, Europa- und Verteidigungspolitik. Im Übrigen besteht die

Ressortzuständigkeit der einzelnen Bundesminister (Art. 65 Abs. 2 GG). Jedes Politikfeld hat mittlerweile außenpolitische Bezüge. Deshalb sind Medienberichte über praktisch alle Mitglieder der Bundesregierung auf jeweils unterschiedlichen internationalen Konferenzen nichts Besonderes. Der Verteidigungsminister hat die Befehlsgewalt über die Bundeswehr (Art. 65a GG), sie geht im Verteidigungsfall auf den Bundeskanzler über (Art. 115b GG).

Nach dem Text der Verfassung vertritt der Bundespräsident die Bundesrepublik völkerrechtlich und schließt völkerrechtliche Verträge mit anderen Staaten (Art. 59 Abs. 1 GG). Dieses Recht hat das Staatsoberhaupt aber faktisch weitgehend an die Bundesregierung abgetreten. Der Bundespräsident tritt üblicherweise nicht bei Regierungskonferenzen auf, vor allem handelt er nicht mit ausländischen Regierungsvertretern internationale Abkommen aus. Das Staatsoberhaupt beglaubigt und empfängt das Botschaftspersonal anderer Staaten in Deutschland (Art. 59 Abs. 1 GG). Auslandsreisen des Bundespräsidenten sind in der Regel nicht mit politisch heiklen Verhandlungen verbunden, oft handelt es sich stattdessen um Freundschaftsbesuche. Grundsätzlich gilt, dass sich der Bundespräsident nicht aktiv in die Außenpolitik der Bundesregierung einmischt, sondern sie eher passiv und unterstützend begleitet.

Die drei außenpolitisch wichtigsten Ausschüsse des Bundestags sind – im Unterschied zu den meisten Bundestagsausschüssen (siehe Kapitel 7) – im Grundgesetz erwähnt:

- ✔ der Ausschuss für auswärtige Angelegenheiten (Art. 45a GG).
- ✔ der EU-Ausschuss (Art. 45 GG). Er kann unter Umständen anstelle des Bundestagsplenums in Angelegenheiten der Europäischen Union handeln (siehe Kapitel 14).
- ✔ der Ausschuss für Verteidigung (Art. 45a GG). Er verfügt als einziger Bundestagsausschuss auch über die Rechte eines Untersuchungsausschusses. Ein Viertel der Ausschussmitglieder kann beantragen, dass der Verteidigungsausschuss wie ein Untersuchungsausschuss tätig wird.

Der Bundestag beteiligt sich mit Delegationen – also ausgewählten Abgeordneten – an internationalen parlamentarischen Versammlungen wie etwa der Parlamentarischen Versammlung des Europarats. Nach Fraktionsproporz zusammengesetzte Parlamentariergruppen dienen der Kontaktpflege mit Volksvertretungen anderer Staaten. Grundsätzlich gelten die Kontrollrechte des Bundestags (siehe Kapitel 7) gegenüber der Bundesregierung auch in der Außenpolitik. Allerdings verfügt die Exekutive mitunter über bestimmte Gestaltungsspielräume in den internationalen Beziehungen, die sich dem Parlament mehr oder weniger entziehen und die zum Teil auch verfassungsrechtlich nicht ganz eindeutig geregelt sind.

Immer wieder kommt es zu Verfahren vor dem Bundesverfassungsgericht zur Klärung der Beteiligungsrechte des Bundestags in außenpolitischen Angelegenheiten. So hat das Karlsruher Gericht beispielsweise entschieden, dass friedenssichernde Auslandseinsätze der Bundeswehr aus Sicht des Grundgesetzes grundsätzlich möglich sind, aber der Bundestag jeweils im Einzelfall ein entsprechendes Mandat erteilen (also darüber beschließen) muss.

Über den Bundesrat sind die Regierungen der Länder auch an der Außenpolitik des Bundes beteiligt. Der Bundesrat hat unter anderem einen Ausschuss für Auswärtige Angelegenheiten und einen für Europathemen eingerichtet. Die Europakammer (Art. 52 Abs. 3a GG) kann gegebenenfalls für das Bundesratsplenum Entscheidungen in EU-Angelegenheiten treffen. Die Beteiligungsrechte von Bundestag und Bundesrat in der EU-Politik weichen zum Teil von ihren Rechten in der sonstigen Außenpolitik ab und sind besonders geregelt (siehe Kapitel 14).

Der Gemeinsame Ausschuss ist ein Notparlament (Art. 53a GG). Er ist für den Verteidigungsfall (also einen bewaffneten Konflikt oder Krieg auf deutschem Staatsgebiet) vorgesehen, wenn Bundestag und Bundesrat nicht regulär zusammentreten können, und besteht zu zwei Dritteln aus Bundestagsabgeordneten und zu einem Drittel aus Bundesratsmitgliedern. Im Verteidigungsfall gelten unter anderem auch erweiterte Gesetzgebungskompetenzen des Bundes, erweiterte Befugnisse der Bundesregierung und ein vereinfachtes Bundesgesetzgebungsverfahren (Art. 115a bis Art. 115l GG). Diese Bestimmungen kamen bisher zum Glück noch nie zur Anwendung.

Vom Vertragsschluss bis zur innerstaatlichen Geltung

Völkerrechtliche Verträge gelten in Deutschland nicht automatisch. Damit sie im Bundesgebiet rechtsverbindlich werden, müssen Abkommen, insbesondere Verträge mit Auswirkungen auf die Bundesgesetzgebung, von den »jeweils für die Bundesgesetzgebung zuständigen Körperschaften« gebilligt werden (Art. 59 Abs. 2 GG). Damit ist ein Zustimmungsgesetz des Bundestags gemeint, und gegebenenfalls ist auch ein positives Votum des Bundesrats notwendig. Die einzelnen Schritte lassen sich wie folgt skizzieren:

- ✔ Mitglieder beziehungsweise Mitarbeitende der Bundesregierung handeln ein Abkommen mit Regierungsvertretern anderer Staaten aus (etwa im Rahmen einer Regierungskonferenz). Der Vertrag wird üblicherweise von (mindestens) einer Bundesministerin unterzeichnet.

- ✔ Im Unterschied zu einigen anderen Staaten gilt in Deutschland grundsätzlich die Regel, dass Zustimmungsgesetze zu völkerrechtlichen Verträgen erst dann verabschiedet werden, wenn das innerstaatliche Recht den verbindlichen Vorgaben des Abkommens entspricht. Ist das noch nicht der Fall, müssen erst die nötigen Rechtsanpassungen vorgenommen werden.

Unter Umständen kann es ziemlich lange dauern, bis das deutsche Recht an die verpflichtenden Bestimmungen eines völkerrechtlichen Vertrags angepasst ist. So hat die Bundesregierung beispielsweise frühzeitig das Übereinkommen der Vereinten Nationen gegen Korruption von 2003 unterzeichnet, das 2005 nach Erreichung der Mindestanzahl an Ratifikationen in Kraft trat. Die Bundesrepublik konnte das Abkommen jedoch jahrelang nicht ratifizieren, weil der Straftatbestand der Abgeordnetenbestechung nicht den verbindlichen Anforderungen des Übereinkommens entsprach. Mehrere entsprechende Gesetzentwürfe fanden keine Mehrheit im Bundestag. Erst 2014 war eine einschlägige Strafrechtsreform erfolgreich. In der Folge ratifizierte Deutschland als einer der letzten Staaten weltweit das Übereinkommen der Vereinten Nationen gegen Korruption.

- ✔ Entspricht das deutsche Recht den verpflichtenden Vorgaben des betreffenden Abkommens, so legt in der Regel die Bundesregierung den Entwurf eines

Zustimmungsgesetzes vor. Im Anhang zum Gesetzentwurf befinden sich unter anderem der Originaltext des Vertragswerks und eine deutsche Übersetzung (falls das Original nicht in deutscher Sprache verfasst ist). Außerdem erläutert die Bundesregierung schriftlich Ziele, Instrumente und Notwendigkeit des Abkommens.

✔ Der Bundestag berät über den Entwurf des Zustimmungsgesetzes gemäß seinem üblichen parlamentarischen Verfahren. Es kommt also zu mehreren Lesungen im Plenum und einer Ausschussphase (siehe Kapitel 7). Beschließt der Bundestag das Gesetz mehrheitlich, wird es dem Bundesrat zugeleitet. Wenn nach der innerstaatlichen Aufgabenverteilung die Zustimmung des Bundesrats erforderlich ist (siehe Kapitel 10), muss der Bundesrat auch ein entsprechendes Gesetz zu einem völkerrechtlichen Vertrag mit Stimmenmehrheit billigen.

✔ Nach Abschluss des Gesetzgebungsverfahrens kann die Bundesregierung eine Ratifikationsurkunde ausstellen und bei der jeweils zum Aufbewahrer bestimmten Regierung oder Internationalen Organisation hinterlegen. Das Zustimmungsgesetz wird mit Anhängen (also auch dem Originaltext des völkerrechtlichen Vertrags und der deutschen Übersetzung) im Bundesgesetzblatt veröffentlicht. Nach einer bestimmten Frist werden die Inhalte des Abkommens für die Bundesrepublik Deutschland rechtsverbindlich. Eventuell müssen allerdings erst auch noch andere Staaten den Vertrag ratifizieren, bis er in Kraft tritt.

Sogenannte Verwaltungsabkommen, die beispielsweise eine bessere administrative Zusammenarbeit der Exekutive mit anderen Regierungen zum Ziel haben, kann die Bundesregierung in der Regel ohne Beteiligung des Bundestags abschließen und in Kraft setzen.

Das gelegentlich thematisierte Demokratiedefizit internationaler Politik ergibt sich im Wesentlichen daraus, dass die nationalen Parlamente häufig nur noch auf Vorentscheidungen reagieren können, die auf zwischenstaatlicher Ebene von Regierungen getroffen wurden. So ist es auch in Deutschland: Die Bundesregierung legt dem Bundestag fertig verhandelte völkerrechtliche Verträge zur Zustimmung vor. Das Parlament kann nur im Ganzen zustimmen oder ablehnen. Eine Ablehnung würde allerdings bedeuten, ein unter Umständen mit vielen Staaten in langwierigen Verhandlungen erarbeitetes Vertragswerk zu begraben. Etwaige nachträgliche Forderungen des Bundestags sind im Regelfall nicht realisierbar. Da könnte ja sonst jedes nationale Parlament mit Änderungswünschen kommen, und die Vertragsverhandlungen müssten erneut mit ungewissem Ausgang aufgenommen werden. Ein zu enges Verhandlungsmandat des Bundestags für die Bundesregierung im Vorfeld von Verhandlungen könnte hingegen möglicherweise dazu führen, dass es zu gar keiner Einigung kommt … Aus diesen Gründen kann man auch von einem Demokratiedilemma in der Außenpolitik sprechen.

Internationale Organisationen

Während früher in der internationalen Politik klassische Staatendiplomatie in Form von bilateralen Beziehungen (also zwischen zwei Staaten) oder multilateralen Beziehungen (zwischen mehr als zwei Staaten) vorherrschte, haben in den letzten Jahrzehnten Internationale

Organisationen eine immer größere Bedeutung erlangt. So wirken sie zunehmend auch auf nationale politische Systeme zurück. Internationale Organisationen werden in der Absicht gegründet, dass sie gemeinsame grenzüberschreitende Probleme besser bearbeiten können als einzelne Staaten, die mehr oder weniger unkoordiniert handeln oder sogar gegeneinander arbeiten. Nicht nur Staaten wie die Bundesrepublik Deutschland kann man als politische Systeme betrachten, sondern auch Internationale Organisationen. Sie verfügen über

- ✔ eine grundlegende institutionelle Struktur (polity),
- ✔ bestimmte Akteure und Entscheidungsprozesse (politics),
- ✔ Leistungen und Outputs, also inhaltliche Politik in bestimmten Politikfeldern, etwa Umweltpolitik (policies).

Ich schreibe in diesem Buch »Internationale Organisation« mit großen »I«, weil es sich um einen feststehenden Begriff handelt: eine zwischenstaatliche öffentliche Institution mit Rechtspersönlichkeit. Internationale Organisationen werden auch mit »IO« abgekürzt. Eine IO sollte nicht mit einer INGO (International Nongovernmental Organization) verwechselt werden, also einer grenzüberschreitenden Nichtregierungsorganisation wie zum Beispiel Amnesty International oder Greenpeace. INGOs versuchen regelmäßig, die Politik von IOs in ihrem Sinne zu beeinflussen. Im Prinzip handelt es sich hierbei um Lobbying, das grundsätzlich vergleichbar – und häufig verbunden – ist mit dem zivilgesellschaftlichen Handeln von nationalen Nichtregierungsorganisationen (NGOs) gegenüber staatlichen Akteuren (siehe Kapitel 4).

Internationale Organisationen als politische Systeme

Bei den Gründungsdokumenten Internationaler Organisationen handelt es sich üblicherweise um völkerrechtliche Verträge. Solche Abkommen werden

- ✔ auf diplomatischen Konferenzen von Regierungsvertretern und ihren Mitarbeitenden ausgehandelt,
- ✔ von Regierungsmitgliedern unterschrieben und
- ✔ nach den jeweiligen innerstaatlichen Verfahren gebilligt – in der Regel durch Parlamentsbeschluss.

Wurde die nötige Zahl an Ratifikationsurkunden hinterlegt, tritt der völkerrechtliche Vertrag über eine Internationale Organisation – gegebenenfalls nach einer gewissen Frist – in Kraft. Die IO kann dann ihre Arbeit aufnehmen. Aus einer organisationsrechtlichen oder verwaltungswissenschaftlichen Perspektive kann man den Gründungsvertrag einer Internationalen Organisation als deren Verfassung ansehen, denn er regelt

- ✔ Zweck und Ziele der Internationalen Organisation,
- ✔ die institutionelle Struktur der Internationalen Organisation (Organe und ihre jeweiligen Kompetenzen),

- ✔ die Entscheidungsverfahren und Instrumente der Internationalen Organisation (also wie die Organe welche Maßnahmen beschließen können).

Zum Teil bestehen hinsichtlich dieser Aspekte deutliche Unterschiede zwischen verschiedenen Internationalen Organisationen. Wenn eine Internationale Organisation grundlegend reformiert werden soll, ist dafür mitunter eine Änderung des Gründungsvertrags notwendig. Hierfür gelten oft hohe Hürden. Einer Änderung der EU-Verträge müssen beispielsweise alle Mitgliedstaaten der Union zustimmen (siehe Kapitel 14). Abgesehen davon ist auch informeller Wandel möglich. Dafür ist es notwendig, dass sich die Mitgliedstaaten einer Internationalen Organisation darüber einigen, künftig im Rahmen der Organisation anders vorzugehen oder den Gründungsvertrag in einer anderen Art und Weise zu interpretieren.

Aus institutioneller Sicht verfügen alle Internationalen Organisationen über

- ✔ mindestens ein meist zentrales Entscheidungsorgan, in dem sämtliche Mitgliedstaaten vertreten sind – in der Regel durch Regierungsmitglieder. Solche Organe heißen beispielsweise (Minister-)Rat, Generalkonferenz oder Generalversammlung. Manche Internationale Organisationen mit sehr vielen Mitgliedstaaten haben noch ein Exekutivorgan aus einigen wenigen Mitgliedstaaten, gegebenenfalls auf rotierender Basis.
- ✔ ein internationales Sekretariat in Form einer bürokratischen Organisation (siehe Kapitel 13) für administrative Aufgaben, insbesondere zur Vorbereitung und Umsetzung von Entscheidungen.

Daneben haben viele Internationale Organisationen

- ✔ eine parlamentarische Versammlung mit meist beratender Funktion, die aus Delegierten der mitgliedstaatlichen Parlamente oder direkt gewählten nationalen Vertretern besteht,
- ✔ einen Gerichtshof oder gerichtsähnliche Verfahren zur Entscheidung über Streitfälle zwischen Mitgliedstaaten, Organen und/oder Dritten.

Internationale Organisationen entscheiden auf unterschiedliche Art und Weise. Die Staaten beziehungsweise Regierungen wollen die wichtigsten Entscheidungen in der Regel möglichst selbst treffen oder zumindest maßgeblich beeinflussen. Je mehr eine Entscheidung in die mitgliedstaatliche Autonomie eingreift, desto wahrscheinlicher sind daher Einstimmigkeitsprinzip oder qualifizierte Mehrheiten anstelle bloßer Mehrheitsbeschlüsse. Operative und nachrangige inhaltliche Entscheidungen sowie Kontrollaufgaben werden mitunter an das Sekretariat oder andere administrative Gremien delegiert.

Internationale Organisationen produzieren je nach ihrer Aufgabe und ihrer Leistungsfähigkeit

- ✔ regulative Politik, die ein bestimmtes Verhalten empfiehlt, vorschreibt oder verbietet;
- ✔ distributive Politik, die (neue) Güter schafft und/oder verteilt, ohne den Mitgliedstaaten Kosten aufzubürden;
- ✔ redistributive Politik, die bestimmte Ressourcen umverteilt.

Im Folgenden stelle ich drei Internationale Organisationen kurz vor, deren Aktivitäten sich in unterschiedlicher Form auf das politische System Deutschlands auswirken:

- ✔ Der zum System des Europarats gehörende Europäische Gerichtshof für Menschenrechte beeinflusst den Grundrechtsschutz in der Bundesrepublik.
- ✔ Die OECD prägt deutsche Politik unter anderem durch Rankings und »soft law mit peer review«, also vor allem Empfehlungen mit wechselseitiger Überprüfung.
- ✔ Der Sicherheitsrat der Vereinten Nationen kann für die Mitgliedstaaten, zu denen auch Deutschland zählt, direkt wirksame Beschlüsse insbesondere im Bereich der Friedens- und Sicherheitspolitik annehmen.

Das Beispiel Europarat

Europa ist nicht nur die EU – der Europarat (englische Bezeichnung: Council of Europe) entstand sogar vor den Europäischen Gemeinschaften. Er ist ein Produkt der europäischen Einigungsbewegung nach dem Zweiten Weltkrieg und wurde 1949 gegründet. Der Sitz des Europarats ist in Straßburg. Im Unterschied zur EU ist der Europarat eine klassische Internationale Organisation, die kein supranationales Recht mit Direktwirkung und Anwendungsvorrang erlassen kann (siehe Kapitel 14).

Die Ziele des Europarats sind heute vor allem die Förderung von Demokratie, Rechtsstaatlichkeit und Menschenrechtsschutz. Die Mitgliedschaft ist auf Demokratien beschränkt. Daher hatte der Europarat bis 1989 nur westeuropäische Mitgliedstaaten; danach traten etliche mittel- und osteuropäische postsozialistische Länder bei. Die Organisations- und Rechtsgrundlage des Europarats ist seine Satzung von 1949.

Die bisher größte Errungenschaft des Europarats ist die Europäische Menschenrechtskonvention, die 1953 in Kraft trat und durch etliche Zusatzprotokolle ergänzt und weiterentwickelt wurde. So wurde unter anderem der Beschwerde- und Überwachungsmechanismus ausgebaut. Seit 1998 gibt es einen permanenten Europäischen Gerichtshof für Menschenrechte, der nicht mit dem Gerichtshof der EU verwechselt werden sollte (zum EuGH siehe Kapitel 14). In Straßburg besteht die weltweit nahezu einzigartige Möglichkeit der Individualbeschwerde bei einem internationalen Gericht für Menschenrechte nach Ausschöpfung der innerstaatlichen Rechtsmittel. Die Überwachung der Umsetzung der Urteile erfolgt durch das Ministerkomitee des Europarats.

Der Europarat hat folgende Organe:

- ✔ Das Ministerkomitee ist das Hauptentscheidungsgremium. In der Zusammensetzung der Außenminister der Mitgliedstaaten tagt es allerdings nur selten. Meist kommen diplomatische Stellvertreter wie Botschafterinnen zu den Verhandlungen zusammen.
- ✔ Die Parlamentarische Versammlung hat überwiegend beratende Funktionen. Sie setzt sich aus delegierten Abgeordneten der mitgliedstaatlichen Parlamente (etwa des Bundestags) zusammen.

✔ Das Generalsekretariat hat administrative Aufgaben. Es ist in verschiedene Generaldirektorate unterteilt und wird von einem Generalsekretär geleitet.

✔ Der Kongress der Gemeinden und Regionen Europas besteht aus Delegierten von Kommunen und Regionen der Mitgliedstaaten und hat beratende Aufgaben.

Im Rahmen des Europarats sind bislang in verschiedenen Politikfeldern über 200 völkerrechtliche Verträge entstanden, über deren Ratifizierung die Mitgliedstaaten individuell entscheiden, daneben vor allem viele Empfehlungen. Der Europarat hat einige Überwachungs- oder Monitoringgremien eingerichtet, etwa einen Menschenrechtskommissar, die Staatengruppe gegen Korruption und die Venedig-Kommission für Demokratie durch Recht. Er agiert meist im Schatten der Europäischen Union. Im Vergleich mit der EU hat er nur geringe finanzielle Mittel und politische Macht. Dafür ist seine Mitgliedschaft deutlich größer. Dem Europarat gehören 46 europäische Staaten an, der Europäischen Union lediglich 27. Russland verlor im Zusammenhang mit dem Ukraine-Krieg seine Europaratsmitgliedschaft.

Der Europäische Gerichthof für Menschenrechte (EGMR) ist für den Grundrechtsschutz im politischen System Deutschlands von nicht zu unterschätzender Bedeutung. Nach dem Scheitern einer Verfassungsbeschwerde vor dem Bundesverfassungsgericht (siehe Kapitel 9) ist eine Beschwerde vor dem Straßburger Gerichtshof möglich. Wie vor dem Bundesverfassungsgericht ist die Erfolgsquote zwar äußerst gering, doch hat der Gerichtshof schon einige Male gegen Deutschland entschieden. So gewichtete er beispielsweise im Fall »Caroline von Monaco« das Recht auf Privatsphäre einer Prominenten bei bestimmter Presseberichterstattung höher als das Bundesverfassungsgericht. Der EGMR gab außerdem einer Altenpflegerin recht, die als Hinweisgeberin eklatante Missstände in ihrem Heim an die Öffentlichkeit gebracht hatte und daraufhin entlassen worden war. In einem weiteren bekannten Fall mahnte der Gerichtshof an, auch ein nicht verheirateter Vater habe ein Recht auf regelmäßigen Umgang mit seinem minderjährigen Kind. Der EGMR hat außerdem die frühere deutsche Praxis der nachträglichen Sicherheitsverwahrung bestimmter Schwerverbrecher im Anschluss an die Verbüßung ihrer regulären Haftstrafe gerügt.

Das Beispiel OECD

Die Organisation für wirtschaftliche Zusammenarbeit und Entwicklung (englische Bezeichnung: Organisation for Economic Co-operation and Development) entstand 1960 als Nachfolgerin der Organisation für europäische wirtschaftliche Zusammenarbeit (OEEC). Sie kann als eine wirtschaftsbezogene Ergänzung zur NATO gesehen werden, die sich vor allem mit Sicherheits- und Verteidigungspolitik befasst. In der OECD arbeiten überwiegend liberal-demokratische, kapitalistische Staaten zusammen. Der Hauptsitz der Organisation liegt in Paris. Ihre Rechtsgrundlage ist die OECD-Konvention.

Das Ziel der OECD ist die Verbesserung der Wirtschafts- und Beschäftigungspolitik sowie benachbarter Politiken in den Mitgliedstaaten. Außerdem sollen die Lebensbedingungen der Menschen in den Mitgliedstaaten verbessert werden. Inzwischen ist die OECD in vielen Politikfeldern tätig, nicht nur in den Bereichen Arbeitsmarkt, verantwortliche Unternehmensführung oder Steuern, sondern zum Beispiel auch in der Korruptionsbekämpfung, Finanzpolitik und Bildungspolitik. Die OECD erstellt vor allem Expertisen wie Vergleichsstudien, Berichte, Bewertungen und Statistiken. Rechtlich verbindliche Abkommen werden dagegen kaum entwickelt. Die Organisation arbeitet eher mit Empfehlungen und wechselseitigen Monitoringverfahren (peer review).

Die OECD hat folgende Organe:

- ✔ Der Rat ist das Hauptentscheidungsgremium. Er setzt sich aus Regierungsmitgliedern zusammen – selten aus Ministern, in der Regel aus Botschafterinnen oder ständigen Vertretern der Mitgliedstaaten. Entscheidungen werden meist im Konsens getroffen.
- ✔ Das Sekretariat wird von einem Generalsekretär geleitet und hat administrative und unterstützende Aufgaben. Es ist in Direktorate und Abteilungen gegliedert.

Ferner gibt es im Rahmen der Organisation zahlreiche Fachausschüsse mit etlichen Arbeits- und Expertengruppen. Sie bestehen überwiegend aus Vertretern der Mitgliedstaaten – meist Ministerialbeamten – und Mitarbeitenden des OECD-Sekretariats, teilweise werden auch externe Expertinnen und zivilgesellschaftliche Akteure hinzugezogen.

Die OECD ist ein gutes Beispiel dafür, wie einflussreich internationale Politik unter Umständen auch ohne rechtsverbindliche oder machtpolitische Instrumente sein kann. PISA (Programme for International Student Assessment) bedeutet erst einmal lediglich internationale Vergleichsstudien zur Leistungsfähigkeit von Schülerinnen und Schülern hinsichtlich bestimmter Kompetenzen. Vor einigen Jahren haben aber eher mittelmäßige Testresultate deutscher Kinder und Jugendlicher in der Schulpolitik der Bundesländer etliche Debatten und auch Reformen ausgelöst.

Das Beispiel Vereinte Nationen

Die Vereinten Nationen (englische Bezeichnung: United Nations) entstanden 1945 als Nachfolgeorganisation des gescheiterten Völkerbunds vor dem Hintergrund des Zweiten Weltkriegs. Der Hauptsitz der globalen Organisation ist in New York, weitere offizielle Amtssitze befinden sich in Genf, Nairobi und Wien. Die Vereinten Nationen wollen unter anderem zur Erreichung des Weltfriedens beitragen, freundschaftliche Beziehungen zwischen den Völkern und die Durchsetzung der Menschenrechte fördern sowie die internationale Zusammenarbeit verbessern.

Rechtsgrundlage der Organisation ist die Charta der Vereinten Nationen, die 1945 in Kraft trat. Grundsätze der Vereinten Nationen sind unter anderem die souveräne Gleichheit der Mitgliedstaaten, das Verbot der Einmischung in innerstaatliche Angelegenheiten, die Beistandspflicht für die Vereinten Nationen, die friedliche Streitbeilegung und das Gewaltverbot in den internationalen Beziehungen. Ausnahmen vom Gewaltverbot sind individuelle beziehungsweise kollektive Selbstverteidigung – bei einem Angriff von außen – und vom Sicherheitsrat autorisierte Zwangsmaßnahmen.

Die Hauptorganisation der Vereinten Nationen hat folgende Organe:

- ✔ Die Generalversammlung besteht aus Regierungsvertretern aller Mitgliedstaaten. Sie entscheidet unter anderem über die Zusammensetzung anderer Organe und den Haushalt. Außerdem kann sie praktisch alle Themen von internationaler Bedeutung erörtern und – rechtlich unverbindliche – Empfehlungen (Resolutionen) annehmen.
- ✔ Der Sicherheitsrat setzt sich aus fünf ständigen Mitgliedern – China, Frankreich, Großbritannien, Russland und USA – mit Vetorecht und zehn nichtständigen Mitgliedern ohne Vetorecht zusammen. Letztere werden nach einem regionalen Schlüssel für zwei Jahre gewählt. Deutschland war schon mehrmals nichtständiges Mitglied. Der Charta der Vereinten Nationen zufolge trägt der Sicherheitsrat die Hauptverantwortung für den Weltfrieden und die internationale Sicherheit.
- ✔ Der Wirtschafts- und Sozialrat besteht aus 54 gewählten Mitgliedern. Er kann Untersuchungen, Stellungnahmen und Empfehlungen zu wirtschaftlichen, sozialen und anderen Fragen erarbeiten und hat zahlreiche Untergliederungen.
- ✔ Der Internationale Gerichtshof mit Sitz in Den Haag besteht aus 15 unabhängigen Richtern und ist zuständig für Rechtsgutachten und Streitigkeiten zwischen den Staaten; sie müssen allerdings jeweils seine Gerichtsbarkeit (allgemein oder für Einzelfälle) anerkannt haben.
- ✔ Das Sekretariat der Vereinten Nationen wird von einem Generalsekretär geleitet und ist unter anderem für Koordination, Zuarbeit und Berichterstattung zuständig. Es spielt auch eine wichtige Rolle bei den »Blauhelm-Missionen« zur Friedenserhaltung.

Daneben existieren im Rahmen der Vereinten Nationen etliche Ausschüsse, Expertengremien und Komitees, die von den verschiedenen Organen eingesetzt werden. Zur »Familie der Vereinten Nationen« zählen zahlreiche vernetzte und mehr oder weniger eigenständige Institutionen, unter anderem Programme und Fonds wie das Kinderhilfswerk UNICEF, Sonderorganisationen wie die Weltgesundheitsorganisation und verbundene Organisationen wie die Welthandelsorganisation.

Der Sicherheitsrat der Vereinten Nationen kann im Unterschied zur Generalversammlung und zu den Organen der allermeisten Internationalen Organisationen unter bestimmten Bedingungen für die Mitgliedstaaten direkt rechtlich verbindliche Beschlüsse annehmen. Hier gilt nicht die übliche Regel, dass ein nationaler Zustimmungsrechtsakt notwendig ist, damit eine internationale Norm innerstaatlich Rechtswirkung entfaltet (ein weiterer Sonderfall ist das supranationale EU-Recht, siehe Kapitel 14). Der Sicherheitsrat soll in erster Linie Maßnahmen beschließen, die zur Sicherung oder Wiederherstellung des Weltfriedens beziehungsweise des Friedens in einer Region beitragen. Ein Beispiel sind Wirtschaftssanktionen gegen einen friedensgefährdenden Staat. Für manche solcher Sanktionen erlässt die EU aufgrund der Aufgabenverteilung im europäischen Mehrebenensystem noch einen Umsetzungsrechtsakt. Wegen des Vetorechts der ständigen Sicherheitsratsmitglieder und den häufigen Meinungsverschiedenheiten zwischen den westlichen Staaten einerseits sowie China und Russland andererseits ist die Entscheidungsfindung im Sicherheitsrat oft blockiert. Institutionelle Reformmaßnahmen werden seit Langem diskutiert, konnten bisher aber nicht beschlossen werden.

Teil VI

Der Top-Ten-Teil

web Extras

Mehr zu den Dummies finden Sie unter
https://www.instagram.com/furdummies

IN DIESEM TEIL …

Im Top-Ten-Teil finden Sie Zehnerlisten zu den verschiedenen Phasen der Politikgestaltung, zu Irrtümern über das politische System Deutschlands, zu den bisherigen Bundespräsidenten und Bundeskanzlern sowie zu wichtigen Parteien und Interessenverbänden.

Zum Abschluss gibt es noch ein paar Literaturempfehlungen für alle, die ihr Wissen zu bestimmten Aspekten des politischen Systems weiter vertiefen wollen.

IN DIESEM KAPITEL

Etappen der Erarbeitung und Überarbeitung politischer Maßnahmen

Wie politische Institutionen und politische Prozesse zu politischen Inhalten führen (oder auch nicht)

Kapitel 16
Der Politikzyklus: Die (nicht ganz zehn) Phasen der Politikgestaltung

Das politische System Deutschlands für Dummies befasst sich – wie auch die meisten politikwissenschaftlichen Lehrbücher – überwiegend mit politischen Institutionen, etwa den Verfassungsorganen. Ein weiterer Schwerpunkt sind politische Prozesse, also die Art und Weise, wie etwa Interessenorganisationen sowie Vertreter von Regierung, Parlament und Verwaltung miteinander und zum Teil auch gegeneinander arbeiten. Das sind wichtige Grundlagen, ohne die man das politische System Deutschlands nicht verstehen kann. Letztlich geht es aber in der Politik meist um konkrete Inhalte, also bestimmte Maßnahmen oder policies (zu diesem Begriff siehe Kapitel 1).

In diesem Kapitel stelle ich verschiedene Phasen vor, die bei der Erarbeitung politischer Instrumente in der Regel durchlaufen werden. Das Politikzyklus-Modell ist recht eingängig, Sie sollten aber nicht daraus schließen, dass Politik immer so einfach, schematisch und kreisförmig abläuft. Manche in der Entstehung befindlichen Maßnahmen kommen über eine bestimmte Phase nicht hinaus. Andere durchlaufen eine oder mehrere Phasen öfter. Und in manchen Fällen wird Politik wiederum so schnell gemacht, dass man fast das Gefühl hat, es seien einige Phasen übersprungen worden …

Definition eines Problems

Bevor es zur Entwicklung einer politischen Maßnahme kommt, muss erst einmal jemand befinden und artikulieren, dass es überhaupt nötig ist, politisch aktiv zu werden. In einer großen pluralistischen Demokratie wie der Bundesrepublik gibt es allerdings in der Regel keinen Mangel an Akteuren, die der Auffassung sind, es müsse dringend etwas im Interesse des Gemeinwohls und/oder in ihrem Interesse verändert werden. Das können nichtstaatliche Akteure wie Interessenverbände, Parteien und Medien sein, aber auch Abgeordnete, Regierungsvertreterinnen oder Verwaltungsmitarbeiter auf Bundes- oder Landesebene. Auch Gerichte oder Internationale Organisationen können Probleme aufzeigen, die einer politischen Lösung bedürfen. Es kommt in dieser Phase nicht nur auf die Benennung eines Problems an sich an, sondern auch, wie es im Einzelnen von wem beschrieben, vorgebracht und bewertet wird.

Platzierung des Themas auf der politischen Agenda

Das bloße Aufzeigen und Kundtun eines (vermeintlichen) Problems führt noch lange nicht zu einer inhaltlichen Veränderung der Politik. Die Aufmerksamkeits- und Informationsverarbeitungskapazitäten der politischen Entscheider sind relativ begrenzt. Das heißt: Die wichtigen Personen im politisch-administrativen System bekommen nicht alles mit und können sich nur einer vergleichsweise überschaubaren Anzahl an politischen Projekten aktiv widmen. Damit zumindest die Chance besteht, dass ein Problem irgendwann einmal bearbeitet wird, muss es auf die sogenannte politische Agenda – also Tagesordnung – gelangen. Bei vielen Themen gelingt das nicht, sie scheitern bereits (gegebenenfalls vorläufig) in diesem frühen Stadium des Politikzyklus. Andere Probleme sind dagegen so drängend oder ihre Vertreter so überzeugend oder einflussreich, dass sie mit Priorität aufgegriffen werden. So können sich beispielsweise Ministerialbeamte eines Themas annehmen, das bestimmte Interessenorganisationen mit Nachdruck vertreten, oder das die Regierungsparteien in ihrem Koalitionsvertrag als wichtig und behandlungsbedürftig beschreiben. Oder Abgeordnete einer Fraktion erarbeiten auf der Grundlage bestimmter Inhalte ihres Partei- oder Wahlprogramms einen Gesetzentwurf.

Ausarbeitung eines politischen Instruments

Selbst wenn es ein Problem auf die Tagesordnung etwa des Bundestags geschafft hat, heißt das noch lange nicht, dass bald eine entsprechende politische Maßnahme beschlossen und umgesetzt wird. Etliche Themen scheitern ganz oder vorläufig, weil es niemanden gibt, der sich mit genügend Einfluss – insbesondere einer parlamentarischen Mehrheit im Rücken – rechtzeitig ihrer annimmt. Wenn ein Thema prominent auf der Agenda platziert ist, muss erst noch ein Instrument für die Problembearbeitung ausgewählt werden. Schafft man etwa am besten Arbeitsplätze, indem man Unternehmen steuerlich entlastet, die Kapazitäten der Bundesagentur für Arbeit verbessert oder die Ausgaben für Forschung und Entwicklung erhöht (oder eine bestimmte Mischung dieser Maßnahmen beschließt)? Solche und ähnliche Fragen sind in der Phase der Politikformulierung zu klären. Und selbst wenn ein Policy-Instrument grundsätzlich ausgewählt wurde, ist in der Regel noch viel rechtliche und gegebenenfalls auch finanzpolitische Detailarbeit an einem Gesetzentwurf zu leisten. Die Veränderung einiger Buchstaben oder Ziffern kann in der Praxis mitunter große Unterschiede bewirken.

Politikentscheidung und -legitimierung

Demokratische Verfassungsstaaten zeichnen sich dadurch aus und leben davon, dass politische Entscheidungen wie Gesetze nach mehr oder weniger informellen Vorarbeiten in geregelten Verfahren von den dafür vorgesehenen und legitimierten Institutionen beschlossen werden (siehe Kapitel 1). Über ein Gesetz entscheidet üblicherweise ein aus Wahlen hervorgegangenes Parlament (siehe Kapitel 7). In seltenen Fällen kommen Gesetze durch Volksabstimmungen zustande (das ist in Deutschland auf Landesebene möglich, siehe Kapitel 11). Gesetze sind in der Regel das Ergebnis von (einfachen) Mehrheitsbeschlüssen; das ist nicht zwingend erforderlich, hat sich aber weltweit und historisch gesehen als praktikabel erwiesen. Für spezielle Fälle – etwa besonders grundlegende oder weitreichende Entscheidungen – sind höhere Mehrheitserfordernisse üblich (etwa für Änderungen des Grundgesetzes, siehe Kapitel 10). Das demokratische Prinzip gebietet es, dass politische Entscheidungen grundsätzlich rückgängig gemacht oder abgeändert werden können, wenn neue politische Mehrheiten es so beschließen.

Umsetzung einer politischen Entscheidung

Nach der parlamentarischen Entscheidung über ein Gesetz verlieren Medien und Öffentlichkeit häufig das Interesse und wenden sich anderen Themen zu. Dabei müssen oft auch dann noch zahlreiche Beschlüsse gefällt und Weichen gestellt werden. Implementation ist der Fachbegriff für die Umsetzung politischer Entscheidungen (siehe Kapitel 13). Viele Gesetze haben relativ abstrakte Regelungen, die von der Regierung und/oder der öffentlichen Verwaltung in der Umsetzungs- oder Implementationsphase noch konkretisiert werden müssen. Bei der Umsetzung von Bundesgesetzen entscheiden beispielsweise häufig die Länder, welche ihrer Behörden die betreffenden Vorschriften wie durchführen und anwenden. Je nachdem haben die ausführenden Stellen dabei einen mehr oder weniger großen Handlungsspielraum.

Überprüfung der Maßnahmen

Früher oder später wird jede politische Maßnahme auf die eine oder andere Art und Weise bewertet. Da gibt es einerseits systematische Evaluierungen wie etwa amtliche oder wissenschaftliche Gesetzesfolgenabschätzungen (siehe Kapitel 13). Sie untersuchen insbesondere, ob ein Gesetz die gesteckten Ziele erreicht hat und ob der entsprechende Mitteleinsatz verhältnismäßig ist oder war. Auch etwaige Probleme in der Implementationsphase, die unter Umständen Folgen für die Wirksamkeit des Gesetzes haben, können hier herausgearbeitet werden. Andererseits gibt es politische Akteure wie Interessenverbände und Parteien, die nach selbst gewählten und zum Teil unterschiedlichen Kriterien ihre eigenen Bewertungen vornehmen und mit ihren Einstellungen und Interessen verknüpfen. Je nach dem Ergebnis der Politikevaluierung kann die Maßnahme beendet (Politikterminierung) oder eine Problem(re)definition vorgenommen werden. In vielen Fällen ändert sich auch erst einmal nichts.

Beendigung eines politischen Instruments

Hat ein politisches Instrument seine Ziele erreicht (also das ursprünglich identifizierte Problem behoben), kann es beendet werden. Gelegentlich ist das nicht möglich, weil es sich etwa bei einer gesetzlichen Regelung um eine Dauermaßnahme für ein immer wiederkehrendes Problem handelt. Manche Policy-Instrumente werden auch beendet, ohne dass die entsprechenden Ziele (vollständig) erreicht wurden. So ist man vielleicht zu der Überzeugung gelangt, dass sie zur Zielerreichung untauglich oder ineffizient sind oder dass die für sie vorgesehenen finanziellen Mittel aufgebraucht wurden oder anders eingesetzt werden sollten. Die komplette Beendigung einer politischen Maßnahme (Politikterminierung) wird allerdings in der Realität eher selten beschlossen. Wesentlich häufiger kommt es zu einer erneuten Problemdefinition, die auf eine gewisse Veränderung der bestehenden Regelung abzielt. In Politik und Verwaltung wird oft ein eher punktuelles, inkrementelles Vorgehen gewählt (siehe Kapitel 13), weil man so weniger mit unerwarteten negativen Folgen rechnen muss und Profiteure der alten Regelung weniger verprellt werden.

Mit einer neuerlichen Problemdefinition oder Problemredefinition schließt sich der Kreis der Politikgestaltung: Die verschiedenen Phasen des Politikzyklus können wieder ganz oder teilweise durchlaufen werden.

IN DIESEM KAPITEL

Missverständnisse oder Vorurteile hinsichtlich des politischen Systems der Bundesrepublik

Argumente gegen diese Irrtümer

Kapitel 17
Zehn Irrtümer über das politische System Deutschlands

Es ist das Ziel von *Das politische System Deutschlands für Dummies*, nicht nur hübsch verpackt und ansprechend formuliert mehr oder weniger prüfungsrelevantes Wissen zum politischen System Deutschlands zu liefern, sondern auch einen Beitrag zur politischen Bildung zu leisten, um nicht zu sagen: zumindest ein wenig im kantschen Sinne zur Aufklärung beizutragen, also zum »Ausgang des Menschen aus seiner selbst verschuldeten Unmündigkeit«. Vor dem Hintergrund dieses zugegebenermaßen recht hochgesteckten Ziels habe ich zehn Irrtümer, Missverständnisse oder Vorurteile über das politische System Deutschlands zusammengetragen, die ich zuerst jeweils kurz skizziere und dann ganz oder teilweise hinterfrage oder zu widerlegen versuche.

Die Politiker sind doch eh alle korrupt

Den Hintergrund für diese Verallgemeinerung liefern wohl überwiegend Medienberichte über Korruptionsfälle, Ämterpatronage – also die Vergabe von Stellen an Bekannte, Parteimitglieder oder parteinahe Personen –, Vetternwirtschaft, Auswüchse der Parteienfinanzierung sowie Skandale um Abgeordnetendiäten und den Wechsel von Politikerinnen in Spitzenpositionen in der Wirtschaft.

Hier kann man fragen: Wie groß ist dieses Problem wirklich in Deutschland? Darf man von Einzelfällen auf die Gesamtheit der Politiker schließen? Man sollte nicht vergessen, dass in den Medien in der Regel über Außergewöhnliches, Negatives und Skandalöses mehr oder weniger vereinfachend und emotionalisierend berichtet wird, während der Normalzustand kaum berichtenswert erscheint (siehe Kapitel 6). Eine Überschrift eines Zeitungsartikels oder eine Social-Media-Schlagzeile mit dem Inhalt, dass der Bundestag in einer stundenlangen Nachtsitzung Dutzende von Tagesordnungspunkten abgearbeitet hat oder dass eine Berufspolitikerin kaum beneidenswerte Arbeitszeiten hat, wird man kaum finden.

Außerdem: Was ist korrupt? Es gibt hierfür keine allgemein akzeptierte Definition, obwohl der Begriff »Korruption« in aller Munde ist. Eine unter anderem von der Nichtregierungsorganisation Transparency International häufig verwendete Begriffsbestimmung lautet: »Missbrauch anvertrauter Macht zum privaten Vorteil.« Missbrauchen die meisten Politiker strukturell oder überwiegend anvertraute Macht zum privaten Vorteil? Zahlreiche Deutsche scheinen von beträchtlicher Korruption im politischen System überzeugt zu sein, ohne sie klar benennen, lokalisieren und einordnen zu können.

Vieles spricht dafür, dass die allermeisten Politikerinnen und Politiker in der Bundesrepublik

- ✔ politische, inhaltliche, programmatische und gemeinwohlbezogene Einstellungen und handlungsleitende Überzeugungen haben;
- ✔ in gewissem Maße auch persönliche Interessen verfolgen, etwa in einer machtvollen Position zu sein, die mit einem gewissen gesellschaftlichen Status und anderen materiellen und/oder immateriellen Vorteilen verbunden ist;
- ✔ sich bei ihren Handlungen überwiegend im legalen (rechtmäßigen) und legitimen (gesellschaftlich akzeptablen) Rahmen bewegen.

Dennoch gibt es nach Ansicht von Politikwissenschaftlern und Rechtswissenschaftlerinnen, zivilgesellschaftlichen Akteuren, Internationalen Organisationen und Medien einigen Verbesserungsbedarf oder verschiedene Reformmöglichkeiten zur Förderung von (noch) mehr Integrität, etwa bei bestimmten Verhaltensregelungen für Politiker, dem Umgang mit Lobbyistinnen und der Finanzierung von Abgeordneten, Fraktionen, Parteien und parteinahen Stiftungen.

Politiker machen ohnehin nur das, was ihre Partei will

Diese Auffassung speist sich wohl vor allem aus Berichten über den sogenannten Fraktionszwang oder die Fraktionsdisziplin in den Parlamenten. Außerdem sind die Parteien eindeutig die zentralen Aufstiegskanäle für das politische Personal in Deutschland.

Hier kann man kritisch einwenden, dass es in einem parlamentarischen Regierungssystem häufig zweckmäßig oder zumindest praktikabel ist, dass Abgeordnete meistens mit der Mehrheit ihrer Fraktion abstimmen. Fraktionen erleichtern die Arbeitsweise in den Volksvertretungen moderner Massendemokratien erheblich (siehe Kapitel 7). Einzelne Abgeordnete wären wohl mitunter überfordert, wenn sie sich zu jedem neuen Thema eigenständig eine Meinung bilden müssten und nicht auf die Informationen und Einschätzungen der Experten in ihrer Fraktion zurückgreifen könnten. Die bisherige politische Kultur der Bundesrepublik hat stabile Mehrheiten und Mehrheitsregierungen bevorzugt. Das Regieren ohne feste parlamentarische Mehrheiten ist anspruchsvoller und schwieriger (nicht nur für die Regierung, auch für die Opposition). Es setzt mehr Argumentieren und Verhandeln zwischen den Parteien auch jenseits der Regierungskoalition voraus.

Das Abstimmungsverhalten einer Politikerin dürfte oft mehr mit ihrer inneren Überzeugung und ihrer programmatischen Einstellung und Prägung zu tun haben als mit übermächtigem Parteidruck. Zudem kommt es tatsächlich immer wieder vor, dass Abgeordnete nicht mit ihrer Fraktion stimmen. Angesichts der verfassungsrechtlich verbürgten Freiheit des Mandats dürfen Fraktion und Partei ihren Mitgliedern ohnehin nicht ein bestimmtes Abstimmungsverhalten aufzwingen. Außerdem: Wer bestimmt eigentlich, was für eine Politik Partei und Fraktion anstreben? Im Wesentlichen die jeweiligen Mitglieder – häufig allerdings besonders einflussreiche Mitglieder in bestimmten Positionen. Ein Abgeordneter bringt sich in der Regel in die interne Meinungsbildung ein (vor allem in seinen Spezialgebieten) und ist nicht nur oder in erster Linie Vollstrecker des Fraktions- und/oder Parteiwillens.

Dennoch sind gerade Berufspolitikerinnen mehr oder weniger abhängig von ihrer Partei, weil diese über Listenplatzierungen, die Ernennung von Wahlkreiskandidaten und andere Vorteile entscheidet. Das diszipliniert mitunter sehr, während ehrenamtliche oder nebenberufliche Politiker etwa auf kommunaler Ebene diesbezüglich grundsätzlich freier sind. Und mehr Abstimmungen im Bundestag und in den Landtagen ohne Fraktionsvorgaben (wie häufig bei bioethischen Entscheidungen) würden die Existenz und die Arbeitsfähigkeit der parlamentarischen Regierungssysteme auch nicht gefährden.

Das Parlament kontrolliert die Regierung gar nicht

Die Beobachtung, dass viele Abgeordnete Programme, Maßnahmen und Handlungen der Regierung nicht oder kaum kritisieren und kritische Anträge der Opposition regelmäßig überstimmt werden, ist richtig. Allerdings trifft die mit der verallgemeinernden Aussage verbundene, auf der Gewaltenteilungslehre basierende Auffassung, grundsätzlich müssten alle Abgeordneten stets regierungskritisch eingestellt sein, nicht zu.

In parlamentarischen Regierungssystemen, wie es sie in Deutschland auf Bundes- und Landesebene gibt (siehe Kapitel 7 und 11), verläuft die zentrale politische Spaltungslinie üblicherweise nicht zwischen Exekutive und Legislative, sondern zwischen Regierung, Ministerialbürokratie und parlamentarischer Mehrheit einerseits und parlamentarischer Opposition andererseits. Die Regierung wird im Regelfall von der Parlamentsmehrheit, meist den koalierenden Mehrheitsfraktionen, gestützt. Es wäre vor diesem Hintergrund schon merkwürdig, wenn die meisten Abgeordneten grundsätzlich auf Kritik und Auswechslung der Regierung aus wären. Die Kontrolle der Regierung wird daher fast ausschließlich von der parlamentarischen Minderheit übernommen sowie von Akteuren außerhalb der Volksvertretung. Dementsprechend bringt die Opposition zum Beispiel eigene Anträge und Gesetzentwürfe ein, stellt Regierungsanfragen, beantragt Untersuchungsausschüsse und klagt vor dem Bundesverfassungsgericht. Dennoch könnte die Kontrolle der Exekutive durch das Parlament in Deutschland sicherlich verbessert werden, etwa in Form von häufigeren direkten Befragungen der Regierungsmitglieder durch die Abgeordneten.

Politik wird nicht mehr im Parlament gemacht

Die meisten Gesetzentwürfe stammen von der Regierung, wichtige Debatten werden in Talkshows oder Social Media ausgetragen, bei manchen Abstimmungen im Bundestagsplenum sind nur wenige Abgeordnete anwesend, Institutionen wie das Bundesverfassungsgericht oder die Europäische Zentralbank machen (Quasi-)Politik. Da kann man schnell zu der Auffassung gelangen, das Parlament sei bedeutungslos geworden.

Diese Aussage geht von der falschen Annahme aus, dass die Volksvertretung früher stets das politische Entscheidungszentrum war. Dabei hatte die Regierung schon immer gewisse Informations- und Koordinationsvorteile, insbesondere durch die Ministerialbürokratie (siehe Kapitel 8 und 13). In parlamentarischen Regierungssystemen, in denen die Exekutive von der Parlamentsmehrheit gestützt wird, ist es zudem üblich, dass die meisten Gesetzentwürfe von der Regierung eingebracht werden. Außerdem ist der Bundestag ein sogenanntes Arbeitsparlament, dessen Hauptarbeit in den Ausschüssen stattfindet. Die Mehrheitsverhältnisse sind üblicherweise klar und das Plenum folgt den Ausschussempfehlungen in der Regel. Vor diesem Hintergrund ist die Anwesenheit aller Abgeordneten erfahrungsgemäß nicht erforderlich (die meisten Abwesenden machen auch nicht etwa Urlaub, sondern gehen anderen Tätigkeiten im Zusammenhang mit ihrem Mandat nach). Auch wenn die meisten Anträge und Gesetzentwürfe der Regierung von der Koalitionsmehrheit beschlossen werden, kommt es doch oft zu gewissen Veränderungen im parlamentarischen Gesetzgebungsprozess. Von dem früheren SPD-Politiker Peter Struck stammt daher die Aussage: »Kein Gesetz verlässt den Bundestag so, wie es eingebracht wurde.«

Dennoch ist es wohl so, dass der Bundestag in der schnelllebigen, effekthaschenden, emotionalisierenden und personalisierenden Mediendemokratie einen eher schweren Stand hat. Zudem nimmt die Bedeutung nationaler Parlamente im europäischen Mehrebenensystem und in der internationalen Politik in der Tendenz ab (siehe Kapitel 14 und 15).

Es wäre besser, wenn die Politiker nicht ständig streiten würden

Zwischen Politikerinnen gibt es anscheinend ständig Debatten, Diskussionen und Streitgespräche: im Parlament, in den Medien und auf Veranstaltungen. Viele Menschen scheinen sich vor diesem Hintergrund nach Einigkeit, Eindeutigkeit, klarer Orientierung und Ruhe zu sehnen. Gewünscht wird offenbar nicht zuletzt auch ein Ende des ewigen Streitens nach dem Motto: Es wäre doch besser, wenn sich Regierungsmehrheit und Opposition endlich einigen würden.

Diese Aussage basiert auf der Annahme, dass politische Auseinandersetzungen in der Sache zumindest auf Dauer von Nachteil sind. Aber wäre es nicht seltsam, wenn Politiker und Parteien mit unterschiedlichen Ansichten, Einstellungen und Programmen überwiegend einer Meinung wären? Außerdem gibt es für die allermeisten Probleme und Fragen in der Politik eben nicht *die* einzig richtige, eindeutige Lösung. Oft bestehen schon unterschiedliche Auffassungen über Art und Ausmaß eines Problems. Da wäre es schon eher überraschend, wenn sich die meisten politischen Akteure hinsichtlich der betreffenden Lösungsansätze einig wären. In vielen Fällen geht es nicht oder nicht nur um Informationen und Sachverhalte, sondern um deren Bewertung. Akteure mit unterschiedlichen Wertmaßstäben kommen zu unterschiedlichen politischen Einschätzungen und Schlussfolgerungen. Da politische Entscheidungen immer wertbehaftet sind, kann man sie auch nicht einfach Computerprogrammen oder Künstlicher Intelligenz überlassen. Technik kann zum Beispiel bei der Erfassung und Bearbeitung politischer Probleme helfen, aber Wertfragen kann beziehungsweise sollte sie nicht beantworten.

Es ist ein Kernmerkmal pluralistischer, freiheitlicher Demokratien, dass unterschiedliche politische Ansichten vertreten werden und auch ausdrücklich vertreten werden dürfen (siehe Kapitel 1). Das zeigt zum einen, dass es innerhalb und außerhalb des Parlaments Akteure gibt und geben soll, die die Regierung kontrollieren. Zum anderen wird dadurch deutlich, dass eine bestimmte Politik praktisch nie alternativlos ist, auch wenn das öfters behauptet wird. Bei zu viel Einmütigkeit zwischen den Parteien besteht nicht zuletzt die Gefahr, dass unbemerkt Entscheidungen im Interesse der politischen Elite mit möglichen Nachteilen für das Gemeinwohl getroffen werden. Daher: Auch wenn Ihnen der häufige Streit in der deutschen Politik aus menschlicher, inhaltlicher oder ästhetischer Sicht auf die Nerven geht, sehen Sie darin doch das Positive aus demokratischer Perspektive. Eine politische Einheitsmeinung ist der Traum totalitärer Regierungssysteme.

Die Medien berichten nur im Interesse der politischen Klasse

Erstaunlich viele Menschen in Deutschland sind anscheinend der Auffassung, die Massenmedien übten keine grundsätzliche Kritik an der Politik, verdrehten absichtlich Wahrheiten oder seien gar von staatlicher Seite gesteuert. Einer der schlimmsten Vorwürfe lautet »Lügenpresse«.

Aber sind die Darstellungen und Meinungsbeiträge der großen Medien in der Bundesrepublik tatsächlich so einheitlich? Wird nicht doch häufig und vielfältig Kritik geäußert? Es hat oft den Eindruck, dass sich die schlimmsten Kritiker der Medien gar nicht die Mühe machen, eine breite Bestandsaufnahme oder Medieninhaltsanalyse durchzuführen. Oder sie schließen aus der Tatsache, dass ihre vielleicht eher randständige Meinung außer vielleicht in bestimmten Echokammern der sozialen Medien (siehe Kapitel 6) nicht oder kaum vertreten wird, auf eine angebliche unkritische oder gleich staatsgesteuerte Haltung vieler Medien. Dabei können es sich die meisten Massenmedien (etwa überregionale Qualitätszeitungen und die öffentlich-rechtlichen Rundfunksender) gar nicht leisten, Tatsachen strukturell und vorsätzlich falsch darzustellen. Das würde ihren Ruf und in vielen Fällen auch ihre Geschäftsgrundlage zerstören. Politikerinnen wiederum können es sich zumindest in der Bundesrepublik nicht leisten, systematisch die Medienberichterstattung in ihrem Interesse zu manipulieren, selbst wenn sie dazu in der Lage wären. Das würde ihre Reputation und in vielen Fällen auch ihre Wahlchancen ruinieren.

Die Schutzmechanismen in der Bundesrepublik für Pressefreiheit und Meinungspluralismus und gegen »Staatsmedien« sind recht solide, was natürlich einzelne Skandale und Defizite nicht ausschließt. Vieles spricht dafür, dass die Medien zwar häufig abhängig sind von den von der Politik zur Verfügung gestellten Informationen, dass sie sich bei der Berichterstattung mitunter aneinander orientieren und dass sie zum Teil auch kritikwürdige Eigeninteressen verfolgen, etwa ökonomischer Natur. Außerdem werden etliche Themen von politischer Bedeutung offenbar von manchen Medien kaum aufgegriffen, weil sie keinen besonderen Nachrichtenwert besitzen. Allerdings verfälschen die – durchaus vielfältigen –Massenmedien in Deutschland in aller Regel nicht vorsätzlich Informationen oder werden in ihrer Berichterstattung gar planmäßig von der Regierung oder anderen politischen Akteuren gelenkt.

Während der Corona-Pandemie gab es keine Demokratie

Die Maßnahmen zum Schutz der Bevölkerung vor dem Corona-Virus (SARS-CoV-2) führten zeitweise zu den wohl größten allgemeinen Grundrechtseinschränkungen in Deutschland seit 1945. Sie wurden überwiegend von Regierungen und Behörden beschlossen, nicht von Parlamenten. Manche Menschen sind der Auffassung, die Politik in der Bundesrepublik während der Pandemie sei kaum noch oder nicht mehr demokratisch gewesen.

Dem lässt sich etwa entgegenhalten, dass Bundestag und Landtage während der Pandemie kontinuierlich arbeiteten, wenn auch zeitweise eingeschränkt durch Hygieneschutzmaßnahmen. Auch direktdemokratische Verfahren und sonstige Partizipationsinstrumente wie etwa Petitionsrechte wurden nicht geschmälert. Die Schutzmaßnahmen waren durchgehend gerichtlich anfechtbar. Während die Verwaltungsgerichte die meisten Regelungen aufrechterhielten, erklärten sie doch auch immer wieder bestimmte Maßnahmen für rechtswidrig. So waren beispielsweise Demonstrationen schon nach kurzer Zeit wieder möglich, wenn auch unter Auflagen. Überhaupt gehört die Meinungsfreiheit zu den Grundrechten, die am wenigsten eingeschränkt wurden durch staatliche Stellen.

Vieles spricht dafür, dass das Infektionsschutzgesetz auf Bundesebene zwar am Anfang der Pandemie eine eher schwache rechtliche Grundlage für so weitreichende Eingriffe darstellte, dass es aber im weiteren Verlauf zu zahlreichen einschlägigen, legitimierenden Gesetzesveränderungen durch den Bundestag kam. Manche Bestimmungen in den Corona-Verordnungen der Länder wurden von Gerichten für ungültig erklärt. Die medial geführten Diskussionen waren zeitweise recht hitzig und polarisiert, und einige Menschen hatten das Gefühl, bestimmte Meinungen und Positionen würden staatlicherseits unterdrückt oder manipuliert. Dabei achteten Regierungen und Behörden die Meinungsfreiheit im Regelfall, und die Schutzmaßnahmen wurden die meiste Zeit laut Umfragen von großen Mehrheiten der Bevölkerung unterstützt. Unter demokratischen Gesichtspunkten hätte aber auch manches besser laufen können. So hätten etwa die Landesparlamente die für die Corona-Verordnungen zuständigen Landesregierungen stärker kontrollieren können.

Die Politik kann alle/keine Probleme lösen

Manche Menschen haben den Eindruck, die Politik verfüge über enorme Macht, insbesondere in Form von Behörden, Sicherheitskräften und Finanzmitteln. Daher sei es auch ihre Aufgabe, mehr oder weniger jedes Problem des Gemeinwesens zu lösen. Andere Bürger gelangen zur völlig entgegengesetzten Auffassung: Die Politik sei (mittlerweile) weitgehend machtlos, da mächtige nichtstaatliche Akteure vor allem aus der Wirtschaft (Banken, Konzerne, Medienunternehmen) sie vor sich hertrieben oder selbst die Regeln diktierten.

Was die erste Position anbelangt, so sind die öffentlichen Ressourcen und Steuerungsmittel selbst für einen großen und wohlhabenden Staat wie die Bundesrepublik doch relativ begrenzt, jedenfalls wenn man einigermaßen anspruchsvolle politische Ziele ansetzt. Allerdings lässt sich auch fragen, wie weit der staatliche Einfluss eigentlich reichen sollte. Ist es wirklich erstrebens- oder wünschenswert, dass die Politik versucht, nahezu alle gesellschaftlichen Probleme zu lösen? Sollte es nicht Gebiete geben, in denen der Staat aus guten Gründen nicht tätig ist (siehe Kapitel 13)? Die Grundidee einer liberalen und pluralistischen Gesellschaft baut auch darauf auf, dass erhebliche Bereiche des Zusammenlebens dem staatlichen Zugriff ganz oder teilweise entzogen sind, etwa um die Privatsphäre zu schützen und freie Entfaltung zu ermöglichen. Das schließt aber beispielsweise eine Sozial- und Wohlfahrtspolitik nach den Vorstellungen der demokratischen Mehrheit nicht aus.

Hinsichtlich der zweiten, entgegengesetzten Position ist zu betonen, dass Legitimation und Ressourcen, um kollektiv-verbindliche Regeln zu beschließen und durchzusetzen, immer noch größtenteils bei den politischen Institutionen – überwiegend jenen des Staates – liegen. Akteure aus verschiedenen Gesellschaftsbereichen würden bestimmt nicht so viel Lobbying betreiben, wenn die Politik keine Macht mehr besäße, einflussreiche Rechtsvorschriften zu beschließen. Vieles spricht dafür, dass insbesondere wirtschaftliche Akteure mitunter beträchtlichen Einfluss auf die politisch-administrative Willensbildung und Entscheidungsfindung nehmen, dass die Politik jedoch noch immer über enorme Steuerungsmacht und Möglichkeiten zur Abgrenzung von illegitimen Einflüssen verfügt. Dass sie davon häufig nur begrenzt Gebrauch macht, kann verschiedene Gründe haben, etwa die Form der innerstaatlichen Interessenvermittlung und Interessendurchsetzung (siehe Kapitel 4) oder der internationale Wettbewerbsdruck in einer zunehmend globalisierten Welt.

Politik kann man eh nicht verstehen

Der Hintergrund dieser resignativen Aussage ist wohl, dass es viele politische Institutionen mit verschiedenen Funktionen auf unterschiedlichen Ebenen gibt, dass politische Prozesse häufig undurchsichtig erscheinen und man ja ohnehin keine Politikwissenschaftlerin und kein Staatsrechtler ist. Ist das politische System Deutschlands tatsächlich so kompliziert? Zumindest die zentralen an der Gesetzgebung beteiligten Institutionen sind doch eigentlich recht übersichtlich. Eine gewisse Komplexität von Politik und Verwaltung bietet immerhin auch Vorteile wie etwa Gewaltenteilung beziehungsweise wechselseitige institutionelle Kontrolle (siehe Kapitel 1) und die Möglichkeit zur passenden oder passgenaueren Bearbeitung verschiedener öffentlicher Aufgaben (siehe Kapitel 13).

EIN ELEMENTARES REZEPT FÜR POLITIK

Die Entstehung von Politik kann wohl stark vereinfachend auf wenige »Basiszutaten« reduziert werden, die mit den verschiedenen Phasen der Politikgestaltung (siehe Kapitel 16) eng zusammenhängen:

- ✔ Staatliche und nichtstaatliche Akteure mit bestimmten Einstellungen, Interessen, Wahrnehmungen und Ressourcen treffen

- ✔ zu einem gewissen Zeitpunkt auf
- ✔ politische Probleme,
- ✔ Institutionen, die gewisse Regeln vorgeben, und
- ✔ unterschiedliche Ansätze und Möglichkeiten (Instrumente) zur Lösung politischer Probleme.

Daraus ergeben sich Konstellationen, die je nachdem zur Veränderung von Politik führen – oder auch nicht. Das Ergebnis hängt grundsätzlich vom Einzelfall ab, auch wenn sich gewisse Regelmäßigkeiten beobachten und verallgemeinern lassen (das ist insbesondere Aufgabe der Wissenschaft).

Muss eigentlich jedermann alle politischen Entscheidungen in all ihren Einzelheiten verstehen? Sicherlich sollten Bürger in einer Demokratie zumindest die Möglichkeit haben, sich über die Entstehung der für sie wichtigen politischen Entscheidungen gründlich und ohne allzu großen Rechercheaufwand ausgewogen zu informieren – da gibt es Defizite. Aber das richtige Maß an Transparenz in der Politik ist umstritten; es ist selbst eine politische Frage. Zu wenig Transparenz kann fraglos gemeinwohlschädigend sein, da so beispielsweise Machtmissbrauch erleichtert wird. Zu viel Transparenz könnte allerdings den politischen Prozess teilweise schwerfälliger machen, außerdem ist vollständige Transparenz eine Illusion, die überdies nicht einmal notwendigerweise gute Politik zur Folge hätte.

Ich wage die Behauptung, dass sehr viele Menschen zumindest die Grundlagen der Politik in Deutschland besser verstehen könnten, wenn sie sich nur dafür interessierten und dementsprechend ein wenig Zeit investierten. Natürlich sollte niemand gezwungen werden, Bücher wie das vorliegende zu lesen – man kann die Leute nach einem Sprichwort bekanntlich nicht zu ihrem Glück zwingen. Aber wer darauf verzichtet, sollte dann auch nicht behaupten, Politik könne man eh nicht verstehen.

Ich kann eh nichts verändern

Der Sozialpsychologe Harald Welzer schreibt: »Es hängt ausschließlich von Ihnen ab, ob sich etwas verändert.« Dass das ganz sicher nicht richtig ist, brauche ich wohl nicht weiter zu erläutern (denn davon handeln die Teile I bis V dieses Buches).

Aber Welzer betont auch: »Sie haben jede Menge Handlungsspielräume.« Das stimmt: Die Möglichkeiten, sich zum Beispiel zivilgesellschaftlich, in Parteien oder den Medien zu engagieren, sind in einer Demokratie wie der deutschen mannigfaltig – wenn auch freilich ungewiss ist, wie weit der persönliche Einsatz einmal reichen und welche Auswirkungen er haben wird. Die Personen, die heute gesellschaftliche und politische Führungspositionen innehaben, entschieden sich auch irgendwann einmal, aktiv zu werden und nicht nur Tiktok-Videos oder Vergleichbares anzusehen. Welzer schreibt zu Recht: »Nehmen Sie sich deshalb ernst.«

IN DIESEM KAPITEL

Männer (und bislang keine Frauen), die das Amt des Bundespräsidenten ausübten

Ausgewählte Aspekte aus dem Leben dieser Persönlichkeiten

Kapitel 18
Die (zehn und zwei) bisherigen Bundespräsidenten

Das Staatsoberhaupt der Bundesrepublik Deutschland hat überwiegend repräsentierende und zeremonielle Aufgaben. Trotzdem sind laut Grundgesetz nur zwei Amtszeiten in direkter Folge erlaubt. Aus diesem Grund amtierte bisher kein Bundespräsident länger als zehn Jahre (zur Geschichte, Wahl, Stellung und Funktion dieses Verfassungsorgans siehe Kapitel 9).

Theodor Heuss

Der spätere erste Bundespräsident der Bundesrepublik Deutschland wurde 1884 geboren. Theodor Heuss studierte verschiedene Geistes- und Wirtschaftswissenschaften. Er arbeitete während der Weimarer Republik und des Dritten Reiches überwiegend als Journalist und Publizist, daneben auch teilweise als Dozent (etwa an der Deutschen Hochschule für Politik in Berlin bis 1933). Heuss distanzierte sich vor 1945 nicht immer konsequent von nationalsozialistischem Gedankengut, stimmte als Reichstagsabgeordneter auch dem Ermächtigungsgesetz (siehe Kapitel 2) zu und wurde von den Nationalsozialisten mit einem Publikationsverbot belegt.

Theodor Heuss war viele Jahrzehnte als liberaler Politiker aktiv. So gehörte er verschiedenen liberalen Parteien an, unter anderem der Fortschrittlichen Volkspartei (FVP) und der Deutschen Demokratischen Partei. Nach 1945 war er an der Gründung der Demokratischen Volkspartei (DVP) und der FDP beteiligt, deren erster Vorsitzender er wurde. Im September 1949 wurde er zum Bundespräsidenten gewählt. Nach der Wiederwahl übte Heuss das Amt bis 1959 aus. Er trug maßgeblich zum Bild des überparteilichen Staatsoberhaupts bei. Als Bundespräsident versuchte er, Brücken zu anderen Staaten zu bauen. Außerdem setzte er sich unter anderem für den Schutz des Waldes ein. Heuss starb 1963.

Heinrich Lübke

Heinrich Lübke wurde 1894 in eine kinderreiche Familie geboren. Er war studierter Vermessungs- und Kulturingenieur sowie Nationalökonom und arbeitete in der Weimarer Republik in der Landwirtschaft und dem Siedlungswesen, unter anderem in der Deutschen Bauernschaft als Geschäftsführer. Im Dritten Reich war er unter anderem als Bauleiter und Planer beschäftigt; für bestimmte Handlungen im Zusammenhang mit diesen Tätigkeiten wurde er später kritisiert, etwa den Einsatz von KZ-Häftlingen.

Lübke war bis 1933 für die Deutsche Zentrumspartei Abgeordneter des preußischen Landtags. Nach dem Zweiten Weltkrieg trat er der CDU bei. Er war Abgeordneter im Landtag von Nordrhein-Westfalen und NRW-Landwirtschaftsminister, später auch Bundestagsabgeordneter und Bundeslandwirtschaftsminister. Im Juli 1959 wurde er zum Bundespräsidenten gewählt. Während seiner Amtszeit setzte er sich stark für die Entwicklungshilfe ein. Nach seiner Wiederwahl war Lübke bis 1969 Bundespräsident. Eine gewisse Berühmtheit erlangten seine rhetorischen Versprecher, wobei einige wohl erfunden wurden und andere möglicherweise mit einer fortschreitenden Erkrankung zusammenhingen. Lübke verstarb 1972.

Gustav Heinemann

Gustav Heinemann wurde 1899 geboren. Er studierte Jura und Volkswirtschaftslehre und promovierte auch in diesen beiden Fächern. In der Weimarer Republik und im Dritten Reich arbeitete er als Jurist und in Führungspositionen für die Rheinischen Stahlwerke und engagierte sich in der evangelischen Kirche.

Nach dem Zweiten Weltkrieg war Heinemann Mitbegründer der CDU und bis 1949 Oberbürgermeister von Essen. Er war außerdem zeitweise Landtagsabgeordneter und Justizminister in Nordrhein-Westfalen. Im Jahre 1949 wurde er Bundesinnenminister, trat aber ein Jahr später wegen Konrad Adenauers Wiederbewaffnungspolitik von diesem Amt zurück. Wenig später verließ er die CDU und gründete mit anderen die wenig erfolgreiche Gesamtdeutsche Volkspartei (GVP). 1957 trat er der SPD bei und wurde Bundestagsabgeordneter. Später war er auch Bundesjustizminister. Heinemann wurde 1969 sehr knapp zum Bundespräsidenten gewählt, auch mit Stimmen der FDP. Er verstand sich als Präsident der Bürger, der sich für die Stärkung der Demokratie in der Bundesrepublik ebenso einsetzte wie für Friedenspolitik und -forschung. Eine zweite Amtszeit lehnte er aus gesundheitlichen Gründen ab. Heinemann starb 1976.

Walter Scheel

Der vierte Bundespräsident wurde 1919 geboren. Walter Scheel machte eine Bankausbildung und arbeitete nach dem Ende des Zweiten Weltkriegs in verschiedenen Positionen in Verbänden und in der Industrie. In den 1950er-Jahren machte er sich in der Beratungsbranche selbstständig.

Die Umstände von Scheels relativ spät bekannt gewordener Mitgliedschaft in der NSDAP sind umstritten. Im Jahre 1946 trat er in die FDP ein und wurde später deren Bundesvorsitzender. Er war Stadtrat in Solingen, Abgeordneter im Landtag von Nordrhein-Westfalen und später Bundestagsabgeordneter, daneben zeitweise Mitglied des Europäischen Parlaments. Scheel amtierte zudem als Bundestagsvizepräsident, Bundesminister für wirtschaftliche Zusammenarbeit und Bundesaußenminister. Im Jahre 1974 wurde er zum Bundespräsidenten gewählt, das Amt übte er bis 1979 aus. Die Einigung Europas lag dem liberalen Politiker am Herzen. Wohl auch aufgrund der damals für ihn eher ungünstigen Mehrheitsverhältnisse in der Bundesversammlung kandidierte er nicht für eine zweite Amtsperiode. Scheel verstarb 2016 im Alter von 97 Jahren.

Karl Carstens

Karl Carstens wurde 1914 geboren. Im Anschluss an sein Jurastudium war er bis zum Ende des Zweiten Weltkriegs überwiegend Soldat. Nach 1945 arbeitete er zunächst als Rechtsanwalt und Berater des Bremer Senats. Später trat er in den diplomatischen Dienst ein und war unter anderem Vertreter der Bundesrepublik beim Europarat (zu dieser Internationalen Organisation siehe Kapitel 15). Zeitweise war Carstens auch als promovierter und habilitierter Rechtswissenschaftler in Forschung und Lehre aktiv.

Die – wohl nicht aktiv betriebene – NSDAP-Mitgliedschaft von Carstens wurde später unterschiedlich bewertet. Im Jahre 1955 trat er in die CDU ein. Er machte Karriere in der Ministerialbürokratie. So war er Staatssekretär im Auswärtigen Amt und im Bundesverteidigungsministerium sowie Chef des Bundeskanzleramts. Danach war Carstens einige Jahre Bundestagsabgeordneter und auch Bundestagspräsident. Im Jahre 1979 wurde er zum Bundespräsidenten gewählt. Wegen seiner früheren NSDAP-Mitgliedschaft wurde seine Kandidatur im Vorfeld teilweise kritisiert. Carstens amtierte bis 1984. Er vertrat konservative Werte und gewann eine gewisse Popularität durch seine zahlreichen volksnahen Wanderungen. Eine zweite Amtsperiode lehnte er aus Altersgründen ab. Carstens starb 1992.

Richard von Weizsäcker

Der erste gesamtdeutsche Bundespräsident wurde 1920 in eine Diplomatenfamilie hineingeboren. Während des Zweiten Weltkriegs kämpfte Richard von Weizsäcker fast durchgehend als Soldat. Danach studierte er Rechtswissenschaft und promovierte. Er arbeitete in verschiedenen Positionen, unter anderem bei Mannesmann, einer Bank und dem Chemiekonzern Boehringer Ingelheim. Außerdem war er in der evangelischen Kirche aktiv, unter anderem als Präsident des Deutschen Evangelischen Kirchentags.

Von Weizsäcker trat 1954 in die CDU ein. Er war Bundestagsabgeordneter, Vizepräsident des Bundestags und Regierender Bürgermeister von Berlin. Im Jahre 1974 unterlag er bei der Bundespräsidentenwahl Walter Scheel. Zehn Jahre später wurde von Weizsäcker zum Staatsoberhaupt gewählt. Zur Wiederwahl 1989 trat er als einziger Bewerber an, ein bisher einmaliger Vorgang. So amtierte er bis 1994 als Bundespräsident. Von Weizsäcker setzte sich unter anderem für die Annäherung von Ost und West ein und kritisierte mitunter das

Verhalten der politischen Parteien. Berühmt wurde eine Rede, in der er den 8. Mai 1945 als »Tag der Befreiung« bezeichnete. Richard von Weizsäcker verstarb 2015.

Roman Herzog

Roman Herzog wurde 1934 geboren. Er studierte Rechtswissenschaft und verfolgte zunächst eine wissenschaftliche Karriere. Nach Promotion und Habilitation in München war er in Berlin und dann in Speyer als Juraprofessor tätig. Ein von ihm mitherausgegebener rechtswissenschaftlicher Kommentar zum Grundgesetz gilt als Standardwerk.

Im Jahre 1970 trat Roman Herzog in die CDU ein. Er war Staatssekretär in Rheinland-Pfalz und Landtagsabgeordneter sowie Kultusminister und später Innenminister in Baden-Württemberg. Im Jahr 1983 wurde er Richter am Bundesverfassungsgericht und einige Jahre später auch dessen Präsident. Herzog trat 1994 relativ kurzfristig als Unionskandidat bei der Wahl zum Bundespräsidenten an und wurde erst im dritten Wahlgang gewählt. Da er auf eine nochmalige Kandidatur verzichtete, amtierte er bis 1999 als Staatsoberhaupt. Herzog führte den 27. Januar als Gedenktag für die Opfer des Nationalsozialismus ein. Seine »Ruck-Rede« von 1997 ist die bislang vielleicht bekannteste Rede eines Bundespräsidenten. Darin forderte er unter anderem: »Durch Deutschland muss ein Ruck gehen. Wir müssen Abschied nehmen von liebgewordenen Besitzständen.« Herzog starb 2017.

Johannes Rau

Johannes Rau wurde 1931 geboren. Er absolvierte eine Ausbildung zum Verlagsbuchhändler. Danach arbeitete er als Verlagsgehilfe, Lektor, Geschäftsführer, Vorstandsmitglied und Direktor im Verlagswesen. Rau war ehrenamtlich unter anderem in verschiedenen Führungspositionen der evangelischen Kirche aktiv. Seine christliche Einstellung prägte auch sein politisches Handeln.

Zunächst war Rau Mitglied der Gesamtdeutschen Volkspartei (GVP). Nach deren Auflösung trat er 1957 der SPD bei. Er war über 40 Jahre Landtagsabgeordneter in Nordrhein-Westfalen. Als Wissenschaftsminister dieses Bundeslands war er maßgeblich an der Gründung mehrerer Hochschulen beteiligt. Rau war etwa 20 Jahre lang Ministerpräsident von Nordrhein-Westfalen. Er unterlag Roman Herzog 1994 bei der Wahl zum Bundespräsidenten. Fünf Jahre später wählte ihn die Bundesversammlung zum Staatsoberhaupt. Johannes Rau setzte sich unter anderem für die Integration von Zuwanderern sowie mehr Ehrlichkeit und Verantwortungsbewusstsein in der Politik ein. Er verzichtete auf die Kandidatur für eine zweite Amtszeit, schied 2004 aus dem Amt und verstarb 2006.

Horst Köhler

Horst Köhler wurde 1943 geboren. Er studierte Volkswirtschaft und Politikwissenschaft und arbeitete danach einige Jahr als Wissenschaftler an einem ökonomischen Forschungsinstitut in Tübingen. An der dortigen Universität promovierte er auch. Danach war er im Bundeswirtschaftsministerium und in der Staatskanzlei der schleswig-holsteinischen Landesregierung tätig. Im Anschluss daran machte Köhler im Bundesfinanzministerium Karriere.

Der CDU trat Horst Köhler 1981 bei. Er war Staatssekretär im Bundesfinanzministerium und leitete daraufhin den Deutschen Sparkassen- und Giroverband. Nach einer kurzen Zeit als Präsident der Europäischen Bank für Wiederaufbau und Entwicklung wurde er Direktor des Internationalen Währungsfonds. Die Bundesversammlung wählte Horst Köhler 2004 zum Bundespräsidenten. Fünf Jahre später erfolgte die Wiederwahl. Er setzte sich unter anderem für Reformen auf dem Arbeitsmarkt ein und warb für eine engagiertere Unterstützung der afrikanischen Staaten. Nach heftigen Diskussionen über Äußerungen Köhlers zur wirtschaftlichen Bedeutung von Bundeswehr-Auslandseinsätzen trat er relativ überraschend 2010 zurück. Dadurch wurde eine vorgezogene Neuwahl des Bundespräsidenten notwendig.

Christian Wulff

Der bisher jüngste Bundespräsident war auch bislang am kürzesten im Amt. Christian Wulff wurde 1959 geboren und studierte Rechtswissenschaften. Danach arbeitete er als Rechtsanwalt. Wulff wurde 1975 CDU-Mitglied. Er war Ratsherr und Beigeordneter in Osnabrück. Im Jahre 1994 zog er erstmals als Abgeordneter in den Landtag von Niedersachsen ein. Später wurde er Ministerpräsident dieses Bundeslands.

Nach dem Rücktritt von Horst Köhler wählte die Bundesversammlung Christian Wulff 2010 im dritten Wahlgang zum Bundespräsidenten. Er setzte sich unter anderem für die Integration von Menschen unterschiedlicher Kulturen und Religionen in Deutschland ein. Berühmt wurde seine Aussage »Der Islam gehört inzwischen auch zu Deutschland«. Aufgrund von Vorwürfen der Vorteilsannahme im Amt (als Ministerpräsident) beantragte die Staatsanwaltschaft Hannover im Februar 2012 die Aufhebung von Wulffs Immunität. Kurz darauf trat er als Bundespräsident zurück. In einem Gerichtsverfahren wurde er freigesprochen. Nach seinem Rücktritt arbeitete Christian Wulff unter anderem als Rechtsanwalt und Berater und vertrat die Bundesrepublik gelegentlich als früherer Bundespräsident bei bestimmten Anlässen im Ausland.

Joachim Gauck

Joachim Gauck wurde 1940 geboren und wuchs in der DDR in einer Familie auf, die dem realsozialistischen Regierungssystem gegenüber ablehnend eingestellt war. Er studierte evangelische Theologie und war als Pfarrer an verschiedenen Orten tätig. Bei der freien Volkskammerwahl im März 1990 wurde er für das Bündnis 90 gewählt und war auch kurzzeitig entsendeter Abgeordneter im Deutschen Bundestag. Gauck wurde zum Bundesbeauftragten für die Unterlagen des Staatssicherheitsdienstes der ehemaligen DDR gewählt. Er leitete somit die seinerzeit umgangssprachlich nach ihm benannte »Gauck-Behörde«. Joachim Gauck wurde wiedergewählt und schied im Jahr 2000 regulär aus diesem Amt aus. Danach arbeitete er unter anderem als Redner und Moderator.

Gauck unterlag 2010 Christian Wulff bei der Wahl zum Bundespräsidenten. Nach Wulffs Rücktritt wählte die Bundesversammlung Joachim Gauck 2012 zum Staatsoberhaupt. Er setzte sich in Auftritten und Reden unter anderem für persönliche und wirtschaftliche Freiheit ein und sorgte in der Öffentlichkeit für mehr kontroverse Diskussionen als andere Bundespräsidenten. Aufgrund seines Alters verzichtete Gauck auf eine Kandidatur für eine zweite Amtszeit. Er war bis 2017 Staatsoberhaupt.

Frank-Walter Steinmeier

Frank-Walter Steinmeier wurde 1956 geboren, 1975 trat er der SPD bei. Er studierte Jura und Politikwissenschaft. Anschließend arbeitete er als wissenschaftlicher Mitarbeiter und schloss eine rechtswissenschaftliche Promotion an der Universität Gießen ab. Danach war er in verschiedenen Positionen in der Staatskanzlei der Regierung von Niedersachsen tätig und leitete zeitweise das Büro des damaligen Ministerpräsidenten Gerhard Schröder. Er wurde Staatssekretär und stand als solcher der Staatskanzlei vor. Als enger Vertrauter von Schröder folgte er ihm nach dessen Wahlsieg bei der Bundestagswahl 1998 nach Berlin.

Steinmeier arbeitete im Bundeskanzleramt als Staatssekretär und war unter anderem für die Nachrichtendienste zuständig. Im Jahr 1999 wurde er Chef des Bundeskanzleramts. Von 2005 bis 2009 und von 2013 bis 2017 war er Bundesaußenminister. Im Februar 2017 wählte die Bundesversammlung Frank-Walter Steinmeier mit großer Mehrheit zum Bundespräsidenten. Als sich die Bildung einer Regierungskoalition nach der Bundestagswahl 2017 als schwierig erwies, führte er mehrere Gespräche mit Spitzenpolitikern der im Bundestag vertretenen Parteien, um auf eine Koalitionsbildung hinzuwirken. Im Jahr 2022 wurde Steinmeier wiedergewählt.

IN DIESEM KAPITEL

Männer und bislang eine Frau, die das Amt des Bundeskanzlers ausübten

Ausgewählte Aspekte aus dem Leben dieser Persönlichkeiten

Kapitel 19
Die (fast zehn) bisherigen Bundeskanzler

Der Bundeskanzler ist nach dem Grundgesetz die mächtigste Person innerhalb der Bundesregierung. Er verfügt unter anderem über die Richtlinienkompetenz und Bundesminister werden auf seinen Vorschlag hin ernannt und entlassen. Die tatsächliche politische Macht eines Bundeskanzlers hängt allerdings von seiner Stellung in seiner Partei und in der jeweiligen Regierungskoalition ab. Die Verfassung sieht keine Amtszeitbeschränkung vor. Aus diesem Grund amtierten einige bisherige Bundeskanzler länger als zehn Jahre (zur Wahl, Stellung und Funktion dieses Amts siehe Kapitel 8).

Konrad Adenauer

Der spätere erste Bundeskanzler der Bundesrepublik Deutschland wurde 1876 geboren. Konrad Adenauer studierte Rechts- und Staatswissenschaften und war anschließend einige Jahre als Jurist tätig. Er wurde 1906 Mitglied der Deutschen Zentrumspartei. Im gleichen Jahr wurde er auch Beigeordneter und einige Jahre später Erster Beigeordneter (Stellvertreter des Oberbürgermeisters) von Köln. Im Jahr 1917 wurde Adenauer zum Oberbürgermeister von Köln gewählt. Dieses Amt übte er bis 1933 und dann noch einmal kurze Zeit im Jahr 1945 aus. Er war zudem etwa zwölf Jahre lang – bis 1933 – Präsident des preußischen Staatsrats (der zweiten Kammer des preußischen Landesparlaments in der Weimarer Republik). Im Dritten Reich verlor er diese Ämter und lebte überwiegend zurückgezogen.

Nach 1945 war Adenauer an der Gründung der CDU beteiligt. Er wurde Abgeordneter und Fraktionsvorsitzender im nordrhein-westfälischen Landtag. Im Jahr 1948 wurde er Präsident des Parlamentarischen Rates (zu dieser Institution siehe Kapitel 3), ein Jahr später erfolgte die Wahl in den Bundestag. Im September 1949 wurde Adenauer äußerst knapp zum Bundeskanzler gewählt. Dieses Amt hatte er bis 1963 inne, wobei er mit wechselnden liberal-konservativen Koalitionen regierte. Er verfolgte eine Strategie der Westbindung und konzentrierte sich auf die Außenpolitik; zeitweise war er in Personalunion auch Bundesaußenminister. Innenpolitisch vertrat er überwiegend konservative Werte. Er setzte sich für eine strikt antikommunistische Linie ein, war in den 1950er-Jahren aber für eine Beendigung der Entnazifizierung. Konrad Adenauer starb 1967.

Ludwig Erhard

Der »Vater des deutschen Wirtschaftswunders« wurde 1897 geboren. Ludwig Erhard absolvierte eine Lehre als Einzelhandelskaufmann. Durch ein Studium an der Handelshochschule Nürnberg wurde er Diplom-Kaufmann. Später studierte er noch Betriebswirtschaftslehre und Soziologie und fertigte eine wirtschaftswissenschaftliche Doktorarbeit an. Bis 1945 war er überwiegend in der angewandten Wirtschaftsforschung, als Lehrbeauftragter und als ökonomischer Berater tätig.

Nach dem Zweiten Weltkrieg war Erhard unter anderem bayerischer Staatsminister und Direktor für die Wirtschaftsverwaltung des Vereinigten Wirtschaftsgebiets. Er war von 1949 bis 1977 Bundestagsabgeordneter. Erhard wurde der erste Bundeswirtschaftsminister, später war er auch Vizekanzler. Als zweiter Bundeskanzler regierte er von 1963 bis 1966. Er setzte sich unter anderem für freien Außenhandel und die soziale Marktwirtschaft als Wirtschaftsordnung der Bundesrepublik ein. Ludwig Erhard war zwar stets für die CDU politisch aktiv, der Zeitpunkt seines Parteibeitritts ist aber nicht ganz klar. Er verstarb 1977.

Kurt Georg Kiesinger

Der erste Bundeskanzler einer großen Koalition aus CDU/CSU und SPD wurde 1904 geboren. Kiesinger absolvierte eine Lehrerausbildung und studierte einige Zeit Pädagogik, bevor er sich schließlich für ein Studium der Rechts- und Staatswissenschaften in Berlin entschied. Danach arbeitete er als Rechtsanwalt und Repetitor (Vermittler von juristischem Prüfungsstoff). Kiesinger wurde 1933 NSDAP-Mitglied, 1940 trat er ins Reichsaußenministerium ein. Nach dem Zweiten Weltkrieg war er eineinhalb Jahre in verschiedenen Lagern interniert. Später machte er sich wieder als Repetitor selbstständig.

Kiesinger trat in die CDU ein und wurde 1949 Mitglied des ersten Deutschen Bundestags. Er war viele Jahre Bundestagsabgeordneter und gehörte zeitweise verschiedenen internationalen parlamentarischen Versammlungen an. Im Jahr 1958 wurde Kiesinger Ministerpräsident von Baden-Württemberg. Als solcher initiierte er unter anderem die Gründung der Universitäten in Konstanz und Ulm. Von 1966 bis 1969 war er Bundeskanzler einer großen Koalition aus CDU/CSU und SPD. Zuvor hatten sich verschiedene Intellektuelle aufgrund seiner früheren NSDAP-Mitgliedschaft gegen eine Kanzlerschaft Kiesingers ausgesprochen. Während seiner Amtszeit wurden unter anderem die Notstandsgesetze und Regelungen zur Lohnfortzahlung im Krankheitsfall beschlossen. 1969 bildeten SPD und FDP eine Regierungskoalition auf Bundesebene. Kurt Georg Kiesinger blieb noch einige Jahre Bundestagsabgeordneter und starb 1988.

Willy Brandt

Der erste SPD-Bundeskanzler wurde 1913 unter dem Namen Herbert Frahm geboren. Nach dem Abitur absolvierte er ein Volontariat in Lübeck. Im Jahre 1930 wurde Brandt Mitglied der SPD, aus der er allerdings bereits kurze Zeit später wieder austrat, um sich der Sozialistischen Arbeiterpartei Deutschlands (SAPD) anzuschließen, die sich damals politisch links von der SPD positionierte. Nach der Machtergreifung der Nationalsozialisten baute er eine (Widerstands-)Zelle seiner Partei in Oslo auf. Dabei nahm er den Namen Willy Brandt an. Er arbeitete unter anderem für norwegische Zeitungen. Später floh er nach Schweden und war auch dort journalistisch tätig. Nach dem Zweiten Weltkrieg kehrte er nach Deutschland zurück.

Willy Brandt wurde ein Berliner SPD-Abgeordneter im ersten Deutschen Bundestag. Er war viele Legislaturperioden lang Bundestagsabgeordneter und zeitweise auch Mitglied des Berliner Abgeordnetenhauses. Brandt wurde 1957 zum Regierenden Bürgermeister von Berlin gewählt. Im Jahr 1966 wurde er Bundesaußenminister und Vizekanzler im Kabinett der großen Koalition unter Kurt Georg Kiesinger. Drei Jahre später bildete er eine sozialliberale Koalition und war Bundeskanzler von 1969 bis 1974. Berühmt wurde Brandts Formulierung »Wir wollen mehr Demokratie wagen«. Für seine Entspannungspolitik gegenüber der DDR und den realsozialistischen Staaten Mittel- und Osteuropas erhielt er 1971 den Friedensnobelpreis. Brandts enger Mitarbeiter Günter Guillaume wurde 1974 als DDR-Spion enttarnt. Dieses Ereignis war der Auslöser für Brandts Rücktritt als Bundeskanzler. Er blieb auch danach politisch aktiv. So war er etwa Alterspräsident des ersten gesamtdeutschen Bundestags. Willy Brandt verstarb 1992.

Helmut Schmidt

Helmut Schmidt wurde 1918 geboren. Während des Zweiten Weltkriegs kämpfte er als Soldat und war Referent im Reichsluftfahrtministerium. Nach einigen Monaten Kriegsgefangenschaft studierte er Volkswirtschaftslehre. Danach arbeitete Schmidt in der Hamburger Wirtschafts- und Verkehrsverwaltung. Von 1961 an war er vier Jahre lang Innensenator von Hamburg. Bundesweite Bekanntheit erlangte er durch seinen Einsatz als Krisenkoordinator bei der Sturmflut im Jahr 1962.

Der SPD trat Helmut Schmidt im Jahr 1945 bei. Er war von 1953 bis 1987 fast durchgehend Bundestagsabgeordneter, einige Jahre auch Abgeordneter des Europäischen Parlaments. Schmidt war zeitweise Fraktionsvorsitzender im Bundestag. Unter Bundeskanzler Willy Brandt war er Bundesverteidigungsminister und Bundesfinanzminister. Nach Brandts Rücktritt wurde Schmidt 1974 zum Bundeskanzler gewählt. Er leitete eine Regierungskoalition aus SPD und FDP. In seine Amtszeit fielen politische Herausforderungen wie die Ölkrise und terroristische Anschläge der Roten Armee Fraktion (RAF). Schmidts NATO-Politik war auch in der SPD recht umstritten. Im Jahr 1982 zog sich die FDP aus der Koalition zurück und Schmidt verlor sein Amt durch ein konstruktives Misstrauensvotum (zu diesem Instrument siehe Kapitel 8). Nach dem Abschied aus der aktiven Politik betätigte sich der leidenschaftliche Raucher unter anderem als Redner und Publizist; so war er etwa Mitherausgeber der wöchentlich erscheinenden Zeitung *Die Zeit*. Helmut Schmidt starb 2015.

Helmut Kohl

Der »Kanzler der deutschen Einheit« wurde 1930 geboren. Helmut Kohl studierte verschiedene Rechts- und Sozialwissenschaften und promovierte mit einer geschichtswissenschaftlichen Doktorarbeit. Danach arbeitete er für eine Eisengießerei, bevor er 1959 zum Verband der Chemischen Industrie wechselte. Kohl trat 1946 der CDU bei. Im Jahr 1959 wurde er erstmals in den rheinland-pfälzischen Landtag gewählt. Außerdem war er zeitweise Ratsmitglied der Stadt Ludwigshafen. Von 1969 an war er Ministerpräsident von Rheinland-Pfalz.

Helmut Kohl gehörte dem Bundestag von 1976 bis 2002 an. Er war zunächst Fraktionsvorsitzender und Oppositionsführer. Im Jahr 1982 wurde Kohl durch ein konstruktives Misstrauensvotum zum Bundeskanzler gewählt. Um vorgezogene Neuwahlen zu erreichen, stellte er die Vertrauensfrage (zu diesem Instrument siehe Kapitel 8), die er nach vorheriger Absprache mit den Abgeordneten seiner Fraktion verlor. Erwartungsgemäß löste der Bundespräsident den Bundestag auf.

Die Regierungskoalition aus Union und FDP mit Kohl als Kanzlerkandidat – und dem Anspruch, eine »geistig-moralische Wende« herbeizuführen – gewann die Wahl 1983 und die folgenden Bundestagswahlen. Er war bis 1998 Bundeskanzler. In Kohls Amtszeit fiel die deutsche Wiedervereinigung, die er maßgeblich mitgestaltete (er prognostizierte »blühende Landschaften« in Ostdeutschland). Kohl trieb auch den europäischen Integrationsprozess voran, etwa durch seine Beteiligung am Vertrag von Maastricht (zu diesem Abkommen siehe Kapitel 14) und der Währungsunion. Sein Ansehen wurde später durch eine Parteispendenaffäre beschädigt; Kohl gab zu, Spenden in Millionenhöhe an die CDU nicht korrekt im Rechenschaftsbericht der Partei angegeben zu haben, wie es das Parteiengesetz (siehe Kapitel 5) verlangt. Er weigerte sich auch nach vielen Jahren noch beharrlich, die Namen der Spender zu nennen. Helmut Kohl verstarb 2017.

Gerhard Schröder

Der erste Bundeskanzler einer rot-grünen Bundesregierung wurde 1944 geboren und wuchs in ärmlichen Verhältnissen auf. Gerhard Schröder absolvierte zunächst eine Ausbildung zum Einzelhandelskaufmann. Die Hochschulreife erlangte er auf dem zweiten Bildungsweg. Danach studierte Schröder Rechtswissenschaft. Anschließend arbeitete er als Rechtsanwalt. Im Jahr 1963 trat er der SPD bei. Schröder war ab 1980 einige Jahre Bundestagsabgeordneter, bevor er 1986 in die niedersächsische Landespolitik wechselte. Er wurde Fraktionsvorsitzender und Oppositionsführer im Landtag von Niedersachsen. Im Jahr 1990 wählte man Schröder zum Ministerpräsidenten. Dieses Amt hatte er bis 1998 inne.

Gerhard Schröder war 1998 Kanzlerkandidat der SPD. Bei der Bundestagswahl erreichten SPD und Bündnis 90/Die Grünen eine Mehrheit der Mandate und bildeten eine von Schröder geführte Regierungskoalition. Er war bis 2005 Bundeskanzler. Die rot-grüne Regierung setzte einige Prestigeprojekte um (etwa den Ausstieg aus der Atomenergie, die Ökosteuer, die eingetragene Lebenspartnerschaft und eine Reform des Staatsbürgerschaftsrechts). Demgegenüber wurden die mit der »Agenda 2010« verbundenen Gesetze mitunter heftig als Sozialabbau kritisiert. Nach zum Teil starken Stimmenverlusten der SPD auf Landesebene strebte Schröder in seiner zweiten Amtsperiode eine vorzeitige Neuwahl des Bundestags an. So stellte er die Vertrauensfrage, die er nach Absprache mit SPD-Abgeordneten wie gewünscht verlor. Bei der von Bundespräsident Horst Köhler anberaumten vorgezogenen Bundestagswahl verlor die rot-grüne Regierungskoalition ihre Mehrheit.

Schröder zog sich anschließend aus der aktiven Politik zurück. Er arbeitete unter anderem als Rechtsanwalt und Wirtschaftsberater. Für breite Kritik sorgte sein Aufsichtsratsposten bei der Nord Stream AG, die mehrheitlich dem russischen Gazprom-Konzern gehört. Er war auch zeitweise für das russische Energieunternehmen Rosneft tätig. Nach dem Beginn des russischen Angriffskriegs gegen die Ukraine vertrat Schröder pro-russische Positionen, die ihn in Politik und Gesellschaft weitgehend isolierten. Der Haushaltsausschuss des Bundestags beschloss 2022, Gerhard Schröder die bis dahin bewilligte Ausstattung mit Mitarbeiterstellen und Büros zu streichen – ein bisher einmaliger Vorgang gegenüber einem Altkanzler.

Angela Merkel

Die erste Bundeskanzlerin der Bundesrepublik Deutschland wurde 1954 unter dem Namen Angela Kasner geboren. Sie wuchs in der ehemaligen DDR auf und studierte Physik (ihr jetziger Nachname stammt aus einer kurzen Ehe mit einem Physikstudenten). Nach dem Studium arbeitete sie als Wissenschaftlerin in Ostberlin. Am Zentralinstitut für physikalische Chemie fertigte sie auch ihre Doktorarbeit an. In der Wendezeit begann sie, zunächst ehrenamtlich, später hauptberuflich für den Demokratischen Aufbruch (DA) zu arbeiten. Sie wurde rasch DA-Pressesprecherin und Vorstandsmitglied. Nach der freien Volkskammerwahl 1990 ernannte man Merkel zur stellvertretenden Regierungssprecherin. Im Anschluss an die Wiedervereinigung erhielt sie eine Stelle im Bundespresse- und Informationsamt.

Der politisch wenig erfolgreiche Demokratische Aufbruch ging in der CDU auf, und so wurde auch Angela Merkel CDU-Mitglied. Sie zog 1990 als Abgeordnete in den ersten gesamtdeutschen Bundestag ein und wurde auf Wunsch von Helmut Kohl Bundesministerin für Frauen und Jugend. Von 1994 bis 1998 war sie Bundesministerin für Umwelt, Naturschutz und Reaktorsicherheit. Nach der Niederlage der CDU bei der Bundestagswahl 1998 wurde Merkel Generalsekretärin ihrer Partei. Im Jahr 2000 wählte man sie zur CDU-Vorsitzenden. Zwei Jahre später wurde sie Fraktionsvorsitzende im Bundestag und somit Oppositionsführerin. Merkel war von 2005 an Bundeskanzlerin einer großen Koalition aus CDU/CSU und SPD. Von 2009 bis 2013 stand sie einer Koalitionsregierung aus Union und FDP vor. Sie war in den zwei folgenden Legislaturperioden (2013 bis 2021) erneut Bundeskanzlerin großer Regierungskoalitionen.

In Merkels Amtszeit fiel unter anderem die weltweite Finanz- und Wirtschaftskrise (2008/09). Unter Merkel wurde die Wehrpflicht ausgesetzt. Die von ihr geleitete Bundesregierung machte den rot-grünen Atomausstieg zunächst rückgängig, beschloss nach dem Reaktorunfall in Fukushima aber 2011 erneut eine stufenweise Abschaltung aller Kernkraftwerke in Deutschland. Auch in anderen Politikfeldern erwies sich Merkel als eine pragmatische und anpassungsfähige Politikerin. Ihre Politik während der sogenannten Flüchtlingskrise 2015/16 war umstritten. Bei der Bundestagswahl 2021 trat Angela Merkel nicht mehr an und zog sich aus der Politik zurück.

Olaf Scholz

Der erste Bundeskanzler einer Drei-Parteien-Regierungskoalition (versteht man CDU/CSU diesbezüglich als eine Partei) wurde 1958 geboren und wuchs erst in Osnabrück, später in Hamburg auf. Olaf Scholz studierte Rechtswissenschaft und war als Fachanwalt für Arbeitsrecht tätig. Im Jahr 1975 wurde er Mitglied der Jusos. Scholz hatte diverse SPD-Parteiämter auf unterschiedlichen Ebenen inne, unter anderem war er stellvertretender Vorsitzender der Bundespartei und kurze Zeit kommissarischer Parteivorsitzender. Während der rot-grünen Bundesregierung war er zeitweise Generalsekretär seiner Partei.

Olaf Scholz war Innensenator von Hamburg und später Erster Bürgermeister der Hansestadt. In verschiedenen Kabinetten unter Bundeskanzlerin Angela Merkel amtierte er zunächst als Bundesminister für Arbeit und Soziales und zuletzt als Bundesfinanzminister und Vizekanzler. Im Dezember 2021 wurde er zum neunten Bundeskanzler gewählt. Er stand einer Regierungskoalition aus SPD, Bündnis 90/Die Grünen und FDP vor. Die sogenannte »Ampel-«Regierung hatte mit Krisen wie der Corona-Pandemie, dem Krieg in der Ukraine und hoher Inflation zu kämpfen. Sie war aber auch immer wieder geprägt durch koalitionsinterne Meinungsverschiedenheiten und Richtungsstreitigkeiten. Dennoch gelangen einige bemerkenswerte Gesetzesprojekte, etwa eine begrenzte Legalisierung des Cannabis-Konsums, Neuerungen im Staatsbürgerschaftsrecht, die Einführung des Deutschland-Tickets, die Realisierung des Bürgergelds für arbeitsfähige Arbeitslose und eine größere Reform des Bundestagswahlrechts.

Aufgrund unüberwindbarer Differenzen mit der FDP vor allem in der Haushaltspolitik bat Scholz Bundespräsident Frank-Walter Steinmeier Anfang November 2024 um die Entlassung von Bundesfinanzminister Christian Lindner. Das führte zum Bruch der Koalition, die FDP zog sich aus der Regierung zurück. Scholz regierte mit einer rot-grünen Minderheitsregierung vorläufig weiter und stellte Mitte Dezember 2024 im Bundestag die Vertrauensfrage, die er klar verlor. Im Anschluss schlug Olaf Scholz dem Bundespräsidenten vor, den Bundestag aufzulösen.

IN DIESEM KAPITEL

Politische Parteien von überregionaler Bedeutung

Ausgewählte Aspekte aus der historischen Entwicklung und dem Programm dieser Parteien

Kapitel 20
Zehn deutsche Parteien

Die Bedeutung der Parteien für die parlamentarischen Regierungssysteme auf Bundes- und Landesebene kann kaum überschätzt werden. Sie prägen die politische Willensbildung und Entscheidungsfindung maßgeblich. Außerdem sind sie die zentralen Aufstiegskanäle für das politische Personal in der Bundesrepublik. Im Folgenden skizziere ich ausgewählte Parteien von überregionaler Bedeutung in den letzten circa 20 Jahren. Funktionen, Finanzierung, Organisation und rechtliche Grundlagen der Parteien sowie die Geschichte des deutschen Parteiensystems behandele ich in Kapitel 5.

Die SPD

Die Sozialdemokratische Partei Deutschlands (SPD) kann auf die längste Tradition der heutigen deutschen Parteien zurückblicken. Vorläuferorganisationen waren der Allgemeine Deutsche Arbeiterverein und die Sozialdemokratische Arbeiterpartei, die 1875 zur Sozialistischen Arbeiterpartei Deutschlands fusionierten. Im Jahr 1890 erfolgte die Umbenennung in »Sozialdemokratische Partei Deutschlands«. Im Deutschen Kaiserreich stellte die SPD zeitweise die stärkste Fraktion im Reichstag. Während der Revolution und in der Anfangsphase der Weimarer Republik spielte die SPD eine führende Rolle in der deutschen Politik. Die Sozialdemokraten wurden früh von den Nationalsozialisten verfolgt und stimmten 1933 als Einzige gegen das Ermächtigungsgesetz (siehe Kapitel 2). Auf das Parteiverbot während des Dritten Reiches folgte im Herbst 1945 die Neugründung der SPD. Die Partei war bisher an mehreren Regierungen auf Bundesebene beteiligt (siehe Kapitel 19) und stellt regelmäßig Ministerpräsidenten und Ministerpräsidentinnen auf Landesebene.

Ursprünglich war die SPD eine sozialistische Arbeiterpartei mit einem stark vom Marxismus geprägten Programm. Später entwickelte sie sich zu einer mitgliederstarken Volkspartei für breite Bevölkerungsschichten. Dabei kam es immer wieder zu Konflikten zwischen dem linken und dem rechten Flügel und auch zu Parteiabspaltungen (zum Beispiel USPD, KPD und WASG). Die heutige SPD vertritt in der Wirtschafts- und Sozialpolitik gemäßigt linke Forderungen und gesellschaftspolitisch liberale Positionen. Die Jugendorganisation der SPD trägt den Namen Jusos, die parteinahe politische Stiftung ist die Friedrich-Ebert-Stiftung.

Die CDU

Die Christlich Demokratische Union Deutschlands (CDU) ist neben der SPD die wichtigste deutsche Partei seit der Gründung der Bundesrepublik. In Bayern besteht kein Landesverband der Partei; hier gibt es die Schwesterpartei CSU. Nach dem Zweiten Weltkrieg gründeten sich an verschiedenen Orten christlich-demokratische und christlich-soziale Parteiorganisationen. Viele ihrer Mitglieder gehörten früher der Deutschen Zentrumspartei oder kleineren (rechts-)liberalen Parteien an. Von Anfang an zielte die CDU nicht nur auf ein katholisches, sondern ein breites interkonfessionelles, bürgerliches und konservatives Wählermilieu. Im Jahr 1950 wurde die westdeutsche Bundespartei CDU gegründet.

In der bisherigen Geschichte der Bundesrepublik hat die CDU die längste Zeit den Bundeskanzler beziehungsweise die Bundeskanzlerin gestellt (siehe Kapitel 19). Auch in zahlreichen Bundesländern war und ist sie häufig an der Regierung beteiligt. Als große Mitte-rechts-Partei vereint die CDU verschiedene Strömungen, zum Beispiel eher wirtschaftsfreundliche und eher arbeitnehmer- beziehungsweise sozialpolitisch orientierte Flügel. Der christdemokratische Hintergrund der Gründerjahre ist heute eher von untergeordneter Bedeutung. In der Wirtschafts- und Sozialpolitik vertritt die CDU überwiegend gemäßigt rechte oder wirtschaftsliberale Forderungen und gesellschaftspolitisch vorrangig wertkonservative Positionen. Ihre Jugendorganisation trägt den Namen Junge Union, die parteinahe politische Stiftung ist die Konrad-Adenauer-Stiftung.

Die CSU

Die Christlich-Soziale Union in Bayern (CSU) ist eine bayerische Regionalpartei von bundesweiter Bedeutung. Als Schwesterpartei der CDU gibt es sie nur im Freistaat. Auf gesamtbayerischer Ebene wurde die CSU Ende 1945 beziehungsweise Anfang 1946 gegründet. Ihre Mitglieder gehörten früher teilweise der ehemaligen Bayerischen Volkspartei an. Als sich christliche und konservative Parteien der anderen westdeutschen Länder einige Jahre später zur CDU zusammenschlossen, blieb die von Anfang an auch stark föderalistisch orientierte CSU organisatorisch eigenständig. Die CSU hat die bayerische Landespolitik bisher maßgeblich geprägt, sie stellt seit 1957 ohne Unterbrechung den Ministerpräsidenten.

Obwohl die CSU nur in Bayern wählbar ist, erreicht sie bei Bundestagswahlen regelmäßig mehr als 5 Prozent der Wählerstimmen im Bundesgebiet und gewann in den letzten Jahrzehnten auch die allermeisten bayerischen Direktmandate. Im Bundestag bilden CDU und CSU eine Fraktionsgemeinschaft, die umgangssprachlich häufig als Unionsfraktion bezeichnet wird. Die CSU vertritt in der Wirtschafts- und Sozialpolitik überwiegend gemäßigt rechte oder wirtschaftsliberale Forderungen und gesellschaftspolitisch vorrangig konservative Positionen, die oft traditionalistischer sind als jene der CDU. Die Jugendorganisation der CSU trägt den Namen Junge Union, die parteinahe politische Stiftung ist die Hanns-Seidel-Stiftung.

Die FDP

Die Freie Demokratische Partei (FDP) hat die Bundespolitik der letzten Jahrzehnte als kleine Partei der Mitte stark geprägt. Die FDP sieht sich in der Tradition des politischen Liberalismus. Insoweit kann man etwa die Deutsche Freisinnige Partei (im Deutschen Kaiserreich) und die Deutsche Volkspartei sowie die Deutsche Demokratische Partei (in der Weimarer Republik) als Vorläufer der FDP sehen. Der politische Liberalismus war schon immer durch linksliberale und rechtsliberale Strömungen und teilweise auch entsprechende Parteien gekennzeichnet. Nach dem Zweiten Weltkrieg bildeten sich in verschiedenen Teilen Deutschlands liberale Parteiorganisationen mit unterschiedlichen Namen. Im Jahr 1948 wurde die westdeutsche FDP als Zusammenschluss dieser Parteien gegründet.

Die Partei hatte in den 1950er- und 1960er-Jahren teilweise eine stark nationalliberale Prägung, später orientierte sie sich personell und programmatisch mehr zur Mitte. Die FDP war lange als kleiner Partner an Bundesregierungen in wechselnden Koalitionen mit CDU/CSU oder SPD beteiligt (siehe Kapitel 19). Bis in die 1990er-Jahre hinein kam ihr als »Kanzlermacher« eine politische Schlüsselstellung zu. In den letzten Jahren war die FDP nicht mehr in allen Landesparlamenten vertreten, andererseits aber immer wieder an einzelnen Landesregierungen beteiligt. Die Partei vertritt in der Wirtschafts- und Sozialpolitik überwiegend liberale beziehungsweise marktorientierte Forderungen und gesellschaftspolitisch vorrangig freiheitliche Positionen. Ihre Jugendorganisation trägt den Namen Junge Liberale, die parteinahe politische Stiftung ist die Friedrich-Naumann-Stiftung für die Freiheit.

Bündnis 90/Die Grünen

Bündnis 90/Die Grünen (öfters abgekürzt als B'90/Grüne) ist eine vergleichsweise junge Partei mit ost- und westdeutschen Wurzeln. In der alten Bundesrepublik bildete sich 1980 aus linken Gruppierungen und Teilen der neuen sozialen Bewegungen, insbesondere der Friedens- und Umweltbewegung, die Partei Die Grünen. Ihr gelang 1983 der Einzug in den Bundestag. In der Bürgerbewegung der ostdeutschen Wendezeit entstanden zahlreiche reformorientierte Gruppierungen, darunter Demokratie Jetzt, die Initiative Frieden und Menschenrechte sowie das Neue Forum. Diese Gruppen traten als Listenvereinigung Bündnis 90 zum Teil gemeinsam mit den ostdeutschen Grünen bei Wahlen an und waren unter anderem bei der ersten gesamtdeutschen Bundestagswahl 1990 erfolgreich. Die ostdeutsche grüne Partei schloss sich bereits 1990 mit den westdeutschen Grünen zusammen, Bündnis 90 und die Grünen fusionierten dann 1993.

Von 1998 bis 2005 bildeten Bündnis 90/Die Grünen zusammen mit der SPD eine Regierungskoalition auf Bundesebene. Außerdem war und ist die Partei an zahlreichen Landesregierungen beteiligt, auch wenn sie in den letzten Jahren nicht in jedem Landtag vertreten war. Bisher stellten Bündnis 90/Die Grünen einmal – in Baden-Württemberg – den Ministerpräsidenten eines Bundeslands. Die Partei vertritt in der Wirtschafts- und Sozialpolitik überwiegend gemäßigt linke Forderungen und gesellschaftspolitisch vorrangig liberale und progressive Positionen. Ein Schwerpunkt des grünen Parteiprogramms ist eine umfassende Umwelt- und Klimaschutzpolitik. Die Jugendorganisation von Bündnis 90/Die Grünen trägt den Namen Grüne Jugend, die parteinahe politische Stiftung ist die Heinrich-Böll-Stiftung.

Die Linke

Die Linke wird umgangssprachlich auch als Linkspartei bezeichnet. Sie ging aus einem Zusammenschluss ost- und westdeutscher Parteiorganisationen hervor. Die Partei des Demokratischen Sozialismus (PDS) war die Nachfolgepartei der Sozialistischen Einheitspartei Deutschlands (SED), der Staatspartei der ehemaligen DDR (siehe Kapitel 2). Im Jahr 2005 nannte sich die PDS in Die Linkspartei.PDS um. Sie war bei Wahlen vor allem in den ostdeutschen Bundesländern erfolgreich. Maßgeblich als Reaktion auf die Agenda-2010-Politik der rot-grünen Bundesregierung unter Gerhard Schröder (siehe Kapitel 19) entstand in Westdeutschland aus gewerkschaftsnahen Kreisen und enttäuschten SPD-Mitgliedern die Partei Arbeit & Soziale Gerechtigkeit – Die Wahlalternative (WASG). Linkspartei.PDS und WASG schlossen sich 2007 zur Partei Die Linke zusammen.

In den ostdeutschen Ländern war Die Linke vor allem in den 2010er Jahren relativ stark und erzielte bei Landtagwahlen mitunter mehr Stimmen als die SPD. Bisher war sie im Bundestag stets in der Opposition und nicht in allen westdeutschen Landtagen vertreten. Die Linke war auf Landesebene an mehreren Regierungskoalitionen beteiligt. Sie stellte bislang einmal – in Thüringen – den Ministerpräsidenten. Innerparteiliche und inhaltliche Auseinandersetzungen führten zum Austritt einiger Bundestagsabgeordneter um Sahra Wagenknecht aus der Partei. In der Folge löste sich die Bundestagsfraktion der Linkspartei im Dezember 2023 auf. Bis zum Ende der 20. Legislaturperiode existierten im Bundestag eine Gruppe der Linken sowie eine Gruppe des BSW (Bündnis Sahra Wagenknecht). Die Linkspartei vertritt in der Wirtschafts- und Sozialpolitik linke und staatsinterventionistische Standpunkte und gesellschaftspolitisch vorrangig freiheitliche Positionen. Die Jugendorganisation trägt den Namen Linksjugend Solid, die parteinahe politische Stiftung ist die Rosa-Luxemburg-Stiftung.

Die AfD

Die Alternative für Deutschland (AfD) ist eine Partei im rechtskonservativen Parteienspektrum, die innerhalb weniger Jahre bundespolitische Bedeutung erlangte. Das Parteiprogramm der Anfangsjahre war überwiegend nationalliberal und gegen die Euro-Politik beziehungsweise die Währungsunion an sich gerichtet. Nach der Abwahl des Mitgründers und Bundessprechers Bernd Lucke im Jahr 2015 gewannen rechtskonservative Kräfte innerparteilich stark an Einfluss, während den von Lucke initiierten Parteiabspaltungen Allianz für Fortschritt und Aufbruch (ALFA) beziehungsweise Liberal-Konservative Reformer (LKR) oder Wir Bürger kein politischer Erfolg beschieden war. Auch die von der früheren Bundessprecherin Frauke Petry gegründete blaue Partei blieb bedeutungslos.

Die AfD wird überwiegend als rechtspopulistische Partei angesehen. Verfassungsschutzbehörden stufen zumindest einzelne Landesverbände der Partei als gesichert rechtsextrem ein. Die sonstigen im Bundestag vertretenen Parteien schließen eine Zusammenarbeit mit der AfD aus. In den letzten Jahren konnte die Partei beachtliche Wahlerfolge erzielen, besonders in Ostdeutschland. Seit 2017 ist sie im Bundestag vertreten. In der Wirtschafts- und Sozialpolitik vertritt die AfD überwiegend rechte oder nationalliberale Forderungen und gesellschaftspolitisch vorrangig konservativ-traditionalistische sowie migrationskritische

Positionen. Die Jugendorganisation trägt den Namen Junge Alternative, die parteinahe politische Stiftung ist die Desiderius-Erasmus-Stiftung.

Freie Wähler

Bei den Freien Wählern (mitunter mit FW abgekürzt) handelt es sich zum einen um unabhängige, dezentrale Wählergruppen oder Wählervereinigungen, die vorwiegend bei Kommunalwahlen antreten. Die Freien Wähler sind traditionell in Süddeutschland besonders stark, etwa in Baden-Württemberg und Bayern. Dort stellen sie mitunter viele Mitglieder der Kommunalparlamente in den Gemeinden, Städten und Kreisen. Es bestehen Landesverbände zur überregionalen Interessenvertretung, zudem gibt es den Bundesverband Freie Wähler Deutschland als Dachorganisation. Die Teilnahme an Landtags-, Bundestags- und Europawahlen ist innerhalb der Freien Wähler umstritten. Teile der Freien Wähler sehen sich ausschließlich als kommunale Wahlalternative zu den klassischen Parteien. Aus ihrer Sicht gefährdet eine Teilnahme an überregionalen Wahlen das Alleinstellungsmerkmal als unabhängige Wählergruppe.

Andererseits bestehen mittlerweile auf Bundes- und Landesebene Vereinigungen der Freien Wähler, die als Kleinparteien bei Wahlen jenseits der Kommunalebene antreten. Diese Vereinigungen sind organisatorisch von den Bundes- und Landesverbänden getrennt und werden mitunter auch kritisch von ihnen gesehen. Personell bestehen aber zum Teil enge Verzahnungen. Oberhalb der kommunalen Ebene gelang den Freien Wählern bisher etwa der Einzug in den bayerischen Landtag und in das Europäische Parlament. Sie erheben den Anspruch, für sachorientierte Politik jenseits von Parteiideologien zu stehen. Die Freien Wähler setzen sich überwiegend für bürgerliche und liberale Politik sowie eine Stärkung der kommunalen Selbstverwaltung (siehe hierzu Kapitel 12) ein.

Das BSW

Das Bündnis Sahra Wagenknecht – Vernunft und Gerechtigkeit (BSW) ist eine Anfang 2024 gegründete Partei. Viele Gründungsmitglieder waren zuvor Mitglieder der Partei Die Linke. Einige aus der Linkspartei ausgetretene Bundestagsabgeordnete rund um die Namensgeberin und Parteivorsitzende Sahra Wagenknecht bildeten in der 20. Legislaturperiode eine eigene Gruppe im Bundestag. Bei der Europawahl 2024 war die Partei erfolgreich, ebenso bei den Landtagswahlen in einigen ostdeutschen Ländern. In Brandenburg und Thüringen schaffte es das BSW auch gleich in die Regierung. Das programmatische Profil der Partei ist noch unscharf, aber tendenziell vertritt das BSW in der Wirtschafts- und Sozialpolitik staatsinterventionistische sowie linke Standpunkte und gesellschaftspolitisch eher konservative, migrations-, EU- und klimaschutzskeptische Positionen.

Die Heimat (vormals NPD)

Die Nationaldemokratische Partei Deutschlands (NPD) – inzwischen umbenannt in Die Heimat – ist eine Kleinpartei am äußersten rechten Rand des politischen Spektrums. Ihre ersten Mitglieder gehörten zuvor teilweise rechtskonservativen und nationalliberalen

Parteien, aber auch der FDP an. In den 1960er-Jahren zog die NPD in einige Landesparlamente ein, bei der Bundestagswahl 1969 scheiterte sie nur knapp an der 5-Prozent-Hürde. Danach verstrickte sich die Partei in Flügelkämpfe, verlor deutlich an Wählerstimmen und war einige Jahrzehnte lang bundes- und landespolitisch relativ bedeutungslos. Im neuen Jahrtausend feierte die NPD eine Zeit lang ein Comeback in den ostdeutschen Bundesländern. Sie errang etliche Mandate auf kommunaler Ebene und zog in die Landesparlamente von Mecklenburg-Vorpommern und Sachsen ein, im Jahr 2014 auch in das Europäische Parlament (begünstigt durch die Abschaffung der Sperrklausel).

Die Partei befindet sich seit einigen Jahren in einer existenziellen Krise. Zum einen sind ihre Stimmenanteile bei Wahlen auf verschiedenen Ebenen stark zurückgegangen. Zum anderen hat sie massive Finanzierungsprobleme, auch bedingt durch Strafzahlungen aufgrund von regelwidrigen Rechenschaftsberichten. Außerdem wurde die NPD vom Bundesverfassungsgericht 2017 in einem Parteiverbotsverfahren (siehe Kapitel 5) als verfassungsfeindlich und programmatisch mit dem Nationalsozialismus wesensverwandt eingestuft; eine nennenswerte Bedrohung für die freiheitliche demokratische Grundordnung der Bundesrepublik gehe aber derzeit nicht von ihr aus. Im Jahr 2023 benannte sich die Partei in Die Heimat um. Die Jugendorganisation trägt den Namen Junge Nationalisten. Das Bundesverfassungsgericht schloss die Partei 2024 für sechs Jahre von der staatlichen Parteienfinanzierung aus.

IN DIESEM KAPITEL

Einige Interessenorganisationen mit überregionaler Bedeutung

Ausgewählte Aspekte aus der Entwicklung und dem Programm dieser Verbände

Kapitel 21
Zehn Interessenverbände

Interessenverbände wirken in unterschiedlichen Phasen auf die Erarbeitung, Ausgestaltung und Umsetzung politischer Entscheidungen ein (siehe Kapitel 16). Sie vertreten die Interessen ihrer Mitglieder – die sie oft strategisch als Gemeinwohlinteressen präsentieren – gegenüber Gesellschaft und Politik, streben aber im Unterschied zu den politischen Parteien (siehe Kapitel 5 und 20) keine politischen Ämter an. Aus der kaum überschaubaren Vielzahl an Interessengruppen in der Bundesrepublik skizziere ich im Folgenden einige Verbände, die von überregionaler Bedeutung sind und außerdem inhaltlich und organisatorisch unterschiedliche Typen darstellen. So enthält dieses Kapitel arbeitgeber- und arbeitnehmernahe Verbände, Nichtregierungsorganisationen im engeren gemeinwohlorientierten Sinne und einen Verband von Gebietskörperschaften (die Funktionen, Organisation und Arbeitsweisen von Interessenorganisationen behandele ich in Kapitel 4).

Deutscher Gewerkschaftsbund

Beim Deutschen Gewerkschaftsbund (DGB) handelt es sich um einen Zusammenschluss bestimmter Gewerkschaften. Er wurde 1949 als Dachorganisation gegründet und geht von der Idee der Einheitsgewerkschaft aus. Es gibt auch Gewerkschaften außerhalb des DGB, zum Beispiel Spartengewerkschaften und christliche Gewerkschaften. Teilweise konkurrieren diese Gewerkschaften mit den DGB-Gewerkschaften. Die Mitgliedsgewerkschaften des DGB sind die IG Bauen-Agrar-Umwelt, die IG Bergbau, Chemie, Energie, die Gewerkschaft Erziehung und Wissenschaft, die IG Metall, die Gewerkschaft Nahrung-Genuss-Gaststätten, die Gewerkschaft der Polizei, die Eisenbahn- und Verkehrsgewerkschaft und die Vereinte Dienstleistungsgewerkschaft. Gegenüber politischen Institutionen, anderen Verbänden und der Öffentlichkeit vertritt der DGB Arbeitnehmer- und Gewerkschaftsinteressen und hat für seine Mitgliedsgewerkschaften eine koordinierende Funktion.

Bundesvereinigung der deutschen Arbeitgeberverbände

Die Bundesvereinigung der deutschen Arbeitgeberverbände (BDA) ist das Pendant zum Deutschen Gewerkschaftsbund auf Arbeitgeberseite. Als Spitzenverband besteht die BDA aus überfachlichen Landesvereinigungen, die jeweils branchenübergreifende Regionalgruppierungen haben, und Dutzenden Fachspitzenverbänden aus unterschiedlichen Wirtschaftsbereichen. Mitgliedsverbände sind zum Beispiel der Arbeitgeberverband Postdienste, der Bundesarbeitgeberverband Chemie, der Bundesverband Druck und Medien, der Bundesverband Großhandel, Außenhandel, Dienstleistungen und der Zentralverband des Deutschen Baugewerbes. Die Bundesvereinigung der deutschen Arbeitgeberverbände vertritt als Dachorganisation branchenübergreifend arbeitgeber- und wirtschaftsnahe Interessen gegenüber anderen Verbänden, politischen Institutionen und der Öffentlichkeit. Der Einfluss der BDA auf politische und administrative Entscheidungen wird von Nichtregierungsorganisationen mitunter kritisiert.

Bundesverband der Deutschen Industrie

Dem Bundesverband der Deutschen Industrie (BDI) gehören als Dachverband Dutzende industrienaher Interessengruppen an, etwa der Verband der Automobilindustrie, der Bundesverband Informationswirtschaft, Telekommunikation und neue Medien, der Bundesverband der Deutschen Luft- und Raumfahrtindustrie, die Wirtschaftsvereinigung Stahl, der Verband der Chemischen Industrie, der Bundesverband der Pharmazeutischen Industrie und der Verein der Zuckerindustrie. Es bestehen BDI-Vertretungen auf Landesebene und im Ausland, zum Beispiel in Brüssel zur Beeinflussung der EU-Politik (siehe Kapitel 14). Das Hauptziel der 1949 gegründeten Spitzenorganisation ist es, durch Koordinierungs-, Lobby- und Öffentlichkeitsarbeit die Interessen der verschiedenen Industriezweige zu fördern.

Deutscher Bauernverband

Der Deutsche Bauernverband (DBV) ist eine landwirtschaftliche Dachorganisation, die 1948 gegründet wurde. Dem DBV gehören die Landesbauernverbände sowie der Deutsche Raiffeisenverband, der Bund der Deutschen Landjugend und der Bundesverband der ehemaligen landwirtschaftlichen Fachschulabsolventen an. Hinzu kommen etliche assoziierte Mitgliedsverbände, unter anderem der Bundesverband Deutscher Pflanzenzüchter, der Deutsche Fischerei-Verband, der Deutsche Imkerbund, der Deutsche Landfrauenverband und der Deutsche Milchindustrie-Verband. Neben dem Bauernverband gibt es in der Bundesrepublik nur noch wenige verbandlich organisierte Berufsvertretungen im landwirtschaftlichen Bereich. Kritiker werfen dem DBV vor, zu stark auf konventionelle, wachstums- und exportorientierte Landwirtschaft zu setzen. Der Deutsche Bauernverband hat traditionell gute Beziehungen zur CSU.

Deutscher Beamtenbund

Der DBB Beamtenbund und Tarifunion (DBB) ist die zweitgrößte Dachorganisation von Gewerkschaften in Deutschland nach dem Deutschen Gewerkschaftsbund. Bereits in der Weimarer Republik bestand ein ähnlicher Spitzenverband, im Jahre 1949 kam es zur Neugründung. Dem DBB gehören Dutzende Gewerkschaften aus dem öffentlichen Dienst, aber auch dem privaten Dienstleistungssektor an. Mitgliedsgewerkschaften sind unter anderem der Verband der Beschäftigten der obersten und oberen Bundesbehörden, der Deutsche Philologenverband, die Deutsche Polizeigewerkschaft, der Verband der Arbeitnehmer der Bundeswehr, die Deutsche Justiz-Gewerkschaft, die Gewerkschaft Deutscher Lokomotivführer und die Vereinigung der Rundfunk-, Film- und Fernsehschaffenden. Einige der DBB-Gewerkschaften stehen in einem Konkurrenzverhältnis zu Gewerkschaften des DGB. Der DBB verfügt über eine eigene Akademie, einen Fachverlag und ein eigenes Vorsorgewerk.

Verbraucherzentrale Bundesverband

Der Verbraucherzentrale Bundesverband (vzbv) ist eine Dachorganisation, der die Verbraucherzentralen der Länder sowie weitere Verbände und Fördermitglieder angehören. Die Verbraucherzentralen helfen und unterstützen bei Problemen, die den individuellen Konsum betreffen. Typische Themen sind Schuldnerberatung, Kaufrecht, private Altersvorsorge, Ernährung sowie Gesundheits- und Telekommunikationsdienstleistungen. So beraten die Verbraucherzentralen unter anderem bei der außergerichtlichen Streitschlichtung, können aber mittlerweile auch im Namen einzelner Verbraucherinnen Leistungen und Rechte gerichtlich einklagen. Der Verbraucherzentrale Bundesverband vertritt als Spitzenorganisation Interessen der Verbraucher in der Öffentlichkeit und gegenüber Entscheidungsträgerinnen in Wirtschaft und Politik, bietet aber im Unterschied zu den Verbraucherzentralen auf Landesebene keine unmittelbaren Beratungsdienstleistungen an. Die Verbraucherzentralen finanzieren sich einerseits aus öffentlichen Zuschüssen und andererseits aus Entgelten, die für Beratungsleistungen verlangt werden.

Bund der Steuerzahler

Der Bund der Steuerzahler Deutschland (BdSt) ist eine 1949 gegründete Nichtregierungsorganisation zur Vertretung der Interessen steuerzahlender Privatpersonen und Unternehmen. Unterhalb des Bundesverbands gibt es selbstständige Landesverbände. Die Arbeit des Vereins zielt insbesondere auf die Vermeidung von Steuerverschwendung, eine Reduzierung öffentlicher Ausgaben und die Verringerung der Abgabenlast. Der Bund der Steuerzahler verfügt über ein eigenes finanzwissenschaftliches Forschungsinstitut und präsentiert regelmäßig mehr oder weniger öffentlichkeitswirksam Beispiele ineffizienter Mittelverwendung durch öffentliche Einrichtungen. Kritiker werfen dem Verein eine sozialstaatsfeindliche sowie einseitig unternehmens- und FDP-nahe Ausrichtung vor. Auch werden die vom Bund der Steuerzahler vorgelegten Zahlen mitunter als unseriös und skandalisierend bemängelt.

Allgemeiner Deutscher Automobil-Club

Der Allgemeine Deutsche Automobil-Club (ADAC) ist wohl der mitgliederstärkste Verein in der Bundesrepublik und der größte Verkehrsclub Europas. Er bietet zahlreiche Dienstleistungen rund um das Kraftfahrwesen an und setzt sich in Politik und Gesellschaft für die Förderung des motorisierten Verkehrs und des Motorsports ein. Nach einer institutionellen Reform beruht der ADAC mittlerweile organisatorisch im Wesentlichen auf drei Säulen:

- ✔ einem Verein, der etwa für Verbraucherschutz, Pannenhilfe und die viel gelesene Clubzeitschrift zuständig ist;
- ✔ einer Aktiengesellschaft, die kommerzielle Unternehmungen bündelt und zu der etliche Tochterfirmen gehören, unter anderem aus den Bereichen Autovermietung, Rechtsschutzversicherung und Finanzdienstleistungen;
- ✔ einer Stiftung, die für gemeinnützige Maßnahmen im Sinne des ADAC zuständig ist.

Der Verein ist in Regionalclubs und zahlreiche Ortsclubs gegliedert. Kritiker werfen dem ADAC vor, er trete in seiner Lobbyarbeit unter anderem für einen Aus- und Neubau von Straßen ein und behindere umweltschonende und klimafreundliche Mobilitätskonzepte.

Greenpeace Deutschland

Greenpeace Deutschland gehört zu den größten Nichtregierungsorganisationen in der Bundesrepublik für Umwelt- und Naturschutz. Der deutsche Verein wurde 1980 gegründet, hat seinen Sitz in Hamburg und ist Teil einer weltweiten Organisationsstruktur mit mehr als zwei Dutzend nationalen Sektionen. Die Zentrale von Greenpeace International ist in Amsterdam. Greenpeace setzt sich in vielfältiger Weise für Umweltschutzthemen und nachhaltige Entwicklung ein. Bekannt wurde die Nichtregierungsorganisation durch spektakuläre und öffentlichkeitswirksame Aktionen und Kampagnen, etwa gegen Walfang, Kernenergie, Ölbohrplattformen und Atomwaffentests. Gelegentlich stellt Greenpeace auch ökotechnische Innovationen wie völlig chlorfrei gebleichtes Papier vor. In Deutschland engagieren sich zahlreiche Menschen ehrenamtlich in Dutzenden Greenpeace-Ortsgruppen. Kritische Stimmen bemängeln unter anderem die vergleichsweise undemokratischen Strukturen (die zahlreichen Fördermitglieder haben kaum Mitsprache in der Mitgliederversammlung des deutschen Vereins) und die zum Teil illegalen Protestaktionen.

Deutscher Städtetag

Der Deutsche Städtetag (DST) ist ein Verband zur Vertretung der Interessen deutscher Städte insbesondere gegenüber politischen und administrativen Institutionen auf Bundes-, Landes- und EU-Ebene. Er verfügt über zwei Hauptgeschäftsstellen in Berlin und Köln, daneben gibt es Fachausschüsse zu unterschiedlichen kommunalen Themen. Außerdem bestehen verschiedene Landesverbände. Der Deutsche Städtetag fördert den Austausch zwischen kreisfreien und kreisangehörigen Städten und bietet Beratungsdienstleistungen für seine Mitgliedstädte an. Seine Lobbyarbeit zielt auf die finanzielle, organisatorische und rechtliche Stärkung der kommunalen Selbstverwaltung (siehe hierzu Kapitel 12). Er bildet gemeinsam mit dem Deutschen Landkreistag und dem Deutschen Städte- und Gemeindebund (dem Verband kreisangehöriger Gemeinden und Städte) die Bundesvereinigung kommunaler Spitzenverbände.

IN DIESEM KAPITEL

Bücher zur Vertiefung des Wissens über das politische System Deutschlands

Lesehinweise über die deutsche Politik hinaus

Kapitel 22
Zehn Bücher zum Weiterlesen

Das politische System Deutschlands für Dummies ist ein Einführungswerk. Für den Fall, dass Sie noch mehr über die Themen dieses Buches wissen wollen, was mich sehr freuen würde, gibt es zahlreiche gedruckte und elektronische Quellen. Um hinsichtlich der Tagespolitik gut informiert und auf dem Laufenden zu sein, empfehle ich neben der Lektüre einer überregionalen Qualitätszeitung wie etwa der *Frankfurter Allgemeinen Zeitung* oder der *Süddeutschen Zeitung* – in gedruckter oder elektronischer Form – die Wochenzeitung *Das Parlament*. Diese Zeitung mit Schwerpunkt Bundestag kann man einzeln kaufen oder günstig im Abonnement beziehen. Jeder Ausgabe liegt ein Heft der Fachzeitschrift *Aus Politik und Zeitgeschichte* (APuZ) bei, die von der Bundeszentrale für politische Bildung herausgegeben wird. Darin werden politische, gesellschaftliche und historische Themen auf wissenschaftlichem Niveau und doch kurz und verständlich behandelt. Beide Publikationen sind auch kostenlos im Internet verfügbar. Im Netz informiert beispielsweise *Spiegel online* noch schneller als gedruckte Zeitungen über neueste politische Nachrichten.

Im Folgenden empfehle ich zehn Titel, mit denen Sie Ihr Wissen zu bestimmten Teilbereichen des politischen Systems vertiefen können. Achten Sie bei Interesse jeweils darauf, sich die neueste Auflage anzusehen.

Ein Standardwerk zum politischen System

Ein klassisches, aber nicht theorie- oder methodenüberfrachtetes politikwissenschaftliches Lehrbuch, von dem ich sehr profitiert habe und das alle Bereiche des politischen Systems überzeugend abdeckt, ist: *Tom Mannewitz und Wolfgang Rudzio: Das politische System der Bundesrepublik Deutschland, Wiesbaden: Springer VS.*

Regierungssystem und Politikfelder

Aus der Fülle politikwissenschaftlicher Einführungsliteratur zum politischen System scheint mir zudem das folgende Werk empfehlenswert, weil es im Unterschied zu dem oben genannten Buch auch noch ausgewählte Politikfelder in Deutschland behandelt: *Manfred G. Schmidt: Das politische System Deutschlands. Institutionen, Willensbildung und Politikfelder, München: C. H. Beck.*

Verfassungsgeschichte kompakt

Dieses Büchlein vermittelt knapp und präzise das Wichtigste zu den Verfassungsgrundlagen vergangener politischer Systeme in Deutschland und geht unter anderem auch auf die Staatsstrukturprinzipien des Grundgesetzes ein: *Reinhold Zippelius: Kleine deutsche Verfassungsgeschichte vom frühen Mittelalter bis zur Gegenwart, München: C. H. Beck.*

Regierungssysteme der Länder

Das folgende Buch ist ein Standardwerk über die Regierungssysteme der Bundesländer: *Sven Leunig: Die Regierungssysteme der deutschen Länder. Eine Einführung, Wiesbaden: Springer VS.*

Politik in den Kommunen

Bei diesem Werk handelt es sich um eine gut verständliche Einführung in politische Strukturen und Prozesse in Städten, Gemeinden und Landkreisen: *Jörg Bogumil und Lars Holtkamp: Kommunalpolitik und Kommunalverwaltung. Eine praxisorientierte Einführung, Bonn: Bundeszentrale für politische Bildung.*

Verwaltung und Politik

Das folgende Buch enthält unter anderem eine detaillierte Einführung in die öffentliche Verwaltung auf allen Ebenen des politischen Systems und einen guten Überblick zu den Wechselbeziehungen zwischen Politik und Verwaltung: *Jörg Bogumil und Werner Jann: Verwaltung und Verwaltungswissenschaft in Deutschland. Eine Einführung, Wiesbaden: Springer VS.*

Das europäisierte Regierungssystem

Dieses Werk zeigt, wie die europäische Integration in sehr unterschiedlichen Bereichen die Politik in Deutschland verändert: *Roland Sturm und Heinrich Pehle: Das neue deutsche Regierungssystem. Die Europäisierung von Institutionen, Entscheidungsprozessen und Politikfeldern in der Bundesrepublik Deutschland, Wiesbaden: Springer VS.*

Internationale Politik im Überblick

In dem folgenden Buch werden die wichtigsten Politikfelder, Themen und Theorien der Internationalen Beziehungen gut verständlich dargestellt: *Christian Tuschhoff: Internationale Beziehungen, Konstanz: UVK.*

Wie Politik entsteht

Dieses Werk gibt einen gründlichen Überblick über die Hintergründe, Prozesse, Phasen und Akteure der Entwicklung und Umsetzung politischer Maßnahmen: *Christoph Knill und Jale Tosun: Einführung in die Policy-Analyse, Opladen: Barbara Budrich.*

Eine andere Politik ist möglich

Zum Abschluss noch eine Empfehlung jenseits der politischen Komfortzone: Aus der Sicht von Harald Welzer zeichnet sich unsere Gesellschaft durch omnipräsenten Konsum aus und eine einseitig auf Wachstum ausgerichtete Politik beraubt die Menschen ihrer eigenen Lebensgrundlagen. Dieses Buch setzt nicht auf das übliche Eliten-Bashing der populärwissenschaftlichen Skandalisierungsliteratur, sondern skizziert individuelle Handlungsmöglichkeiten, politische Alternativen sowie positive Zukunftsbilder: *Harald Welzer: Selbst denken. Eine Anleitung zum Widerstand, Frankfurt am Main: S. Fischer.*

Dummies Junior – die frechen »... für Dummies« für interessierte Kids und Jugendliche

- Projekte zum Ausprobieren, Programmieren und Experimentieren
- Mit pädagogischem Konzept
- Viele Abbildungen in Farbe
- Verständliche Texte mit einfachen Erklärungen – auch bei schwierigen Themen
- Inhalte in Workshops erprobt

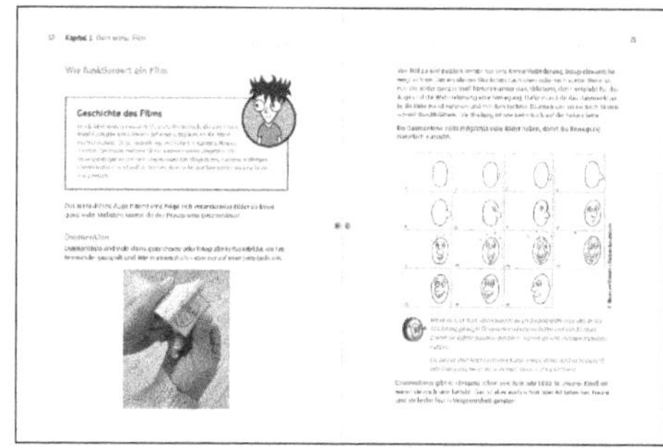

M. Schenk

Mein Weg zu den Sternen für Dummies Junior

1. Auflage 2022 **ISBN:** 978-3-527-71908-2

224 Seiten

Format: 176 mm x 240 mm

Ladenpreis: 18,– €*

Schau in den Himmel und lerne die Planeten, Sterne und Sternbilder kennen. Ob mit bloßem Auge, Fernglas oder Teleskop

M. Weiß und V. Borngässer

Stop-Motion-Trickfilme selber machen für Dummies Junior

2. Auflage 2023 **ISBN:** 978-3-527-72043-9

176 Seiten

Format: 176 mm x 240 mm

Ladenpreis: 16,– €*

Schritt für Schritt zum eigenen Stop-Motion-Video mit der richtigen Beleuchtung, passenden Geräuschen und Spezialeffekten. Hier erfährst du, wie es geht.

* Der €-Preis gilt nur für Deutschland. Preisänderungen und Irrtümer vorbehalten.

C. Ermel und O. Runge

Programmieren und zeichnen mit Python für Dummies Junior

2. Auflage 2022 **ISBN:** 978-3-527-71995-2

224 Seiten

Format: 176 mm x 240 mm

Ladenpreis: 18,- €*

Zaubere tolle Bilder mit dem Computer! Du brauchst dafür nur ein paar einfache Befehle aus der Programmiersprache Python.

W. Eagle et al.

TikTok-Videos selber machen für Dummies Junior

1. Auflage 2023 **ISBN:** 978-3-527-72133-7

160 Seiten

Format: 176 mm x 240 mm

Ladenpreis: 17,-€*

Werde Teil der TikTok Community und begeistere andere mit deinen Ideen. In diesem Buch erfährst du, wie du Videos mit dem Smartphone erstellst, bearbeitest und mit deinen Freunden teilst.

C. Ermel und N. Rosenfeld

Spaß mit Elektronik für Dummies Junior

1. Auflage 2020 **ISBN:** 978-3-527-71705-7

198 Seiten

Format: 176 mm x 240 mm

Ladenpreis: 15,- €*

In diesem Buch lernst du, Schaltungen für coole Gadgets aufzubauen: eine Glückwunschkarte, die leuchtet, eine blinkende Weihnachtsbaumkugel, einen klingenden Draht und anderes mehr.

* Der €-Preis gilt nur für Deutschland. Preisänderungen und Irrtümer vorbehalten.

Stichwortverzeichnis

I

J

K

L

M

Diese Bücher könnten Sie auch interessieren

T. Heinicke

Staatsrecht I Staatsorganisationsrecht für Dummies

2. Auflage 2022 **ISBN:** 978-3-527-71989-1
266 Seiten
Einbandart: Broschur
Format: 176 mm x 240 mm
Ladenpreis: 20,- €*

Thomas Heinicke stellt Ihnen die Staatsstrukturprinzipien nach Artikel 20 des Grundgesetzes, die Staatsfunktionen des Bundes und die Ziele des Staates vor. Anhand der Musterklausuren mit ausformulierten Lösungen können Sie sich gezielt auf Prüfungen vorbereiten.

H. Godbersen

Qualitative Forschung für Dummies

1. Auflage 2023 **ISBN:** 978-3-527-72107-8
368 Seiten
Format: 176 mm x 240 mm
Ladenpreis: 20,- €*

Sie wollen oder müssen sich mit qualitativer Forschung beschäftigen? Da hilft Ihnen dieses Buch. Hendrik Godbersen erklärt Ihnen von der Theorie bis zur Ausführung und Interpretation der Ergebnisse alles, was Sie über dieses Thema wissen müssen.

D. Weber und D. Keller

Statistische Daten erheben und auswerten für Dummies

1. Auflage 2023 **ISBN:** 978-3-527-71981-5
288 Seiten
Format: 176 mm x 240 mm
Ladenpreis: 20,- €*

Sie müssen selbst eine Statistik erheben, auswerten und das Ergebnis beschreiben? Dann hilft Ihnen dieses Buch. Die Autorinnen erklären Ihnen Schritt für Schritt was Sie tun müssen, um Ihrem Text eine valide statistische Grundlage zu geben.

*Der €-Preis gilt nur für Deutschland. Preisänderungen und Irrtümer vorbehalten.

Diese Bücher könnten Sie auch interessieren

M. Dempster und D. Hanna

Statistik und Forschungsmethoden für Psychologen und Sozialwissenschaftler für Dummies

1. Auflage 2019 **ISBN:** 978-3-527-71553-4

732 Seiten

Format: 176 mm x 240 mm

Ladenpreis: 34,99 €*

Sie erfahren in diesem Buch, welche statistischen Methoden Ihnen zur Verfügung stehen und wie Sie sie einsetzen, wie Sie SPSS zu Ihrem Vorteil nutzen und wie Sie eine Forschungsstudie richtig anlegen, durchführen und auswerten.

C. v. Ditfurth

Deutsche Geschichte für Dummies

3. Auflage 2019 **ISBN:** 978-3-527-71587-9

Ca. 636 Seiten

Format: 176 mm x 240 mm

Ladenpreis: 24,- €*

Die deutsche Geschichte ist nicht nur bewegend, sie ist mitreißend. Christian v. Ditfurth erklärt Ihnen, wie wurde, was ist, wie und warum was geschah. Mit dem gebotenen Ernst und einem gelegentlichen Augenzwinkern führt er Sie durch die Geschichte unseres Volkes.

O. Leiße

Die Europäische Union für Dummies

1. Auflage 2019 **ISBN:** 978-3-527-71376-9

384 Seiten

Format: 176 mm x 240 mm

Ladenpreis: 18,- €*

Für Studierende der Politischen Wissenschaften und für alle, die an Politik interesssiert sind, schafft Olaf Leiße Klarheit über die Vielfalt der Institutionen der Europäischen Union und deren Einfluss auf das Leben der 500 Millionen Menschen in den 28 Mitgliedsstaaten.

*Der €-Preis gilt nur für Deutschland. Preisänderungen und Irrtümer vorbehalten.

www.ingramcontent.com/pod-product-compliance
Lightning Source LLC
LaVergne TN
LVHW061935220826
846092LV00004B/1010

* 9 7 8 3 5 2 7 7 2 2 2 5 9 *